工商管理案例丛书

经济法案例精选精析

王 萍 赵 霞 等 编著

中国社会科学出版社

图书在版编目（CIP）数据

经济法案例精选精析/王萍，赵霞等编著．—北京：中国社会科学出版社，2008.7
ISBN 978 - 7 - 5004 - 6996 - 4

Ⅰ．经… Ⅱ．①王…②赵… Ⅲ．经济法—案例—分析—中国 Ⅳ．D922.290.5

中国版本图书馆 CIP 数据核字（2008）第 085842 号

策划编辑	卢小生（E - mail：georgelu@ vip. sina. com）
责任编辑	卢小生
责任校对	王兰馨
封面设计	高丽琴
技术编辑	李　建

出版发行	中国社会科学出版社			
社　址	北京鼓楼西大街甲 158 号	邮　编	100720	
电　话	010—84029450（邮购）			
网　址	http://www.csspw.cn			
经　销	新华书店			
印　刷	北京新魏印刷厂	装　订	丰华装订厂	
版　次	2008 年 7 月第 1 版	印　次	2008 年 7 月第 1 次印刷	
开　本	787×960　1/16	插　页	2	
印　张	21.75	印　数	1—6000 册	
字　数	398 千字			
定　价	31.00 元			

凡购买中国社会科学出版社图书，如有质量问题请与本社发行部联系调换
版权所有　侵权必究

《工商管理案例丛书》主编、副主编及编委名单

主　编：张岩松
副主编：栾永斌　刘淑茹　周瑜弘
编　委（按姓氏笔画为序）：
　　　　王　萍　王海鉴　包红军　刘　霖　刘淑茹
　　　　李　岩　赵　霞　张岩松　辛宪章　赵明晓
　　　　周瑜弘　姜雪梅　栾永斌　滕人轶

目 录

总　序 / 1
前　言 / 1
绪　论 / 1
第一章　企业法 / 49
  案例 1-1　散伙难散责——合伙人的责任 / 54
  案例 1-2　擅自处分公司财产的遗嘱无效
      ——股东与公司关系 / 57
  案例 1-3　狡兔三窟为哪般
      ——公司法人格否认制度 / 60
  案例 1-4　登记——工商局的权，还是责？
      ——公司的设立 / 64
  案例 1-5　联合证券诉华诚公司出资不实案
      ——股东的出资义务 / 67
  案例 1-6　"庶民胜利"的根源——股东权益保护 / 71
  案例 1-7　谁说的算？——公司的组织机构 / 75
  案例 1-8　当股权转让遭遇"人合性"
      ——有限责任公司的股权转让 / 78
  案例 1-9　吊销营业执照不应成为逃债的保护伞
      ——公司的解散与清算 / 85
第二章　合同法 / 90
  案例 2-1　拒收同源不同果——要约 / 93
  案例 2-2　这是实质性变更——承诺 / 95
  案例 2-3　尴尬　无责不如有责
      ——格式合同的制定与解释 / 99
  案例 2-4　"狗"案之约是否具有法律效力
      ——无效合同 / 103
  案例 2-5　"飞来"的债务——表见代理 / 105

2　经济法案例精选精析

案例 2-6　民工"生死状"——免责条款的效力 / 107

案例 2-7　产量难确定,诚信作判断
　　　　——诚实信用原则 / 109

案例 2-8　称"重组"巨能转让股权,欠贷款银行请求撤销
　　　　——债权人的撤销权 / 111

案例 2-9　罗米格诉德·瓦兰斯案
　　　　——不安抗辩权与预期违约 / 115

案例 2-10　"不良债权"的转让——债权让与 / 120

案例 2-11　"火鸡"与"普通肉鸡"的区别
　　　　——合同的解除 / 122

案例 2-12　见义勇为遭索赔
　　　　——违约责任的归责原则 / 125

案例 2-13　"五月花餐厅"爆炸案
　　　　——侵权责任与违约责任的竞合 / 128

第三章　担保法 / 134

案例 3-1　谁都可以做担保人吗?
　　　　——保证人的资格条件 / 142

案例 3-2　谁来承担保证责任?
　　　　——保证方式 / 146

案例 3-3　替人担保就得担责
　　　　——抵押权行使期间 / 149

案例 3-4　18 头小牛的归属
　　　　——质物孳息的收取 / 151

案例 3-5　违法拍卖,损失自负
　　　　——留置权的实现 / 154

案例 3-6　"定金"? "保证金"?
　　　　——定金罚则的适用条件 / 159

案例 3-7　担保合同纠纷案
　　　　——定金、抵押、质押、留置 / 162

第四章　知识产权法 / 170

案例 4-1　"千手观音"惹官司
　　　　——舞蹈作品的著作权保护 / 177

案例 4-2　是职务发明吗?

——专利申请权的归属 / 184

　　案例4-3　一发明、一专利
——专利申请的原则 / 188

　　案例4-4　香奈儿起诉了
——注册商标专用权的保护 / 191

　　案例4-5　这个商标能注册吗？
——商标构成要件 / 194

第五章　证券法 / 198

　　案例5-1　"杭萧钢构"案——信息披露制度 / 202

　　案例5-2　我国证券市场第一例要约收购案
——强制要约收购 / 206

第六章　票据法 / 210

　　案例6-1　票据纠纷上诉案
——拒绝证明与追索权的行使 / 214

　　案例6-2　汇票纠纷案
——票据无因性、背书转让及承兑 / 219

第七章　保险法 / 224

　　案例7-1　什么原因引起了爆炸？
——近因原则 / 230

　　案例7-2　出险了，保险公司却不赔
——出险通知义务的履行 / 233

　　案例7-3　人已死，保单还有效吗？
——保险合同的成立与生效 / 238

　　案例7-4　能获得更多的利益吗？
——重复保险 / 240

　　案例7-5　保险金归谁？——受益权 / 243

第八章　劳动与社会保障法 / 246

　　案例8-1　炒了工作，赔了自己
——竞业禁止 / 254

　　案例8-2　谁来为拖欠的农民工工资买单？
——工资支付保障制度 / 263

　　案例8-3　我是单位职工吗？
——事实劳动关系 / 267

第九章　反不正当竞争法 / 275

案例 9-1　"避风塘"起风波
　　　　　——假冒、仿冒行为 / 277

案例 9-2　"杜蕾斯"状告"杰士邦"
　　　　　——虚假宣传行为 / 283

案例 9-3　"跳槽"惹纠纷
　　　　　——侵犯商业秘密的行为 / 287

案例 9-4　"用汰渍，不需用衣领净"吗？
　　　　　——商业诋毁行为 / 291

第十章　反垄断法 / 297

案例 10-1　2007，方便面集体涨价——垄断协议 / 301

案例 10-2　航意险蛋糕诱人，抢市场莫过垄断
　　　　　——滥用市场支配地位 / 305

案例 10-3　达能、娃哈哈之争——经营者集中 / 309

第十一章　消费者权益保护法 / 315

案例 11-1　购房遭欺诈，双倍来赔偿
　　　　　——惩罚性赔偿制度 / 316

案例 11-2　"国际通行做法"就不用告知吗？
　　　　　——消费者权利 / 320

第十二章　产品质量法 / 323

案例 12-1　阜阳假奶粉案
　　　　　——产品质量的监督管理 / 326

案例 12-2　陈梅金、林德鑫诉三菱汽车损害赔偿案
　　　　　——产品责任 / 329

参考文献 / 334

总　序

作为与传统理论教学模式完全不同的管理类案例教学，在我国，是改革开放之后才迅速传播开来的。在传统的理论教学模式中，教师凭借粉笔和黑板做系统的讲解，通过教师的口头表达、板书、手势及身体语言等完成教学活动，这带有很大的局限性。这种教学模式缺乏师生之间、学生之间的交流，教师是这类活动的中心和主动的传授者，学生被要求认真倾听、详细记录和领会有关意图，是被动的接受者。因此，这种传统的教学模式应用于能力的培养上难以奏效，对独立思考能力日趋完善的新时代大学生来说，是很难激发其学习兴趣的，因此也难以更好地实现培养目标。

案例教学则完全不同，教学活动主要是在学生自学、争辩和讨论的氛围中完成，教师只是启迪和帮助学生相互联系，担当类似导演或教练的角色，引导学生自己或集体做分析和判断，经过讨论后形成共识。教师不再是这类教学活动的中心，仅仅提供学习要求，或做背景介绍，最后进行概括总结，绝大部分时间和内容交由学生自己主动地进行和完成。

不难看出，案例教学的首要功能，在于使学生通过个人和集体的讨论与分析，从案例情景中归纳出问题，找寻解决问题的方案及择优处理，最终领悟出适合自己个人特点的思维方法和逻辑推理，使得在今后的实践活动中，可以有效地运用这种逐步培育起来的思维方法和逻辑推理，来观察、分析和解决实际问题，从而使学生的相关能力得以培养和确立，并随今后工作实践的持续进行而日趋成熟和完善。

由张岩松等一批年轻教师新近编写的"工商管理案例丛书"——《战略管理案例精选精析》、《危机管理案例精选精析》、《企业文化案例精选精析》、《组织行为学案例精选精析》、《财务管理案例精选精析》、《国际贸易案例精选精析》和《经济法案例精选精析》，加上此前已经出版的《企业管理案例精选精析》、《市场营销案例精选精析》、《人力资源管理案例精选精析》和《公共关系案例精选精析》，这套丛书基本上涵盖了管理类专业主干课程的内容。这套丛书结合国内外企业管理的实践，从方便高校各层次工商企业管理类课程教学的角度出发选编案例，整套丛书的近800个案例涵盖了大量最新的企业信息，每个案例都具有很强的可读性、操作性、代表性和新颖性，真正做到了"精选"。

"工商管理案例丛书"每本书的绪论对案例的含义、类型、功能，特别是对案例教学的特点、过程及案例教学的组织等都做了各有侧重的分析和阐述。具体案例注重结合各管理学科通行的内容分章组织编写，在每章前先对本章的学科内容做了简要的阐述，帮助使用者把握基本管理原理和规律。在对每个案例进行分析和点评时，力求画龙点睛，对读者有所启迪，并在此基础上提出若干思考·讨论·训练题，供读者思考和作为教学之用，真正做到了"精析"。

这套丛书既可以作为管理类专业相应课程的教材单独使用，也可作为相应课程的教学参考书使用。我相信，这套"工商管理案例丛书"必将会推动我国高校管理案例教学的开展，对从事企业管理工作、企业管理教学和研究的人士也会有所裨益，有所启发。

武春友
2008年3月30日

前　言

在我国社会主义市场经济条件下，随着经济全球化，我国的工商企业必须在国内和国外两个市场开展生产经营活动、投资活动等，为了在市场竞争中取胜，我国的工商企业迫切需要培养和造就一大批既懂专业知识，又熟悉相关法律制度的复合型管理专业人才。熟悉交易规则，能够有效地防范交易风险，确保交易安全，能够依法维护自身权益，是在社会主义市场经济中博弈的工商企业管理人员应具备的基本素质。学习和掌握经济法律知识已成为高等学校经济管理专业学生及工商管理专业人士的共识。本书即是针对高等学校经济管理专业学生及工商管理人员学习经济法律知识的目的和需求，立足于相关人员应具备的基本素质和能力而编写。

本书具有如下特点：

在内容安排上，考虑了高等学校经济管理专业学生及工商管理人员的实际需要，没有局限于理论上法学部门划分中的经济法范畴的内容。本书除选取了反不正当竞争法、反垄断法等经济法内容，还吸纳了公司法、合同法、担保法、知识产权法、保险法、证券法等对高等学校经济管理专业学生及从事工商企业管理工作至关重要的传统民商法范畴的内容。

在案例选取上，立足于提高实战能力，力求"真实、新颖、典型"。全书选取了大量在现实中影响较大的、公开的真实案例，并注重案例对相关知识的统领和涵盖程度。

在案例分析中，更注重法律依据的时效性。近年来，我国法律环境发生了较大变化，本书紧密联系最新的立法动态，对案例的分析均以最新的立法和司法解释为依据，如新颁布的《物权法》、《劳动合同法》、《反垄断法》，新修订的《公司法》、《合伙企业法》、《证券法》等。

本书由王萍、赵霞、张岩松共同编写完成，其中：绪论由张岩松编写；第一、二、九、十、十一章和第十二章由王萍编写；第三、四、五、六、七章和第八章由赵霞编写，最后由王萍、赵霞共同统稿审定。

本书的编写，得到了唐初阳教授及诸多同仁的指导和帮助，在此表示衷心的感谢。本书的出版得到了中国社会科学出版社卢小生编审的大力支持和帮助，也致以深深的谢忱。本书在编写过程中，适当吸收与借鉴了部分法学同仁的精粹之作，在此深表谢意。

限于编者学识水平，错误终究难免，诚恳欢迎广大读者和学界同仁批评、赐教。

作 者

2008 年 4 月 16 日

绪　　论

　　管理案例是在企业管理实践过程中发生的真实事实材料，这些事实材料由环境、条件、人员、时间、数据等要素所构成，把这些事实材料加工成供课堂教学和学生分析讨论所用的书面文字材料，就成为了管理案例。它是为了某种既定的教学目的，围绕一定的管理问题而对某一真实的管理情景所做的客观描述或介绍。管理案例教学既是对管理问题进行研究的一种手段，也是现代管理教育的一种方法，目前国内外已经有广泛的研究和运用。为了更好地实施案例教学，充分运用本套丛书，我们在此对管理案例教学的组织开展进行较全面的论述，希望对读者有所助益。

一、管理教学案例概述

（一）管理教学案例的由来

　　"案例"译自英文单词 Case，医学上译作"病历"；法学上译作"案例"或"判例"；在商业或企业管理学中，往往译作"案例"、"实例"、"个案"等。

　　案例教学法是指以案例为教学媒介，在教师的指导下，运用多种方式启发学生独立思考，对案例提供的客观事实和问题分析研究，提出见解，做出判断和决策，从而提高学生分析问题和解决问题能力的一种理论联系实际的启发式教学方法。

　　案例教学法的产生，可以追溯到古代的希腊和罗马。希腊哲学家、教育家苏格拉底，在教学中曾采用过"问答式"教学法，这可以被看作是案例教学的雏形。之后，希腊哲学家柏拉图继承了苏格拉底的教育思想，将"问答"积累的内容编辑成书，在书中附加了许多日常生活的小例子，一个例子说明一个原理，那些日常生活的小故事，就可被看作是案例。

　　在管理教学中采用案例教学法是 20 世纪初的事情。现代工商管理实务的出现呼唤着正规的学校管理教育。19 世纪 80 年代，首批商学院在北美出现，哈佛商学院是其中之一。1908 年，哈佛大学创立企业管理研究院，由经济学者盖伊担任首任院长。他认为，企业管理教学应尽可能仿效哈佛法学院的教学法。他称这种方法为"问题方法"(Problem Method)。在盖伊的策划下,邀请了15位商人参加哈佛"企业政策"一课,每位商人在上第一次课时,报告他们自己所遇到的问题,并解答学生们所提出的询问。在第二次上课时,每个学生须携带分析这些问题及解决这些问题的书面报告。在第三次上课时,由商人和学生一同讨论这些报告。这些报告,便是哈佛企业管理研究院最早的真实案例。1920年,哈佛企业管理研究院第二任院长董翰姆向企业管理界募集到5000美元,请欧普兰德教授从事收集和整理制作案例的工作,这是哈佛企业管理研究院第一次由专人从事案例开发工作。这应当说是案例教学的雏形。同年,哈佛成立案例开发中心,次年出版了第一本案例集,开始正式推行案例教学。

到20世纪40年代中期,哈佛开始大力向外推广案例法。在洛克菲勒基金会赞助下,从1946年起连续9年,先后请来287位外校的高级学者参加他们的"人际关系"课的案例讨论,开始争鸣辩论。1954年,编写出版了《哈佛商学院的案例教学法》一书,并出版了《哈佛案例目录总览》,建立了"校际案例交流中心",对澄清有关概念、统一术语、就案例法的意义与功能达成共识,起了良好的作用。1955年起,在福特基金会资助下,哈佛连续11年,每年举办为期8周的"访问教授暑期案例讲习班",前后有119所院校的227位院长、系主任和资深教授参加,大大促进了案例教学在全美管理院校的普及。由此可以看出,案例教学在美国普及经历了近半个世纪的艰苦历程。首先在少数院校"开花",再向四周逐步扩散;在有战略远见的团体的大力支持下,通过出书、编案例集、建立交流所、举办研讨班等措施,尤其是首先提高院系领导的认识,终于瓜熟蒂落,水到渠成。

从20世纪50年代开始,案例教学法传出了美国,加拿大、英国、法国、德国、意大利、日本以及东南亚国家都引进了案例教学法。50年来,哈佛案例教学法被各大学接受,闻名全球,它设立"校际案例交换所",从事国内以及世界各大学所制作的案例交换工作,每年投入巨额资金开发案例,同时案例的交流也使它每年获得2000多万美元的收入。

我国管理教育与培训界开始接触到案例教学起自20世纪80年代。1980年,由美国商务部与中国大陆教育部、经贸委合作,举办"袖珍MBA"培训班,并将中美合作培养MBA的项目执行基地设在大连理工大学,称"中国工业科技管理大连培训中心",由中美双方教师组成案例开发小组,到若干个中国企业编写了首批用于教学的中国案例,并编写了《案例教学法介绍》一书和首批83篇自编的中国管理案例。此后数年,部分高校及管理干部培训机构开始陆续试用案例教学，全国厂长统考也开始有了案例题。

1986年春，在国家经委支持下，大连培训中心首次举办了为期两周的案例培训班，这种新型教学方法与思想引起几十位参加者的极大兴趣。在大家倡议及国家经委的支持下，同年底在太原成立了第一个国内民间的专门学术团体"管理案例研究会"，次年开始办起了"管理案例教学研究"的学术刊物，余凯成教授任会长和刊物主编，他主持和出版多部案例教学法的译著与专著。

中国台湾地区较之大陆地区更早地开展工商管理教育，自20世纪70年代起，先后有司徒达贤、陈万淇、刘常勇等学者，力主和推荐个案教学法，并编写出版了《企业个案集》（熊祥林主编）、《台湾本土企业个案集》（刘常勇主编）供教师学生使用。此外，要学好案例，对师生的要求都很高，学生得认真准备，积极参加小组和班级讨论，查阅参考文献，构思和拟写发言提纲，这当然比带上笔记本就去听课要难多了；对教师来说更是如此，案例的课堂讨论中将会发生什么情况，很难预计，这次班上出现这种情况，下一次虽讨论同一案例，却可能出现另一情况。冷场了怎么办？出现僵局怎么办？……有点防不胜防，所以，教师备好一堂案例课所花工夫，常远胜于准备一堂讲授课。

总之，案例教学确实是适合管理教育与培训特点的一种十分有效而独特的管理教学方法。

(二) 管理教学案例的特征

1. 鲜明的目的性。这里所说的目的是教学目的，它有两层含义：一是狭义的目的，是指通过对案例的分析，让学生验证、操习和运用管理的某些概念和方法，以达到学生能深刻领会、掌握、提高这些知识和技能的目的；二是广义的目的，这与工商管理教育的基本目标——重在能力培养是密切联系的。这包括未来管理者应具备学习能力（快速阅读、做笔记、抓重点、列提纲、查资料、演绎和归纳等）、人际交往能力（口头和书面表达、陈述见解与听取意见、小组交流沟通等）、解决问题能力（发现和抓住问题、分清轻重主次、分析原因、拟订各种解决问题的措施等）。

2. 高度的仿真性。教学案例是在实地调查的基础上编写出来的实际案例，这种实际案例具有典型性、代表性、非偶发性，这是案例的关键特征。在案例设计中，其问题往往若隐若现，提供信息并非一目了然，有关数据需要进行一定的计算、加工、推导，才能直接用案例进行分析。案例通过模拟显示社会经济生活纷繁复杂的"迷宫"以及"陷阱"，目的是训练学生通过对信息的搜集、加工、整理，最终获得符合实际的决策。

3. 灵活的启发性。教学案例必须设计一定的问题，即思考题。其中有的问题比较外露，有的比较含蓄，但通常是显而不露，留待学生去挖掘。案例中设计的问题并不在多，关键是能启发学生的思考。案例提供的情况越是有虚有实，越能够诱人深入，从而给学生留下充分的思维空间，达到最佳的学习效果。

4. 相当的随机性。管理教学案例的侧重点是介绍真实的管理情形，这种情形中包含了许多对解决问题的思路、途径和办法所做的评论；或者案例对问题的解决只字不提，由学生去观察、挖掘、分析，提出自己认为合适的、满意的解决办法和方案。

（三）管理教学案例的类型

案例可以按不同的角度划分类型。如按篇幅长短，可分为短、中、长、超长四类。短篇案例，通常指2500字以下的；中篇案例指在2500~5000字之间的；长篇案例指超过5000字的；除此以外，将超过万字的案例称为超长型案例。以传载形式看，可以分为书写案例、影像案例、情景仿真案例以及网络上使用的用于远程教育或其他形式的案例。若按编写方式，则可分为自编、翻译、缩删、改编等类。从案例的专业综合程度看，则可分为单一职能性的（如生产、财务、营销等）与跨职能综合性两类。按案例间关系，又可分为单篇独立型与连续系列型两类等。应当指出，这些分类方法都不可能划分得很明确，其中必有些中间性混合过渡的情况。比较有用的分类法，是按案例编写方式和学习功能的不同，将管理案例分为描述性管理案例和分析判断性管理案例。

1. 描述性管理案例。它是指通过调研工商企业经营管理的整体问题或某一部分问题（包括成功的经历和经验与失败的过程和教训），具体地、生动地加以归纳描述，这类案例的最大特点是运用管理实践的事实来印证管理基本理论与方法，人们通过这类案例的分析能够获得某种经验性的思维方式。最为典型的是，中国管理科学院采取"企政研"三位一体相结合的方式撰写的《中国企业管理案例库》。现实中，人们常常把描述性案例与实例混为一谈，实际上，它们之间既有联系又有区别。案例必须是实例，不是实例就不是案例，但实例又不等于案例，而这之间主要区别在于两方面：一是描述性管理案例是管理实践的一个全过程，而实例可以是管理实践过程中的某一个侧面或一个环节；二是描述性案例通常有解决某一问题（决策、计划、组织等）的所有基本事实（人、财、物、时间、环境、背景等）和分析过程，而实例往往仅是表达某一问题的解决方法和运用某种方式的效果。描述性案例更多的是写拟订好的方案，很少叙述执行结果，一般也不进行总结和评价，以给读者留下更多的思考空间。很显然，描述性案例应属于管理教学案例法的范畴，而实例只能属于课堂讲授教学法范畴。

2. 分析判断性管理案例。这类案例是通过描述企业面临的情况（人、财、物、时间、环境等）和提供必要的数据，把企业决策所面临的各种环境、因素问题及意义写成书面材料，使学生身临其境。现在翻译出版的西方管理案例书中，许多都是这类判断性案例。这种案例的编写像录像机一样将企业面临的全部景况从不同侧面实录下来，然后整理成文字数据资料，搬到课堂，供学生分析研究，帮助企业决策。这类案例最接近企业实际，它往往是主次方面交叉，表面现象与实质问题混淆，数据不完整，环境不确定，人们观察与思考具有多维性。由于判断性案例存在着描述企业实际状况方面的非完整性、解决问题途径的多元性和环境因素模糊以及未来发展的不确定性等问题，所以这都给在传统学习模式熏陶下的学生分析研究和在传统教学思维惯性中的教师用管理理论方法来组织引导学生对案例进行分析讲解带来了较大困难。但是，如果我们跳出传统思维方式的窠臼，把案例教学作为培养学生的感觉能力、反应能力和思维能力，以及对案例中企业面临的问题或机遇的敏感程度，对企业内外环境因素所发生变化的对策思路，的确是很有好处的，因为它能增强学生独立判断企业问题或机遇的能力。通过这类案例分析和讨论，还能增强教师和学生的思维、逻辑、组织和归纳能力，并摆脱对权威教科书理论或标准答案的心理上的依赖。而这一切对学生今后迈向真正的企业经营管理实践是大有裨益的。因此这种案例无疑是最典型的，它是国外案例教学的主流。

（四）管理案例教学的作用

管理案例教学的过程具有极为丰富的内容，它是一个学知识、研究问题和进行读、写、说综合训练的过程，这一过程有着重要的作用。

1. 帮助学生建立起知识总体，深化课堂理论教学。一个管理专业的学生按其专业培养计划要求，需要学习的课程较多，除管理专业课外，还要学习诸如会计、统计、财务、金融、经济法学、经济学和哲学等课程。正是这众多的课程构成了学生必要的知识结构，形成一个知识的总体。但是，在教学过程中，分门别类地开出这些课程，出于种种原因，仅依靠课堂讲授，学生总难以把握各门课程之间的内在联系，因而难以形成自己的知识总体。知识的总体建立不起来，也就表明一个学生所获得的知识还是零散的、死板的，是解决不了现实问题的一些知识碎片。在现实社会生活中，书呆子正是这种情况及其危害的生动说明。管理案例分析在帮助学生建立知识的总体结构方面，具有特殊的功能。因为要对一个现实的、活生生的管理案例进行分析，势必要运用各学科的知识，使其相互渗透，融会贯通，否则，就难以分析说明任何一个问题。而且，正是在这种案例的分析说明中，使得分析者头脑中原来处于分割状态、零散状态的知识，逐渐实现了有机结合，形成了知识的总体，表现分析和解决问题的一种能力。很显然，管理案例分析不是理论学习的中断，而是学习的深入，只是这种学习具有很强的针对性，它致力于实际问题的分析和解决。因此，对深化课堂理论教学起着十分重要的作用。

2. 增强学生对专业知识的感性认识，加速知识向技能的转化。管理是一种特殊的复杂劳动，一个管理者仅仅会背诵几条管理理论，而没有判断实际事物的能力是不能解决问题的。正是出于这一原因，作为一个管理者就要特别注意对实际问题的研究，把握事物的个性特征。所以，在管理专业知识的教学中，增强学生对专业知识的感性认识，努力促使学生所学知识向技能转化十分重要。由于管理案例中一些典型素材源于管理实践，提供了大量的具体、明确、生动的感性知识，因此，管理案例的分析过程在丰富学生对专业知识的感性认识，培养学生洞察问题、发现问题和根据实际情况分析问题的实际技能等方面有着重要作用。

3. 推进"启发式"教学，提高教学质量。多年来，在教学上，我们都主张废除灌输式，提倡启发式的教学方法，而且，我们为此也做出了巨大的努力，获得了不少成功的经验。但是，我们过去的不少探索多是在课堂理论教学的范围内进行的，多是强调教师的努力，较少注意到发挥学生在这方面的积极作用。而管理案例分析的独到之处在于，它的教学阵地大大突破了课堂的狭小范围，并一改单纯由教师进行课堂讲授知识的传统形式，要求学生对一个个活生生的管理案例进行分析研究，并以高度的积极性和主动性在理论知识和实例的相互碰撞过程中受到启发，在把握事物内在的必然联系中萌生创见。很明显，案例分析的这种教学方式，对提高教学质量是大有好处的，它在教学领域里，对推动理论与实际的紧密结合和正确运用启发式教学等方面，将产生深远影响，发挥重要作用。

4. 培养学生分析和解决问题的能力，提高决策水平。在一定的意义上说，管理就是决策，而决策就是分析和解决问题的过程。所有案例都隐含着现实管理中的问题，案例将纷繁复杂的管理情景加以描述，以使管理者调动形象思维和逻辑思维，对其中的有关信息进行分类组合、排列分析，完成去粗取精、由表及里的加工过程，理出头绪，揭示问题的症结，寻求解决问题的有效方法。通过对案例情景中所包含的矛盾和问题的分析与处理，可以有效地锻炼和提高学生运用理论解决实际问题的能力。由于在解决案例有关管理问题的过程里，学生唱的是"主角",而教师只起辅助和支持的作用,因此,学生没有依靠,必须开动自己的脑筋,独立地走完解决问题的全过程。这样,经过一定数量的案例分析,能使学生摸索到解决问题过程中的规律,帮助他们逐步形成自己独特的分析和解决问题的方式方法,提高他们决策的质量和效率。

5. 提高学生处理人际关系的能力,与人和谐相处。管理是一种社会性活动,因此,管理的效果不仅取决于管理者自身的办事效率,而且还取决于管理者与人相处和集体工作的能力。案例教学在注重提高学生解决问题能力的同时,把提高处理人际关系和集体工作的能力也放在重要的位置上。要解决问题就必须与别人合作。在案例教学过程中,有许多群体活动,通过群体的互动,取长补短,集思广益,形成较为完善的方案。同时,同样重要的是,在讨论过程中,学生可以通过学习与沟通,体会如何去听取别人的见解,如何坚持自己的观点,如何去说服别人,如何自我指导与自我控制,如何与人相处。人们的思想方法不尽相同,思维方式各异,价值观念也不尽一致,在认识和处理问题上自然会存在分歧,正是在遭遇和处理分歧及人际冲突过程中,学生才能体会到如何理解和包容想法不同、观点各异的同伴,才能心平气和地与人合作,向他人学习并携手朝着共同的目标努力。

6. 开发学生的智能和创造性,增强学习能力。案例独具特色的地方,是有利于开发人的智能和创造性,增强人的学习能力。人的学习能力是分层次的,接受知识和经验是一个层次,消化和整合知识经验是另一个层次,应变与创新是更高层次。学习能力的强弱不仅体现在对理论知识的死记硬背和被动接受上,更为重要的是体现在整合知识和经验的能力上,以及适应不断变化创新的能力上。只有真正善于学习的管理者,才会知道自己需要什么样的知识和窍门,懂得更新哪些方面的知识,知道如何利用知识解决问题,达到既定的目标。

二、管理案例教学的组织引导

管理案例教学的组织引导,是教师在案例教学的课堂上自始至终地与学生进行交流互动,催促学生学习的过程。管理案例教学的组织引导是主持案例教学的重点和难点,它似一只看不见的手,对案例教学产生一种无形的推动作用,是教学成败的关键,作为实施管理案例教学的教师必须高度重视管理案例教学的组织引导。

(一)明确教师角色

在案例分析中,教师与学生的角色关系有所转换,这具体是指在传统的课堂上，从讲授的角度来看，教师的活动似乎减少了。其实，就和演戏一样，这是前台上的表面现象，这并不能否定教师在教学中的重要作用。恰恰相反，在案例分析中，教师的作用非常重要，为了使案例分析课获得好的效果，教师总要煞费苦心、精心设计，这里我们不妨转摘一段一个学生有趣的谈话，来看看教师所耗费的苦心：

  我头一回碰上大型综合性管理案例，是在上一门叫做"政策制定"课的时候。在这以前，我连什么叫政策也不清楚，跟大多数同学一样，头一回去上这课，可真有点紧张，生怕老师点到我。
  一开始老师就正巧把坐在我身边的一位同学叫起来提问，我如释重负，松了一口气，暗暗地说：老天爷，真是福星高照，差点没叫到我！其实，那案例早就布置下来了。我也曾细细读过两遍，而且想尽量把分析准备好。可是说实话，我仍然不知从何下手，心中实在无底。
  我身边那位同学胸有成竹，很快地解释起他所建议的方案来。讲了5分钟，他还滔滔不绝，看来信心十足。我们绝大多数同学都听得目瞪口呆，他真有一套！
  又过了5分钟以后，他居然像魔术师似地拿出几张幻灯片，上台去用投影仪放给大家看，上面全是支持他论点的数据演算和分析，足足花了10分钟才介绍完。
  老师既无惊讶之感，也没夸他，只是礼貌地向他略表谢意，然后马上叫起另一位同学："李××同学，请你谈谈你对王×同学的分析有什么看法？"我心想：真见鬼，难道老师真想让我们也干得跟王×一样好？
  不用说，以后每来上课，同学们全把案例准备得十分充分。原来这种案例就该这样分析，我也能学会！大约一周以后，我可真有点想念王×来了。可是，自打头一课露过面以后，他再没露面。这是怎么一回事？
  原来是老师耍的"花招"，他让一位高年级班上的尖子生来放头一炮，向我们提供了一个案例分析发言的样板。我们知道后都叫了起来："咳，我说呢，他咋那棒！老师真鬼。"可是，老师的目的达到了，他已清楚地向我们表明了他眼里杰出的案例分析发言该是什么样子。虽然最后我们班没有谁撵上王×的水平，但我们心里已有了一个奋斗方向，用不着老师老来督促我们去向某种看不见、摸不着的目标努力了。

  从学生的话中，我们可以看到，这个老师为了设计案例分析发言的"第一炮",他做了多么精巧的安排,费了何等的苦心,而正是这番苦心,使学生获得了具体的真实的楷模,有了可仿效的范例。不难看出,教师在这里扮演的是一个导演的角色,所起的是一个导演的作用,教师没有直接告诉学生应该怎样进行案例分析的发言,可是,他通过精心安排,使"第一炮"获得成功,让同学们明白了应该如何去做,这比直接讲授,效果要好得多,正如这个学生所说的,这是他们看得见、摸得着的目标。

在管理案例分析中,还有许多重要工作需要教师去做,比如,教学进度的确定,规范性案例的选择等。学生在案例分析过程中理论指导和能力的诱发,以及学生分析成果表述的评估和最后的讲评等,都离不开教师的辛勤劳动。具体来说,教师在案例教学中要承担如下角色:

1. 主持人。在案例教学过程中,教师首要的任务是向学生明确教学的内容以及把握教学行进的程序,并在整个课堂教学的过程中维持课堂秩序。具体来说,在教学的开始阶段,教师要像主持人那样引导学生进入学习状态,帮助学生明确教学目的,了解学习的程序、规范和操作方法。同时,还要提出明确的教学要求,编制教学计划和进度表,使学生心中有数,尽早进入学习状态。没有课堂秩序,就不可能进行真正的案例讨论,因此,教师还必须发挥主持人的角色作用,在教学过程中,控制发言顺序和学习进度,使讨论总是围绕一个问题或一定范围的问题进行,使课堂的发言在每一时刻只能由一人主讲,形成热烈而有秩序的讨论气氛。在讨论终结时,教师要发挥主持人的作用,无论对讨论的内容做不做评价,但有必要对讨论的全过程进行总结,使案例教学有头有尾,为学生的学习画上一个完满的句号。

2. 发言人。如果说教师对教学有控制作用,那就是对教学程序和学习大方向的控制,这是通过主持人角色实现的。在教学的具体内容上,教师发挥一定的"控制"作用。但这种"控制"完全不同于课堂讲授上教师发挥的作用。在讲授中的教师可以自己决定讲什么内容,讲多少内容,如何安排这些内容,不需要考虑学生的所思所想。而案例教学中教师的控制作用是通过发言人的角色发挥出来的。"发言人"是一个代表性人物,他的发言不能只代表自己,而要代表一个群体。教师的发言,需要反映学生群体的整体意见,也就是既不能是教师自己的,也不能是学生中个别人的,而是包括全体学生集体成果的思想和意见。当然,发言人不能有言必发,原样照抄,也不能任意取舍,随意剪裁,而是对学生的思想"原料"进行加工简化,对学生的发言做简要的总结和整理归类,有时还要从意思到言语上稍加修正,以求更准确、更科学地反映学生的思想。当学生不能形成统一的意见和共识时,教师还要综合各种不同的看法和决策，向学生做一个既有共性又包含特性的结论性交代。能否扮好这个角色，取决于教师的综合分析能力，以及思想整合能力。

3. 导演者。案例的课堂讨论虽然以学生为主体，但这并不等于完全放任自流，它实际上一直处于教师紧密而又巧妙的监控与指导之下。教师就像那未曾出现在舞台或屏幕之上但却无所不在的导演那样，发挥着潜在的影响力。教师通过导演的角色，使学生知道什么时候陈述自己的见解，什么时候评论他人的观点；教师通过导演的角色，无形规定着哪些学生发言，哪些学生不发言，哪些学生多说，哪些学生少说；教师通过导演的角色，影响全班的联动，同时也影响个人，对其进行个别辅导。导演角色的灵活度很大，同时难度也很大，扮演好这个角色，对教师的群体互动能力和临场应变能力要求很高。

4. 催化剂。催化剂是化学反应中帮助和加速物质变化过程的中间媒体，它本身不发生变化，但在物质的变化过程中却又离不开它。案例课堂上的教师像催化剂一样，促进着学生的讨论学习过程，否则就难以深入，难以取得预期效果。教师催化剂角色的发挥，就是帮助、启发学生，通过一个又一个的提问向学生提出挑战，促使他们思考，将问题由表面引向纵深，一步步地朝着解决问题的方向发展。为达到这个目的，教师会不断地提出这类的问题：这些方案的优点和缺点是什么？如果选择了这个方案将产生什么样的影响？会有什么反作用？有多大风险？必要时，教师还会主持一场表决，迫使学生做出自己的决策。同时，教师催化剂角色的发挥，还体现在促进学生相互交流沟通过程中。在学生交流过程中，发挥桥梁和穿针引线的作用，使各种思想相互撞击和融合，丰富教学的内容。要发挥好催化剂的作用，是很不容易的，需要悉心体会，不断摸索，长期积累，才可功到自然成。

5. 信息库。这不是教师的主要角色，但在某些情况下，特别是在进行"活案例"的教学过程中，这个角色的作用是必不可少的，甚至是非常重要的。在许多情况下，教师需要向学生适当地补充一些必要的信息，充作"提问"和"参考数据库"。在学生主动提出补充有关信息的要求时，教师就应该满足他们的要求。要发挥好这个角色，教师必须在备课时做好充分的材料和信息准备。

教师要自觉抵制诱惑，不能角色错位，充当自己不该扮演的角色：一是不当讲演者。高明的案例教学教师在课堂上往往少露面、少讲话，他们只铺路搭桥，穿针引线，最忌讳经常插话，长篇大论，形成喧宾夺主之势。二是不当评论家。教师不要频繁地、急急忙忙地对学生的见解和活动横加指责和干涉，不要吹毛求疵，评头论足，只能适当地诱导和提醒。教师应当更精心备课，对将要做研讨的案例有深刻的认识,就案例中隐含问题的分析和处理对策有自己的见解。在课堂上,教师也应当在必要时为学生释疑解惑,以及在展开讨论的基础上适当予以归纳、评论。然而,不应忘却和违背"导引而非替代"的宗旨,切忌讲解过度。要致力于引导学生多想、多说,以收到激发思考,集思广益之效。古人说:"君子引而不发,如也"(《孟子·尽心上》),这对于成功的案例研讨是极为重要的。三是不当仲裁者。当学生之间产生争论时,不要马上出来评判是非,充当裁判员,教师见解未见得总是正确、全面的,不能总以"权威"自居,教师若妄下断语,实际上就终止了讨论。

(二)做好教学准备

案例的教学准备是指在选择确定了具体案例之后,根据教学目标,就案例的内容、重点以及教学的实施方法等问题的酝酿筹划。

这些准备工作并不一定按照固定的顺序进行,通常应首先考虑教学目标,其次是案例内容,最后是实施方法,然后再回到内容和实施方法,如此不断地反复。对多数教师来说,课前的准备是不断地试验和纠正错误的过程,直到找出一种最适合自己的办法。

1. 案例内容的准备。以案例内容为主的准备工作包括了解案例的事实和对有关信息的透彻分析。教师对案例事实和数据越熟悉,在教学中就越主动。要避免出现在课堂上胡乱翻找关键的信息和统计数据的现象,所有重要信息都要做到信手拈来。不能因为以前教过了某些案例就认为掌握了这些案例,即使是教了十多遍的案例,也应该不断地翻翻这些案例,重视一下有关人物的姓名和职务,重温一下各种数据并记住在哪儿可以找得到。

除了对案例的情境有把握,教师还应对超出案例情节的相关情形进行了解,掌握更多的背景情况,争取对案例的内容有所扩展。这就要求教师不仅要研读案例,同时,还要阅读报纸杂志上的相关资料,并通过与相关人员谈话,积累丰富的相关的信息。

在案例内容的准备上,教学说明书或教学指导书有时会起更大的作用。通常,公开发表的案例教科书都伴有教学指导书或说明书。指导书的目的是为了帮助教师为课堂教学做准备,其主要内容一般包括识别案例问题、确定教学目标、建议的学生作业、在课堂讨论中可以提出的问题等。不同作者写的教学指导书都是为了某一特定的课程编写的。所以,每个教师在考虑使用一份教学指导书时,要看他的课程是否具备类似的条件。把某一环境中某一门课的一个案例搬到另一环境中的另一门课中往往很难取得理想的效果,需要教师认真把握。

2. 教学重点、难点的准备。由于教学的时间有限，因此，应该对案例中的重要议题做优先安排，根据教学的目标不同，教学重点也应有不同的侧重。有时，可以将重点放在传授知识、理解概念上，在这方面，其他教学形式也许更容易做到。案例教学特有的重点是对问题的识别与分析，对资料与数据进行分类与说明以及制定备选方案和决策。既可以是内容性的，也可以是过程性的，完全根据具体的需要进行选择和确定。在教学重点的准备过程中，必须考虑教学目标与学生特点等因素，避免凭教师的主观想象来确定教学重点，造成学生需要的没有作为重点，学生掌握不了的或已经掌握的，却被作为重点强调和发挥这样的局面。

3. 教学实施方法的准备。根据教学目标和教学重点，教师通常需要制定教学实施计划，明确一系列方法步骤。比如：教师希望课堂上发生什么？如何使其发生？讨论按什么顺序进行？是先做决策然后再分析，还是先分析再决策？案例的每一部分需要讨论多长时间？是对讨论进行控制，还是任其自由发展？以上所有问题都应在教学实施计划中做出回答。教学实施计划通常涉及预习思考题、课堂时间分配、板书计划及拟定提问学生名单等方面的问题。不同教师的课堂计划所包含的组成部分和具体内容不尽相同，其详细的程度也不一样，有的将其写在纸上，有的则存在脑子里。下面就以上几个方面的具体准备内容做一般性介绍。

（1）布置预习作业。由于案例教学的特殊形式和作用，在案例教学前让学生进行课前预习非常必要。因此，给学生布置预习作业就成为案例教学的重要一环，也是教学实施准备的基础工作。在案例教学中，学生的预习作业主要包括：阅读案例及其参考资料和针对具体案例的思考题。为了促进学生的课前准备，教师可以要求学生就自己准备的案例写一份书面分析。预习作业中的思考题，通常隐含教师的教学意图，对学生的分析起着导向的作用，是非常重要的一个环节，它可以作为"引子"，是值得认真琢磨和探讨的问题。案例教学中没有一定要遵循的布置预习作业的准则，由于教学风格的不同和教学目标的特殊需要，教师可以灵活安排，随时调整。

（2）课堂时间分配计划。为使教学时间得到有效利用，制定课堂时间分配计划是必要的，特别是对那些教学经验少的教师更是如此。课堂时间的分配计划不仅规定课堂上各种活动各占多长时间，而且还包括将讨论问题的顺序。从教学经验来看，时间计划既不能规定太死，也不能毫无限制，时间计划性太弱，可能使教学发生任意性，容易使教学偏离目标。

（3）板书计划。课堂上的板书往往不为一般教师所重视，特别是在案例教学过程中,板书的书写更容易被当作可有可无、可多可少的,是一件较为随意的事情。然而,一些对教学有丰富经验的教师,则尤为重视板书的作用,他们在教学之前,刻意做板书计划,对那些重要问题和重要内容常做一些强调,加强对学生的引导。有的教师甚至会对哪些问题写在黑板的什么部位都做预先的规定,比如,将分析的内容写在左边,将建议的内容写在右边。许多包含重要内容和重要问题的板书,往往会从头到尾地保留在黑板上。这些板书,无疑会对学生有着非常重要的提示和指导作用,教师根据教学的需要,可随时将这些"要点"展示在学生面前,学生从这些"要点"中受到提醒,使其思考得以连贯,学到的概念得以进一步的强化。

(4) 拟定提问名单。为了提高课堂讨论质量,创造良好的教学气氛,在事先对学生有所了解的前提下,拟定一个提问名单,不失为一种好方法。提问名单没有固定的模式,一般可以包括如下一些思路:一是确保班上每一个人在课堂里至少有机会依次发言;二是找到那些与该案例特定情境有相关的技能和经验的学生,并予以重点考虑;三是当分析案例遇有较大困难时,要确保选几个,至少是一个合适的学生来打破僵局;四是当课堂上没有人举手发言时,教师能有一个名单可用。制定提问名单同鼓励学生积极发言并不矛盾,即使名单上列出了某个学生,教师仍希望他们自己举手发言。关于教师应否使用提问名单,可以根据教学需要,自行处理。

(5) 课堂的课题引入与结束。如何使学生在案例教学中快速进入正题,如何使学生在讨论结束后有一个整合,这与课堂的开始和结束有很大的关系。好的开始是成功的一半。因此,教师需要就如何推动课堂讨论做认真的准备。好的教学需要找到合适的切入点,比如,如何引入案例,如何谈到所布置的阅读材料,如何就已布置给学生的思考题让其发挥。可供切入的点许多,关键是要做到自然巧妙,能抓住学生的兴趣和注意力。同开始一样,一堂案例课的结束虽不是教学的主体,但却有独特的作用,是不可缺少的教学组成部分,形象一点地理解,可将课堂教学的结束看作"点睛"之笔,通过结束过程突出重点,使之显得有生气,这在很大程度上决定于如何去"点睛",有的教师会对学生的活动进行总结,同时指出课堂讨论的优缺点;有的教师会既不总结也不评论,而把总结的任务留给学生独立完成。很难说哪种方法好,应根据实际情况而定。

4. 物质准备。在案例教学的准备过程中,往往容易被忽视,而又非常重要的是教学场地等物质设施的安排。物质性设施的准备是案例教学中重要一环。教学之前,教师必须检查教室的布局是否利于学员参与学习,必须提供必要的条件，使教师能够迅速认识学员并使学员相互彼此认识，并保证和促进其交流与沟通。因此，明智的教师有必要在教室的物质性设施上动一番脑筋，下一番工夫。

理想的教室布局需要根据场地的形状、面积和学员人数进行灵活调整。因此，案例教学是不可能有固定教室布局的，但没有固定的布局并不意味着可以随意安排，而要遵循一定的原则。案例教学教室布局的原则主要有四条：一是要满足听与看的条件，即学员可以在任何位置上听到教师和其他学员的发言，不需移动位置就可以看到教师、写字板以及教室内设置的其他视听设备；二是要保证教师不受限制，可以走到每一个学员的位置前进行对话和指导；三是每个学员可以很便利地离开座位走到讲台前或其他学员的面前，进行面向全班的交流和学员之间面对面的交流；四是根据学员人数的多少，扩大或缩小课堂的沟通半径。

实际上，大多数大学和教育培训机构中的传统式教室（或许还应算上一些公共设施如酒店等的会议室）都是一间长方形的房间，室内一端放置有一个讲坛或讲桌，条桌和坐椅一排排地放置，布满全室。对于讲课这类单向沟通来说，学员的主要任务是聆听教师的讲解，这种布置方式是实用的。不过，这可能并不算是最佳的布局，因为后排的人往往很难看得见讲演者。但这是一种常规的布局方式。从案例教学的角度看，这种布局带来了不少困难。案例讨论要求的是双向沟通，这种布局方式使坐在后排的人发言时，只能面对前面各排同学的后脑勺，这很难实现流畅的双向沟通。对于坐在前面的学员来说，要他们扭过头去看着后排正在发表的同学，同样也非易事。从使用案例来考虑，这种布局对教师强调过多而对学员重视不够。

对于小组，使用案例的理想布局是一张完整的圆桌，坐椅呈环状布置。环状意味着全体参加者地位均等，平起平坐，大家的视线可以顾及每一个人，使组员得以面对面地沟通。环形布局有一些其他变化形式。例如，可以利用方形或矩形布局，也可以采用六边形或八边形布局，在参加讨论的人数不多的情况下，六边形和八边形或矩形更可取，因为这两者都能改善学员的视野，但随着学员人数的增加，以上这些布局开始显现出不足。桌子的尺寸总是有限的，人数增加，参加者之间的距离就会随之迅速增加，桌子中央的无用空间不但被浪费，而且还成了沟通的障碍。对于较大的组，就不能像小组那样安排，而需要采用其他布局方案。以半环形、好似台阶式的方式，用成排的坐椅布置出的各种形式，是较为理想的方案。坐椅最好是可移动的，或至少是可转动的，以便前排的学员可以轻易地转过身来，看见他们身后的学员。放在每位学员前面的课桌或条桌的大小，应不但能使人舒适，还能放置案例和参考材料，其尺寸不必太大，比正常的打印案例尺寸宽一点即可，大约30厘米是较适当的尺寸。

（三）积极组织引导

课堂组织和引导的效果是否理想，课堂引导的原则是否得到较好的体现，教师的角色和作用能否得到较好的发挥，不仅取决于教师主观刻意的追求，更紧要的是要具备较厚实的功夫，掌握并善于运用课堂组织引导的技能技巧。掌握了多种引导技能技巧，教师就能在课堂上进退自如，四两拨千斤；缺乏引导的技能技巧，就会面对复杂的教学环境，束手无策，难以驾驭课堂。课堂组织引导的技能技巧难以穷尽，何时何处在何种情况下采用何种技巧更难以在纸面上准确叙述，而是需要教师经过一段时间的教学实践，不断地探索和积累，才能有所把握。

1. 善于把握教学节奏。课堂引导就如同带一支队伍，教师要尽力做到出发时有多少人，到达目的地时还有多少人，也就是说，当学习的过程完成后，所有学生都能达到预期的学习目的。由于案例教学前后延伸的时间长，经历的环节多，特别是始终处在较开放的教学条件下，因此，不可能像讲座那样可以由教师直接操纵和控制，教学行进速度和节奏可以不受其他因素的影响，完全由教师一人决定。在案例教学过程中，难免会遇到节外生枝、偏离主题的情况，如不能及时予以处理，就会影响和分散一些学生的注意力，渐渐地会使有的学生"落伍"和"掉队"。因此，在总揽全局、整体把握的前提下，教师必须根据教学的具体进展情况，不断地进行"微调"。其中，合理地把握教学的节奏就是进行微调的一个关键技能，值得教师去细心体会和认真掌握。进度的跳跃，会破坏连贯思维，使学生产生困惑；进度缓慢，会淡化学习的兴趣，使学生产生懈怠情绪。所谓合理的节奏，就是快慢适度，松紧自如。调整进度，把握节奏，可以采取以下方法和技能：

（1）具备善于澄清学生意见和见解的能力。具备善于澄清学生意见和见解的能力才能及时避免观点混淆和学生间的误解。课堂交流的效果是好还是不好，首先体现在发言人是否准确地表达了自己的意见，听取发言的人是否完整地理解了发言人的意思，两者中有一方出了问题，误解就在所难免。因此，要使教学能有效地进行，教师就要从最初较容易出现差错的地方着手，帮助学生表达和理解。为此，教师可以运用一些操作性、实用性较强的问句去引导和澄清学生发言中需展开和完善的概念，或请发言的学生进一步解释说明自己的意见，或通过教师表述其意思，然后征询发言学生意见。澄清概念和观点，不仅可以及时增进师生以及学生之间在语言含义上的理解，提高教学效率，同时，还常常可以避免许多无意义的争论。当然，案例教学适度争论是必要的、有益的。但一旦争论超出了一定的限度，就会造成无意义的纠缠，甚至攻击。一旦达到了这种程度，争论双方都会置初始的概念和见解于不顾，掺杂许多个人情绪，不是为了辨明是非，而是为了争胜负。这时，通过澄清概念，可以把学生拉回到最初探讨问题的状态中去，从紧张和对立的情绪中摆脱出来。同时，在概念澄清过程中，往往还可以发现许多共同点，进一步增进理解。

(2) 要检查认同程度、把握学习进度。由于学生在思维方式、表达习惯、理解能力、经验积累等方面存在着差异，对教学中遇到的问题和探讨的道理，有的学生可能理解和接受得快一些，有的学生则慢一些，要保持全体学生相对同步，教师有必要适时检查学生思想进度及对问题的认同程度，进而适度控制进展节奏，以免学生学习进度的差距拉得太大，妨碍广泛的思想交流，影响课堂的讨论交流效果以及学生的参与程度。因此，教师在课堂上要注意首尾相接，不断提出问题，了解学生是否将注意力放在了问题的主线上，并了解学生是否对有关问题有了相应的理解。一旦发现有学生走得太快，及时引导，使其适当地放慢进度；对跟不上的学生，则集中力量加以引导，使其加快步伐，同全班保持同步。在检查学生对问题的认同程度、学习进度的过程中，还有另一个问题值得注意，由于学生研究问题的兴趣不同，一些学生往往被枝节的问题所吸引，而分散了注意力。因此，教师要善于体察学生的思想动态和心理过程，及时发现偏离主题的情况并加以引导，把其注意力集中到关键的问题上来。

(3) 要善于做好阶段性小结和总结。在课堂引导中，教学节奏的明确标志体现在阶段性的小结和最后的总结上。当教学的一项内容或一个过程完成时，往往需要进行小结，归纳阶段性的成果和收获，使学生对全班的学习成果有一个概要性的认识，并进行条理化、结构化，明确要点和重点，为进行下一步的学习和研究打下基础。因为案例教学是一个分析问题和解决问题的过程，只有一环扣一环地探索和铺垫，循序渐进地向前推进，才能形成有说服力的方案和解决问题的方法。值得教师注意的是，阶段性小结和最后总结的内容不是教师自己对问题的认识、分析和看法，而是就学生对问题的分析和看法的重点进行归纳。总结也不一定需要太长时间，5 分钟可以，15 分钟也行，只要把握住重点，提纲挈领地理出几条，即能达到目的，切忌在总结中大发议论，喧宾夺主，影响学生学习的主动性和积极性。

2. 进行课堂有效沟通。管理案例的课堂教学是师生之间、学生之间进行沟通，实现思想交流、达成共识、取长补短、相互学习的过程。课堂上教师的发言总量的多少、沟通时机的把握、沟通方式的运用等种种因素，都直接影响课堂引导的质量和教学效果。因此，课堂上的沟通能否有效，在很大程度上取决于教师的沟通技能与技巧。

（1）要给出明确的指导语。教师的主持人角色和发言人角色，具体体现在他对课堂活动所做的总体性和阶段性的安排及组织上。要发挥好这个作用，教师就要善于明确地、简要地将教学的目的、程序、方式、方法等向学生交代清楚，使学生能够尽早地在教师确定的规则下形成自组织状态。所谓自组织状态就是学生不需要教师的介入，自行组织进行教学活动的状态。指导语在案例教学中，是教师向学生进行授权，帮助学生达到自组织状态的关键。如果处理不好，就可能出现暂时失控的情况。因此，给出明确的指导语，是把握课堂教学的重要技能。指导语要恰当明了、突出重点，添枝加叶、反复解释会冲淡重要的信息，使学生难得要领。对关键的信息，重要的内容和程序，适当加以强调，有时还有必要适当举例和示范加以说明解释，引起学生的注意。

（2）对学生在课堂上的表现和发言予以及时反馈。反馈是激励学习的重要手段，因为反馈是教师对学生发言内容的理解验证。要理解学生就必须真诚、精心地去听。除此之外，反馈是教师引导把握教学方向的有力工具。在课堂讨论中，教师可以通过反馈，讨论学习中的重点内容、观点，把有独到见解的发言提纲反映出来，使有价值的闪光点得到突出和放大，使学生能够朝着正确的学习线路进行思考和研究问题。反馈可以采取不同方式，比如，可采取言语表述方式，也可采取写板书的方式，必要时，还可以与个别学生进行课外的交流并予以适当指导。有时，写板书的方式比只用言语表述的反馈效果会更好些。一是因为这样的反馈更直观明了，二是学生可能会受到更强的激励。值得探讨的还有一点，就是在对待学生所提出的尖锐问题和棘手难题时，教师不能回避，必须做出合情合理的解释和响应。来不及在课堂上说明的，可以采取课后单独交流的方式来完成。因为，学生提出的许多尖锐问题往往是其最关注的问题，非常希望得到教师的重视和认可，如果这时教师予以回避，势必会影响学生的学习积极性。

（3）善于打破冷场。所谓冷场指的是当需要学生发表意见和看法时，课堂保持较长时间的沉默。冷场是教师和学生都不愿看到的事，但在整个教学过程中偶尔出现冷场的情况也在情理之中。重要的是，当出现冷场时，教师能否采取灵活的方式方法，运用恰当的技能技巧，及时有效地启发引导，打破沉默，使课堂气氛热烈起来。冷场的现象可能由不同的原因造成，因此要解决冷场问题，必须针对不同的原因，采取不同的方法。分析起来，冷场多是发生在以下几种情况之下，一种是在教学开始阶段，可能由于不熟悉，学生带有一些防备心理，慎于开口，这时教师可以采取一些"破冰"或称"热身"的方法，激励学生。所谓"破冰"、"热身"就是创造某种环境，使学生心情放松，在不自觉中参与培训的教学技能，就像体育运动所称的"热身运动"一样，教学开始阶段的"热身"和"破冰"，对帮助学生进入状态很有意义。在学生相互不熟悉的情况下，还可以通过点名的办法或者"顺序发言"办法，打破冷场，这对学生保持在以后的时间里继续发言也是非常重要的。研究发现，在集体讨论中，已经发了言的人往往再发言的可能性更大，而没有开口的人，则往往倾向于保持沉默。发言和不发言都犹如带着惯性。因此，在教学阶段教师就应尽力想办法让每一个学生都发言。另外，还有一种可能带来冷场的情况，当课堂中由几位擅长发言的学生主宰时，一旦他们不发言，冷场就出现。这时，既要引导擅长发言的学生继续发言，又要引导不开口的学生对面前的发言谈看法，逐步让缺乏自信和羞怯心理较重的学生适应讨论和交流的环境。为了避免冷场，教师还需讲究一下提问的方法和角度，尽量避免过空过大。过于抽象的问题，往往会使学生难以准确地把握问题的含义，无从开口。当教师提出问题后，没有得到响应，就回头来想想提的问题是否不够具体，指向是否够明确，一旦发现是这种情况，就应及时地将问题细化，做进一步解释和说明。

（4）出现背离正题，及时引回。许多人在一起讨论，很难避免出现海阔天空、离题万里的偏差，这时不必焦躁，也不妨静观一下，很可能会有学生主动出来纠偏。如果走得过远，时间宝贵，不容再等，也可由教师干预，但切忌粗暴，口气要委婉些。如能培养学生自治，集体控制讨论，那当然是上策了。

（5）做好讨论的收尾。收尾并没有什么固定的格式。有的老师喜欢做一个简要的结论性小结，或做一番讲评收尾。学生这时喜欢围绕着教师问这类问题："老师，您说谁的说法对？""要是换了您，会怎么办？""什么才是正确答案？"明智一点，最好别正面直接回答。一是有违学生自学与自治原则；二是管理问题，本无所谓"唯一正确"或"最佳"答案，何况学生中很可能更有见解，所以，有的教师是让学生集体做总结，比如问："大家觉得今天有哪些主要收获和心得？"也可以让一位学生带头小结，再让大家补充。因为既无所谓"标准答案"，因此，重要的是使每个人去总结自己的体会。在这个案例的具体情况下，问题及其原因已经找出了，你到底打算怎么办？当然还该知道，别人有不同意见吗？为什么？这些才是要紧的。

（6）课堂发言的掌握。在案例讨论的各个阶段，教师都面临着掌握课堂发言过程的问题。课堂发言是全班信息共享、形成共识的过程，利用好有限的时间，集中学生高质量的见解和解决问题的思路、办法，创造良好的交流氛围，也是教师掌握课堂发言的关注点和主导方向，这是教师引导教学的难点和重点，对教师的角色发挥和教学技能的发挥提出了很高的要求，其基本任务便是妥善处理四类常见的问题。

其一，发言过少。每次在讨论时总有一些人发言很少或完全不发言。两小时左右的讨论，很难使30个以上的学生都有效地参与讨论。因此，班级规模超过这个数，很多学生显然不可能发言，问题是要防止同一批学生每次讨论都不发言。因此，教师要尽力避免这种情况的发生，采取多种办法帮助那些发言过少或根本不发言的学生。要做好这一点，前提就是要了解学生。人与人之间有很大的差别，人们对不同事物的敏感度也不一样，教师应在教学过程中，注意发现学生的个性特点，对"症"下药。对那些要面子的学生则可以客气的方式，劝导其发言，对于过于腼腆的学生还可以私下与之交流，个别提供指导，给他们鼓励，帮助他们战胜怯场的弱点。同时，教师要注意搜寻那些新举手的人，及时给他们创造发言的机会，注意观察经常不发言者的兴趣，从他们的兴趣入手，引导他们发言，还可提一些简单的是非判断题请不善发言的人作答，由少到多地引导他们发言，有时还可以要求学生每人至少说一句话，但不能重复别人已经说过的，或仅仅复述案例内容而没有个人见解或解决措施。总之，这些办法的真正作用，在于强调参与发言本身的重要性，对创造良好的交流氛围大有好处，至于采取哪些具体办法，可以根据教师的喜好和学生的特点灵活处置。

其二，发言过差。虽然学生都发言了，但其发言的态度与质量却不能令人满意，这种事情也是有可能发生的。偶尔放过一些水平不高的发言是可以的，也是正常的，但是，经常容忍学生低水平发言，最后会使整个学习班趋于平庸，所以有时必须要采取一些措施，改善发言过差的情况。首先要分析其原因，看是教师方面的原因，还是学生方面的原因？不同的原因，应采取不同的对策和方法。是教师的问题，就要注意总结经过，分析是教师提出的要求和标准太高，学生无法达到，还是阅读时间的余地太小，难以深入解析案例？等等。发现问题，及时纠正。如果是学生的原因，属于能力等客观问题，可以原谅，属主观努力程度不够，没有很好地预习案例，课堂讨论得不好，可以要求学生重新再来，促使其认真对待。总之，解决发言过差的问题是为了提高讨论质量，带动全班学习的整体水平，教师要认真对待，慎重处理。

其三，发言过多。正像有些学生发言过少一样，也可能有些学生在课堂讨论中发言过多，这往往会影响其他学生的参与程度，破坏讨论的发言气氛。因此，适当对发言过多的学生加以限制是必要的。在院校学生的案例课上，那些口若悬河的人成不了太大的问题，因为，在一个大家彼此相处了较长时间的班级里，群体压力会迫使那些讲话滔滔不绝而又空洞无物的发言者有所限制，"自我矫正"。但在具有丰富经验的管理者的培训班上，教师所面对的是一批彼此相处不久的学生，如果讨论的题目撞在了他们的兴奋点上，很有可能一发而不可收拾，教师要特别注意观察，必要时，可以有意识地限制他们发言，或者以诙谐的办法打断他们的长篇大论，限制他们发言的次数。有时，一堂课上，多数学生争相发言，都颇有见地，只是时间不够，不可能每个人都尽兴，那就只好限制每个人的发言时间。制定一个规矩，一个大家都必须共同遵守的规矩，比如，规定每个人就每个问题的发言最多不可超过 5 分钟。在这个规定前提下，教师再进行"协调"和"平衡"，则显得容易些了。

其四，发言过当。发言过当主要是指讨论中出现空洞无物、关系不太大或不得要领的发言。发言过当是影响讨论效果的原因之一，需要教师及时引导，及时纠偏。解决发言过当的问题，首先要由教师明确具体的讨论题目，要求学生将注意力集中到某一问题上或某一范围内。如果遇到与确定的问题有关但暂时还未涉及时，教师可以说：让我们把这个问题放一放。必要时，还可以把学生引出的这些问题记录在写字板上，这样，既可以调动发言学生的积极性，又可以将这些将要涉及的问题存下来，留做话题。当遇到那些空洞无物的发言时，可以适当地打断发言者，请他结合一些数据加以说明，有哪些证据支持他的观点？通过这些问题，可以引起发言者的思考，帮助学生学会分析问题的方法。当然，处理发言过当的情况还应该注意因人而异，不要采取一种方法对待所有学生。比如，一个从不发言的学生第一次发了言，即使没有讲出什么内容，也可以鼓励他，而对一个经常喋喋不休的学生，教师可以果断地打断他的发言。

到底采取什么样的发言引导办法，掌握讨论发言的过程，需要一个系统的考虑，必须从教学目标、课堂讨论的整体进程和学生的具体情况出发，不能"灵机一动"，随意处置，否则会迷失方向，丧失重点。为实现总体意图，采用的方法可以千差万别，但需要遵循的一个基本原则是：在任何情况下，都不能伤害学生的感情，至少不能从主观上面打击学生的积极性。有时，极个别学生的冷漠和不参与态度不能改变，那就让他去保持自我，其实教师不可能解决所有学生的所有问题。

三、管理案例的学习过程

学生是案例教学中的主体，案例教学的过程基本上是学生通过自己努力来逐步领悟的过程。换句话说，案例教学的过程，对学生来讲，既是一种收集分辨信息、分析查找问题、拟订备选方案和做出最后决策的纵深演进的过程，同时也是个人阅读分析到小组学习讨论，再到全班交流，形成共识的过程。学生在案例教学过程中要做好以下工作：

（一）重视课前阅读

阅读案例是进行案例分析的基础，没有一定数量和一定质量的阅读，要做好案例分析是不可能的，实质上它是将纸上的情况变为脑中的情况的转换加工过程，能否既全面、客观又突出重点地接受案例的信息，首先取决于对案例的阅读质量，为了达到有效的阅读，可以从以下方面着手考虑：

1. 案例阅读的目的与时间安排。阅读的目的，不仅是为了了解案例的内容和所提供的情况，而且要能以尽可能高的效率做到这一点，因为学习负担总是那么重，谁能以最短时间读完并理解它，谁就能占优势。不过所说最短时间，不是指到了次日进行课堂讨论了，当晚才急匆匆翻阅、囫囵吞枣，不花工夫是无法理解、分析和消化案例的，大多数案例至少要读两次，若要分析深透，两次也不够，要知道教师们可能已经把案例反复读得很熟，甚至能背诵了，学生当然不必下这么大工夫去阅读，但要准备至少读两遍。

记住这一要求，便可以预做时间安排了。一般来说，一个大型综合案例，约2小时30分至3小时精读一遍，外文案例当然要更长些。如果同时有几门课，全有案例分析，合并专门时间（比如一整天或两个下午等）集中阅读效果较好。有经验的学生，总是安排在每周五、六和周日，先把下周要学习的案例阅读一遍，以便能有充足的时间深思，有备无患，万一下周出了应急情况，使你无法再读，但由于你已知道大概，不至于进课堂脑内空空、仓促应战。

2. 案例阅读的步骤与方法。不要一开始就精读，而应分两步走：先粗读，待知其概貌再精读，究其细节。粗读是浏览式的，而且要掌握诀窍，这就是先细看第1、2页，其中往往交代了背景情况及主要人物所面临的关键问题。有时候如果开始没有介绍背景，赶快先翻至末页，因为背景在最后介绍也是常见的。如果还没有读到，就只好从头读下去，直到找到为止。背景介绍找到后，要反复看，不可浮光掠影，要透彻了解，到能用自己的语言描述出来为止；了解了背景后，应快速浏览正文中余下的部分，注意小标题，先看每一节的头一段的头几句，不必齐头并进，同样下工夫，因为粗读的目的，是做到心中有数。很快翻完正文，就要迅速翻阅正文后面所附的图表，先注意是些什么类型的图表，有资产负债表和损益表，有组织结构系统图，有主要人物的简历列在表中，是否已列出一些现成的财务经营表，搞清这些可以帮你节省不少分析时间，否则你若盲目地读，做了许多分析，最后再看附图，其实已经提供了这些分析，岂不白花了你的宝贵时间与力气。图表分为两大类，一类是多数案例都常有的，比如：一般财务报表、组织结构图等；另一类是某案例独有的。对于前者，要注意有什么不同于一般的奇特之处，如财务报表里有一笔你没见过的特殊账目，就得标出来留待以后来细加探究，你若能在这些常被人忽略的地方有发现，则在全班讨论时就可能有独到之处。

对正文与附图有了大体了解后，就可以从容地从头到尾再仔细读之，如记点眉批和备注，但不要重复文中所述，应点出要害，引进你自己的观察结果、发现、体会与心得，记住与下一步分析有关的概念。如果是外文案例，做点摘要是有好处的。一边读正文，一边要对照有关附图，找出两者关联。对于技术、组织方面的复杂描述不要不求甚解，一定要搞清楚。要把事实和观点分开，还要分清人物说的和他们实际做的，看两者是否一致。不但要注意他们说过和做过什么，还要注意他们有什么没说和没做的以及为什么这样。千万不要对文中人物所说的看法和结论都照单全收，信以为真，而要想一想，真是这样吗？正文全看完，要再细看附图，搞清其中每个主要组成部分。全班讨论前夕，最好挤出一点时间把案例重读一遍，温习一下。不过，步骤可不全同于上次。虽然先看背景情况，但接着先不要读正文，而是先看图表，顺序最好倒着看，即先从最后一幅看起，弄清细节，特别留心反常的图表或项目。这样做的原因是，因为粗读时，往往越读越累、越厌烦，也就越马虎，结果虎头蛇尾，对后面的理解不如前面的深入，尤其时间紧迫时，倒读更为保险。

（二）做好分析准备

个人分析与准备是管理案例学习的关键环节，其目的是完成信息的取舍，找到有效信息的因果关系，是学生创造性学习的过程。这个环节的基础打好了，不但可以为个人的决策提供可靠的根基，而且可以将全班的讨论交流朝着高质量、高水平推进。同样，做好个人分析和准备有其内在的规律，需要学生认真琢磨、体会。

1. 案例分析的基本角度。案例分析应注意从两种基本角度出发：一是当事者的角度。案例分析需进入角色，站到案例中主角的立场上去观察与思考，设身处地去体验，才能忧其所忧，与主角共命运，才能有真实感、压力感与紧迫感，才能真正达到预期的学习目的。二是总经理或总负责人的角度。这当然是对综合型案例而言。高级课程就是为了培养学生掌握由专业（职能）工作者转变为高级管理者所必需的能力。因此，这种课程所选用的案例，要求学生从全面综合的角度去分析与决策，这是不言而喻的。

2. 案例分析的基本技巧。这种技巧包括两种互相关联和依赖的方面。第一，就是要对所指定的将供集体讨论的案例，做出深刻而有意义的分析。包括找出案例所描述的情景中存在的问题与机会，找出问题产生的原因及各问题间的主次关系，拟定各种针对性备选行动方案，提供它们各自的支持性论据，进行权衡对比后，从中做出抉择，制定最后决策，并作为建议供集体讨论。第二，被人们所忽视的就是以严密的逻辑、清晰而有条理的口述方式，把自己的观点表达出来。没有这方面的技巧，前面分析的质量即使很高，也很难反映在你参与讨论所获得的成绩里。

3. 案例分析的一般过程。究竟采用哪种分析方法，分析到何种深度，在很大程度上要取决于分析者对整个课程所采取的战略和在本课中所打算扮演的角色。但不论你的具体战略如何，这里向你提供一个适用性很广、既简单又有效的一般分析过程，它包括5个主要步骤：①确定本案例在整个课程中的地位，找出此案例中的关键问题；②确定是否还有与已找出的关键问题有关但却未予布置的重要问题；③选定适合分析此案例所需采取的一般分析方法；④明确分析的系统与主次关系，并找出构成自己分析逻辑的依据；⑤确定所要采取的分析类型和拟扮演的角色。

4. 关键问题的确定。有些教师喜欢在布置案例作业时，附上若干启发性思考题。多数学生总是一开始就按所布置的思考题去分析，实际上变成逐题作答，题答完了，分析就算做好了。作为学习案例分析的入门途径，此法未尝不可一试，但不宜成为长久和唯一的办法。老师出思考题，确实往往能够成为一个相当不错的分析提纲，一条思路，但那是他的，不是你的，不是经过你独立思考拟定的分析系统。按题作答不可能是一套综合性分析，多半只是一道道孤立的问题回答。最好是在初次浏览过案例，开始再次精读前，先向自己提几个基本问题，并仔细反复地思索它们：案例的关键问题，即主要矛盾是什么？为什么老师在此时此刻布置这一案例？它是什么类型的？在整个课程中处于什么地位？它跟哪些课程有关？它的教学目的是什么？除了已布置的思考题外，此案例还有没有其他重要问题？若有，是哪些？这些问题的答案往往不那么明显，那么有把握，不妨在小组里跟同学们讨论一下。这些问题要互相联系起来考虑，不要孤立地去想。最好一直抓住这些基本问题不放，记在心里，不断地试图回答它们，哪怕已经开始课堂讨论了。一旦想通了此案例的基本目的与关键问题，你的分析自然纲举目张，命中要害。要是全班讨论后你还没搞清，可以再去请教老师和同学。

5. 找出未布置的重要问题。真正很好地把握住案例的实质与要点，这是必须做的一步。一般凭自己的常识去找就行，但要围绕本案例的主题并联系本课程的性质去发掘。找出这些问题的一个办法，就是试着去设想，假如你是教师，会向同学们提出一些什么问题？有些教师根本不布置思考题，或讨论时脱离那些思考题，不按思考题的思路和方向去引导，却随着大家讨论的自然发展而揭示出问题，画龙点睛地提示一下，启发大家提出有价值的见解。你还得想想，在全班讨论此案例时可能会提出什么问题？总之，要能想出一两个问题，做好准备，一旦老师或同学提出类似问题，你已胸有成竹，便可沉着应战。

6. 案例分析的一般方法。案例的分析方法，当然取决于分析者个人的偏好与案例的具体情况。这里想介绍三种可供选用的分析方法。所谓一般方法，也就是分析的主要着眼点，着重考察和探索方面，或者是分析时的思路：

（1）系统分析法。把所分析的组织看成是处于不断地把各种投入因素转化成产出因素的过程中的一个系统，了解该系统各组成部分及其在转化过程中的相互联系，就能更深刻地理解有关的行动和更清楚地看出问题。有时，用图来表明整个系统很有用，因为图能帮助你了解系统的有关过程及案例中的各种人物在系统中的地位与相互作用。管理中常用的流程图就是系统法常用的形式之一。投入—产出转化过程一般可分为若干基本类型：流程型、大规模生产型（或叫装配型）、批量生产型与项目生产型等。生产流程的类型与特点和组织中的各种职能都有关联。

（2）行为分析法。分析着眼于组织中各种人员的行为与人际关系。注视人的行为，是因为组织本身的存在，它的思考与行动都离不开具体的人，都要由其成员们的行为来体现，把投入变为产出，也是通过人来实现的。人的感知、认识、信念、态度、个性等各种心理因素，人在群体中的表现，人与人之间的交往、沟通、冲突与协调，组织中的人与外界环境的关系，他们的价值观、行为规范与社交结构，有关的组织因素与技术因素，都是行为分析法所关注的。

（3）决策分析法。这不仅限于"决策树"或"决策论"，而且指的是使用任何一种规范化、程序化的模型或工具，来评价并确定各种备选方案。要记住，单单知道有多种备选方案是不够的，还要看这些方案间的相互关系，要看某一方案实现前，可能会发生什么事件以及此事件出现的可能性的大小如何。

7. 明确分析的系统与主次。这就是通常说的"梳辫子"，即把案例提供的大量而紊乱的信息，归纳出条理与顺序，搞清它们间的关系是主从还是并列，是叠加还是平行，等等。在此基础上分清轻重缓急。不论是你的观点还是建议，都要有充分的论据来支持，它们可以是案例中提供的信息，也可以是从其他可靠来源得来的事实，还可以是自己的经历。但是，案例中的信息往往过量、过详，若一一予以详细考虑，会消耗大量的精力与时间，所以要筛选出重要的事实和有关的数据。最好先想一下，采用了选中的分析方法分析某种特定问题，究竟需要哪些事实与数据？然后再回过头去寻找它们，这可以节省不少时间。此外，并不是所需的每一个事实都能找到，有经验的分析者总是想，若此案例未提供这些材料，我该做什么样的假设？换句话说，他们已对某一方面的情况做出恰当的、创造性的假设准备。分析的新手总以为用假设就不现实、不可靠，殊不知，在现实生活中，信息总难以完备精确，时间与经费都往往不足以取得所需要的全部信息，这就需要用假设、估计与判断去补充。既然是决策，就不可能有完全的把握，总是有一定的风险。最后还应提醒一点，能搞出一定定量分析来支持你的立场，便可以大大加强你的分析与建议的说服力。能创造性地运用一些简单的定量分析技术来支持自己的论点，正是学生在案例学习中所能学到的最宝贵的技巧之一。这种技巧一旦成为习惯或反射性行为，就能使你成为一个出类拔萃的管理人才。

8. 案例分析的类型与水平。案例分析的类型，可以说是不胜枚举，每一种都对应有一事实上的分析深度与广度（或称分析水平），不能认为在任何情况下都力求分析得越全面、越深入才好。有时你还有别的要紧事要做，时间与精力方面都制约着你。所以，究竟采取何种类型的分析为宜，这要取决于你具体的战略与战术方面的考虑。这里举出五种最常见的分析类型：

（1）综合型分析。即对案例中所有关键问题都进行深入分析，列举有力的定性与定量论据，提出重要的解决方案和建议。

（2）专题型分析。不是全线出击，而只着重分析某一个或数个专门的问题。所选的当然是你最内行、最富经验，掌握情况最多、最有把握的、可以充分扬长避短的问题。这样你就可以相对其他同学分析得更深刻、细致、透彻，提出独到的创见。讨论中你只要把一个方面的问题分析透了，就是对全班的重要贡献。

（3）先锋型分析。这种分析是你认为教师可能首先提出的问题。这似乎也可以算是一种专题的分析，但毕竟有所不同。开始时往往容易冷场，要有人带头破冰"放响第一炮"。所以这种一马当先式的分析，可能不一定要求太详尽，还要具体视问题的要求和教师的个人特点而定。这种分析，因为是第一个，所以还常有引方向、搭架子的作用，即先把主要问题和备选方案大体摊出来，供大家进一步深入剖析、补充、讨论。然而，这点做好了，是功不可没的。

(4) 蜻蜓点水式或曰"打了就跑"式的分析。这种分析多半是一般性的、表面的、肤浅的。这种分析，只是个人因故毫无准备，仓促上场时采用，是一种以攻为守性战术，目的是摆脱困境，指望收瞬间曝光之效。这当然只能在万不得已时而偶尔为之，仅表示你积极参与的态度。

(5) 信息型分析。这种分析的形式很多，但都是提供从案例本身之外其他来源获得的有关信息，如从期刊、技术文献、企业公布的年报表乃至个人或亲友的经历中得来的信息。这种信息对某一特定问题做深入分析是很可贵的，分析虽不能记头功，但功劳簿上仍要记上一笔的，因为你为全班提供了额外的资源。

9. 案例分析的陈述与表达。完成了上述分析，还有很重要的一步，就是把你的分析变成有利于课堂陈述的形式。学生分析做得颇为出色，可惜不能流畅表达，无法将高见传播得让别人明白。表达与说服他人是一种专门的技巧，它是管理者终身都要提高的技巧。关于这方面的一般要点，在此只想提出三点以供参考：一是要设法把你所说的东西形象化、直观化。例如，能不能把你的发言要点用提纲方式简明而系统地列出来？能不能用一幅"决策树"或"方案权衡四分图"表明备选方案的利弊，使比较与取舍一目了然？能否列表表明其方案的强弱长短？学生为课堂讨论预制挂图、幻灯片或课件应当受到鼓励并提供方便，因为这可以大大提高讨论的质量和效率。二是可以把你的分析同班上过去分析某一案例时大家都共有的某种经历联系起来，以利用联想与对比，方便大家接受与理解。三是不必事先把想讲的一切细节全写下来，那不但浪费精力，而且到时反不易找到要点，还是列一个提纲为好。要保持灵活，不要把思想约束在一条窄巷里，否则教师或同学有一个简单问题请你澄清，便会使你茫然不知所措。

(三) 参与小组学习

以学习小组的形式，组织同学进行讨论和其他集体学习活动，是案例教学中重要的、不可缺少的一环。这是因为，许多复杂案例，没有小组的集体努力，没有组内的相互启发、补充、分工合作、鼓励支持，个人很难分析得好，或者根本就干不了。而且，有些人在全班发言时顾虑甚多，小组中则活跃，充分做出了贡献并得到锻炼。此外，案例学习小组总是高度自治的，尤其在院校的高年级与干部培训班，小组本身的管理能使学生学到很有用的人际关系技巧与组织能力。

1. 案例学习小组的建立。小组建立的方式对它今后的成败是个重要因素。这种小组应由学生自行酝酿，自愿组合为好，使其成为高度自治的群体。但小组能否成功地发挥应有的作用，却取决于下述五个条件：

(1) 建组的及时性。这指的是建组的时机问题。据有的院校对上百位管理专业学生所做的调查，搞得好的小组多半是建立得较早的，有些在开学之前就建立了。组建早的好处是，对组员的选择面宽些，组员间多半早就相识，对彼此的能力与态度已有所了解，学习活动起步也早些。

(2) 规模的适中性。调查表明：最能满足学习要求的小组规模都不大，一般4~6人，过大和过小都会出现一些额外的问题。小组超过6人（调查中发现有的组多达10人），首先集体活动时间难安排，不易协调。当然，人数多达7~8人的组办得好的也有，但都符合下列条件：一是建组早，彼此又了解在各自工作与学习方面的表现。二是时间、地点安排上矛盾不大，可以解决。三是第7、8位组员有某些方面的特长、专门知识或有利条件，还有的是组员们知道有1~2位同学确实勤奋，但因某种原因需要特别额外辅导、帮助，再就是有个别组员因某种正当理由（半脱产学习等），事先就说明不可能每会必到，但小组又希望每次学习人数不少于5~6人时，就不妨多接纳1~2人。

(3) 自觉性与责任感。这是指组员们对小组的负责态度与纪律修养，尤其指对预定的集体学习活动不迟到、不缺勤。否则，常有人不打招呼任意缺席，小组的积极作用就不能充分发挥。你可能会问：干脆每组只要2~3人，组小精干，机动灵活，有什么不好？也许确实没什么不好，避免了大组的那些麻烦，但却可能因知识的多样性与经验不足，虽收到取长补短之效，却不能满足优质案例分析的需要，同时，也难造成小组讨论的气氛。而且与大组相比，分工的好处不能充分显现，每人分配的工作量偏多。很明显，小组规模的大小应因课程的不同而异，课程较易，对分析的综合性要求较低，且并不强调与重视小组学习形式的利用，则规模宜小，2~3人即可；反之，则至少应有4人，但增到6人以上就得慎重了。

(4) 互容性。如果组员间脾气不相投，个性有对立，话不投机，互容性低，就不会有良好的沟通，易生隔阂。调查中就有学生反映，尖子生不见得是好组员，要是大家被他趾高气扬、咄咄逼人的优越感镇住了，就不能畅所欲言。当然，强调互容性并不是认为一团和气就好，不同观点之间的交锋也是有必要的，关键是要保持平和、平等的态度。

(5) 互补性。指相互间感到有所短长，需要互助互补。可惜的是，希望组内气氛轻松随和，就自然去选私交较好的朋友入组，以为亲密无间，利于沟通,却忽略了互补性。调查中有人说,我悔不该参加了由清一色密友们组成的学习小组,我们之间在社交场合已结交了很久,相处得一直不错,但却从未一起学习、工作过,结果证明不行,遗憾的是,学习没搞好,友谊也受了影响。这不是说非要拒绝好友参加不可,最好是根据课程性质和对个人特长的了解来建组,以收集思广益之效。

2. 案例学习小组集体活动的管理。根据经验,要建设并维持一个有效能的小组,在管理方面应该注意下列事项:

(1) 明确对组员的期望与要求。如果你有幸成为组长,你首先要让大家知道,一个组员究竟该做什么?所以,必须在小组会上从开始就预先向大家交代清楚这些要求:一是小组开会前,每人必须将案例从头到尾读一遍,并做好适当的分析。二是人人尽量每会必到,如与其他活动冲突,小组活动应享受优先。三是要给予每人在小组会上发言的机会,人人都必须有所贡献,不允许有人垄断发言的机会。四是个人做出了有益贡献,应受到组内的尊敬与鼓励,首先让他(或他们)代表小组在全班发言。五是组内若有人屡屡缺席,到会也不做准备,无所作为,毫无贡献,就不能让他分享集体成果,严重的要采取纪律措施直到请他退组。有时小组为了程序方面的琐事(如定开会时间、地点、讨论顺序等)而争吵,或因为性格冲突,话不投机,拂袖而去,甚至为争夺影响与控制权而对立,也是有的。但关键是要看小组是否能出成果,对大家学习是否确有帮助,如时间花了,却没有收获,小组对大家没有凝聚力,各种矛盾就会出现。

(2) 建立合理的程序与规则。所谓合理即指有利于出成果。一是要选好会址。这是第一个程序问题,会址除了要尽量照顾大家,使人人方便外,最要紧的是清静无干扰。最好有可以坐和写字的桌椅,能有块小黑板更好。二是要定好开会时间。一经商定,就要使之制度化、正规化。这可以节省每次协调开会或因变化而通知的时间,也不致因通知未到而使有的人错过了出席机会。不但要定好开会时间,也要定好结束时间,这更为要紧。每一案例讨论 2 小时,最多 3 小时就足够了,时间定了,大家就会注意效率。三是要开门见山,有什么说什么,节省时间。四是要早确定和发挥小组领导功能,可以用协商或表决的方式公推出组长,以主持会议和作业分派,也可以轮流执政,使每个人都有机会表现和锻炼组织领导能力。五是要尽早确定每个案例的分工。这种分工是允许的,甚至是受到鼓励的。多数老师允许同小组的同学,在各自书面报告中使用集体搞出的相同图表(报告分析正文必须自己写,不得雷同),有的组为了发扬每个人的特长,把分工固定下来(如某某总是管财务分析等)。但由于案例各不相同，若每次小组会能根据案例具体特点，酌情分工，可能会更有利于出成果。但由谁来分工好，较多情况下是授权组长负责，他得先行一步，早把案例看过，拟出分工方案。六是要在整个学期中，使每个人都有机会承担不同类型的分工，以便弥补弱点与不足。人们的长处常与主要兴趣一致，或是本来主修的专业，或是自己的工作经历等。通常开始总是靠每人发挥所长，才能取得最佳集体成效。但长此以往，人们的弱点依然故我，难有长进。因此，组长得考虑安排适当机会，使每个人在弱项上能得到锻炼。事实上，个人弱项进步了，全组总成绩也水涨船高。好的组长会巧妙地安排不善演算的组员有时也去弄一下数字，而让长于财会的同学适当分析一下敏感的行为与人际关系问题。至少学会在自己的弱项上能提出较好的问题，并观察在这方面擅长的同学是怎么分析的，对已在管理岗位上当领导者的同学更需如此。

（3）学习小组的改组。有时会发现，由于各种无法控制的原因，小组不能做出富有成果的集体分析，这时可以考虑与另一个较小的组完全或部分合并。后者是指仅在分析特难案例时才合到一起讨论，可先试验几次，再正式合并。较大的组可能体验到相反的情况，指挥不灵，配合不良。这时，可以试行把它进一步分解为两个小组以增加灵活性，不是指彻底分解，而是有分有合，有时分开活动，有时则集中合开全体会议。

（4）争取实现"精神合作"。从行为学的角度看，小组也像个人那样，要经历若干发展阶段，才会趋于成熟，变成效能高、团结紧密、合作良好的工作单元。但有的小组成长迅速，有的要经历缓慢痛苦的过程，有的永远不能成熟。成长迅速的小组，表面看来没下什么工夫，其实他们为了发展群体，是做出了个人牺牲的。他们注意倾听同伙的意见和批评，仲裁和调解他们中的冲突，互相鼓励与支持、尊重并信任本组的领导。组员只有做出了这种努力，才能使小组完成既定的集体学习任务，满足各位组员个人的心理需要，成为团结高效的集体。这里的心理需要指的是集体的接受、温暖、友谊、合作与帮助。案例学习小组的成熟过程，一般包括五个阶段：一是互相认识；二是确定目标与任务；三是冲突与内部竞争；四是有效的分工合作；五是精神上的合作。小组若是能具备适当的构成条件，又制定出合理的工作程序与规范，就易于较快越过发展的头三个阶段而达到第四个阶段，并有可能发展到最高境界即精神上的合作默契成熟阶段。那时，小组的成果就更多，水平更高，学习兴趣更浓，组员们也就更满意了。

（四）置身课堂讨论

课堂讨论，对于教师来说是整个案例教学过程的中心环节，对于学生来说则是整个案例学习过程中的高潮与"重头戏"。因为学生在个人及小组的分析准备中所做的工作要靠课堂讨论表现出来,这也是教师对学生整个课程中成绩评定的重要依据。事实上,课堂讨论的表现也决定了随后书面报告质量的高低,并已为大量实践所证明,但不少教师不太重视书面报告评分。

1. 注意聆听他人发言。就是注意倾听别人(教师与同学们)的发言。许多人认为,参加讨论就是自己要很好地发言,这的确很重要,但听好别人的发言也同等重要。课堂讨论是学习的极好机会,而"听"正是讨论中学习的最重要的方式。有人还以为,只有自己"讲",才是做贡献,殊不知,听也同样是做贡献,听之所以重要,是因为课堂讨论的好坏不仅决定于每一个人的努力,而且也取决于全班的整体表现。集体的分析能力是因全班而定的,它的提高不仅依靠个人经验积累,也要靠全班整体的提高。重要的是要使全班学会自己管理好自己,自己掌握好讨论,不离题万里,陷入歧途。初学案例的班常会发生离题现象,原因就在于许多人从未经过要强制自己听别人发言的训练,只想自己打算讲什么和如何讲,而不注意听别人正在讲什么,并对此做出反应。监控好全班讨论的进程,掌握好讨论的方向,从而履行好你对提高全班讨论能力的职责,这也是重要的贡献。只会讲的学生不见得就是案例讨论中的优等生,抢先发言,频频出击,滔滔不绝,口若悬河,还不如关键时刻三言两语,击中要害,力挽狂澜。如能在每一冷场、一停顿就插话、发言,使得讨论马上又活跃起来,那才可谓是位高手。许多人在讨论刚一开始,总是走神,不是紧张地翻看案例或笔记,就是默诵发言提纲,或沉浸在检查自己发言准备的沉思里。其实,正是一开头教师的开场白和当头一问,以及所选定的第一个回答者的发言最重要,是定方向、搭架子,你得注意听教师说什么,你是否同意教师的观点,有什么补充和评论,并准备做出反应。

2. 具备主动进取精神。前面提到有人总想多讲,但对多数人来说,却不是什么克制自己想讲的冲动问题,而是怎样打破樊篱,消除顾虑,投身到讨论中去的问题。这一点,教师必须尽力做好说服教育工作。就像生活本身那样,案例的课堂讨论可能是很有趣的,也可能是很乏味的;可能使人茅塞顿开,心明眼亮,也可能使人心如乱麻,越来越糊涂;可能收获寥寥,令人泄气,也可能硕果累累,激动人心。不过,追根到底,从一堂案例讨论课里究竟能得到多少教益,还是取决于你自己。为什么?因为案例讨论是铁面无私的,既不会偏袒谁,也不会歧视谁。正如谚语所云:"种瓜得瓜,种豆得豆。"你参加讨论并成为其中佼佼者的能力如何?你在讨论中所取得的收获大小怎样?决定因素是你有没有一种积极参与、主动进取的精神。足球界有句名言:"一次良好的进攻就是最佳的防守。"这话对案例讨论完全适用。反之,最糟糕的情况就是畏缩不前,端坐不语,紧张地等着教师点名叫你发言。这种精神状态,完全是被动的,怎么会有多少收获?你不敢发言,无非怕出了差错,丢了面子。你总想等到万无一失,绝对有把握时再参加讨论。可惜这种机会极为罕见或根本没有。你若有七八成把握就说,那发言的机会就很多。积极参与的精神能使你勇于承担风险,而做好管理工作是不能不承担风险的,这种精神正是优秀管理者最重要的品质之一。指望每次发言都绝无差错,这是不现实的,无论分析推理或提出建议,总难免有错,但这正是学习的一种有效方式。人的知识至少有一部分来自于教训,教师或同学指出你的某项错误,切不要为争面子而强辩,为了满足自己"一贯正确"的感情需要而拒不承认明摆的事实。这正是蹩脚管理者的特征。要知道,案例讨论中说错了,只要诚恳认识,不算成绩不佳、表现不佳;无所作为,一句不讲才是成绩不佳、表现不佳。其实,怕在案例讨论中发言不当,根本谈不上是什么风险。因为即使你讲得不全面、不正确,对你将来的工作、生活、职业生涯与命运,都无损于丝毫,倒是你的分析与决策能力以及口头表达与说服能力得不到锻炼与提高,反会影响你的前途与命运。既然如此,你又何妨一试呢?

（五）记录学习心得

参加案例课堂讨论的过程,是一个学习和锻炼的过程,也是一个积极进行思考从事复杂智力劳动的过程,在这过程中萌发一些心得体会和发现一些自己原来未曾想到的问题是常有的事,这正是在案例学习中已经意识到的点滴形态的收获,为了不使这些收获遗忘或丢失,有必要做好记录。

做心得和发现的记录,要讲究方法。有的同学过于认真,从讨论一开始就从头记录,结果记录一大篇,不知精华之所在,这就是方法不妥。正确的方法是,在认真听的基础上记重点,记新的信息。有的学生采取"事实、概念、通则"一览表的格式,颇有参考价值。这里不妨引一实例以作借鉴:

春季学期：××××年×月××日课堂讨论"兴办新事业"。

事实：①在美国的所有零售业企业中,50%以上营业两年就垮台了。②美国企业的平均寿命是6年。③在经营企业时想花钱去买时间,是根本办不到的。④美国在2000年有235万个食品杂货店。

概念："空当",各大公司经营领域之间,总有两不管的空当存在。大公司不屑一顾,小企业却游刃有余,有所作为。例如,给大型电缆制造商生产木质卷轴,就是个空当。

通则：①开创一家企业所需的资源是人、财、物，还有主意。②新企业开创者的基本目标是维持生存。

记录要精确、简明，对素材要有所取舍、选择。在课堂上，主要注意力要放在听和看上，确有重要新发现、新体会，提纲挈领，只记要点。此外，最佳的笔记心得整理时机是在案例讨论结束的当天。

（六）撰写分析报告

管理案例书面分析报告，是整个案例学习过程中的最后一个环节，是教师在结束课堂讨论后，让学生把自己的分析以简明的书面形式呈上来供批阅的一份文字材料，一般由2500字以下，最多不到3000字的正文和若干附图组成。但并不是每门课程所布置的案例都必须撰写书面报告，有些案例教师可能要求只做口头分析就够了。有些报告可能完全布置给个人去单独完成。书面报告是在全班及小组讨论后才完成，本身已包括了集体智慧的成分，是指教师允许同一小组的成员使用小组共同准备的同样图表，但报告正文照例要由个人撰写，禁止互相抄袭。还有的案例教师要求学生在全班讨论前呈交个人书面报告或案例分析提纲。这主要是为了掌握学生的分析水平，也便于在下次全班讨论前进行小结讲评。一般来说，要求写书面报告的案例比起要求口头讨论的案例要长些、复杂些、困难些，也就是教师希望在这些案例的阅读与分析上花的时间和工夫要更多些。其实，在书面报告上下点力气是值得的，书面报告的撰写是一种极有益的学习经历，这是在学习管理专业的整段时期内，在本专业领域检验并锻炼书面表达技巧的极少而又十分宝贵的机会之一。多数学生在如何精确而简洁地把自己的分析转化为书面形式方面，往往都不怎么高明和内行。这种转化确实并非易事，尤其篇幅与字数的限制又很紧，所以花点时间去锻炼提高这种可贵的技巧是必要的。

1. 做好撰写准备与时间安排。写书面报告，先要认真地考虑一下计划，尤其要把时间安排好，这不单指报告本身，要把阅读与个人分析以及小组会议（一般是开两次）统一起来考虑。一般的计划是，在两三天内共抽出12~15小时来完成一篇案例分析报告（包括上述其他环节，但课堂讨论不在内）是较恰当的。如果案例特难，也许总共得花20~25小时以上。但是，如果长达25小时以上，就会使人疲乏而烦躁，洞察力与思维能力会下降。不能满足于抽出整段总的时间，还得仔细划分给每项活动的时间，这种安排是否恰当将影响整个工作和效率。下面是一种典型的时间计划安排，共分六项或六个步骤，分析的作业是一篇较长的、具有相当难度的典型综合性案例，书面报告要求

2500字以下，图表最多8幅：

(1) 初读案例并做个人分析：4~5小时。
(2) 第一次小组会（分析事实与情况，找出问题及组内任务分工安排）：2~3小时。
(3) 重读案例并完成分析：4~5小时。
(4) 第二次小组会（交流见解及讨论难点）：2~3小时。
(5) 着手组织报告撰写（确定关键信息，列出提纲，完成初稿）：5~7小时。
(6) 修改、重写、定稿、打字、校核：2~3小时。

上述六项活动可分别归入"分析"与"撰写"这两大类活动。根据对3000多份案例报告的调查，无论是得分高低，大多数学生花在写稿方面的时间普遍不足，而花在分析上，尤其是小组会上的时间过多。要知道，既然总时数已经限定，则多分析一小时，写稿就少了一小时，而且又多出来一批需要筛选和处理的信息，会加重写稿的工作量，这种连锁反应式的影响，将使一些同学无法细致地利用、消化、吸收他们的分析成果，难以准确表达、陈述、综合归纳成一份有说服力的文件，很难使阅读他们分析报告的人信服和接受他们的见解。

下面是一段典型的对话：

学生：我花了那么些时间，没想到只得到这么点分数！不过，我把自己的报告又读了一遍，是看出不少问题。我怎么在写稿的时候竟然一点没意识到它会这么糟呢？

教师：怎么会没意识到呢？仔细谈谈你是怎么写的？

学生：报告是星期二早上上课时交的，我们小组是上星期五下午开的第一次会，开了好长时间，第二次会是星期一下午开的，会开完，已经很晚了。当晚我就动手组织材料，拟提纲，动笔写初稿，搞到凌晨两点多才写完，但来不及推敲修改誊正，就交卷了。

很明显，这位同学根本没时间修改初稿就直接誊正，也没留足够时间消化、吸收和组织好他个人和小组分析的结果。遗憾的是，这种现象十分典型，是经常出现的。有人说："根本不会有高质量的初稿，只可能有高质量的定稿。"这就是说，要写好分析报告，在报告的构思上得肯花时间，并安排足够时间用在修改和重写上。

2. 书面报告的正确形式与文风。要写好报告，当然要以正确的分析作为基础，问题还在于怎样才能把最好的分析转化为书面报告，由于受篇幅、字数的限制，这就自然引出对文风的要求，那就是简明扼要。写案例报告可不是搞文学创作，不需要任何花哨的堆砌修饰，但要做到一针见血，开门见山，却非易事。不许你多于2500字，你就只能把代表你分析的精髓的那一两点关键信息说出来，并给予有力的辩护和支持。

一般来说，2500字加图表的一份报告，教师评改得花15～20分钟，一位老师通常每班带50位学生，每一班他就要批阅50份报告，每份20分钟，就要花17小时才批得完，若同时教两班，每班平均每周两次案例作业……算算就知道，一份报告最多能占20分钟，所以，一定要干净利落，把你的主要见解及分析论据写得一目了然。手头有了分析与讨论所得的大量素材，可别忙于动笔，要先花点时间好好想想，怎样才能有效而清晰地把你的意见表达出来，到这一步为止，你就已经花了不少时间在案例阅读、分析和讨论上。一般是按照自己分析时的思路，一步步地把报告写出来，可是，教师和读者要知道的是你分析的结果，所以你的报告若不以你的分析为起点，而是以分析的终点入手，会显得明智得多。试考虑一下，能不能用一句话概括出你所做的分析的主要成果和精华所在？这应该成为报告的主体，并应在几段中就明确陈述出来，报告的其余部分，则可用来说明三方面的内容：一是为什么选中这一点来作为主要信息。二是没选中的其他方案是什么及其未能入选的理由。三是支持你的表现及其所建议方案的证据。慎重的方法是，把报告剩下这部分中的每一段落，都先以提纲的形式各列出一条关键信息来，最好每一段落只涉及一条重要信息，一个段落若超过700个字，就一定包含有几条不同见解，这会使读者抓不到要领。报告定稿后，正式打字前，最好要自己读一遍，以便发现问题，及时修改，打字后还应校阅一遍，看有无错别字和漏句、漏字等。老师批阅发回报告后要重读一遍，记下写作方面的问题，以免下次再犯。

3. 图表的准备。把数据以图表方式恰当地安排与表达出来，有效地介绍出你的许多支持性论证，但一定要使图表与正文融为一体，配合无间，让读者能看出图表的作用，还要使每张图能独立存在，即使不参阅正文，也看得懂，每幅图表应有明确标题，正文中要交代每幅图表的主要内容，图表应按报告正文中相应的顺序来编号。

四、管理案例教学范例

(一) 管理案例讨论提纲实例

案例：中日合资洁丽日用化工公司

十几年前，洁丽公司与日本丽斯公司技术合作，向国内引进该公司丽斯品牌的化妆品，双方各投资40%，另有20%由建厂当地乡镇的个体户出资建成。日本丽斯品牌在日本不出名，由于中国当时开放不久，日用化工和化妆品缺乏，大家也不在乎名牌。十几年来，合资生产的丽斯牌，在江南一带颇具知名度，有数百个专柜遍布城乡各地的小百货商店，并有几百位化妆师（销售与推广）和美容店。近两三年来人们消费水平提高的缘故，以及不少欧美品牌进入中国市场，丽斯牌在人们心目中的地位下降，销路萎缩，此时那几个占20%份额的小股东希望让出股份、撤资。假使你是洁丽公司的负责人，你有哪些应对策略和方案？

中日合资洁丽日用化工公司案例课堂讨论提纲

1. 有三种可能的方案
(1) 品牌重新定位。
(2) 收购散户小股东的股份，使洁丽公司控股超过50%，然后找一流的厂商技术合作或代理一流产品。
(3) 寻找机会，脱售持股。

2. 方案分析

方案1：

利：可利用原来已建立的销售渠道、服务人员以及与经销商的良好关系、化妆品本身的价值、较难衡量的较高附加值，重新定位锁住目标市场。

弊：因为市场变化快，进口关税逐渐降低，会使整个企业转型有较高的风险。

方案2：

利：可利用原有的销售渠道与服务人员，除可重新定位外，还可与其他知名品牌厂商合作，进入其他市场；控股权扩大，经营方式较有弹性。

弊：投资金额较大；日方态度不易掌握。

方案3：

利：避免激烈竞争，可将资金转做他用。

弊：原有的渠道和人员、队伍全部放弃相当可惜。

3. 建议：采用方案2，接受小股东的退股建议。

本题的关键点是：想要放弃原有的市场或产品，而进入全新的陌生领域，只想创造新产品，放弃原有产品有改善的可能，都可能使事业受到更大的损伤。

但是，产品创新或多角化经营，也有可能为公司创造更好的将来，成败的关键在于信息的收集是否齐全、利弊评估是否准确。

(二) 管理案例分析报告实例

案例：威廉美食苑的创业

赵威大学毕业后，没有去政府分配的工作单位上班，而在省城里的一家肯德基快餐店当上了副经理，原来他曾在大学四年级时，利用假期和社会实践的机会在肯德基店里打工，这次是他第一次告诉家里，没想到当乡镇企业经理的父亲还是理解他的，一年后他很快升为经理，再后来又升为地区督导等职。最近，他发现省城商业街有一店面要出售，这个地点位于商业闹市区附近的主要街道，交通流量大，写字楼也很多。赵威认为，这是一个很难得的快餐店地点，于是他决心自己创业。这是他由来已久的事业生涯规划，并与父亲商量请求财务支持，声明是借贷的，日后一定归还。家里表示可以支持他，但要求他认真规划，不要盲目蛮干，多几个方案才好，有备无患。

赵威自己创业的愿景是一个属于自己独立经营的快餐连锁店，它不是肯德基、麦当劳或其他快餐店的加盟连锁店。他很顺利地注册，资金到位也很快，房子的产权也办理了过户。不久，赵威很快就发现成立自己的店和当初在肯德基看到人家成立连锁店有很大的不同，他必须自己动手，从无到有地办理任何事情。比如，要亲自参与店面装潢设计及摆设布置，自己设计菜单与口味，寻找供货商，面试挑选雇用员工、自己开发作业流程，以及操作系统管理。他觉得需要找来在工商管理专业学习的同学好友帮忙一起创业，假如赵威选择的就是你。请你帮他搞一个创业的战略规划，试试看。

以下是摘要分析报告内容的主要部分：

创业的战略规划分以下五个步骤：①设定目标。②界定经营使命、愿景与经营范围。③进行内在资源分析。④进行外在环境分析。⑤可行性方案。

于是针对这五个步骤，分别说明：

1. 设定新目标。①提供更符合消费者口味、适度差异化的食品；②满足不喜欢西方快餐口味的顾客为最重要的目标。

2. 界定经营使命、愿景与经营范围。①提供消费者不同于西式文化、新的健康饮食概念。②提供融合中国人饮食口味与西式餐饮风格的新快餐。③塑造洁净、便利、快速、舒适、健康的企业形象。

3. 进行内在资源分析。可以就人力、财力等方面进行强弱势分析。

(1) 相对优势方面。①曾经在著名的西式快餐店工作，有相当的经验，对于西式快餐店的经营模式、生产方式及管理方法都有相当的了解。②经营的地点有很大的交通流量，是一个理想的快餐店设立地点。③财务有来自于家庭的支持。

(2) 相对弱势方面。①对于菜单的设计、分析消费者对于快餐的需求、生产流程规划，可能无法有相对的经验与优势。②在原料供货商方面，也无法像大型竞争者那样节省大量的进货成本。

4. 外在环境分析。

(1) 在威胁方面有以下方面要考虑：①在竞争者方面，目前市场中的主要竞争者众多。②就替代品方面，快餐产品也纷纷进驻便利商店，如烤香肠等。③就整体市场而言，传统的快餐产品竞争者众多，他们所提供的产品，同构性也很高，他们之间的竞争优势，多是建构在附加服务或是媒体的塑造，所以对于非连锁性的自创性商店，可能无法在广告上与其相抗衡。④就垂直整合程度与经济规模而言，这些竞争者的连锁店众多，也因此他们在原料的进货上可以借助量大而压低成本，在媒体广告上，更可以收到较大的效果。再者，这些竞争者也不断借助媒体塑造，有些快餐店在假日已经成为家庭休闲或是举办聚会的场所，这种社区关系的维系，也是新进入者需要考量的。⑤在竞争手段方面，由于这些竞争者的市场占有率高，也因此会和其他商品进行联合营销，如麦当劳在电影《泰山》上映时，同步推出玩偶，更吸引许多只为喜好赠品而来店消费的顾客，如此更加提高他们的竞争优势。

(2) 在相对机会方面。①由于快餐文化追求效率，使得他们在产品上无法做到顾客饮食差异化的满足。②就产品的广度与深度而言，这是目前竞争者较为缺乏的，不过，要达较佳广度与深度的境遇，可能与快餐追求快速有所抵触，这是一个值得考虑之处。③目前竞争者喜好推出的套餐组合，对于某些食品并不可以替换，例如，不喜欢吃薯条的人就不能要求换等值的产品，这是一个在无法提供大众差异化口味产品的前提下，另一种借助消费者产品组合满足需求的一种方法。④国内目前对于健康的重视，而西式的快餐又具有常被以为热量太高、被称为垃圾食物等问题，这也是一个在从事新式快餐店设立时确定产品种类的考量点。

5. 可行性方案。由以上的分析可以知道，自行创业从事快餐店，可能会遭遇的最大困难就是缺乏广告效果以及无法在生产原料上有规模成本的优势。但是，可以从产品的差异化来满足顾客的需求，于是可以提出下列几个可行性方案：

（1）发展中式口味，但又能兼顾生产效率的产品，如米食。
（2）借助大量顾客差异化的观点，提供较能满足顾客差异化需求的产品。
（3）提供顾客在产品套餐选择时有较大的自主性。
（4）先建立地区性的口碑，再从事跨区域经营。
（5）提供健康食品的概念，如可以卖素食、蔬果类素食以及有机饮料。
（6）不要放弃西式快餐店的经营模式，如整洁的饮食环境、明亮舒适的饮食空间、亲切充满活力的店员，但要导入中式口味、健康概念的食品。
（7）以食物作为竞争差异化优势，也就是强化食品的健康性、快速性，以及符合中国人的饮食口味。

由于这种产品的差异化，在快餐产业中，推介中式口味、健康概念的新快餐或许是一个缺乏媒体广告与附加商品支持的快餐创业者可以走的方向。

（三）哈佛案例教学实录

其一，哈佛拍"案"惊奇。以下是哈佛大学公共管理硕士孙玉红女士在其译著《直面危机：世界经典案例剖析》一书中有关哈佛案例教学的文章，希望对读者有所启发。

提起哈佛商学院，人们自然想起案例教学。

案例教学（case study）是哈佛教学的一大特色。不管是商学院、法学院，还是肯尼迪政府学院。对于商学院来说，所有课程，只用案例教学，全世界独此一家，可以说是很极端的。包括"公司财务"等看起来技术性很强，似乎不存在多大讨论余地的课，也用案例教学。为什么？

我们常说，学以致用。对于MBA和MPA来说，教学目的很明确。他们培养的学生不是搞研究的，而是解决问题的。在哈佛培养的是一种解决问题的思维方法，不是对一个理论有多深的研究（那是博士要做的事），而是做决定的水平。

虽然对于案例教学我并不陌生（我1999年写的《风雨爱多》被国内一些大学MBA用做教学案例，而正在应哈佛商学院之邀修改应用），但是对于只用案例教学我一直心存疑惑。

"如果我对一些课程基本知识都不懂怎么办呢？"有一天，我问一位教授。他说："有两种可能：第一种是我们招错了人，第二种是该读的书你没有读。"

半年下来，我才明白了其中的含义。第一，两个学院招生基本要求有4～5年以上的工作经验；对肯尼迪学院高级班学员来说，是10年左右工作经验。所以，不大可能对一个领域完全不懂。第二，更重要的是，2小时的课堂时间，课余平均要花8～10小时的时间进行准备。包括阅读案例、建议阅读的书和材料。如果有困难，助教随时恭候，教授有固定的工作时间。你可以预约请教。这种设计的前提是你有足够的能力自学一门知识。课堂只是讨论它的应用问题。这既是对学生自学能力的挑战，也是一种锻炼。联想到为什么像麦肯锡这样的咨询公司喜欢哈佛商学院的人，是因为学生有这种能力与自信，面对陌生的行业和比自己大几十岁的客户，敢于高价出售自己的看法。想象一下郭士纳23岁离开哈佛商学院时那种自信的感觉。

还有一个妙处是最大限度地利用学生的时间和能力。将所有该学的知识部分压缩到课堂以外，难怪哈佛学生要自学的第一门课是"求生本领"。

哈佛所有的案例几乎全为自行撰写，均取自真实发生的事，姓名、地点偶尔做些改动。案例要经该公司认可，保证所有数字和细节的真实性。MPA的案例有一半是肯尼迪政府学院自己编写的，有一半是商学院的。均明确注明，版权保护，不得随便使用。当然，这些案例也对外公开，用于教学的价格是一个学生一次性5美元。也就是说，如果有100个学生的课堂上使用这个案例的话，你需要付500美元的版权费。

案例有长有短，长的30～40页，像南美某国的财政危机；短的只有一页纸。我印象最深的是公共管理第一堂课的案例，短小精悍型，题目是：宪法应该被修改吗？(Should the Constitution be Amended?)

事情是这样的：参议员胡安遇到了他政治生涯中最令他头疼的事：他要在24小时之内做出决定，是否投票赞成修改宪法。12年前，该国人民推翻了军人独裁统治，并颁布了宪法。宪法规定总统一届6年，不得连任。现在该国总统弗洛里斯已经干了5年，并且在这5年中使国家经济取得了巨大成就，深受人民爱戴。要求修改宪法，使总统连任的呼声很高。胡安本人是不赞成修改宪法的，因为他知道民主政治在本国还很脆弱。但是面对民意调查多数人支持的结果，面对他自己明年也要进行连任竞选。如果你是他，你该做出什么决定？

在这个案例中，描述了一个两难的困境，需要胡安做决定。没有分析，只有事实。如果你是胡安，你会怎么做？

班上50多位同学，职业各异，信仰各异，知识结构各异。有的本身就是参议员、外交官，有的是效益至上的跨国企业的首席执行官，有的是社会观察者。有的深信民主政治体制，有的心存怀疑。一开始就分成两派，争论不休。支持修改宪法的基本观点是，既然现任总统受人民欢迎就应该支持他干下去，换新总统对国家的风险很大；支持胡安同意修改宪法的理由被汇总成1、2、3、4、5写在黑板上；反对总统连任的观点认为，随意变动国家体制对国家未来的风险更大。理由也被汇总，写在黑板上，1、2、3、4、5。有的说决策所需要的资料不全，无法做出决定。最后大家等着教授总结，给出答案。教授说："你们已有了自己的答案。没有做出决定的同学需要立即做决定：下课！"

大家面面相觑。到哈佛是学什么来了？数星期之后，终于理清了案例教学法的基本思路：

分析案例围绕着四个方面的问题：

(1) 问题是什么？
(2) 要做出什么决定？
(3) 有什么可行方案（所有的）？
(4) 现在要采取的行动是什么？

通过案例教学，训练一种系统的思考问题的方法和采取行动的决心和勇气。它的价值在于：

(1) 领导就是做决定。案例取自真实生活的片断，通常是让决策者处于一种两难的困境。这是所有领导者经常面临的困境：没有绝对的对与错，没有人告诉你答案。案例教学的目的，就是让参与者置身于决策者的角色中，面对大量的信息，区分重要和次要，做出自己的决定。案例教学没有正确答案。

(2) 领导在于采取行动。案例不只是研究问题，是在分析的基础上采取行动。一切分析是行动的向导。在案例教学中，你就是参议员，你就是企业的技术主管，你就是阿根廷的总统，你就是主角。这是案例教学与传统教学的最大不同。

(3) 找出所有的可能性。所有人的积极参与，可以让你惊讶于这么多不同的选择。每个人想两个方案，50个人就有100个方案。其中许多是你从来没想到的，或者从来不敢去想的。你能从同学那里学到很多，你能否从中收获,取决于你的参与程度。提出自己的观点,支持它;倾听别人的观点,评价它;敞开思想,随时准备改变自己的观点;做决定,避免模棱两可。

案例教学并不神秘,为什么哈佛案例独行天下?我想原因有几个:

第一,哈佛案例均为自行采写。哈佛的资源使它可以拥有全世界最有价值的案例,从南美国家改革的真实数字到跨国公司的财务情况,从中国北京旧城改造的难题到《华盛顿邮报》的家族危机,均拥有第一手材料。学生经常需要为跨国公司,为一个国家的大事做决定,不知是否在无形中培养了他们做大事的感觉和准备?

第二,凭借哈佛的名声,可以请到总统、总裁们到课堂上亲自"主理"。到哈佛商学院演讲的总裁们通常会出现在一节相关的案例课上。在肯尼迪学院,我记得在学宏观经济学的时候,美国农业部部长专门来讲过美国农产品出口问题;学演讲沟通的时候,不仅有好莱坞演技派明星专门来过,还有四届美国总统顾问亲自上课……这些都是哈佛案例的附加价值。

第三,哈佛拥有最好的学生。他们的观点、他们的眼界,常常使你受益最多。

最后,哈佛案例教学并不仅仅是就案例论案例,一个案例课过后,通常会开出一个书单,从这些书中你会找到分析此案例可能需要的理论支持,掌握一套科学的思考方式,建筑你自己的思考习惯。

写到这里,我已经在担心哈佛要起诉我侵犯知识产权了。但是,好在你我都知道:哈佛是无法复制的。如果你想了解更多,欢迎你到哈佛来。

其二,哈佛案例教学经历自述。

……第二天所用的案例,是我们在哈佛商学院要用的总共大约800个案例中的第一个,正躺在我的书桌上等着我去阅读、分析和讨论,我看了一眼题目:"美国电报电话公司和墨西哥",内容并不太长,大约有15页,实际上内容之长短并不很重要,因为哈佛商学院教学案例的挑战性不在于阅读过程之中,而在于准备在课堂上就案例发表自己的见解。在课堂上,每个案例是通过以教授和全班同学对话讨论的形式来完成的,学生们必须在课前阅读和分析每个案例,在课堂讨论时说出自己对案例的分析和看法,课堂讨论的进程由教授掌握,使全班同学的想法达到某种程度的一致,或者至少得出案例本身所能阐明的几个结论。

我拿起案例资料开始阅读,内容引人入胜,我不知不觉地就读完了,中心议题是美国电报电话公司的一位经理要决定是否在墨西哥建立一个答录机生产厂。该案例所涉及的伦理问题包括：使一些美国人失去工作机会；剥削第三世界廉价劳动力；在一个充满贿赂和腐败的环境中如何定义行为的适当性。我认为前两项不成问题，在第三世界国家投资建厂，给那儿的工人提供比当地平均水平较高的工资和较好的工作条件没有什么不对。只是对第三点，即如何应付当地的腐败的做法，我没有清楚的具体想法。

我又将案例资料阅读了两遍，并在旁边空白处及白纸上做了详细的笔记，花费大约半个小时考虑所附的三个思考题。有一个问题是这样的：该经理选择在墨西哥建厂，他应该就工资水平、工人福利、废料管理、童工问题、雇用工人时性别上的要求以及贿赂问题做出什么样的决定？这使我忽然想到一个问题：如果教授让我做开场发言怎么办？尽管可能性并不大，精确地讲被叫的概率是1/92，但是我并没有冒险的心情，我早就听说过被叫起做开场发言是商学院生活中带有传奇色彩的一个事实。如果说毕业后能拿到高薪工作的前景是吸引数千名学生在商学院拼搏两年的胡萝卜，那么被教授选做开场发言的潜在威胁就是那大棒。有人告诉我，大部分课是由任课教授叫起一名同学做开场发言而开始的，这位同学要做5~10分钟的发言，总结案例中的几个要点，为理解案例提供一个分析框架，还要为解决案例所描述的问题提出行动方案。

接下来，他可能不得不对其他同学对他发言的指责进行反驳。他发言得分的情况在很大程度上取决于其他同学的反应。我想起两种对付被教授叫起发言的方法：一是每天晚上都认真准备每个案例；二是偶尔认真准备一下，抱着侥幸的心理，希望教授不叫到自己。鉴于是第一堂课，我决定认真准备，制定一个详细的发言提纲，半小时后我才将提纲列出，准备输入电脑。

学习小组在哈佛商学院也是一个很重要的传统。学习小组的成员通常是在深夜或者早晨上课前的时间聚在一起进行讨论。在这种讨论会上大家互相启发，确保案例中的要点不被遗漏，并且可以在一个比较安全的环境中发表自己的见解。参加过学习小组讨论，大家对于明天的案例做了几乎过于充分的准备。第二天，走进教室，环顾四周，发现每个人的座位前都摆放着一个白色姓名卡，整个教室看起来像联合国的一间大会议室。

8点30分整，我们的教授迈进教室，他站在教室前部的中央，扫视了一眼，全场鸦雀无声，突然他吼叫道："让冒险历程开始吧！从今天起我们有许多事情要干，但在我们开始之前，我要求在座诸君为自己热烈鼓掌，因为你们大家都做了十分出色的事情，今天才能坐在这里，你们应该得到鼓掌欢迎！"这句话打破了大家的沉默，教室响起了雷鸣般的掌声。

教授接着向我们介绍了他的背景、课程的有关情况以及哈佛商学院的一些情况，他风度极佳，讲话极富感染力，然后，他开始谈论我们的情况，时而引用一些同学们填写在调查问卷上的内容。"你们中有一名同学，"他说道，"在调查问卷上写了一句妙语，现在我愿意与在座各位一同欣赏它。"他开始引用原话："我喜欢挑战、成长和激励。"他一边说一边迈步登上台阶，走向"警示线"。"请推动我——"教授做了一个戏剧性的停顿，才接着说道："使我发挥自己最大的潜力。"他停在一位坐在"警示线"中间的同学面前，"克拉克先生，"教授问道，"MBA 生涯中第一堂课由你做开场发言算不算是一个足够的挑战？"可怜的克拉克同学几乎要昏过去了，此时大家哄堂大笑。教授的讲话完美无缺，就像 CBS 电视台大腕主持人大卫·莱特曼主持晚间电视节目一样，真是棒极了。

克拉克努力使自己镇静下来，结果做出一个很不错的案例分析发言。他得出的结论是：在墨西哥建厂是正确的，条件是美国电报电话公司要确保那些墨西哥工人的工作条件和该公司在美国的工厂工作情况大体一致。教授对他的模范发言表示感谢，然后问大家有什么要补充。至少有 7 名同学举起手，争先恐后地要求发言。两位同学曾告诉我，一旦开场发言结束，当那个做开场发言的同学在角落里颤抖的时候，其他同学争夺发言机会的战斗就开始了。不管发言内容是多么中肯贴切或者是纯粹的迂腐空话，只要发言就能得到课堂参与分。尽管教授一再言明课堂参与分不是根据发言次数而定，每个人仍然是极力争取尽可能多的课堂发言机会，以使自己能在同伴中脱颖而出。

同学们争夺课堂发言机会的表现因人而异。有的人审时度势，制定了一套什么时候发言、怎样发言以及发言频度的策略。有的人在发言时首先肯定其他同学的正确见解，然后指出不足，提出自己的意见。有的人采取"鲨鱼战术"，如果有同学的发言不妥或显得可笑，他就唇枪舌剑，将对方批驳得体无完肤，用打击别人的方法来为自己得分。最终，每位同学的名誉和彼此之间的关系将在很大程度上取决于课堂讨论时的表现，问题的关键是课堂参与情况在每门功课的最后得分中占多达 50% 的比例。

教授对几个关键问题讨论的进展把握得游刃有余。这个案例产生不一致的原因相对较少，在墨西哥建厂实际上对美国人的工作并不构成威胁，它能给所在国带来的好处也是不言自明的，唯一产生争执之处是当地的腐败问题。一个拉美同学说："当地腐败盛行，如果公司想在当地建厂，就不得不入乡随俗。"另一名同学援引《国外腐败行为法案》说："如果公司在当地有任何失检行为，它将在美国陷入麻烦。"这个问题把同学分为两个阵营：实用主义者认为，小规模的行贿是可以接受的，只要通过它能实现建厂的目的；理想主义者认为，任何行贿行为都是不可忍受的；还有几个人从实用主义角度支持理想主义者，认为一旦有向当地官员行贿的行为，那么将来就面临更多被敲诈的可能。

课堂讨论一直持续了将近4个小时，每个人都发过言，我本人持实用主义和理想主义相结合的态度，做了几次不太重要的发言。最后，教授通过告诉我们实际发生的事情结束了当天的案例分析。美国电报电话公司在墨西哥建一个厂，极大地推动了当地经济的发展，向所有有关当地官员表明了该工厂绝对不会行贿的立场。这一原则得到坚持，腐败问题从来也没有成为一个问题。教授最后说，我们大家做得很好，我们用鼓掌的方式结束了第一堂伦理课，并且大家对第一个做开场发言的同学也表示了祝贺。

其三，哈佛商学院案例课堂讨论实录。下面是哈佛商学院的一次案例课堂讨论课的写实，内容是关于新日本制铁公司面临的人力资源管理问题。

戴着一副深度眼镜的乔克第一个被教授叫起来发言："我不清楚这里的问题究竟是什么。看起来很明显是新日铁公司无力将员工的退休年龄从55岁延长到60岁，但这是日本政府已经宣布在全国企业中推行的，而且工会也要求公司这么做。"

以定量分析擅长的乔克在这次有关人力资源管理的案例课堂讨论中，说了这样一句话作为开场白。他接着说："根据我的计算，由于钢铁市场需求减少，这家公司已经有3000名富余员工，这些人占了员工总数的10%。这种局面正在吞噬着企业的盈利。如果延长员工的退休年龄，那么，公司在今后五年时间内，还要承担7000多名富余人员。"

刹那间，所有的人都沉默了。要是在往常，"开局者"总会受到许多人的围攻，他们都试图对其逻辑中的漏洞予以曝光。而领头发言的学生，常常畏畏缩缩地回到座位上等待着一场哄堂大笑。接着，教授请第二个学生起来，对这个问题增加一些定性的分析。

"我们应该回顾一下过去，在做出草率判断之前，应该先考察一下这种情况的动态变化过程。首先，我们要看一看当时做出这项决策的条件。国际市场对日本钢铁的需求一般很大，只是在过去的两年时间里才开始减少。在这种环境下，新日本制铁公司采取了降低劳动力成本的经营战略，所以使它成为世界钢铁生产的领先者。这个战略的具体实施办法就是，当旧的工作岗位被撤销后，公司把现有的工人调换到新工作岗位上去，这样就同时解决了辞退和新招工人的矛盾，而且没有花太大的代价。

另外，社会上普遍认为这家公司有一个开明的雇主。这种认识对行业的发展很重要。因为这是一个重群体甚于个体的社会。尽管日本政府现在开始减少干预，但在历史上，政府一直在资助这家公司和钢铁行业的发展。劳资关系一直很融洽，工人们没有进行过罢工，但却得到了较好的福利。日本银行也一直与这家公司密切合作，银行实际上给该公司的经营提供了100%的资金。现在的退休年龄虽说是55岁，但人的寿命在不断延长，工人们已经不能再接受这么早就退休的现实了。

我们再看看公司目前的人力资源政策。这些政策适用于钢铁行业的环境，并且相互之间妥当配合，与社会价值观保持一致。有许多利益群体牵涉进来，他们参与子公司的决策。管理人员希望与劳动者保持和平共处，同时也希望能减少劳动力规模，并且对钢铁行业中出现的衰退现象进行负责任的管理，以便维持在本行业中的领先地位和取得长期的利润。管理人员和工人们与工会紧密联手，共同建造对各方都有利的工作环境。管理人员总是将决策问题摆在员工面前，而且向他们提供所有有关的材料，决策过程还是相当透明的。

工会希望把退休的年龄延长到60岁，同时希望避免罢工和维持一个全面有效的人力资源计划。工会领导者还希望继续保持他们的中立立场，以便工人们既得到应有的福利，又不致发生罢工现象。

工人们通过自主管理小组，对企业中各项工作如何开展，具有相当程度的发言权。他们希望保持他们的工作，并有一个良好的工作条件，同时也希望延长退休年龄。

政府也希望延长退休年龄，这样做的好处是可以减少社会的福利保障。政府还认为，钢铁是日本工业发展的一大关键行业。

公司人力资源流动方面的政策和程序。到目前为止，也还适应环境条件的要求。比如说公司实行了员工终身雇用制。这项对员工的投资，使得这家公司可以实行缓慢的晋升政策。这种缓慢的晋升与强有力的培训和发展机会相配合，才确保了在组织的各个层次中，有知识的人都能够轻易地在水平方向上移动。尤其是在工作堆积、需要加班的时候，员工的调动就更加普遍。公司对员工进行了投资，反过来，员工也对公司给予了相应的回报。

公司的奖酬系统很好地支持了人员流动政策，公司按资历计付报酬，这样也就为员工忠诚于公司提供了激励。而且外在的激励也不仅仅是公司提供的唯一奖酬。

这家日本公司的工作系统设计，反映出公司对工作的内在激励极为看重，比如，工作职责说明一直是灵活的、不那么正规的，只设置少数几个职务层级。决策总是在尽可能低的组织层次中做出。第三层次的管理人员负责开发和考评工人；第一层次和第二层次的管理人员则负责制定经营战略并与银行和政府部门打交道。

从案例中我们还可以看出，由于决策权的适当下放，蓝领工人组成的自主管理小组，能在几个小时之内开发出一个程序来改进工作中的安全保障问题。

最后，我们再来看看这些管理政策到目前为止所产生的效果。公司由于实行了一整套人力资源政策，在降低成本、提高员工对公司的忠诚感等方面取得了良好的效果。公司中有才干的员工数量正在增加，他们只要求中等水平的工资，并通过自主管理小组活动，使公司的年度成本开支节约了相当于雇用成本20%的水平。公司的员工也获得了自尊和安全的感觉。对于整个社会来说，这样一种企业正在成为经济发展的一大推动力量。

依我看来，这里的管理者们正在进行一件有益的事。社会人文因素的变化，使得劳动力队伍和社会逐渐老年化，加之市场对钢铁需求的减少，这些因素都促使公司的人力资源政策必须做出相应的改变。的确，人员配备过多会造成成本上升，但鉴于该公司有银行提供财务资助，所以利润并不那么紧要。如果公司与劳方发生对抗，可能对所有各方的利益都没有好处。

为了保持公司在世界范围内成本水平的领先地位，关键的是要在维持生产率水平的同时，尽可能降低劳动力成本。也许他们应该延长退休的年龄，忍受人员富余可能造成的成本增加，然后再努力寻找办法削减未来的员工。这样做是与公司的战略和行业传统的成功因素相吻合的。"

当这第二位发言者的长篇大论刚结束，坐在教室另一角的一位焦虑不安的女同学急忙抢着说：

"我原则上同意你的意见，尽管我到现在才终于搞清楚你的意见是什么。如果他们想赢得时间产生创造性解决问题的方案，那么有一个现成的办法就是，先不要执行新的退休年龄计划，而应该等到一年以后。"

坐在她左边的一位男同学反对说：

"你这个办法仍然不能解决这种长远性的问题，也就是对劳动力队伍的中期影响问题，它会使劳动力结构向老年化倾斜，而且在年功序列工资制下，还会使公司的工资支出增加。另外，减少招聘新员工，是不是就没什么新主意了？"

坐在教室中间的一位"高瞻远瞩者"认为，不管采用什么方案，都必须对利弊得失做出衡量。他补充说：

"所选定方案的执行方式，对于成功有着至关重要的影响。我认为，决策应该按他们传统的自下而上方式和惯用的程序来做出。然后，像往常一样，还要在所有有关情况都充分介绍的基础上，才能提出最终的决策。而劳资双方的密切合作，是一项很重要的财富，不能轻易破坏。"

尽管已经进行了近100分钟激烈的课堂讨论，教授和同学们心里都很清楚，案例中仍有许多问题尚待解决，许多事实需要明确交代。下课时间快到了，教授在做了简短的总结后宣布这堂讨论课就此结束。同学们边离开教室边带着意犹未尽的劲头争论着。像其他案例讨论课一样，有些同学离开教室时仍然遗憾课堂的讨论没有取得更一致的意见，心中纳闷最好的解决方案应是什么。另一些同学不以为然地反驳说："我们在这么短的讨论时间内就触到了这么多的问题，想到了这么多的好主意，该知足了吧？"有人甚至引用教授前些日子曾说过的话来这样开导学友："现实中的管理问题本来就没有一个唯一正确的答案嘛！关键是把握分析问题的角度，学会怎样去分析问题和解决问题。过程是第一位的，结果是第二位的。教授不是说了嘛，技能的锻炼才是最重要的，问题的解决方案可能因时、因地甚至因人而异！"

其四，海尔案例在哈佛。

1998年3月25日，美国哈佛大学迎来了一位特殊的客人。他就是来自中国海尔集团的总裁张瑞敏。海尔集团以海尔文化使被兼并企业扭亏为盈的成功实践，引起了美国工商管理界与学术界的极大关注。哈佛商学院搜集到有关信息后，认为"这简直是奇迹"。经过缜密研究，决定把海尔兼并原青岛红星电器厂并迅速使其发展壮大的事实编写成案例，作为哈佛商学院的正式教材。

这一天，《海尔文化激活休克鱼》的案例正式进入课堂与学生见面。张瑞敏总裁应哈佛商学院邀请前去参加案例的研讨，并当堂指导学生。上午9点，教授林·佩恩——一位精干的女士——高兴地见到了海尔案例的主角张瑞敏先生。下午3点，上课时间到了，学生们陆续走进教室。

张瑞敏总裁步入课堂，U形教室里座无虚席，讨论开始了。"请大家发挥想象力，回到1984年，那时，张瑞敏先生面临的挑战是什么？"佩恩教授意在启发每个学生研究企业时首先研究其文化背景，包括民族文化、企业文化。

学生们主要来自美国、日本、拉美国家以及中国台湾、香港特别行政区。其中有2/3的人举手表示曾到过中国大陆。

"铁饭碗，没有压力。"来自中国台湾的一位学生首先发言。

"没有动力，每个人缺乏想把事情做好的动力。"

发言一个接一个，学生们从各个角度理解这个对他们在思想观点上来说是遥远的中国。

教授及时把讨论引向深入："请大家把讨论推进一步，什么是海尔成功的因素？你若是处在张先生的位置，你怎么决策？"

"张先生注重管理，抓了质量与服务，他认为人最重要，他用不同方法来建立危机感，砸毁了不合格的库存品，我可能不会做得这么好。"一位美国学生的发言使大家笑了。

"张能改变公司文化，干得好奖励，干得不好要反省。"香港的陈小姐说。"张先生不在西方生活，在中国长大，他却有这样先进的观点，引用西方先进的管理来改变职工的思想。如果让我把东方文化中的精华传播到西方，我不知道我能否做到、做好，但张先生做好了，这是他成功的原因。"另一位美国学生说。

发言从一开始就十分激烈，一个人话音刚落，一片手臂便齐刷刷地举起来，有的同学连举几次手也没有得到教授的点名，急得直挥手。佩恩教授抓紧时间，把这堂课的"伏笔"亮了出来："我们荣幸地邀请到了海尔总裁张瑞敏先生。现在，由他来讲解案例中的有关情况并回答大家的问题。"

张瑞敏总裁走上讲台。

"作为一个管理者看哈佛，哈佛是神秘的。今天听了案例的讨论，我的感觉不像是上课，而是在海尔召开一次干部会议。"学生们听了这风趣的语言都开心地笑了。来自中国的这位企业家也像西方人一样幽默，他们开始被张瑞敏吸引了，"大家能在不同的文化背景下对海尔的决策有这样的理解，我认为很深刻，要把一条休克鱼激活，在中国的环境下，关键是要给每一个人创造一个可以发挥个人能力的舞台。这样，就永远能在市场上比对手快一步……"

学生们开始提问，从原红星电器厂干部的削减办法、效果谈到如何解决两个品牌，从扭转人的观念谈到改变公司文化的措施。问得尖锐，答得精彩，以至于下课时间到了，教授不得不让学生停止提问。

"我非常高兴地通知张先生，海尔这个案例今天第一次进入课堂讨论后，我们将要做进一步修订、核对，然后放在我们学院更多的课堂使用。定稿后，由我来签字认可，把案例交到学校案例库，作为正式教材出版。哈佛的案例教材是全美商学院通用的。美国以外的国家选用哈佛的案例做教材也相当多，因为哈佛始终是以严谨的治学态度对待每一个案例的编采、写作。这样，将会有更多的MBA学生和经理们看到海尔的文化，我相信他们一定会从中受益的。"佩恩教授真诚地说。

第一章 企业法

> 假如必须等待积累去使某些单个资本增长到能够修建铁路的程度，那么恐怕直到今天世界上还没有铁路。但是，集中通过股份公司转瞬之间就把这件事完成了。
>
> ——［德］马克思

企业是现代市场经济中最重要的商事主体。

"企业"原本是经济学、经营学上的概念，并且是存有争议的概念。一般认为，企业是人力和物力相结合的、有组织的经济实体。法律上的"企业"，学者们一般主张，主要是指以营利为目的的经济组织。其应具备三个特征，即独立性、营利性、经营的计划性和目的性[1]。

依不同的分类标准，可以对企业进行不同的分类。但是，在市场经济条件下，应用最为普遍、最具法律意义的分类是依出资者的责任形式不同进行的分类。即将企业分为公司制企业、合伙企业和独资企业。

一、独资企业的法律规定

2000年1月1日起施行的《中华人民共和国独资企业法》（以下简称《独资企业法》）规定，独资企业是指："依照本法在中国境内设立，由一个自然人投资，财产为投资人个人所有，投资人以其个人财产对企业债务承担无限责任的经营实体。"可见，在我国，独资企业主要是指自然人投资的个人独资企业。设立个人独资企业应当具备以下五项条件：①投资人为一个自然人；②有合法的企业名称；③有投资人申报的出资；④有固定的生产经营场所和必要的生产经营条件；⑤有必要的从业人员。设立独资企业应当向独资企业住所所在地的登记机关申请设立登记。由于设立独资企业无注册资本最低限额的要求，为众多投资者所青睐。但是个人独资企业的投资人与独资企业为同一人格，其对独资企业的对外负债承担无限清偿责任，因而投资风险较大。个人独资企业

---

[1] 参见赵中孚主编《商法总论》，第81~82页，中国人民大学出版社1999年版。

解散应依法进行清算。我国尚未建立个人破产制度，个人独资企业不能申请破产。独资企业解散后，原投资人对企业存续期间的债务仍应承担偿还责任，但债权人在5年内未向债务人提出偿债请求的，该责任消灭。

二、合伙企业的法律规定

合伙是一种古老的商业组织形式。在我国，受传统上"重义轻利"观的影响，合伙经营模式在民间一直有着深厚的土壤。在民商分立的大陆法系国家，有民事合伙与商事合伙之分。二者的主要区别在于，商事合伙需具有营利目的，拥有自己的商号，且应进行登记。在我国，民事合伙主要适用《民法通则》的规定，而商事合伙主要适用《中华人民共和国合伙企业法》（以下简称《合伙企业法》）。

《合伙企业法》自1997年8月1日起施行，2006年8月27日十届全国人大常委会第二十三次会议进行了大规模修订，并于2007年6月1日起施行。依2006年《合伙企业法》规定，合伙企业是指自然人、法人和其他组织依照《合伙企业法》在中国境内设立的企业。包括由普通合伙人组成、合伙人对合伙企业债务承担无限责任的普通合伙企业以及由对合伙企业债务承担无限责任的普通合伙人和对合伙企业债务承担有限责任的有限合伙人组成的有限合伙企业。在普通合伙中又规定了特殊普通合伙（又称有限责任合伙），即各合伙人在对合伙债务承担无限责任的基本前提下，对因其他合伙人过错造成的合伙债务不负无限连带责任的合伙形式。

合伙协议是合伙存在的基础。《合伙企业法》规定，合伙人应当订立书面的合伙协议。依2006年《合伙企业法》规定，合伙人可以是自然人、法人和其他组织，人数在二人以上。但设立有限合伙，合伙人应当在二人以上五十人以下，且至少有一个普通合伙人。除有限合伙不可以劳务出资外，合伙人可以用货币、实物、知识产权、土地使用权或者其他财产权利以及劳务出资。设立合伙企业应当依法进行登记，领取营业执照。登记事项发生变更的，也应办理变更登记手续。

合伙企业的财产包括合伙人的出资、以合伙企业名义取得的收益和依法取得的其他财产。我国《合伙企业法》虽未明确规定合伙财产为合伙人共同共有，但其一些具体规定（比如，合伙人在合伙企业清算前，不得请求分割合伙企业的财产；除合伙协议另有约定外，合伙人向合伙人以外的人转让其在合伙企业中的全部或者部分财产份额时，须经其他合伙人一致同意）。说明该法实际上采纳了共同共有的主张。决定合伙企业的重大事项须经全体合伙人一致同意。其他事项，依合伙协议；合伙协议未约定或者约定不明确的，实行合伙人一人一票并经全体合伙人过半数通过的表决办法。合伙企业事务的具体执行，可以由全体合伙人共同执行，也可以委托一个或者数个合伙人执行。有限合伙则必须由普通合伙人执行，有限合伙人不得执行合伙事务。执行事务合伙人应当定期向其他合伙人报告事务执行情况以及合伙企业的经营和财务状况，并尽到忠实履行义务。合伙企业的利润和亏损，按照合伙协议的约定办理；协议未约定或者约定不明的，由合伙人协商；协商不成的，按照合伙人实缴出资比例分配、分担；无法确定出资比例的，由合伙人平均分配、分担。合伙企业的对外债务，应先以企业全部财产进行清偿，企业财产不足清偿的，由合伙人承担无限连带责任[①]。

合伙企业具有强烈的人合性。《合伙企业法》规定，新合伙人入伙，除合伙协议另有约定外，应当经全体合伙人一致同意，并依法订立书面入伙协议。新合伙人对入伙前合伙企业的债务承担无限连带责任。该法还规定，合伙协议约定合伙期限的，在合伙企业存续期间，有下列情形之一的，合伙人可以退伙：①合伙协议约定的退伙事由出现；②经全体合伙人一致同意；③发生合伙人难以继续参加合伙的事由；④其他合伙人严重违反合伙协议约定的义务。未约定合伙期限的，合伙人在不给合伙企业事务执行造成不利影响的情况下，可以退伙，但应当提前30日通知其他合伙人。除此之外，《合伙企业法》还规定了合伙人丧失相应资格、丧失偿债能力等情形下的当然退伙，以及因实施不当行为等原因依法经其他合伙人一致同意的除名[②]。合伙人退伙的，其他合伙人应当与该退伙人按照退伙时的合伙企业财产状况进行结算，退还退伙人的财产份额。具体退还办法，由合伙协议约定或者由全体合伙人决定。退伙人对基于其退伙前的原因发生的合伙企业债务，承担无限连带责任。合伙人退伙时，合伙企业财产少于合伙企业债务的，退伙人应当依照前述亏损分担规定分担。

合伙企业解散的，应依法进行清算。需要注意的是，2006年《合伙企业法》规定，合伙企业不能清偿到期债务的，债权人可以依法向人民法院提出破产清算申请，也可以要求普通合伙人清偿。即合伙企业也可破产。这样规定可以使所有债权人按比例受偿，又可以对企业宣告破产前一年内违法转移财产的行为予以撤销，追回所转移的财产，增加破产财产，更有利于保护债权人利益。合伙企业依法被宣告破产的，普通合伙人对合伙企业债务仍应承担无限连

[①] 有限合伙、特殊普通合伙的合伙人责任不同于普通合伙，后文将做全面介绍，此不再赘述。
[②] 参见《中华人民共和国合伙企业法》第48条和第49条。

带责任。

三、公司制企业的法律规定

自改革开放以来,我国公司立法几经周折。1993年12月29日,八届全国人大常委会第五次会议通过了《中华人民共和国公司法》(以下简称《公司法》),自1994年7月1日起施行。《公司法》的公布施行对当时的社会经济发展发挥了巨大的作用,但是,随着改革的不断深化和社会主义市场经济体制的建立,该法的有些规定已不能适应新形势的需要。2005年10月27日,十届全国人大常委会第十八次会议通过了全面修订后的《中华人民共和国公司法》,自2006年1月1日起施行。

公司是指依法设立的,以营利为目的的企业法人。具有法人性和营利性的特征。公司是法人,因此,公司的出资者完成出资义务后,其所出资的财产即转化为公司的财产,公司以其独立的财产对外独立承担民事责任;而出资者仅以其出资额为限对公司承担责任。公司的这一特点有效地降低了投资风险,极大地促进了企业融资,使公司成为当今世界最为重要的企业组织形式。但是,有限责任也可能为股东所滥用,出现股东利用公司法人地位以逃避法定或约定义务的情形。为维护债权人的利益,2005年《公司法》引入了公司法人格否认制度。

我国《公司法》规定了有限责任公司和股份有限公司两种公司类型。在有限责任公司中,股东以其认缴的出资额为限对公司承担责任;在股份有限公司中,股东以其认购的股份为限对公司承担责任。相比较而言,有限责任公司人合性、封闭性更强;而股份有限公司,尤其是其中的上市公司,更具有资合性和开放性。依公司之间的控制关系和依附关系还可将公司分为母公司和子公司,子公司不同于分公司,其具有法人资格,是独立于母公司的民事主体,只是因被控股或契约等原因而受控于母公司。

在我国,公司设立基本上采用了登记准则主义。即除法律、行政法规规定必须报经审批的公司外,具备了《公司法》规定的设立条件①,即可设立公司,公司登记机关应当进行登记。此外,公司设立行为也应符合《公司法》的程序性规定。依《公司法》规定,公司的注册资本应达到《公司法》规定的注册资本最低限额,有限责任公司为3万元人民币,股份有限公司为500万元人民币,法律、行政法规有较高规定的,从其规定。股东可以用货币,也可

---

① 参见《中华人民共和国公司法》第23条和第77条。

用实物、知识产权、土地使用权等财产出资。除采用募集设立方式设立的股份有限公司外出资可以依法分期缴付。公司的股东应如实缴纳出资，出资后也不得抽回出资。

股东基于股东资格享有从公司中获得利益和参与公司管理的权利，即股权。通常认为，股权包括盈余分配请求权、剩余财产分配权、出资转让权、优先权等自益权和知情权、表决权、诉权等共益权。有限责任公司股东对外转让股权受到限制[1]，股份有限公司股东转让股份也须符合《公司法》和《证券法》的规定。如何充分保护股东尤其是中小股东权益问题是近年来大家关注的焦点，也是2005年《公司法》修订的核心问题之一。

依《公司法》规定，公司的组织机构有股东会（股东大会）、董事会和监事会。股东会由全体股东组成，是公司的权力机构。董事会是股东会闭会期间的经营决策机构和业务执行机构，也是公司的对外代表机关。监事会则是由股东和职工选举的监事组成的监督机构。2005年《公司法》规定，上市公司董事会中还需设立独立董事，以加强对董事会的监督。公司的董事、监事、高级管理人员应具备《公司法》规定的任职资格，并对公司负有忠实义务和勤勉义务。

经股东会决议（绝对多数通过），公司可以增加注册资本；但公司减资的，还需履行债权人保护程序。公司合并、分立，应当由股东大会做出特别决议（绝对多数通过），并通知和公告债权人（合并情况下，债权人有异议权）。原公司的债权债务由合并、分立后的公司概括承受。

依《公司法》规定，公司因下列原因解散：①公司章程规定的营业期限届满或者公司章程规定的其他解散事由出现；②股东会或者股东大会决议解散；③因公司合并或者分立需要解散；④依法被吊销营业执照、责令关闭或者被撤销。另外，《公司法》还规定了公司出现僵局时，持有公司全部股东表决权10%以上的股东，可以请求人民法院解散公司。公司解散，应依法组成清算组进行清算。清算期间，公司存续，清算组是公司的代表机关，但公司的权利能力受到限制，即只能从事与清算有关的业务。清算组在清理公司财产、编制资产负债表和财产清单后，发现公司财产不足清偿债务的，应依法向人民法院申请宣告破产。公司变更和终止的，均须依法履行登记手续。

---

[1] 参见《中华人民共和国公司法》第72条。

案例 1-1 散伙难散责——合伙人的责任

一、案例介绍

王某、于某、张某、赵某于 2000 年 3 月共同出资设立了一家合伙企业。2001 年 7 月，该合伙企业为经营所需向某纸箱厂赊购一批纸箱，货款共计 6000 元。由于经营不善，该合伙企业于 2001 年 12 月解散。王某、于某、张某、赵某对合伙期间的债权、债务进行了清算。四合伙人约定，上述对某纸箱厂的 6000 元债务由王某承担，王某、于某、张某、赵某均在清算协议上签字予以认可。后某纸箱厂因索款未果，以王某、于某、张某、赵某为被告诉至法院。庭审过程中，于某、张某和赵某三人均以清算协议为由，主张该笔欠款应当由王某一人偿还。

法院经审理认为：根据《中华人民共和国合伙企业法》的规定，合伙人共负盈亏，共担风险，对外承担无限连带责任。当合伙财产不足以清偿合伙债务时，合伙人还需以其个人财产来清偿，即承担无限责任，而且任何一个合伙人都有义务清偿全部合伙债务，即承担连带责任。王某、于某、张某、赵某关于分担债务的协议，仅是其合伙人内部协议，其并不能对抗第三人的主张。因此，判决四被告共同偿还并承担连带责任。

（案例来源：崔荣涛：《四人合伙办企业 欠的债务共偿还》，中国法院网：http://www.chinacourt.org，2003 年 8 月 12 日）

二、案例分析

（一）合伙人的责任

合伙可以分为普通合伙与有限合伙。

在普通合伙中，全体合伙人均对合伙企业债务承担无限连带责任。即当合伙财产不足以清偿合伙债务时，合伙人还需以其个人财产来清偿债务，即所谓无限；而且每一个合伙人均负有清偿全部合伙债务的义务，合伙企业的债权人有权向任何一个、几个或全体合伙人提出履行债务的请求，即所谓连带。合伙企业的这一特点令投资者要承担较大的投资风险。

有限合伙也称隐名合伙，其兼采了有限责任公司与合伙企业的特点。有限合伙中有两种合伙人，一种是对合伙企业债务承担无限连带责任的普通合伙人,另一种是以其认缴的出资额为限对合伙企业债务承担责任的有限合伙人。前者经营合伙业务并执行合伙的其他事务,对合伙企业有控制权,对外代表合伙企业;而后者不得执行合伙业务,也无权代表合伙企业。有限合伙把经营权集中到普通合伙人手中,由具有良好投资意识的专业管理机构或个人作为普通合伙人,可使经营者充分发挥其优势,免受有限合伙人的干扰;而有限合伙人的有限责任又为众多持有资金但无力承担较大投资风险的投资者提供了一个新的投资机会。有限合伙既保留了合伙经营上的灵活性,又引入了有限责任公司股东的有限责任制度,一直为法学界的专家所推崇,尤其被认为有利于鼓励推动我国风险投资事业的发展[①]。在 2006 年修订的《合伙企业法》中,新增了"有限合伙企业"一章,规定了有限合伙这一合伙形式。考虑到有限合伙人承担有限责任的特殊性,为充分保护债权人的利益,该法对有限合伙还做了许多特殊规定,比如,有限合伙企业由二个以上五十个以下合伙人设立,且至少应当有一个普通合伙人;有限合伙人不得以劳务出资,且其出资应作价,并在企业登记事项中予以载明等。

另外,还需特别注意的是,新《合伙企业法》中还规定了特殊普通合伙企业,又称有限责任合伙,是指各合伙人在对合伙债务承担无限责任的基本前提下,对因其他合伙人过错造成的合伙债务不负无限连带责任的合伙形式。《合伙企业法》第 57 条规定:"一个合伙人或者数个合伙人在执业活动中因故意或者重大过失造成合伙企业债务的,应当承担无限责任或者无限连带责任,其他合伙人以其在合伙企业中的财产份额为限承担责任。合伙人在执业活动中非因故意或者重大过失造成的合伙企业债务以及合伙企业的其他债务,由全体合伙人承担无限连带责任。"特殊普通合伙主要适用于会计师事务所、建筑师事务所等以专业知识和专门技能为客户提供有偿服务的专业服务机构。这种普通合伙形式限定了合伙人对合伙企业债务承担无限责任的范围,分散了巨大的连带责任风险,更有利于会计师事务所等专业服务机构的发展。律师事务所由于受司法局备案登记和管理,工商局对其无管辖权而不适用《合伙企业法》。不过,《合伙企业法》第 107 条规定:"非企业专业服务机构依据有关法律采取合伙制的,其合伙人承担责任的形式可以适用本法关于特殊的普通合伙企业合伙人承担责任的规定。"所以,实行合伙制的律师事务所虽不适用合伙企业法,但在责任承担上可以采用合伙企业法关于特殊普通合伙的规定。

---

① 参见宋永新《关于我国合伙法律制度的若干问题》,《中国法学》2001 年第 5 期。转引自《中国商法学精粹》2002 年卷,第 187~189 页,机械工业出版社 2002 年版。

在本案中，王某、于某、张某、赵某于 2000 年 3 月共同出资设立合伙企业，依当时的《合伙企业法》规定，该企业应为普通合伙。所以，王某、于某、张某、赵某应当对该合伙企业债务（包括本案中对某纸箱厂的 6000 元债务）承担无限连带责任。即当合伙企业财产不足以清偿合伙债务时，四被告还需以其个人财产来清偿，而且任何一个合伙人都有义务清偿全部合伙债务。

（二）合伙协议的签订及效力

罗马法中规定："合伙是一种合意契约，根据它，两人以上相互承担义务将物品或劳作集中在一起，以实现某一合法的且具有共同功利的目的。"[①] 可见，在传统民商法中，合伙即是指一种契约。虽然随着合伙关系和法制的发展，现代不少国家的民商法均承认了合伙区别于合伙人的独立法律人格，确认了合伙的独立实体地位[②]。但是，多数国家仍强调合伙协议是合伙成立的基础。

我国《合伙企业法》规定，设立合伙企业应当有书面合伙协议，合伙协议经全体合伙人签名、盖章后生效。合伙协议应当载明下列事项：①合伙企业的名称和主要经营场所的地点；②合伙目的和合伙经营范围；③合伙人的姓名或者名称、住所；④合伙人的出资方式、数额和缴付期限；⑤利润分配、亏损分担方式；⑥合伙事务的执行；⑦入伙与退伙；⑧争议解决办法；⑨合伙企业的解散与清算；⑩违约责任。可见，在我国，书面合伙协议是合伙成立及存续的必要条件。但是，依最高人民法院的司法解释，当事人之间没有书面合伙协议，又未经工商行政管理部门核准登记，而具备合伙的其他要件，又有两个以上无利害关系人证明有口头合伙协议的，可以认定为合伙关系。说明我国司法实践中也承认事实上的合伙关系。

依《合伙企业法》规定，合伙人按照合伙协议享有权利，履行义务。对合伙协议未约定或者约定不明确的事项，由合伙人协商决定；协商不成的，依照该法和其他有关法律、行政法规的规定处理。可见，合伙协议是确定合伙人权利义务关系的依据。但是，需要指出的是，合伙协议只是用来规范合伙人内部关系的，而在合伙的外部事务上则由全体合伙人推举的合伙事务执行人执行，其后果由全体合伙人承担。

---

① 转引自赵中孚主编《商法总论》，第 90 页，中国人民大学出版社 1999 年版。
② 参见董安生、王文钦、王艳萍编著《中国商法总论》，第 111 页，吉林人民出版社 1994 年版。参见宋永新《关于我国合伙法律制度的若干问题》，《中国法学》2001 年第 5 期；转引自《中国商法学精粹》2002 年卷，第 174~179 页，机械工业出版社 2002 年版。

本案中四位合伙人的清算协议虽然不是设立合伙企业时合伙人签订的合伙协议,但其也为合伙人之间确定彼此权利义务关系的合意。该合意应仅对合伙人发生效力,合伙人不能以此对抗第三人(本案债权人纸箱厂)的请求。因此,应由王某、于某、张某、赵某对这6000元债务承担连带责任。

三、思考·讨论·训练

1. 合伙企业与公司制企业、独资企业有何区别?选择合伙企业投资有哪些优势?有哪些风险?
2. 什么是有限合伙企业?有限合伙企业适合哪些投资者投资?
3. 什么是特殊普通合伙企业?其特殊在什么地方?为什么说这种企业形式有利于会计师事务所等专业服务机构的发展?
4. 设立合伙企业应具备哪些条件?履行哪些程序?
5. 结合《合伙企业法》的规定,说说合伙企业的人合性体现在哪些方面。

案例1-2 擅自处分公司财产的遗嘱无效
——股东与公司关系

一、案例介绍

刘女士与周先生原系夫妻关系。1999年1月,周先生出资35万元、刘女士出资15万元成立了北京保利泰克贸易有限公司,约定周先生持有公司70%的股份,担任执行董事、经理职务,刘女士持有公司30%的股份,担任监事职务。保利泰克公司成立后,一直由周先生负责经营管理。在保利泰克公司的工商登记中,刘女士与周先生均是股东。

2000年,刘女士与周先生在法院调解离婚,并对财产进行了分割。2003年10月,周先生因病去世,去世前立下遗嘱,其中一项内容为:从2003年10月31日起公司由王某接管经营,2003年10月31日之后的公司财产归王某所有,一切债权债务由王某处理。

2003年10月31日,保利泰克公司由王某接管经营。刘女士为此诉至法院,请求法院确认周先生所立遗嘱中有关公司财产和经营权的部分无效,并请求将保利泰克公司的财务报表、账簿、合同给予其查阅。

北京市第一中级人民法院审理后认定,刘女士在保利泰克公司章程和工商登记中均被记载为股东,其与周先生离婚时约定共同财产"现在谁处归谁所有"，但双方并未对所持有的保利泰克公司股份进行分割、转让，也未对公司章程和工商登记进行修改。因此，刘女士有权行使股东权利。

据此，法院做出判决。判令保利泰克公司执行董事周先生所立遗嘱中关于2003年10月31日之后保利泰克公司由王某接管经营、公司财产归王某所有、一切债权债务由王某处理的遗嘱部分无效，保利泰克公司将其从2003年10月20日至今的财务报表、账簿、合同提供给刘女士查阅。

（案例来源：郭晶霞：《股东自立遗嘱转让公司财产和经营权无效》，中国法院网：http://www.chinacourt.org，2006年6月9日）

二、案例分析

本案中，作为公司股东之一的周先生，在临终前自行订立遗嘱，将公司的财产和经营权转让给公司职员王某。周先生之所以会这样做，是由于其对股东与公司的关系发生了误解。

公司是企业法人。世界上多数国家和地区的《公司法》均如此规定，我国2005年《公司法》也明确规定："公司是企业法人，有独立的法人财产，享有法人财产权。公司以其全部财产对公司的债务承担责任。"公司的独立法人地位决定了公司必须拥有独立的财产，以自己独立的财产独立承担民事责任。

公司的财产是独立的。虽然公司的财产是由股东出资形成，而且股东对公司享有资产收益权。但公司的财产是独立于股东的财产的。公司成立后，公司作为独立的民事主体对其名下的财产享有所有权，并以其独立的财产独立地开展经营活动，以实现资产的增值。而股东在向公司出资后，依出资取得股权，对投入的财产不再享有所有权。股权是股东基于股东资格享有的从公司中获得利益和参与公司管理的权利，是不同于所有权的，由盈余分配请求权、剩余财产分配权、出资转让权、优先权等自益权和知情权、表决权、诉权等共益权构成的一种权利。"股权在整体上代表着全体出资者对企业这一财产集合体的所有权和其他财产权"[1]。也就是说，全体股东作为整体对公司本身享有所有权，而公司对公司财产享有所有权[2]。本案中，周先生可能是这样认为的，自己是公司的投资人，公司就应该是自己的，公司的财产就是自己的财产，所以，他在临终时才没有忘记"合理安排"自己的这一重大财产。这种思想在实际生

---

[1] 隋彭生主编：《公司法》，第40页，中国人民大学出版社2005年版。
[2] 参见隋彭生主编《公司法》，第39~40页，中国人民大学出版社2005年版。

活中是很普遍的。我们经常听到，某公司的股东私自转移公司财产，某公司的股东以公司的财产清偿个人债务，等等。在本案中，作为公司股东之一的周先生，可以处分其对公司的股权，但不能直接处分公司的财产，公司的财产在公司存续期间归保利泰克公司所有，公司财产的处分应由保利泰克公司的组织机构依法律和公司章程的规定决定，并以保利泰克公司的名义进行。而公司的经营管理者也应由公司的组织机构依法律和公司章程规定的职权选任。周先生在其遗嘱中擅自处分保利泰克公司的财产、经营权，违反了法律及公司章程规定，即侵害了公司的财产所有权，也侵害了刘女士作为公司股东所享有的资产收益权和对公司事务的重大决策权，应属无效。而刘女士要求查阅公司的财务报表、账簿，是基于股东知情权提出的请求，应予以支持。

公司是企业法人，其人格独立还体现在公司责任独立。《公司法》第3条规定："公司以其全部财产对公司的债务承担责任。""有限责任公司的股东以其认缴的出资额为限对公司承担责任；股份有限公司的股东以其认购的股份为限对公司承担责任。"有限责任是公司法人性的体现，是公司与合伙企业、独资企业的本质区别。公司责任的独立有利于保护股东的利益，充分调动投资人投资的积极性。这一点，我们已多次论及，这里不再赘述。

需要说明的是，执行董事是对内执行公司业务、对外代表公司的法人代表机关，可以为公司利益以公司名义在一定范围内实施处分公司财产的行为。那么，本案中，周先生以执行董事的身份是否能处分公司财产？需要注意的是，周先生的遗嘱，首先，不是以公司名义处分公司财产（遗嘱解决的是个人财产的继承问题，非职务行为）；其次，其处分的是公司全部财产，而对此重大财产处分涉及公司根本利益，应由股东会决定；最后，其处分行为有损公司利益，侵害了其他股东的权利，因而是无效的。

三、思考·讨论·训练

1. 1999年1月，周先生、刘女士夫妻二人出资设立北京保利泰克贸易有限公司是否符合当时的《公司法》？该行为如果发生在今天，应如何认定？
2. 本案中，应如何认定周先生、刘女士离婚后保利泰克公司的股权归属？
3. 如周先生生前与你相识，他告诉你很想让王某在他死后接管公司，担任公司负责人，你如何帮助他实现这个愿望？
4. 本案中，刘女士要求查阅公司的合同，这一请求能否得到法律支持？

案例 1-3 狡兔三窟为哪般
——公司法人格否认制度

一、案例介绍

原告（被上诉人）：中国东方航空股份有限公司厦门营业部（以下简称"东航厦门营业部"）。

被告一（上诉人）：许义民。

被告二：厦门市人山航空票务代理有限公司（以下简称人山票务）。

被告（上诉人）许义民系被告人山票务的控股股东人山商贸的法定代表人，也是人山商贸的控股股东（人山商贸的另一个股东是许义民的妻子），许义民同时还是人山票务的法定代表人。

1997年2月10日，原告东航厦门营业部与被告人山票务签订了"航空旅客国内运输销售代理协议"。根据协议约定，由原告向人山票务提供空白航空客票，人山票务应在每月终了后7日内将销售的票款（扣除3%的代理费）汇入其账户。代理合同签订后，原告依约履行合同义务，但人山票务已经停止经营。

原告东航厦门营业部诉称，被告许义民早在人山票务成立之前就先后以厦门新华旅行社、美仁宫售票处、东航长春售票处等单位的名义代销原告的机票，从1995年4月起至1996年5月间，共欠原告机票款979155元。1996年5月28日，被告许义民利用其对人山票务的实际控制地位，抽逃出资，将刚经过验资的人山票务的100万注册资金中979155元支付给原告，用以清偿前诉欠款。许义民的行为致使人山票务从成立伊始就陷于资金不足的状况；后来，他又滥用其控制权，有计划地通过股权转让、变更法定代表人、经营场所等，使人山票务空壳化，以逃避债务。综上，人山票务拖欠原告的机票款，应承担违约责任；许义民作为控股股东滥用股东权，妨碍原告实现合法债权，其行为违反公平、公正、诚实信用原则，应与人山票务共同承担向原告付款的民事责任。故向法院请求判令被告支付原告人民币171738元及逾期付款违约金（从1999年8月10日起计至付款之日止，以每日万分之二点一计算）。

被告人山票务在答辩期内未做书面答辩。被告许义民辩称，原告认为被告存在抽逃出资的主张缺乏事实依据，也无法证明人山票务于1996年5月28日付款给原告979155元系用于清偿许义民旧欠原告的款项，况且许义民当时并非人山票务的股东,不具备抽逃出资的主体资格。人山票务股东所谓"抽逃出资"的行为,其直接受益人是原告,人山票务并不存在因"抽逃出资"而导致损害原告的事实,因此,认定许义民具有侵权行为缺乏构成要件。而此后人山票务拖欠机票款也与该"抽逃出资"行为没有因果关系。既然侵权行为不能成立,本案便不能适用公司法人格否认,径行要求许义民为尚存的人山票务的债务承担连带责任。故请求法院驳回原告对许义民的诉讼请求。

一审法院经审理认为:代理协议为有效合同,原告已依约履行了合同义务,被告人山票务未依约按期支付机票款,故应承担逾期付款的违约责任。同时,合议庭认为,本案应适用公司法人格否认的法理,滥用公司控制权的股东应当承担对公司债务负连带赔偿责任的法律后果。故判决被告人山票务应于判决生效后15日内支付给原告人民币171738元及逾期付款违约金(从1999年8月10日起计至还款之日,以每日万分之二点一计算)。被告许义民应对上述还款义务承担连带赔偿责任。

被告许义民不服一审判决,提起上诉。二审法院经审理后认为,原审认定的事实属实。在二审审理期间,许义民与原告达成调解协议:

(1) 许义民自愿代人山票务偿还原告机票款105000元,该款项应于2002年1月3日前付清。

(2) 原告放弃对许义民的其他诉讼请求。

二审法院经审理认为,该协议不违反法律,故予以准许。并依法根据调解协议变更一审判决为:许义民应于2002年1月3日前代人山票务偿还原告机票款105000元,另66738元及逾期付款违约金(违约金按每日万分之二点一分段计算,其中自1999年8月10日起计至2002年1月3日止,以本金171738元计算;自2002年1月3日起至实际还款日止,以本金66738元计算)人山票务应于二审判决生效之日起10日内偿还原告。

(案例来源:刘永光、徐先丛主编:《公司法案例精解》(修订版),第58~60页,厦门大学出版社2005年版;李艳芳主编:《经济法案例分析》第二版,第45~46页,中国人民大学出版社2006年版)

二、案例分析

本案中,被告许义民与其妻子共同设立人山商贸公司,其是人山商贸的控股股东,还是人山商贸的法定代表人;而人山商贸又是人山票务的控股股东,许义民进而成为人山票务的法定代表人。其一人多重身份,可谓是狡兔三窟。而其费尽心机,令自己身负多重身份的实质目的就是要利用公司有限责任这一屏障规避自己的法律责任。那么，我们就要揭开公司这层面纱，否认公司的独立人格，令其背后的股东直接对公司的债权人负责。这就是本案中法院所适用的公司法人格否认制度。

公司是企业法人，有独立的人格。公司与股东是财产与责任相互分离的两类主体。肯定公司的人格独立和有限责任有利于保护股东的利益，充分调动投资人投资的积极性。但是，股东出于追逐利益的目的，可能会滥用其对公司的权利（决策权等）进行不正当行为。比如，控制公司的股东挪用公司财产，将公司与自己的财产混同、账目混同、业务混同；利用空壳公司从事违法活动，而自己以有限责任为掩护逃避责任等。本案中，许义民控制着人山商贸，然后又利用人山商贸对人山票务的控股地位，进而控制了人山票务。之后，其将个人意志上升为公司意志，以公司的注册资金清偿个人债务，使人山票务空壳化，对外丧失了偿债能力，严重侵害了人山票务债权人的利益。许义民的这种行为便是一种典型的滥用公司独立人格的行为。

公司法人格否认（在英美法系国家称为"揭开公司面纱"），是指为了阻止公司独立法人人格的滥用和保护公司债权人利益与社会公共利益，就具体法律关系中的特定事实，否认公司与其背后的股东各自独立的人格即股东的有限责任，责令公司的股东（包括自然人股东和法人股东）对公司债权人或公共利益直接负责，以实现公平、正义目标之要求而设置的一种法律措施[①]。该理论最初在美国诉密尔沃基冷藏运输公司（U. S. v. Milwaukee Refrigerator Transport Co.）一案中创立，后被英、法、德等国效仿，日本也于20世纪60年代在司法实务中予以适用。今天，该原则已为西方两大法系共同认可，并应用于司法实践中。我国2005年《公司法》第20条规定："公司股东应当遵守法律、行政法规和公司章程，依法行使股东权利。""不得滥用公司法人独立地位和股东有限责任损害公司债权人的利益。""公司股东滥用公司法人独立地位和股东有限责任，逃避债务，严重损害公司债权人利益的，应当对公司债务承担连带责任。"从而在成文法中明确规定了这一制度。而此前的司法实践中也已应用这一原则，本案便是在《公司法》修订前法院适用公司法人格否认法理的典型案例。

公司法人格否认制度是公司法人制度的有益补充，但在适用时须谨慎，否则会带来严重的消极后果，动摇人们对公司的信心，违背创立这一制度的本来目的。因此，适用时须注意以下几点：

[①] 参见朱慈蕴著《公司法人格否认法理研究》，第75页，法律出版社1998年版。

1. 坚持公司法人人格独立和有限责任这一公司法的基石。首先，公司人格的否认，是指在特定的法律关系中否定公司人格，是对公司人格的个案的、一时的和相对的否认，不影响到承认公司在其他方面仍是一个独立自主的法人实体。其次，要严格把握公司法人格否认制度适用的范围和标准，防止滥用。我国 2005 年《公司法》并未在法律中规定具体认定股东滥用公司法人独立地位和有限责任行为的标准，主要是考虑到实际生活中该种行为的表现形式多种多样，在法律中难以一一列举；而且我国刚刚开始实行这一制度，缺少成熟的经验。因此，法律只做原则性的规定，而由最高法院根据本条的基本原则和审判实践做出具体规定。法院在审理这类案件中应统一遵守有关规定，防止该制度因司法审判水平参差不齐而被滥用[①]。

2. 一般情况下，适用公司法人格否认制度需具备一定条件。

（1）公司设立合法有效，并且已取得独立法人人格。有独立法人人格，才有人格被滥用的可能，才谈得上公司法人格否认。在本案中，人山票务公司设立合法有效，并且已取得法人资格，因此，许义民才能以股东只承担有限责任，公司应独立对债务负责的理由来抗辩。

（2）股东滥用对公司的控制权。首先，股东实际控制公司；其次，控制达到一定程度，使公司不再具有自主权，完全丧失了独立性；最后，股东或他人滥用了这种控制权[②]。如前所述，本案中，许义民的行为便构成了对公司控制权的滥用。但应注意的是，滥用公司控制权的行为有很多种，而我国 2005 年《公司法》第 20 条的规定则主要强调了股东滥用公司法人独立地位和股东有限责任逃避债务的行为[③]。

（3）有严重损害公司债权人利益的后果。从理论上讲，股东滥用公司独立人格，损害债权人利益和社会公共利益的，均可适用公司法人格否认制度。但我国 2005 年《公司法》规定只有股东滥用公司法人独立地位和股东有限责任，构成对公司债权人利益的严重损害时，债权人可直接请求人民法院判令股东和公司承担连带责任。本案中，许义民滥用公司控制权使人山票务空壳化，致使原告的债权根本无法实现，构成了对原告债权的严重损害。

否认了公司的人格，公司股东直接面对公司的债权人，滥用公司法人独立地位和股东有限责任的股东应当对公司债务承担连带责任。本案中，一审法院

[①] 参见安建主编《中华人民共和国公司法释义》，第 43~45 页，法律出版社 2005 年版。
[②] 参见李艳芳主编《经济法案例分析》，第 49 页，中国人民大学出版社 2006 年版。
[③] 参见安建主编《中华人民共和国公司法释义》，第 43 页，法律出版社 2005 年版。

据此判决许义民对人山票务的还款义务承担连带责任是正确的。不过，有人提出，本案中，许义民不是人山票务的股东，增加人山票务的股东人山商贸为被告会使本案逻辑更合理①。我们也赞同该观点。

三、思考·讨论·训练

1. 本案审理过程中，有人提出直接追究许义民抽逃出资的责任。那么，依据股东抽逃出资的责任规定和适用公司法人格否认制度来追究股东的责任在性质和后果上有何不同？

2. 为什么说增加人山票务的股东人山商贸为被告会使本案逻辑更合理？

3. 本案在适用公司法人格否认制度时，实际上分别否认了人山票务、人山商贸的公司法人格。那么，否认人山商贸的公司法人格的原因是什么？

4. 公司法人格否认制度的含义及意义是什么？如何看待其与公司人格独立这一公司法基石的关系？

案例1-4　登记——工商局的权，还是责？
——公司的设立

一、案例介绍

××年××月，甲、乙、丙三家公司达成协议，决定共同投资，成立一家食品有限公司。在确定成立新公司后，三家公司共同草拟了公司章程。新企业暂定名为"永华食品有限责任公司"。章程中确定新公司的注册资本为150万元，由三家公司各出资50万元，出资方式有货币、实物（包括厂房、机器设备等）、土地使用权等。这些出资中，货币已存入永华食品有限公司筹备处在银行的账户，实物、土地使用权等也办理了应办理的相关手续。三家企业缴足出资后，永华食品有限公司筹备处委托某会计师事务所进行验资，会计师事务所验资后出具了验资证明。同年11月，永华食品有限公司筹备处向市工商行政管理局申请设立登记，并向其提交了公司登记申请书、公司章程、验资证明等文件。市工商局经审查后认为，永华食品有限公司的注册资本和生产经营条件等是符合法律要求的，但是本地已有数家类似的食品厂，市场已趋饱和，再设立一家食品公司对本地经济无促进作用，因此不予登记。甲、乙、丙三家公

---

① 参见李艳芳主编《经济法案例分析》，第51页，中国人民大学出版社2006年版。

司遂以市工商局为被告，诉至法院。

（案例来源：范健：《商法教学案例》，第 13 页，法律出版社 2004 年版。转引自程荣斌、姜小川主编《商法案例·法规·试题》，第 65 页，中国法制出版社 2006 年版）

二、案例分析

公司设立是指从事公司设立行为的人为成立公司而为的一系列行为的总和。而从事公司设立行为的人完成设立行为后，依法办理登记，经主管机关发给执照，公司成立，取得法人资格。可见，公司登记机关对公司是否登记直接决定着公司能否成立，能否取得法人资格。

历史上，对公司设立的态度分别有自由设立主义、特许主义、核准主义和准则主义。我国 2005 年《公司法》原则上采用了准则主义。《公司法》第 6 条规定："设立公司，应当依法向公司登记机关申请设立登记。符合本法规定的设立条件的，由公司登记机关分别登记为有限责任公司或者股份有限公司；不符合本法规定的设立条件的，不得登记为有限责任公司或者股份有限公司。法律、行政法规规定设立公司必须报经批准的，应当在公司登记前依法办理批准手续。"即除法律、行政法规规定必须报经审批的公司（主要指特定行业的公司）外，具备了公司法规定的设立条件即可申请注册，公司登记机关对符合公司法规定的设立条件的公司应当登记。在这里，与其说登记是公司登记机关的行政权力，不如说是其义务。本案中，拟设立的永华食品有限责任公司不属于政府实行市场准入控制的特殊行业公司。因而，只要其符合公司法规定的设立条件，市工商局就应当予以登记，而工商局以所谓"本地已有数家类似的食品厂，市场已趋饱和，再设立一家食品公司对本地经济无促进作用"的理由驳回其设立申请是有违我国公司法所采用的准则主义的。

根据《公司法》的规定，在我国设立有限责任公司应当符合下列条件：

1. 股东符合法定人数。《公司法》第 24 条规定："有限责任公司由五十个以下股东出资设立。"由于有限责任公司具有一定的人合性，股东人数不宜太多，上限为五十人。可以设立一人公司，但一人公司可能引发股东滥用有限责任制度的问题，故《公司法》对一人有限责任公司做出了特别规定。另外，国务院或者地方人民政府也可以委托本级人民政府国有资产监督管理机构设立国家单独出资的有限责任公司。

2. 股东出资达到法定资本最低限额。资本是公司设立后开展经营活动的物质条件，也是公司对外承担责任的保证，股东的出资形成公司的资本，必须达到法定最低限额。依《公司法》的规定，有限责任公司注册资本的最低限额为人民币3万元。法律、行政法规对有限责任公司注册资本有较高规定的，从其规定。

3. 股东共同制定公司章程。公司章程是关于公司的组织、内部关系和开展业务活动的基本准则和依据。公司章程是公司的自治法规，对公司、股东、董事、监事、高级管理人员均具有约束力。有限责任公司的公司章程应当由全体股东共同制定，体现全体股东的意志。当然，实际生活中，可以先委托某股东或律师起草，但最后必须经全体股东同意并签名。

4. 有公司名称，建立符合有限责任公司要求的组织机构。公司名称是公司区别于其他民事主体的标志。公司对自己的名称享有专用权，任何人不得侵犯。公司的设立者应当依照法律、法规的规定确定公司的名称，并申请名称的预先核准。设立有限责任公司，必须建立符合公司法要求的组织机构，一般由股东会、董事会（执行董事）和监事会（1～2名监事）组成。

5. 有公司住所。公司住所是指公司登记事项中所明确的公司主要办事机构所在地。它对于确定公司登记机关以及公司在民事诉讼中的管辖和法律适用有着重要作用。尽管公司法对固定的生产经营场所和必要的生产经营条件不再要求，但公司住所仍是公司设立的条件之一。

本案中，拟设立的永华食品有限责任公司完全符合上述条件，市工商局应当予以登记。当公司登记机关拒绝为符合条件的公司进行设立登记时，当事人可以依法寻求救济。而且公司登记机关的相关责任人员要承担相应的责任。

三、思考·讨论·训练

1. 核准主义与准则主义有何区别？
2. 你是否知道我国目前有哪些领域实行市场准入？设立哪些行业的公司需要批准？试列举。
3. 你知道哪些有限责任公司的法定注册资本最低限额高于3万元吗？试列举。
4. 2005年《公司法》对一人公司及国有独资公司有哪些特别规定？
5. 《公司法》规定的股份有限公司的设立条件有哪些？
6. 本案中，甲、乙、丙三家公司应向法院提起民事诉讼还是行政诉讼？它们能否未经复议便直接提起诉讼？永华食品有限公司能否成为原告？

案例1-5 联合证券诉华诚公司出资不实案
——股东的出资义务

一、案例介绍

1996年，中国人民银行下发《银发〔1996〕316号通知》规定："除证券公司、信托投资公司外，其他金融机构一律不得设立证券营业部，已设立的证券营业部及其在证券交易所和证券交易中心的交易会员席位一律在1996年12月31日前撤销和转让。"根据该通知的精神，经过核准的42家单位就参股投资组建联合证券有限责任公司（以下简称"联合证券"）达成《联合证券有限责任公司投资协议书》，1997年7月，华诚投资管理有限公司（以下简称"华诚公司"）作为股东之一在该份《投资协议书》上签字盖章。同时，华诚公司与联合证券还签订了《参股协议》。

双方约定：华诚公司将其从中国华诚集团财务有限责任公司置换的北京、天津、上海和江苏四家营业部作价3500万元和另外投入的1500万元现金，总计出资5000万元投入联合证券。其中，天津华诚证券交易业务部（以下简称"天津营业部"）净资产为9326528.63元人民币，为华诚公司的入股资金的一部分。1997年10月11日，联合证券向华诚公司出具了《出资证明书》。但此后，在联合证券办理各证券营业部的更名手续过程中发现，自1995年2月起，在未经任何部门审批的情况下，天津营业部即发售"个人委托投资凭证"。截至1998年7月，累计金额达2亿多元，其中大部分为华诚财务所占用（2001年8月，天津营业部向联合证券出具的《关于天津华诚证券交易业务部情况的说明》证实，其向社会公众以发售"委托投资款"的方式吸揽了资金，截至2001年8月15日，尚未兑付的委托投资款本金349423000元（但电脑记载为352403000元））。然而，华诚公司在投资入股时，从未披露过天津营业部存在非法集资问题。

1998年1月12日，联合证券致函华诚公司，明确表示：在证实华诚公司投资的营业部不存在违规问题之前，其将暂停办理华诚公司的全部证券营业部变更为联合证券所属营业部的任何法律手续，已进行的手续将予以撤销。此后，两公司经多次协商后，达成一致意见，联合证券同意接受除天津营业部外的其他3家营业部。

2001年8月7日，由于华诚公司一直未能解决非法集资的问题，联合证券诉至法院，要求：①确认华诚公司以天津营业部向我公司作价 9326528.63 元人民币的出资无效；②确认华诚公司在我公司的出资应扣除天津营业部的作价部分，即 9326528.63 元人民币；③判令华诚公司承担诉讼费用。

法院经审理认为，华诚公司在将其下属的天津营业部作为"净资产"入股联合证券时，隐瞒了该营业部存在巨额财务风险，华诚公司的行为属欺诈行为。据此判决：华诚投资管理有限责任公司将其天津营业部作价 9326528.63 元人民币作为向联合证券有限责任公司的出资行为无效；驳回联合证券有限责任公司的其他诉讼请求。

（案例来源：北京市高级人民法院编：《公司法新型疑难案例判解》，第 3～7 页，法律出版社 2006 年版）

二、案例分析

（一）股东的出资方式

《公司法》第 27 条规定："股东可以用货币出资，也可以用实物、知识产权、土地使用权等可以用货币估价并可以依法转让的非货币财产作价出资；但是，法律、行政法规规定不得作为出资的财产除外。""对作为出资的非货币财产应当评估作价，核实财产，不得高估或者低估作价。法律、行政法规对评估作价有规定的，从其规定。""全体股东的货币出资金额不得低于有限责任公司注册资本的百分之三十。"《公司法》第 83 条规定，股份有限公司"发起人的出资方式，适用本法第二十七条的规定"。可见，一般情况下，股东的出资方式有以下几种：

1. 货币。货币可以是人民币，也可以是外币。作为商品的一般等价物，货币是最为重要的出资形式。由于货币出资的价值确定，为保证公司的资本充实，保护债权人的利益和保障交易安全，《公司法》规定，全体股东的货币出资金额不得低于公司注册资本的 30%。

2. 实物、财产性权利等非货币财产。2005 年《公司法》规定的可以作为股东出资标的的非货币财产不仅限于旧《公司法》中规定的实物、工业产权、非专利技术和土地使用权，而是扩大为实物、知识产权、土地使用权等所有可以用货币估价并可以依法转让的非货币财产。但需要注意的是，《公司法》中规定的可以作为出资的非货币财产必须具备两个条件：一是可以用货币估价，二是可以依法转让。而像劳务、思想、禁止转让的文物等财产则不能作为出资。而且以非货币财产出资的，还应当评估作价，核实财产，以确定其真实市场价值，保证出资者出资的真实性和准确性。

本案中，华诚公司以其北京、天津、上海和江苏四家营业部的净资产作价3500万元和另外投入的1500万元现金投入联合证券，包含了货币、实物、财产性权利等多种出资方式。其中的非货币财产符合可以用货币估价并可以依法转让的规定。因此，仅从其采用的出资方式上来看，是符合2005年《公司法》规定的，而此前的司法实践对该种出资方式也是持肯定态度的[①]。

（二）股东出资的缴纳

我国1993年《公司法》采用严格的法定资本制，要求股东必须一次性实缴出资。2005年《公司法》则做出了较为灵活的规定，允许股东分期缴付出资。第26条规定："有限责任公司的注册资本为在公司登记机关登记的全体股东认缴的出资额。公司全体股东的首次出资额不得低于注册资本的百分之二十，也不得低于法定的注册资本最低限额，其余部分由股东自公司成立之日起两年内缴足；其中，投资公司可以在五年内缴足。"第81条对以发起设立方式设立股份有限公司的也做出了同样的规定。《公司法》的这一规定缓解了公司设立初期出资人的资金压力，令公司的设立更加容易，也有利于提高资金的使用效率。

依《公司法》的规定，股东应按期足额缴纳出资。以货币出资的，股东应将认缴的货币资金足额存入拟设立公司在银行开立的临时账户；以非货币财产出资的，应依法办理财产权的转移手续。如实缴纳出资是股东的法定义务，也是设立公司的基础。

但实际生活中，人们经常将出资者签订出资协议的行为与缴纳出资的行为混淆。本案中，联合证券要求法院确认华诚公司以天津营业部向该公司作价9326528.63元人民币的出资无效，并进而提出要求确认华诚公司对该公司的出资应扣除天津营业部的作价部分，正是由于对前述两种行为发生了混淆。应强调的是，股东签订出资协议的行为是缔结合同的行为。在实施公司设立行为之初，出资人通过签订出资协议确定彼此之间的权利义务关系，约定各自在公司设立过程中享有的权利、承担的义务。出资协议是出资人从事公司设立行为的基础和重要依据。而缴纳出资的行为，从《公司法》的角度看是股东履行法定的出资义务的行为，从《合同法》的角度分析则是合同的履行行为，即履行出资协议约定的出资义务的行为。因而，未如实缴纳出资是违反公司法的行为，也是对其他出资人的违约行为，但不能就此认定出资协议是无效的。出

---

① 对于净资产中涉及的债权等财产性权利可否作为出资，在2005年《公司法》修订前学术界一直有较大争论。但在实践中以净资产出资是一种较常见的出资方式，司法实践中也一直予以肯定。

资协议是否有效要看其是否符合合同的生效要件。本案中，华诚公司在将其下属的天津营业部作为"净资产"入股联合证券时隐瞒了该营业部存在巨额财务风险，这一欺诈行为发生在履行出资义务阶段，是出资不实行为，是违约行为。而华诚公司与其他各方签订的《投资协议书》和《参股协议》均是其真实意思的表现，内容符合法律规定，协议本身是有效的。因而，法院判决确认华诚公司将其天津营业部作价9326528.63元人民币作为向联合证券的出资行为无效，但驳回了联合证券要求确认华诚公司对该公司的出资应扣除天津营业部的作价部分的诉讼请求，是正确的。

（三）股东未如实缴纳出资的责任

《公司法》第28条规定："股东不按照前款规定缴纳出资的，除应当向公司足额缴纳外，还应当向已按期足额缴纳出资的股东承担违约责任。"第31条规定："有限责任公司成立后，发现作为公司设立出资的非货币财产的实际价额显著低于公司章程所定价额的，应当由交付该出资的发起人补足其差额；公司设立时的其他股东承担连带责任。"第84条规定："以发起设立方式设立股份有限公司的"。"发起人不依照前款规定缴纳出资的，应当按照发起人协议承担违约责任。"第94条规定："股份有限公司成立后，发起人未按照公司章程的规定缴足出资的，应当补缴；其他发起人承担连带责任。""股份有限公司成立后，发现作为设立公司出资的非货币财产的实际价额显著低于公司章程所定价额的，应当由交付该出资的发起人补足其差额；其他发起人承担连带责任。"

可见，公司的出资者未如实缴纳出资应承担一定的责任：

1. 对公司承担补缴出资及出资填补的责任。公司作为企业法人，有独立的财产，以其独立财产独立承担民事责任。而公司的财产是由股东出资形成的。因而，股东是否如实缴纳出资直接影响到公司的对外信用基础，影响公司的正常营业活动。因而《公司法》规定，出资人未缴足出资的，应补缴（股份有限公司，其他发起人承担连带责任）。以非货币财产出资的，其实际价额显著低于公司章程所定价额的，应当由交付该出资的出资人补足其差额，公司设立时的其他股东（股份有限公司为发起人）承担连带责任。本案中，联合证券正是以公司的名义起诉其股东之———华诚公司，要求其对己方的出资不实行为承担责任。华诚公司在法院确认其以天津营业部作价9326528.63元人民币的出资行为无效后，应当补缴该部分出资。

2. 对其他出资者承担违约责任。如前所述，出资协议是出资者之间确定彼此权利义务关系的合同。未按约定履行出资行为是对该合同的违反，应依约定对其他合同当事人，即其他出资者承担违约责任。

三、思考·讨论·训练

1. 资本、资产、净资产的含义分别是什么？它们彼此之间有何关系？
2. 哪些财产可以用于对公司的出资？在出资方式上，公司制企业与合伙企业、独资企业有何区别？
3. 以非货币财产出资应符合哪些条件？常见的可用于对公司出资的财产性权利都有哪些？以财产性权利作为出资时应注意哪些问题？
4. 什么是资本充实原则？《公司法》中哪些规定体现了这一原则？
5. 什么是法定资本制？什么是授权资本制？采募集设立方式设立的股份有限公司，发起人能否分期缴付出资？
6. 股份有限公司的发起人应承担哪些责任？

案例1-6 "庶民胜利"的根源
——股东权益保护

一、案例介绍

上海金丰投资股份有限公司（以下简称"金丰投资"）是一家以提供房屋置换、房屋租赁等住宅流通服务为主，以住宅开发为辅的上市公司。其前身是ST嘉丰股份，2005年股权分置改革时该公司唯一的非流通股股东上海地产公司是以资产重组形式入主该公司的，重组成本每股2元多，重组之后的2002年，公司进行了增发，增发价每股11.55元。

2005年10月，随着我国股权分置改革的全面铺开，金丰投资也加入到这一洪流中。但没想到的是，其股改方案刚公布便引起轩然大波，该公司流通股股东周梅森的三封公开信震动了中国股市。

周梅森，江苏省作协副主席、一级作家、享有国务院特殊津贴，被誉为"中国政治小说第一人"。在中国股市刚刚诞生时，周梅森通过他的长篇小说和电视连续剧《天下财富》，不仅展示了一个既属于融资者又属于投资者的资本市场，而且还号召人们通过买股票去分享改革开放的成果。1994年，周梅森涉足证券市场。11年间，他几乎将所有的稿费全部投入股市。2003年，周梅森介入金丰投资；2004年成为金丰投资第二大流通股股东；2004年底成为金丰投资第一大流通股股东；2005年9月，周梅森持股达到70.25万股。

2005年10月24日，金丰投资董事会通过了对价为10送3.2股的股改方案，周梅森立即通过电邮，代表部分流通股股东表明了其对对价方案的不满，认为对价明显偏低。第二天，董事长和保荐人一行亲赴南京听取周梅森的意见。

2005年11月2日，金丰投资董事会通过了对价为10送3.5股的股改方案，周梅森当即提出"至少应该是10送3.8股，同时大股东应承诺股价在4.6元（净资产）以下不减持"的反对意见，并第一次发表了公开信——"致全国流通股股东的一封公开信"。其文中呼吁流通股股东站出来维护自己的权益，面对资本强权，要千万珍惜自己手中的否决权。

2005年11月9日，金丰投资公布了大股东增加额外承诺的公告；随即，在同一天，公司又紧急在上海召开媒体沟通会，与广大媒体进行沟通。

2005年11月10日，一封由金丰投资董事长阮人旦签名的公开信见诸各大媒体。市场明显感觉到，在短暂沉默后，金丰投资加大了公关力度，而周梅森却表示其立场不变，并于11月11日发表了他的第二封公开信——"致非流通股大股东并国资管理部门的公开信"，指控"上市公司和包括国资委在内的各相关利益集团以其天然优势挟持股改"。

在金丰投资股改方案表决之前，金丰投资董事会成员5次前往南京与周梅森沟通协商，但始终没有改变其对价方案，周梅森于11月18日发表了第三封公开信——"致管理层的公开信"。

2005年11月28日，金丰投资股改A股市场相关股东会议召开，3610名股东代表参加了表决，代表股份182586665股，占总股本的65.11%；其中参加表决的流通股股东代表共3609名，代表股份27089623股，占流通股股本的21.68%，占总股本的9.66%；参加网络投票的流通股股东代表共3400名，代表股份21470092股，占流通股股本的17.18%，占总股本的7.66%。包括周梅森的70.25万股在内的16002755股流通股股东投出了自己的反对票。最终，尽管全体股东的赞成率高达93.9279%，但因为流通股股东的赞成率只有59.0734%，金丰投资股改方案被否决。而流通股股东们的胜利更被人们称为"庶民的胜利"。

（案例来源：雷亮：《探究庶民的胜利——对股权分置改革股东分类投票制度的思考》，载赵旭东主编《公司法评论》2005年第4辑，第40~42页，人民法院出版社）

二、案例分析

自2005年4月29日开始的股权分置改革可谓是中国股市的一场暴风骤

雨。时至今日，改革仍在进行，其影响仍在扩大。在这里，我们仅就其中影响较大的"金丰投资股改方案被否"事件中涉及的股东权益保护问题进行一定的分析和讨论。

不难看出，在这一事件中，周梅森等"庶民"的胜利是得益于2005年4月29日中国证监会发布的《关于上市公司股权分置改革试点有关问题的通知》（以下简称《通知》）中规定的股东分类表决制度。《通知》第3条第4款规定："临时股东大会就董事会提交的股权分置改革方案做出决议，必须经参加表决的股东所持表决权的三分之二以上通过，并经参加表决的流通股股东所持表决权的三分之二以上通过。"正是基于这一规定，金丰投资的股改方案才会因流通股股东的赞成率未达到三分之二而未被通过。那么，这一表决制度有何意义呢？

如前所述，股东基于出资取得了股权。股权由自益权和共益权构成。其中，共益权是指为股东的利益并兼为公司的利益而行使的权利，包括知情权、表决权、诉权等。共益权体现了股东作为公司的出资者，有权了解公司的财产和业务状况，并对公司的重大事务有话语权。而且，共益权也影响着股东自益权的实现。因而如何充分保障股东的共益权成了新公司法修订的重点之一。"庶民的胜利"事件主要涉及其中的表决权问题。

股东（大）会是公司的权力机构，股东通过出席股东（大）会并行使表决权来实现其作为出资者的权利。在股东（大）会的表决上，有限责任公司与股份有限公司的规定是不一样的。对于有限责任公司，我国2005年《公司法》贯彻了私法自治的原则，股东既可以依出资比例表决，也可由公司章程规定表决权的依据及表决程序。而对于股份有限公司，该法则采用了通行的资本多数决原则。所谓"资本多数决"，是指每一股份有一表决权，以股份的多少计算表决权的数量，持股越多，表决力越大。该原则体现了股权平等，是资本在经济层面的本质要求；而且该原则还极大地提高了公司的决策效率，鼓励了大股东对公司的投资，有利于公司利益的实现。但是，依资本多数决原则，往往持股最多者的意思表示处于支配者的地位，通过表决，成为公司的意思表示，并对小股东产生拘束力。从而，"多数决的结果是多数权利意味着全部权利，少数权利意味着没有权利。"[1] 其最终导致了大股东和小股东实质上的不平等，是实际生活中大、小股东权益冲突的焦点。试想，在"庶民的胜利"

---

[1] 雷亮：《探究庶民的胜利——对股权分置改革股东分类投票制度的思考》，载赵旭东主编《公司法评论》2005年第4辑，第45页，人民法院出版社。

这一事件中，如果仍然坚持采用"资本多数决原则"，还会有周梅森等"庶民"的胜利吗？他们有能力与大股东上海地产（集团）有限公司抗衡吗？

为保护小股东的利益，纠正"资本多数决原则"所导致的不公，各国《公司法》均进行了一定的制度设计，其中包括在董事、监事选举中采用累积投票制。我国2005年《公司法》也规定了这一表决制度。依《公司法》第106条的规定，累积投票制，是指股东大会选举董事或者监事时，每一股份拥有与应选董事或者监事人数相同的表决权，股东拥有的表决权可以集中使用。在累积投票制下，中小股东通过其投票权的集中使用，可以增加其提名人的当选机会。虽然中小股东提名的人选还不足以控制董事会、监事会，但至少能在其中反映中小股东的意见，使代表大股东利益的董事、监事行事时有所制约。而2005年4月29日中国证监会发布的《关于上市公司股权分置改革试点有关问题的通知》（以下简称《通知》）中规定的股东分类表决制度正是针对股权分置背景下我国上市公司"一股独大"的现实，为纠正"资本多数决原则"所导致的实质不公而做出的制度设计。"它在流通股股东与非流通股股东之间建立了一种对等的双重否决机制，从而在制度上为流通股股东提供了说话的平台，保证了流通股股东拥有足够的话语权。"[①]"庶民"因而得以在不满由大股东控制的董事会提交的代表大股东利益的"股改"方案时向大股东叫板。

当然，中小股东权益的保护仅依靠一个累积投票制或股东分类表决制度是远远不够的，还要依赖于证券市场信息的透明，广大中小股东权利意识的苏醒，相关制度的完善，等等。而在完善相关制度的过程中，2005年《公司法》的出台可谓注入了一针强心剂，其诸多规定均体现了加强对中小股东利益的保护，比如，规定了有限责任公司异议股东的股份回购请求权，规定了股份有限公司股东享有提案权，规定了股东代表诉讼制度，增设了股东直接起诉董事、高级管理人员的条款以及赋予股东解散公司请求权等，有必要引起注意。

三、思考·讨论·训练

1. 股东有哪些权利？如何看待股权的性质？
2. 股东大会的地位和职权是什么？2005年《公司法》对股份有限公司股东大会的召开、召集及表决都有哪些规定？
3. 举例说明累积投票制与普通投票制的区别，并说明其于保护中小股东

[①] 雷亮：《探究庶民的胜利——对股权分置改革股东分类投票制度的思考》，载赵旭东主编《公司法评论》2005年第4辑，第46页。

利益方面有哪些作用？

4. 有人认为，2005年4月29日中国证监会的《通知》实际上把股权分置改革的决定权交给了流通股股东，这对非流通股股东是不公正的。请查阅相关资料后，谈谈你的看法。

5. 2005年《公司法》中哪些规定体现了加强对中小股东利益的保护？

案例1-7　谁说的算？——公司的组织机构

一、案例介绍

2004年，宋先生、张先生、苏先生、乔女士等14名股东出资设立了一家农贸市场有限公司，宋先生担任公司董事长，是公司的法定代表人。2005年6月，该农贸市场有限公司董事会决议，提选张先生为经理，苏先生为副经理，经理提名财务人员暂为高某、乔女士。同年6月19日，该公司股东会做出决定，聘任张先生为市场经理，苏先生为市场副经理。同日，宋董事长出具授权书，授权乔女士管理农贸市场有限公司公章、财务专用章、合同专用章、法定代表人名章等印章。2005年12月，苏先生持加盖农贸市场有限公司公章的指定委托书到工商行政管理机关办理变更登记，但由于宋董事长阻止，工商行政管理机关未受理其变更申请。此后，宋董事长自行聘任王先生为经理，马女士为出纳。之后，王先生、马女士便以该农贸市场有限公司名义收取摊位租赁费，并在收费收据上加盖"农贸市场有限公司摊位收费专用章"，而所收摊位费未存入农贸市场有限公司的银行账户。2006年1月，因与张先生、苏先生、乔女士等发生纠纷，宋董事长在农贸市场有限公司财务室门上张贴封条，并上锁。张先生、苏先生、乔女士等四人认为，宋董事长、王先生、马女士的行为损害了公司权益，因而向法院提起诉讼，要求王先生、马女士立即停止侵害农贸市场有限公司合法权益的行为，离开农贸市场有限公司，宋董事长清除其张贴在农贸市场有限公司财务室门上的封条，开启其锁在门上的锁。

（案例来源：周岩：《董事长超越职权聘任公司人员被判无效》，中国法院网：http://www.chinacourt.org，2007年5月15日）

二、案例分析

本案中，宋董事长的行为很具代表性，其揭示了现实生活中董事长们的一种较普遍的"官本位"思想，即董事长的职务便意味着"权"，意味着对公司的大事小事说了算。那么，这种思想正确吗？《公司法》对此是如何规定的？

我们先要弄清公司各机构的地位和职权。我们知道，公司是法人。作为法律拟制的人，其行为必须依赖自然人的意思表示和行动，这些自然人或自然人的集合构成公司的组织机构。我国《公司法》规定的公司的组织机构有股东（大）会、董事会和监事会。其中，由公司的资本供应者、对公司有最终所有权的股东组成的股东（大）会是公司的权力机构，行使制定、修改公司章程，选任公司经营管理机构、监督机构成员和决定公司重大事项等职权。董事会是由股东（大）会选举的董事组成（职工董事除外），并对股东（大）会负责的公司的业务执行机构。其对外代表公司，对内管理公司事务，行使公司的经营决策和管理权。依《公司法》第47条的规定："董事会对股东会负责，行使下列职权：

（一）召集股东会会议，并向股东会报告工作；

（二）执行股东会的决议；

（三）决定公司的经营计划和投资方案；

（四）制订公司的年度财务预算方案、决算方案；

（五）制订公司的利润分配方案和弥补亏损方案；

（六）制订公司增加或者减少注册资本以及发行公司债券的方案；

（七）制订公司合并、分立、解散或者变更公司形式的方案；

（八）决定公司内部管理机构的设置；

（九）决定聘任或者解聘公司经理及其报酬事项，并根据经理的提名决定聘任或者解聘公司副经理、财务负责人及其报酬事项；

（十）制定公司的基本管理制度；

（十一）公司章程规定的其他职权。"

另外，依《公司法》的规定，为公司日常生产经营管理活动之需，可在董事会之下设置经理（股份有限公司必须设置）。经理辅助董事会执行业务，对董事会负责，向董事会报告工作。对于"经理"，在很多国家，其并不是公司的法定机关，可以设置，也可不设置。一般认为，经理是基于契约的公司的雇员，通常由董事会视具体情况决定是否聘任，公司章程、董事会或者公司与经理的契约可以对经理的权限予以限制，但该限制不能对抗善意第三人。而我国《公司法》则将经理规定为公司的业务辅助执行机关，并在法律中列举了经理的职权。但也考虑到上述问题，对有限责任公司是否设置经理未做强制规定，而且在允许董事会授予经理其他职权的同时，也允许公司章程对经理职权做出不同于法律的规定。监事会,是依权力制衡原则设置的业务监督机构。其由股东代表和一定比例的职工代表组成,主要负责对董事等高级管理人员及公司的经营活动进行监督,以维护公司和股东权益。依《公司法》第54条的规定,其职权主要有:检查公司财务;对董事、高级管理人员执行公司职务的行为的合法性进行监督;要求董事、高级管理人员纠正其损害公司利益的行为;股东大会会议的提议权和召集主持权;向股东大会提出提案;代表公司对董事、高级管理人员提起诉讼;公司章程规定的其他职权。

由上述可知,公司各机构的地位和性质都是有明确界定的,各机构均须依照法律和公司章程的规定行使职权,不得越权。在本案中,公司经理和财务负责人的聘任属于公司的业务管理问题,原则上应由董事会做出决议,但依《公司法》的规定,如股东认为较为重大,也可在公司章程中规定由股东会决定。因此,本案中,某农贸市场有限公司应依该公司董事会及股东会的决定,聘张先生为市场经理,苏先生为市场副经理。而经理提名的财务人员依公司章程的规定得到公司股东会或董事会的批准后也获得聘任。而宋董事长聘任王先生为经理、马女士为出纳的行为超越了其职权范围,应属无效。

那么,董事长的地位是什么?有何职权呢?依《公司法》第45条和第110条的规定,董事会设董事长一人,董事长负责召集和主持董事会会议,检查董事会决议的实施情况。由此可知,董事长不是公司的经营管理者,而是为保证公司经营决策机构董事会正常运作而设置的董事会会议的召集和主持人;其并非对公司大小事都说了算,而主要是在董事会内部负责董事会的召集和主持等程序性事务,负责协调董事会成员之间的关系,检查董事会决议的执行情况。然而,在实际生活中,由于控股股东、董事、董事长、总经理、经理等称谓混乱,加之一些传统思想的影响,人们往往对他们的权利义务界定不清,以致出现了一些错误的认识。

前面我们已经谈到,宋董事长聘任王先生为经理、马女士为出纳的行为超越了其职权范围,应属无效。既然该聘任无效,那么,王先生、马女士并未取得农贸市场有限公司经理和出纳的相应职权,但他们却以经理和出纳名义向农贸市场有限公司商户收取摊位费。其行为侵害了农贸市场有限公司的合法权益和正常管理秩序,导致张先生、苏先生等合法管理人员无法正常行使职权,市场管理混乱,应当停止侵害。而宋董事长封锁财务室更是错上加错,其行为超越了职权范围,妨碍了公司经理和财务人员正常行使职权,损害了公司利益,应立即停止侵害,如给公司造成损失还应承担赔偿责任。

三、思考·讨论·训练

1. 对你身边的某公司进行一下调查，看看该公司的"首席执行官"或"总裁"或"老板"……在法律上应如何称呼，其地位和职权是什么？
2. 什么是法定代表人？谁是公司的法定代表人？
3. 《公司法》对公司董事、监事、高级管理人员的任职资格有哪些要求？他们应承担哪些义务？
4. 为什么要监督董事会？《公司法》通过哪些制度设计来加强对董事会的监督？
5. 张先生、苏先生、乔女士等四人以公司权益受侵害为由起诉宋董事长、王先生和马女士，他们有原告资格吗？法律依据是什么？

案例 1-8　当股权转让遭遇"人合性"
——有限责任公司的股权转让

一、案例介绍

2002年，中国华融资产管理公司（以下简称华融公司）拟将其持有的北广集团的股权转让给比特科技控股股份有限公司（以下简称比特科技）与北京新奥特集团有限公司（以下简称新奥特集团）组成的收购团。

为保证转让的顺利进行，2002年6月，华融公司向北广集团的另一股东北京电子控股有限公司（以下简称电子控股）通报了其与新奥特集团等达成的股权转让的条件，并要求其明确表示收购与否。电子控股答复，其不放弃优先购买权。

2002年6月12日，新奥特集团委托律师向华融公司出具律师函称，电子控股的表示，未满足华融公司"明确表示收购与否"的要求。同时提出对转让条件的反要求是对同等条件的拒绝，电子控股已丧失优先购买权，华融公司没有必要，也不应当再与电子控股讨论优先权问题。

6月13日，华融公司通过公证向电子控股发出"通知函"，再次通报了其与新奥特集团等达成的股权转让条件，要求电子控股于同年6月28日上午9时前承诺是否以同等条件行使优先购买权；如承诺行使，则应于同日签订股权转让协议，否则视为放弃优先购买权。电子控股对此没有答复。

2002年6月28日上午11时30分，华融公司与比特科技、新奥特集团签订关于北广集团的股权转让协议。

协议主要内容有：比特科技、新奥特集团共同收购华融公司持有的北广集团55.081%的股权，股权转让的最低价格不低于3亿元。股权转让款的支付方式采取分期付款形式，自协议签订之日起3日内，比特科技、新奥特集团按照华融公司提供的账户支付1亿元，余款在协议签订之日起3个月内或评估报告经国家主管部门备案之日起7日内付清。比特科技、新奥特集团依约支付1亿元后，华融公司协助办理股权转让的过户手续。受让方完全知悉其他股东不配合办理变更工商登记手续的风险，并承诺不为此向出让方提出任何抗辩，不影响受让方支付股权转让价款，出让方已经收到的股权转让价款不予返还。

2002年6月28日，经华融公司提议召开北广集团2002年度第一次临时股东会会议，拟就华融公司将其持有的北广集团全部股权一次性转让给比特科技和新奥特集团组成的收购团的相关事项做出决议。北广集团的另一股东电子控股未在相关决议上签章认可。

2002年9月27日，华融公司与新疆国际信托投资有限公司（以下简称新疆国投）、新奥特集团、比特科技分别签订关于股权转让相关问题的协议书（一）、（二），两份协议书确认的事实主要为：新奥特集团、比特科技分别于2002年7月22日、8月6日、8月30日共向华融公司支付股权转让款1亿元；新疆国投以信托方式对新奥特集团、比特科技给予融资支持，应于2002年9月28日12时前将总值2亿元的资金汇入约定的账户。协议书确定的内容还有：因北广集团的另一股东已经以华融公司侵犯其优先购买权为由提起仲裁程序，新奥特集团、比特科技同意对继续履行2002年6月28日的股权转让协议做出承诺，即如华融公司在仲裁案件中败诉，造成转让的股权不能过户，股权转让协议不能履行时，新奥特集团、比特科技不得追究华融公司因签订上述协议而应当或可能负有的对2亿元的资金所产生的利息、融资成本、可预期利益、赔偿等相关责任，同时还约定了在上述条件下，新奥特集团、比特科技应向华融公司履行的其他义务。

2002年9月23日，电子控股作为申请人，以华融公司为被申请人，向北京仲裁委员会申请就电子控股作为北广集团股东有权享有优先购买权做出相关裁决。2002年12月9日，北京仲裁委员会做出终局裁决，裁决的主要内容为："2002年12月31日前，电子控股有权行使作为北广集团股东所享有的同等条件对华融公司拟转让的北广集团55%股权的优先购买权。2002年12月31日前一次性将转让的总价款3亿元付给华融公司。"依据上述裁决，2002年12月20日，电子控股与华融公司签约；2002年12月23日，电子控股向华融公司付款。

此后，新奥特集团向法院提起诉讼，要求华融公司赔偿其所遭受的损失。

一审法院经审理后认为，华融公司与比特科技、新奥特集团签订的股权转让协议自始有效。现因仲裁裁决电子控股享有优先购买权，且电子控股与华融公司已签订协议并给付款项，华融公司与比特科技、新奥特集团的股权转让协议应终止履行。华融公司明知股权转让协议可能发生履行不能的后果，仍与新奥特集团签订该协议及多项附属协议，并于电子控股申请仲裁后仍收取2亿元股权转让款，其对造成本案纠纷负有主要责任。新奥特集团在签约过程中对其所购股权处于不确定状态及风险已知悉，也应对协议不能履行而形成的部分损失承担相应责任。

综上所述，一审法院判决："一、华融公司与比特科技、新奥特集团签订的股权转让协议及相关协议终止履行；二、华融公司赔偿新奥特集团损失300万元。"

二审法院对一审法院判决华融公司与比特科技、新奥特集团签订的股权转让协议及相关协议终止履行予以维持。但对协议终止履行后，新奥特集团的损失的承担问题持不同意见。二审法院认为，华融公司和新奥特集团在签订股权转让协议时，均知悉《公司法》规定的其他股东在同等条件下有优先购买权，也知悉电子控股不放弃优先购买权的态度。双方在签约时，应当预见合同可能因电子控股行使优先权而终止，但没有预见，对此双方均有过错。新奥特集团因准备合同履行及实际履行中产生的损失应由新奥特集团、华融公司各自承担50%。另外，对股权转让协议终止履行造成损失的计算问题，法院认为：

第一，关于新奥特集团支付2亿元股权转让款损失问题。《有关股权转让相关问题的协议书（二）》明确约定，如华融公司在仲裁案件中败诉，造成转让的股权不能过户，股权转让协议不能履行时，新奥特集团不得追究华融公司应当或可能负有的对2亿元资金所产生的利息、融资成本、可预期利益、赔偿等相关责任，约定有效。新奥特集团上诉提出华融公司应赔偿其因支付2亿元股权转让款而造成6435750元损失的请求法院不予支持。

第二，关于新奥特集团因支付1亿元股权转让款所产生的损失问题。华融公司可以预见的合理损失只应是其实际占有资金期间的利息损失，而不应包括新奥特集团对外融资所产生的实际费用，故该部分损失应以华融公司实际占有资金的时间、金额，按照中国人民银行半年定期存款利率计算。

第三，新奥特集团为履行合同所支付的咨询费、审计费、财务顾问费、人员工资等，是其为实现合同目的，诚意履约而实际支付或必须对外支付的款项，应认定为合同不能履行所产生的损失，由华融公司承担50%。

综上所述，二审法院的判决如下："一、维持一审判决第一项；二、变更一审判决第二项为：华融公司赔偿北京新奥特集团损失及占用1亿元资金的利息损失的50%。"

（案例来源：尚晨光：《有限责任公司人合性的神话——兼评北京新奥特集团诉华融公司股权转让合同纠纷案》，载赵旭东主编《公司法评论》2005年第4辑，第70~73页，人民法院出版社）

二、案例分析

本案是由北广集团的股东华融公司转让其持有的股权而引发的纠纷。"转让"本是你情我愿的事，又缘何牵扯到多方主体，引发了重重官司？症结便在于其转让的并非一般财产，而是有限责任公司的股权。在实际生活中，因有限责任公司股权转让所发生的纠纷极为普遍，为理论界和实务工作者所关注。

（一）有限责任公司股权转让的限制

股权是财产性权利，其具有价值并可转让。但有限责任公司不同于股份有限公司，其具有一定的人合性，公司的组建和存在依赖于股东之间的信任关系和共同利益关系。因而，《公司法》一方面规定有限责任公司股东之间可以相互转让股权；另一方面对股东对外转让股权做出了限制。

依《公司法》第72条的规定，有限责任公司股东向股东以外的人转让股权的，"应当经其他股东过半数同意。股东应就其股权转让事项书面通知其他股东征求同意，其他股东自接到书面通知之日起满三十日未答复的，视为同意转让。其他股东半数以上不同意转让的，不同意的股东应当购买该转让的股权；不购买的，视为同意转让。""经股东同意转让的股权，在同等条件下，其他股东有优先购买权。"

为后面分析的需要，在这里我们要强调一点，上述的"其他股东半数以上不同意转让的，不同意的股东应当购买该转让的股权"中的购买与"经股东同意转让的股权，在同等条件下，其他股东有优先购买权"中的购买是有区别的[①]。

首先，购买行为性质不同。在前者，股东购买股份有履行义务的性质。既然异议股东不同意对外转让，且其意思已经转化为公司的意思，其即有义务买

---

① 参见张勇健《有限责任公司股东向非股东转让股权的限制若干问题》，载《法律适用》2003年第12期，转引自李艳芳主编《经济法案例分析》，第76~77页，中国人民大学出版社2006年版。

下拟转让的股份，以使公司的意思得到实现，使公司股份不致因股权交易流入他人之手。在后者，股东购买股份则是纯粹的主张权利的过程。在多数股东同意对外转让股份的情况下，拟转让股份的股东可以继续其与他人的股权交易，但其他股东在同等条件下有优先购买权。如其行使该权利，上述交易将无法实现。

其次，购买主体不同。在前者，需履行购买义务的主体是不同意对外转让股份的异议股东。而后者，所有股东均可向拟转让股份的股东和拟受让股份的非股东主张行使优先购买权，无论是同意对外转让的股东还是异议股东。

最后，购买股份的价格条件不同。在前者，股份不允许向非股东转让，异议股东购买股份，是作为股东行使一般股东权利的行为，而不是在行使优先购买权。因此，拟转让股份的股东与非股东约定的股份转让的价格条件对异议股东的购买行为没有约束力，买卖双方应另行协商转让价格等条件。而在后者，其他股东行使优先购买权应在同等条件下，其价格条件取决于拟转让股份的股东与非股东的股权转让合同的内容。

在本案中，北广集团只有两个股东，华融公司与电子控股。那么，针对华融公司欲对外转让其股权，电子控股便有两种选择：其一，同意转让，并在此基础上决定是否行使优先购买权。其二，购买该转让的股权。那么，电子控股是否同意了？是否表示购买了？在2002年6月28日经华融公司提议召开的北广集团2002年度第一次临时股东会会议上，电子控股未在有关华融公司股权转让的相关决议上签章认可。即其采用了一种特殊做法，既不明确表示是否同意，也不明确表示是否购买。那么，对此应如何认定？

对"应当经其他股东过半数同意"，采取默示做法应如何认定？对此问题，1993年《公司法》未做明确规定。而2005年《公司法》第72条规定："股东应就其股权转让事项书面通知其他股东征求同意，其他股东自接到书面通知之日起满三十日未答复的，视为同意转让。"依该规定，对其他股东对外转让股权，被征求意见的股东应当在一定期限内明确表示同意与否，默示则被视为同意。

对"不同意的股东应当购买该转让的股权"，默示又应如何认定？对此问题，新旧《公司法》均未明确规定。依《公司法》的立法精神，公司法一方面基于"人合性"要维护股东间的相互信赖及其他股东的正当利益，因而对股东对外转让股份做出了限制性规定；另一方面也要确认并保障有限责任公司股东转让股份的权利，保障股东的退出。而"其他股东半数以上不同意转让的，不同意的股东应当购买该转让的股权；不购买的，视为同意转让"的规定，实质上就是为防止其他股东滥用其权利不正当地阻止股东转让股权。从这一层次上来说，不同意的股东应当明确表示是否购买，而不置可否的默示态度实际上是一种消极阻挠，应认定为不购买。

综上，我们认为，对电子控股是否同意华融公司股权转让，应给予其一定的期限，该期限可参考2005年《公司法》的规定，经过该期限后，如电子控股仍不做任何表示，则应认定其同意转让。而本案中，华融公司至少在6月12日之前便已告知电子控股其欲转让股权，并征求其意见，而电子控股始终未做明确表示，因而应认定其同意华融公司转让股权。另外，电子控股后来主张了优先购买权也可反证其已同意华融公司转让股权，因主张优先购买的前提便是同意转让。

虽然电子控股同意华融公司转让股权，但依《公司法》的规定，电子控股在同等条件下有优先购买权。这就涉及本案的另一个问题，电子控股面对华融公司"明确表示收购与否"的要求，始终不予答复，这是否意味着优先购买权的放弃。对此，北京市仲裁委员会的裁决是："2002年12月31日前，电子控股有权行使作为北广集团股东所享有的同等条件对华融公司拟转让的北广集团55%股权的优先购买权。"优先购买权的行使应当有一定的期限，否则势必造成交易状态的不确定而影响交易效率。本案便是典型例证，正是由于电子控股对其是否行使优先购买权始终不置可否，而导致华融公司与新奥特集团、比特科技的股权转让协议的签订及履行都面临许多不确定因素，带来了巨大的损失，造成了资源的浪费。但这期限应当多长，北京市仲裁委的"年底前"是否合理，尚待商榷。

（二）股权转让的限制性条件对股权转让合同的效力的影响

本案在诉讼中争议的一个焦点是华融公司与新奥特集团、比特科技的股权转让协议是否有效。要弄清这一点，就要讨论一下《公司法》规定的股权转让的限制性条件对股权转让合同的效力有何影响。

对此问题，理论界有较大争议。归纳起来，主要有以下几种观点：①股权转让合同原则上从成立时就生效。②股东会的同意和其他股东是否放弃优先购买权是法定生效要件。③股东向第三人转让出资时，如果没有经过全体股东过半数同意的程序，应当无效。④未经全体股东过半数的股权转让协议的效力应当为相对无效，而非当然无效。⑤股东向第三人转让出资，如未经全体股东过半数同意的程序，此等程序上的缺陷并不影响股东转让出资的实体权利，属于可撤销的行为①。

我们认为，首先，股权转让合同是否生效应取决于其是否符合合同的生效条件，即主体是否适格，意思表示是否真实，是否有违强行法规定和社会公共利益。而《公司法》第72条的规定本质上并非强制性规定，该条第4款便明确规定："公司章程对股权转让另有规定的，从其规定。"可见，该限制性规定是允许排除的，是任意性规范。因而不符合该规定并不构成对法律强制性规范的违反，不能因此认定合同当然无效。其次，股权转让合同不同于股权转让，而《公司法》第72条的规定实质上是对股权转让是否能对公司及其他股东发生效力的程序性规定。此程序上的缺陷并不影响股东转让出资的实体权利，也不影响股权转让协议的效力，只是该合同将无法履行，股权转让并不能实现。当然，当事人可以在协议中约定其他股东的同意和不主张优先购买作为合同所附的生效条件，此时，不具备相应条件，股权转让协议不发生效力。但其前提是当事人的特别约定，不能扩大为所有的股权转让合同。

本案中，华融公司与新奥特集团、比特科技的股权转让协议主体适格，意思表示真实，且不违反法律强制性规定，符合合同的生效要件。因而法院认定该合同有效是正确的。至于后来，电子控股基于优先购买权而取得了华融公司转让的股权，导致该合同履行不能，合同应终止履行，相关当事人则应当依法律规定和合同的约定承担违约责任。

三、思考·讨论·训练

1. 有限责任公司股东对外转让股份有哪些限制性规定？如何理解有限责任公司的人合性？

2. 有人说，我国旧《公司法》对有限责任公司是"只准结婚，不许离婚"，而新《公司法》确立了有限责任公司的"离婚制度"，你知道这"离婚制度"指的是什么吗？如何理解保障"人合性"与保障股东退出的权利的关系？

3. 股份有限公司股东转让股份应遵守哪些规定？

4. 本案中，华融公司与新奥特集团、比特科技在多份协议中均对协议可能终止的责任问题做了约定，这些约定都有效吗？为什么法院没有完全依据这些约定确定责任？你从中吸取了什么教训？

---

① 参见孙瑞玺《影响我国有限责任公司股权转让合同效力的因素及观点综述》，载赵旭东主编《公司法评论》2005年第4辑，第89页，人民法院出版社。

5. 法院对本案中新奥特集团的损失承担的有关判决合理吗？谈谈你的看法。

案例 1-9　吊销营业执照不应成为逃债的保护伞
——公司的解散与清算

一、案例介绍

永春龙湖贸易有限公司（以下简称"龙湖公司"）是由黄子烟、黄子建和黄秀丽投资设立的有限责任公司。2000年9月30日，龙湖公司向中国工商银行永春支行（以下简称"永春工行"）贷款人民币50万元。双方约定：贷款期限为2000年9月30日起至2001年7月25日止，月利率为6.3375‰，按月结息；龙湖公司到期如不清偿本息，永春工行有权限期清偿，并对逾期借款按日计收2.1‰的利息。永春县永星空心砖有限公司（以下简称"永星公司"）为上述借款提供了连带责任保证。2000年12月20日，龙湖公司被永春县工商局吊销了营业执照，但未进行清算。之后，龙湖公司未再支付上述借款合同的利息，贷款期满后虽经永春工行多次催收也未能偿还该笔贷款。永星公司也未承担保证责任。故永春工行以龙湖公司、黄子烟、黄子建、黄秀丽和永星公司为被告，向永春县人民法院提起诉讼，要求龙湖公司承担还款付息责任，永星公司承担担保责任。

法院经审理后认为，原告永春工行与被告龙湖公司、永星公司签订的借款合同、保证合同依法有效，应受法律保护。贷款期满后，原告多次催收，而被告龙湖公司未履行还款义务，应承担违约责任。鉴于被告龙湖公司被吊销营业执照后，被告黄子烟、黄子建和黄秀丽未履行清算义务，应责令其组织清算，逾期清算则承担连带赔偿责任。被告黄子建以未实际出资和参加公司经营为由否认其具有股东身份缺乏事实依据，不予采信。被告永星公司依保证合同的约定应对龙湖公司的债务承担连带保证责任，在其承担了保证责任后，有权向被告龙湖公司追偿。故判决如下：（1）被告龙湖公司应于判决生效之日起30日内偿还原告永春工行借款本息，并支付逾期利息，息随本清；（2）被告黄子烟、黄子建、黄秀丽应于判决生效之日起60日内组织清算，并以清算财产偿还所欠债务，逾期清算则应承担连带赔偿责任；（3）被告永星公司对被告龙湖公司的上述债务承担连带保证责任，在其承担了保证责任后，有权向被告龙湖公司追偿；(4) 案件受理费由被告龙湖公司负担。

（案例来源：刘永光、徐先丛主编：《公司法案例精解》修订版，第362~363页，厦门大学出版社2005年版）

二、案例分析

本案的法律关系较为清晰。对于被告龙湖公司应承担违约责任，被告永星公司承担保证责任这一点并无争议。问题在于，被告龙湖公司在原告永春工行起诉之前，已于2000年12月20日被工商局吊销营业执照。那么，企业被吊销营业执照后是否仍有法人资格？能否以已被吊销营业执照的企业为被告，要求其承担违约责任？

对于企业被吊销营业执照的法律地位问题，理论和实践中都存在着不同的认识。有一种观点认为，企业法人资格是工商登记机关授予的，而持有营业执照是具备该资格的象征。因而，当工商机关收缴或吊销了营业执照，法人资格即当然消灭。在实际生活中，有一些法院便据此认为公司的主体资格已不存在，因而不予受理或驳回原告的诉讼请求。但这样做的结果是，大量因违法经营而被吊销营业执照的公司并未进行清算，债权人讨债无门。而有的公司甚至在被吊销营业执照的情况下仍继续经营，在公司债权人向公司主张债权时，公司竟以其营业执照被吊销而否认其法律上的主体地位，拒绝对债权人承担责任。结果，吊销营业执照这一惩罚违法行为的措施反倒成了公司逃债的保护伞，严重损害了债权人的利益。针对这一点，2000年1月29日，最高人民法院下发了《关于人民法院不宜以一方当事人公司营业执照被吊销、已丧失民事诉讼主体资格为由，裁定驳回起诉的复函》。在复函中，最高人民法院强调："吊销企业法人营业执照，是工商行政管理局对实施违法行为的企业法人给予的一种行政处罚。""企业法人营业执照被吊销后，应当由其开办单位（包括股东）或者企业组织清算组依法进行清算，停止清算范围外的活动。清算期间，企业民事诉讼主体资格依然存在。"可见，最高人民法院认为，吊销营业执照仅是工商机关采取的一种行政处罚措施，并不当然导致企业法人资格的消灭，只有企业依法经过清算，理清债权债务，并经工商注销登记，公司法人资格才随之消灭。而在此之前，该企业法人仍存续，可以自己的名义进行诉讼活动。

一般认为，公司解散是在法律规定的公司解散事由出现时，消灭公司法人资格的程序和整个过程[①]。公司解散虽然会导致公司法人归于消灭的后果，但

---

① 参见隋彭生主编《公司法》，第233页，中国人民大学出版社2005年版。

公司法人资格最终消灭还需要从法律上经历一定的期间，这一期间是公司最终消亡的前置步骤。而依法被吊销营业执照是《公司法》规定的公司解散事由之一，当该原因出现后，公司进入解散的状态，启动清算等解散程序，但在此期间，公司的法人资格仍然存在，只是权利能力受到一定限制，只能进行与公司清算有关的活动。从这一点来说，企业被吊销营业执照也不意味着法人资格的当然消灭，在清算过程中，其法人资格仍然存在。所以，虽然被告龙湖公司在原告永春工行起诉之前，已于2000年12月20日被工商局吊销营业执照，但其仍有法人资格，原告永春工行可以龙湖公司为被告，要求其承担违约责任。

本案中，还有黄子烟、黄子建和黄秀丽三位被告。那么，他们要承担什么责任呢？

前已述及，公司解散，应当依法进行清算。公司清算是指公司解散后，依照法定程序清理公司债权债务，终结公司参与的法律关系，从而消灭公司法人资格的法律程序。公司清算的目的是保护股东和债权人的利益，公司除因合并或者分立解散外，均须依法进行清算，清算是公司终止的必经程序。依清算原因不同，公司清算被划分为破产清算与非破产清算。依清算程序是否由有关机关介入，清算被划分为普通清算与特别清算。特别清算是指公司解散时不能自行组织清算，或者在普通清算过程中发生显著障碍，由有关政府部门或者法院介入进行的清算。我国2005年《公司法》第184条规定："逾期不成立清算组进行清算的，债权人可以申请人民法院指定有关人员组成清算组进行清算。"一般认为，这便是对特别清算的规定。依该规定，对公司解散后股东不及时清算的，法院可依债权人的申请，根据解散公司的具体情形指定公司的股东、董事、监事等当事人及利害关系人或其代表组成清算组，也可选派其工作人员作为清算组成员，进行清算，这非常有利于保护债权人的利益。但是，我国《公司法》第184条仅规定了债权人的清算申请权，对股东或者公司能否请求法院指定组成清算组进行清算未做规定。而且，特别清算适用何种程序、是否实行两审终审，法律也未做规定，导致该程序适用起来较困难，这些均有待相关司法解释来解决。

公司清算应依法组成清算组。依《公司法》第184条的规定，公司因依法被吊销营业执照、责令关闭或者被撤销而解散的，应在解散事由出现之日起15日内成立清算组，开始清算。有限责任公司的清算组由股东组成，股份有限公司的清算组由董事或者股东大会确定的人员组成。本案中，黄子烟等三位股东在公司被吊销营业执照后就应及时成立清算组进行清算，但其并未履行清算义务，因而应当判令三股东于一定期限内组织清算。虽然本案发生在《公司法》修订之前，但法院在当时依据法理及最高人民法院的相关解释做出了这样的判决是恰当和具有一定前瞻性的。

对于股东未履行清算义务应承担何种法律责任，《公司法》未做明确规定。一般认为，基于股东负有清算义务的立法精神，如股东未依法及时履行清算义务，至少应承担以下责任[①]：

1. 清算责任。公司解散、清算诉讼中，如果债权人以公司和清算主体为共同被告，要求清算主体承担清算责任的，应当判决公司承担给付义务，清算主体承担清算责任，并以清理的公司财产承担公司的清偿责任；如果债权人仅起诉清算主体要求其承担清算责任的，可以判决清算主体对公司进行清算，承担清算责任。

2. 赔偿责任。清算义务人不履行清算义务，造成公司财产毁损、灭失等，使债权人遭受损失的，应对公司债权人承担赔偿责任。这也是督促清算义务人履行清算义务，保证公司解散后清算能及时进行所必需的。但是，公司解散时的控制权在法定清算义务人手中，公司会计账簿等文件归其保存，债权人很难举证证明公司解散时存在多少财产，无法证明自己受到多大损失，法院无法判定股东应当承担赔偿责任的具体数额。法律关于清算责任的规定因而易流于形式。因此，有必要将公司财产状况的举证责任分配给清算主体，即举证责任倒置，如果法定清算人不能证明公司解散时的资产状况和其行为造成公司财产价值减损的数额，或者公司现有财产已经下落不明的，则推定解散时公司财产足以清偿债权人的债权，法定清算义务人应对公司财产不足清偿债权人的部分承担全部责任。

另外，针对清算义务人逃债意图明显的行为，可以考虑适用公司法人格否认制度，令其对公司债务承担无限责任。

本案审理法院判令三股东应于一定期限内组织清算，如果三股东逾期清算，应对被告永星公司应偿付原告的款项向原告承担赔偿责任。这一判决有利于督促股东履行清算义务，是恰当的，而且在实践中具有较强的可执行性，是值得借鉴的。

[①] 吴晓峰：《公司清算司解将出台：义务人拒不清算要担责》，载中国法院网，http://www.chinacourt.org。

三、思考·讨论·训练

1. 如何理解解散与破产、解散与清算之间的关系？如何理解公司解散过程中公司及清算组的法律地位？
2. 公司解散的原因都有哪些？2005年《公司法》对公司解散原因的规定与修订前有哪些不同？
3. 清算组应如何组成？如相关人员未及时组成清算组，债权人可以采取哪些办法保护自己的利益？依法组成的清算组的成员有哪些义务和责任？
4. 公司清算的程序是什么？清算过程中应如何清理和分配公司财产？
5. 本案可否适用公司法人格否认制度而直接判令股东对债权人承担责任？
6. 本案中，被告黄子建以未实际出资和参加公司经营为由否认其具有股东身份，你认为他的说法正确吗？实践中，应如何认定股东的身份？

第二章　合同法

在商业时代，财富大都是由合同构成的。

——［美］庞德

合同，亦称契约。我国民法理论在合同定义上，基本上继受了大陆法的概念，即认为合同在本质上是一种协议或合意。《合同法》第2条规定："合同是平等主体的自然人、法人、其他组织之间设立、变更、终止民事权利义务关系的协议。"可见，合同具有以下法律特征[1]：

(1) 合同是平等主体的自然人、法人和其他组织所实施的一种民事法律行为。

(2) 合同以设立、变更或终止民事权利义务关系为目的和宗旨。

(3) 合同是当事人协商一致的产物或意思表示一致的协议。

合同是债的发生原因之一，合同关系具有债的关系的特点，即具有相对性。合同关系的相对性主要是指合同关系只能发生在特定的合同当事人之间，只有合同当事人一方能够向另一方基于合同提出请求或提起诉讼；与合同当事人没有发生合同上权利义务关系的第三人，不能依据合同向合同当事人提出请求或提起诉讼，也不应承担合同的义务或责任；非依法律或合同规定，第三人不能主张合同上的权利[2]。

合同法，在广义上是指调整民事合同关系的法律规范的总称。狭义上仅指合同法典，即由九届全国人大第二次会议通过，自1999年10月1日起施行的《中华人民共和国合同法》。《合同法》的调整范围包括各类民事主体基于平等自愿等原则所订立的设立、变更、终止民事权利义务关系的民事合同；但婚姻、收养、监护等有关身份关系的协议，适用其他法律的规定，不适用该法。

合同法的基本原则是贯穿合同法的根本准则，体现了合同法的价值目标，

---

[1] 参见王利明主编《合同法要义与案例析解（总则）》，第2页，中国人民大学出版社2001年版。

[2] 同上书，第18页。

对人们应用合同法具体规则具有指导意义。我国《合同法》在第 3~7 条分别规定了平等原则、合同自由原则、公平原则、诚实信用原则及合法与公序良俗原则。当事人在合同订立、履行、变更、解除、解决争议等各个环节都不得违背这些原则。

《合同法》第 13 条规定："当事人订立合同，采取要约、承诺方式。"要约是指一方当事人向对方当事人发出的，以订立合同为目的，内容确定具体的意思表示。要约须具有明确目的性，即一经对方承诺即受其拘束，这也是要约与要约邀请的本质区别。承诺，是指受要约人同意要约的意思表示。受要约人的承诺在承诺期限内到达要约人，合同即告成立，双方当事人都要受到合同的拘束。

当事人订立合同可以采用书面形式、口头形式和其他形式。但对于要式合同，当事人未采用法律规定或当事人约定的形式，会导致合同不成立或不生效或不能对抗第三人等后果。

依法成立的合同须具备一定的生效要件，方具有法律效力，受到法律的保护，并产生合同当事人所期望的法律后果。根据《民法通则》第 55 条及《合同法》的有关规定，合同的一般生效要件有：①行为人具有相应的民事行为能力。②意思表示真实。③不违反法律强制性规定和社会公共利益。欠缺合同的生效要件会导致不同的合同效力状态。一般来说，当事人欠缺主体资格，即当事人缺乏缔约能力、代订合同的资格或处分能力的合同，是效力待定合同，这类合同经追认权人追认后有效。当事人意思表示不真实的合同，包括因重大误解订立的合同，显失公平的合同，一方当事人以欺诈、胁迫的手段或乘人之危的情况下订立的合同，是可撤销合同。这类合同经撤销权人撤销后无效。而违反法律强制性规定和社会公共利益的合同是无效合同，这类合同是确定的、当然的、自始不发生效力的合同。当然，合同无效不是不发生任何效力，而是指在法律上不能产生当事人预期追求的效果。合同部分无效，不影响其他部分效力的，其他部分仍然有效。合同无效或者被撤销后，因该合同取得的财产，应当予以返还；不能返还或者没有必要返还的，应当折价补偿。有过错的一方应当赔偿对方因此所受到的损失，双方都有过错的，应当各自承担相应的责任。

合同当事人应当遵循诚实信用原则和全面履行原则履行合同。合同履行过程中，对约定不明的合同，当事人可以协议补充；不能达成补充协议的，按照合同有关条款或者交易习惯确定；如仍不能确定，则依法律的有关规定确定。

在双务合同中，合同当事人之间的权利义务具有关联性，因而法律赋予了一方当事人在法定条件下对抗另一方当事人请求权的权利，即抗辩权。依《合同法》规定，对于没有先后履行顺序的双务合同，一方当事人在对方未为对待给付时，可以拒绝自己的给付。这是同时履行抗辩权。对于有先后履行顺序的双务合同，先履行一方未履行或履行债务不符合约定的，后履行一方有权拒绝其相应的履行请求。此为先履行抗辩权。而对于有先后履行顺序的双务合同，应当先履行债务的当事人，有确切证据证明对方有丧失或者可能丧失履行债务能力的情形的可以中止履行，这是不安抗辩权。

为防止因债务人的不当行为而给债权人的债权带来危害，《合同法》规定了债的保全制度。《合同法》第73条是有关债权人代位权的规定，"因债务人怠于行使其到期债权，对债权人造成损害的，债权人可以向人民法院请求以自己的名义代位行使债务人的债权，但该债权专属于债务人自身的除外。代位权的行使范围以债权人的债权为限。债权人行使代位权的必要费用，由债务人负担。"《合同法》第74条规定了债权人的撤销权，"因债务人放弃其到期债权或者无偿转让财产，对债权人造成损害的，债权人可以请求人民法院撤销债务人的行为。债务人以明显不合理的低价转让财产，对债权人造成损害，并且受让人知道该情形的，债权人也可以请求人民法院撤销债务人的行为。撤销权的行使范围以债权人的债权为限。债权人行使撤销权的必要费用，由债务人负担。"

双方当事人协商一致可以变更合同内容，而依法或依约定享有变更权的当事人也可以通过单方行使变更权而变更合同内容。合同主体的变更，即合同的转让。其可以分为特定移转与概括移转。其中，特定移转又可以进一步分为债权让与与债务移转。合同的转让须由转让人与受让人就合同权利义务转让达成合意。在债权让与情况下要通知债务人，在债务移转及合同承受情况下应征得对方当事人的同意。

依我国《合同法》规定，合同终止的原因有清偿、抵消、提存、免除、混同及合同解除。合同解除是指合同有效成立后，因当事人一方的意思表示，或者双方的协议，使基于合同发生的债权债务关系归于消灭的行为。合同解除可以分为依当事人一方意思表示而解除的单方解除与根据双方的合意而解除的双方解除。在合同的解除制度发展史上，合同解除仅是指单方解除。依解除权的发生原因不同，单方解除又可分为约定解除与法定解除。在各国合同法中，法定解除往往与根本违约紧密联系，即只有在根本违约情形下，方可解除合同。我国《合同法》第94条有关合同法定解除的规定也吸收了这些立法经验。解除权人解除合同的，应当在解除权行使期限内通知对方。合同自通知到达对方时解除。合同解除后，尚未履行的，中止履行；已经履行的，根据履行情况和合同性质，当事人可以要求恢复原状、采取其他补救措施，并有权要求赔偿损失。

合同当事人不履行合同义务或者履行合同义务不符合约定应当承担违约责任。违约责任是民事责任的一种，其具有相对性、可由当事人自行约定、补偿性等特征。我国《合同法》原则上以无过错责任原则为违约责任的归责原则。如果合同当事人有违约行为，又不存在法定或约定的免责事由，就应承担违约责任。依我国《合同法》规定，违约责任的承担方式主要有：继续履行，要求对方采取修理、更换、重作、退货、减价等补救措施，赔偿损失，支付违约金。违约责任在归责原则、举证责任的承担等方面均不同于侵权责任，当二者发生竞合时，受害方有权选择要求对方承担违约责任或侵权责任。

作为商品交换的基本法律形式，合同已经成为民法领域，乃至整个法律领域最为重要的法律概念之一。合同关系已经成为现代社会生活中最普遍、最重要的法律关系。在商品经济条件下，市场主体依靠合同这种法律形式进行交易，实现社会经济流转。可以说，合同无处不在，合同无时不在。因而，了解和掌握合同法知识是很有必要的。

案例 2-1　拒收同源不同果——要约

一、案例介绍

甲公司于××年11月承包某小区建设工程。当时由于钢材供应短缺，又没有存货，工程急等着施工。为此，甲公司向乙公司、丙公司和丁公司发出通知，在通知中说明："我公司因为建设需要标号为××的钢材1000吨，如贵公司有货，请速与我公司联系。我公司希望购买此类钢材。"甲公司于同一天收到三家钢材公司的复函，都说自己公司备有甲公司需要的钢材，并将价格一并通知了甲公司。乙公司在发出复函的第二天派本公司车队先行载运200吨钢材送往甲公司。甲公司在收到三家公司的复函后，认为丙公司所提出的价格更为合理，且其为老牌钢厂，产品质量信得过，所以于当天下午即去函称将向其购买1000吨钢材，请其速备货。丙公司随即复函甲公司，说其有现货并于第三天将钢材运往甲公司。在甲公司收到丙公司的复函的第二天，乙公司的车队运送钢材到了甲公司，并要求甲公司收货并支付货款。甲公司当即函电丙公司，请其仅运送

800 吨到甲公司。丙公司复电说,全部 1000 吨钢材已经发往甲公司。甲公司收到丙公司复电后,就对乙公司说,为照顾其损失,仅收下其 100 吨钢材,其余的不收。乙公司对此不服,认为甲公司应当收取全部钢材。甲公司再次向丙公司发函称,本公司将仅收其中的 900 吨钢材,如因丙公司多运送钢材而造成的损失,由丙公司自行负责。第三天,丙公司的钢材 1000 吨运到甲公司,甲公司仅收取了其中的 900 吨,剩余的 100 吨不予收货,为此双方发生纠纷。丙公司和乙公司分别向人民法院起诉,要求甲公司承担赔偿责任。

（案例来源：王利明主编：《合同法要义与案例析解（总则）》,第 41 页,中国人民大学出版社 2001 年版）

二、案例分析

对于本案,处理的关键是当事人之间的合同是否成立。如果合同已经成立,则当事人应认真履行合同,否则构成违约,应承担违约责任。如果合同未成立,则对当事人没有约束力,也谈不上违约的问题。下面,我们就对此分别进行分析。

首先,甲公司与乙公司之间的合同是否成立。对此,我们先要分析一下甲公司向三家钢材公司所发通知的性质。甲公司的通知是这样的："我公司因为建设需要标号为××的钢材 1000 吨,如贵公司有货,请速与我公司联系。我公司希望购买此类钢材。"很显然,甲公司的通知是要求对方在有其需要的货物时,与其联系,其将就是否订立买卖合同与对方协商,而非一经对方承诺即成立合同。而且,该通知对于钢材的价格并未确定,也就是说,其并未完全包含足以构成买卖合同成立的主要内容。《合同法》第 14 条规定："要约是希望和他人订立合同的意思表示,该意思表示应当符合下列规定：（一）内容具体确定；（二）表明经受要约人承诺,要约人即受该意思表示拘束。"《合同法》第 15 条规定："要约邀请是希望他人向自己发出要约的意思表示。"可见,甲公司的通知并不符合要约的构成要件,其不是要约,只是要约邀请。

接下来,包括乙公司在内的三家公司均复函称自己有货,并将价格一并通知给甲公司,由上述可知,这一复函的性质是要约。然而,对于该要约,甲公司作为受要约人有决定是否接受的权利,未经甲公司承诺,合同尚不成立。

乙公司在发出的复函未得到甲公司答复的情况下,派本公司车队先行载运 200 吨钢材送往甲公司。这一行为仍然是要约,是以行为的方式发出要约。对这一要约,同样需得到甲公司的承诺,方能成立合同。而甲公司为照顾乙公司的损失,收下其 100 吨钢材,此时,甲公司与乙公司就这 100 吨钢材成立了合同。而对另外 100 吨钢材，甲公司没有承诺，合同未成立，甲公司拒收是正当的。

其次，再看甲公司与丙公司之间的合同是否成立。甲公司向三家钢材公司所发的通知是要约邀请，包括丙公司在内的三家公司的复函是要约。这在前面已经分析过。而对于丙公司的复函，甲公司认为其提出的价格更为合理，且其为老牌钢厂，产品质量信得过，所以于当天下午即去函称将向其购买 1000 吨钢材，请其速备货。此时，甲公司对丙公司的要约已经承诺，该承诺一经到达丙公司，合同即告成立。因此，甲公司与丙公司之间的合同已经成立。对于已经成立的合同，甲公司应严格遵守，其拒不接收丙公司 100 吨钢材的行为是违约行为，应承担违约责任。

三、思考·讨论·训练

1. 什么是要约？什么是要约邀请？如何区分要约与要约邀请？
2. 要约何时生效？有何效力？
3. 丙公司在给甲公司复函后，如反悔，能否撤回或撤销其复函？撤回或撤销要约应符合哪些规定？
4. 本案中，由于乙公司给甲公司送去 200 吨钢材，甲公司给丙公司去电，要求丙公司只给其送 800 吨钢材，甲公司给丙公司去电的行为性质是什么？甲公司对其将向丙公司购买钢材的去函就不能反悔吗？

案例 2-2 这是实质性变更——承诺

一、案例介绍

2005 年 4 月 12 日，中国外运山西公司将加盖 "中国外运山西公司进出口贸易部" 印章的 SA5077 号合同传真发至中嘉（新加坡）有限公司在大连的办事机构，向其发出要约。要约主要内容为：同意购买伊朗产铬矿块 4000 吨，要求三氧化二铬含量为 40% 以上，基数为 42%。价格为 203.70 美元/干吨 CIF CY 中国新港。付款方式为根据装运港结果即期付款 95%，余额 5% 根据卸货港结果在 CIQ 基础上即期付款。装运时间为 2005 年 6 月底以前装运第一批 2000 吨，2005 年 7 月底以前装运第二批 2000 吨。装运条款为允许分批装运，最小量为 1000 吨，不允许转运。信用证开证条款为被告于 2005 年 6 月初开立以原告为受益人的 100% 即期不可撤销信用证。

2005 年 4 月 13 日，中嘉（新加坡）有限公司将合同条款进行两处修改后复传给被告中国外运山西公司。具体修改为：①将合同条款第 8 条的装运时间由"2005 年 6 月底以前装运第一批 2000 吨"修改为"收到信用证后 35 天装运第一批 2000 吨"；②将合同条款第 12 条的信用证开证条款由"该信用证开立时间为 2005 年 6 月初"修改为"该信用证开立时间为 2005 年 6 月 3 日前"。

中国外运山西公司收到对方修改的合同后，其业务负责人宋燕平在合同上签署了姓名，但未将该合同给对方传回。

2005 年 4 月 14 日，中嘉（新加坡）有限公司再次复传给中国外运山西公司，并在前次改动的基础上再次对 SA5077 号合同第 11 条的装运条款进行修改，将"不允许转船"修改为"允许转船"。并在合同页首写明"宋经理收，电话确认，您已同意以下修改条款，请复传！"。

中国外运山西公司收到原告中嘉（新加坡）有限公司的上述 4 月 13 日、14 日两次复传后，均未就改动后的合同进行复传，对方多次催促其履行合同，其未以书面形式答复。

中嘉（新加坡）有限公司于 2005 年 6 月 25 日和 7 月 9 日将铬矿石 4019.227 千吨装船，并出售给营口新型硅产品有限公司，价格为 162.5 美元/千吨 CNF 大连。该合同与原合同相比较，差价为 165592 美元。

后中嘉（新加坡）有限公司诉至太原市中级人民法院，要求被告中国外运山西公司赔偿 165592 美元。

太原市中级人民法院认为：

1. 原告中嘉（新加坡）有限公司所在国新加坡及被告中国外运山西公司所在国中华人民共和国，均为《联合国国际货物销售合同公约》的缔约国，本案所涉及的买卖关系不在该公约第二条、第三条排除之列，因此审理本案应优先适用《联合国国际货物销售合同公约》。

2. 原告中嘉（新加坡）有限公司在收到被告中国外运山西公司 2005 年 4 月 12 日的发价（要约）后，在 4 月 13 日复传给被告的传真中进行了两处修改，该两处修改附加了开出信用证为装运前提，同时使装运时间由 2005 年 6 月底可能延后到 2005 年 7 月，是对装运时间的变更。而装运时间的变更可能影响到交货时间。因此，依据《联合国国际货物销售合同公约》的规定，该两处修改视为在实质上变更发价的条件，原告 2005 年 4 月 13 日给被告的复传构成新发价。4 月 14 日，原告中嘉（新加坡）有限公司在前次改动的基础上对合同第 11 条的装运条款进行修改，将"不允许转船"修改为"允许转船"。

并在合同页首写明"宋经理收,电话确认,您已同意以下修改条款,请复传!"原告的这次修改是对交货方式的变更,同样构成新发价。对于原告的两次新发价,原告未能提供被告已做出承诺,并送达原告的证据。因此,原告关于合同已经成立的主张法院不予支持。本案所涉合同未成立,对双方当事人没有约束力。

原告中嘉(新加坡)有限公司出售给营口新型硅产品有限公司的铬矿石中,三氧化二铬的含量在 SGS 报告中显示为 37.4%,我国商检局出具的报告显示为 38.82% 和 38.89%,均不足 40%。而原、被告双方的合同要求三氧化二铬的含量以 42% 为基数,不低于 40%。因此,原告提供的证据不足以证明其出售给营口新型硅产品有限公司的铬矿石确实属于为原告筹备的货物。再者,铬矿石中三氧化二铬的含量低于 40% 也不符合原、被告双方所发出要约的要求,即使履行也可能被拒绝付款。

太原中院依据《联合国国际货物销售合同公约》第十八条第(一)项、第十九条、第三十五条,《中华人民共和国民事诉讼法》第六十四条之规定,判决:驳回原告中嘉(新加坡)有限公司的诉讼请求。本案诉讼费 16716 元由原告中嘉(新加坡)有限公司负担。

一审判决送达后,双方当事人均未提起上诉,本案一审判决发生法律效力。

(案例来源:杨效熙:《实质性变更要约未被接受则合同不成立——中嘉(新加坡)有限公司诉中国外运山西公司买卖合同纠纷案》,载《人民法院报》2007 年 7 月 9 日第 5 版)

二、案例分析

本案案情清晰,争议焦点明确。对于本案的处理,关键在于被告对原告所发要约的两次修改是否构成新要约,双方的合同是否成立。

合同的成立是指双方当事人依法就合同的主要条款经过协商一致,缔结了合同。若合同未成立,双方当事人之间就没有合同关系,就谈不上履行合同、违约等问题。而要想达到合同成立的结果,须经过要约、承诺的合同订立过程。

承诺是受要约人愿意按照要约的内容与要约人订立合同的意思表示。所以,欲取得成立合同的法律效果,承诺就必须在内容上与要约的内容一致。这在英美法系被形象地称为镜像原则,即要求承诺如同镜子一般照出要约的内容。但是,现代合同法对承诺与要约的内容一致,并不要求绝对完全一致,只要求实质内容一致即可,承认承诺可以在有限的程度上对要约内容进行变更而不影响承诺的效力。

我国参加的《联合国国际货物销售合同公约》第19条规定："（1）对发价表示接受但载有添加、限制或其他更改的答复，即为拒绝该项发价，并构成还价。（2）但是，对发价表示接受但载有添加或不同条件的答复，如所载的添加或不同条件在实质上并不变更该项发价的条件，除发价人在不过分迟延的期间内以口头或书面通知反对其间的差异外，仍构成接受。如果发价人不做出这种反对，合同的条件就以该项发价的条件以及接受通知内所载的更改为准。（3）有关货物价格、付款、货物质量和数量、交货地点和时间、一方当事人对另一方当事人的赔偿责任范围或解决争端等等的添加或不同条件，均视为在实质上变更发价的条件。"我国《合同法》在一定程度上采纳了《联合国国际货物销售合同公约》的规定。《合同法》第30条规定："承诺的内容应当与要约的内容一致。受要约人对要约的内容作出实质性变更的，为新要约。有关合同标的、数量、质量、价款或者报酬、履行期限、履行地点和方式、违约责任和解决争议方法等的变更，是对要约内容的实质性变更。"第31条规定："承诺对要约的内容作出非实质性变更的，除要约人及时表示反对或者要约表明承诺不得对要约的内容作出任何变更的以外，该承诺有效，合同的内容以承诺的内容为准。"可见，上述规定均将受要约人对要约的内容的变更区分为实质性变更与非实质性变更。认为对有关合同标的、数量、质量、价款或者报酬、履行期限、履行地点和方式、违约责任和解决争议方法等要约的实质内容的变更为实质性变更，不构成有效的承诺，而是一项新要约。而对除此之外的非实质性变更，则除要约人及时表示反对或要约表明承诺不得对要约的内容做出任何变更的以外，承诺有效。

因此，对于本案，判断被告对原告所发要约的两次修改是否是对要约的实质性变更是认定双方合同是否成立的关键。本案中，原告中嘉（新加坡）有限公司对被告中国外运山西公司所发要约进行了两次三处修改。在4月13日两处修改中，原告附加了开出信用证为装运前提，改变了装运时间，属于对合同履行期限的变更。在4月14日的修改中将不允许转船修改为允许转船，属于对合同履行方式的变更。上述几处修改均属于《联合国国际货物销售合同公约》规定的对要约的实质性变更，不构成有效的承诺，而是一项新要约。因此，原告中嘉（新加坡）有限公司与被告中国外运山西公司之间的合同未成立，对双方当事人没有约束力，原告不能据此要求被告承担违约责任。

三、思考·讨论·训练

1. 什么是承诺？承诺的效力如何？怎样才能构成一项有效的承诺？
2. 什么是国际贸易中所称的"发价"、"接受"？
3. 对于受要约人对要约的内容的变更，是不是只有对《合同法》明确列举的有关合同标的、数量、质量、价款或者报酬、履行期限、履行地点和方式、违约责任和解决争议方法的变更是实质性变更？对此，《联合国国际货物销售合同公约》与我国《合同法》的规定有区别吗？
4. 学习《联合国国际货物销售合同公约》有关合同订立的规定，加深对我国《合同法》相关规定的理解。
5. 什么是涉外合同？对于涉外合同，应如何适用法律？

案例 2-3 尴尬——无责不如有责
——格式合同的制定与解释

一、案例介绍

2005年6月12日下午，谢波驾驶着自己的伊兰特轿车从南京赶往上海，车上还坐着他的三个客户。当车子行驶至沪宁高速公路句容附近一处正在维修的路段时，车子的左前轮胎突然爆裂，导致车子失控，撞上了路中间的水泥隔离墩。车子滑行了100多米后，停了下来。车虽然撞得很严重，但车上的人员安然无恙，谢波感到很幸运。

但没想到的是，就在谢波的车发生车祸时，他的车后对面车道上也发生了一起车祸。车主徐亚峰的桑塔纳轿车被一飞来之物砸中，坐在副驾驶位置上的村民被当场砸死，徐亚峰和另外一个村民也不同程度受了伤。这个飞来之物就是被谢波的车撞飞的水泥隔离墩。

经交警认定，谢波车辆左前轮胎爆裂是引发事故的直接原因，属于交通意外事故，双方均无责任。在交警的主持下，谢波与死者家属达成了调解协议：由谢波赔偿死者家属17.8万余元。谢波毫不犹豫地在赔偿协议上签了字。之所以如此痛快地答应了死者家属的要求，除了对死者家属的同情外，还因为谢波在买车的时候就已经向中华联合财产保险公司投保了机动车第三者责任险，赔偿限额是20万元。在他看来，这笔赔偿款保险公司肯定会理赔。

没想到的是，当谢波来到保险公司要求理赔时，却遭到了拒绝。保险公司认为，其与谢波签订的保险合同的第 31 条约定，保险人依据保险车辆驾驶人员在事故中所负的责任比例，承担相应的赔偿责任，即按责赔付。由于交警部门已认定谢波在事故中没有责任，故保险公司不予理赔。而且对车损险保险公司也没有赔付。

就因为自己在交通事故中没有责任，保险公司就拒绝赔付。该怎么办呢？谢波的脑子里冒出了一个念头："在这种情况下，那我不如就有责任，有责任的话保险公司反而全赔。"于是谢波找到交警部门，看能不能对事故做个重新认定。交警部门经过仔细分析，拒绝了谢波的要求，并指出："这个事情不是由你自己说了算，这是由警方通过客观事实，依法做出的一个判断，不是说随着当事人想承担责任就承担责任。"

事故认定不能改，可赔偿还得兑现，而保险公司那边又说自己无责，这让谢波觉得自己仿佛掉进了一个怪圈，他决定找个律师帮忙。经律师与保险公司交涉，保险公司做出了让步，答应赔偿车损险，但是，以谢波写一份放弃第三者险的承诺书为条件。

谢波的车在修理厂已经放了两个多月，再不修理，刚买几个月的新车就可能报废了。无奈之下，谢波妥协了。但他要求将协议书中"在 2005 年 8 月 16 日之前对死者家属给付的费用本人承诺放弃向中华联合财产保险公司索赔"中的"给付"修改为"私自给付"，对此，保险公司同意了。双方签下了这份协议书，保险公司很快对车损险进行了赔付。可车子一修好，谢波又找到保险公司，要求理赔第三者险。既然写了承诺书，谢波为什么又反悔了呢？

在多次协商无果的情况下，2006 年 4 月，谢波将保险公司告上了南京市玄武区人民法院，要求撤销 8 月 16 日所写的承诺书，被告给付原告第三者责任险 179179 元。

法院经审理后认为，保险合同中按责赔付的"责"指的是民事赔偿责任，应当按照被保险人承担的民事赔偿责任的比例来理赔。但由于保险合同明确约定，保险事故引起的任何有关精神损害赔偿，保险人不负责赔偿，因此谢波给付死者家属的 3.6 万元精神抚慰金不属于第三者责任险理赔范围。法院还认为，被告拒绝理赔的行为，使原告陷入危难处境，从而违背其真实意思，签下了放弃第三者险的承诺书。该承诺书明显对原告不利，而使被告获取不当利益，属于可变更可撤销的合同。

因此，法院判决：撤销 2005 年 8 月 16 日原告谢波签下的放弃理赔承诺书。被告保险公司支付给原告谢波赔偿款 129158 元。

（案例来源：《无责的赔付》，中央电视台网站：http://www.cctv.com，2006年9月19日）

二、案例分析

这是一个奇怪的案例。交警部门认定谢波无责任，但他却要对受害者承担赔偿责任，而保险公司又以其无责任不予理赔。这真有些让人摸不着头脑，问题出在哪儿呢？

（一）此"责任"非彼"责任"

该案例中多次提及"责任"一词，但在不同情形下责任有着不同的含义。

首先，"交警部门认定谢波无责任"指的是事故责任，这是一种行政责任。驾驶员驾驶汽车在高速公路上行驶必须遵守交通法规，服从交通管理行政部门的管理。对于违反交通法规的，交警部门有权依法对其进行行政处罚，要求其承担行政责任。本案中，谢波并未违反交通法规，事故是谢波车辆左前轮胎爆裂引发的，属于交通意外事故。故交警部门认定谢波无须对事故承担行政责任。

其次，"谢波对死者家属应承担赔偿责任"指的是侵权责任，这是一种民事责任。本案发生在高速公路上，而驾驶汽车在高速公路上行驶致人伤害是民法中的高度危险作业致人伤害的行为，这属于特殊侵权行为，应适用无过错责任原则。因而，虽然谢波对事故没有过错，但事故中的人员伤亡、财产损毁是谢波的行为造成的，他又不存在法定的免责事由，理应承担侵权责任，对死者家属予以赔偿。

最后，事故责任与民事侵权责任是有关联的。在过错归责的情况下，交警认定的事故责任是确定当事人过错程度的重要依据。

（二）对"责任"有不同理解，应采哪种解释

谢波与保险公司签订的保险合同中约定，保险人依据保险车辆驾驶人员在事故中所负的责任比例，承担相应的赔偿责任。这里的责任指的是什么？是事故责任？还是民事责任？

对此，谢波与保险公司有不同的解释。谢波认为，应解释为因交通事故产生的所有责任，包括民事赔偿责任；而保险公司认为，该责任仅指事故责任。那么，应以哪种解释为准呢？

我们认为，应采纳谢波一方的解释，解释为因交通事故产生的所有责任，包括民事赔偿责任。原因在于：谢波与保险公司有关"保险人依据保险车辆驾驶人员在事故中所负的责任比例，承担相应的赔偿责任"的约定是典型的

格式条款。依《合同法》第41条的规定，对格式条款有两种以上解释的，应当作出不利于格式条款提供一方的解释。因此，应采纳不利于保险公司一方的解释，将该责任解释为因交通事故产生的所有责任，包括民事责任。

格式条款是指一方当事人为重复使用而预先拟定，并在订立合同时未与对方协商的条款。格式条款的出现大大降低了交易费用，节省了交易成本，适应了现代市场经济高速发展的要求。但是，由于格式条款是由一方预先拟定，并未与对方协商，使格式条款相对人的合同自由受到限制，而格式条款也容易为格式条款提供者所利用，侵害相对人的利益。因此，我国《合同法》对格式条款的制定和解释都做出了严格规定，上述解释原则便是为保护相对人的利益，防止格式条款制定者故意使用意义不明确的文字以损害消费者利益而做出的规定。

（三）"无责赔付"与"有责赔付"

2004年5月1日实施的《道路交通安全法》第76条规定，投保的机动车发生交通事故造成人身伤亡、财产损失的，由保险公司在机动车第三者责任强制保险责任限额范围内予以赔偿。超过责任限额的部分，再区分不同情况，按照不同责任原则由当事人赔偿。这条规定意味着，当机动车发生交通事故造成人身伤亡、财产损失时，首先应当由保险公司在投保车辆第三者责任险限额范围内对事故造成的损失予以赔偿，而不论当事人是否有事故责任。这就是老百姓通常说的有责无责都要赔，不同于《中华人民共和国保险法》和1991年国务院颁布的《道路交通事故处理办法》的"有责赔付"原则。

保险公司作为格式合同的提供者，在新交法颁布实施之后有义务根据新交法的规定，对保险合同的条款做出符合法律要求的调整，以适应新法的实施。而保险公司仍依旧法的规定，以投保的机动车无事故责任拒绝赔付，这是违背立法法确立的法律适用原则——新法优于旧法的原则的。故不应得到支持。

（四）违背真实意思的承诺书的效力

本案中，保险公司曾要求谢波签下放弃理赔第三者责任险的承诺书。但谢波拿到钱修好车后又反悔了，而法院却支持了谢波的做法，撤销了该承诺书。这是为什么呢？

依《民法通则》和《合同法》的规定，依法成立的合同须具备一定的生效要件，方具有法律效力，受到法律的保护，并产生合同当事人所期望的法律后果。这生效要件里便包括当事人意思表示真实，即当事人的内心意思与表示意思一致。

本案中，保险公司拒绝理赔的行为，使谢波陷入危难处境，一方面自己的车如不及时修理便要报废;另一方面不签订放弃第三者责任险的承诺书,保险公司便不予理赔车损险。显然,该承诺书是保险公司乘对方处于危难之际,为获取不正当利益,迫使对方违背自己的真实意思签订的合同。依《合同法》的规定,这属于可变更可撤销合同。

因此,当谢波向法院请求撤销该承诺书时,法院支持了他的请求,撤销了该合同,该承诺书自始无效。保险公司欲以该承诺书迫使谢波放弃第三者险的企图最终成了泡影。

三、思考·讨论·训练

1. 为什么谢波要求交警认定其有责任遭到了拒绝?行政责任与民事责任在性质上有何区别?
2. 什么是格式条款?《合同法》对格式条款的制定和解释有哪些规定?
3. 你知道谢波为什么要求将协议书中"在2005年8月16日之前对死者家属给付的费用本人承诺放弃向中华联合财产保险公司索赔"中的"给付"修改为"私自给付",他又动了什么脑筋?这样修改有作用吗?
4. 什么是可撤销合同?导致合同可撤销的事由有哪些?可撤销合同的效力如何?
5. 本案中谢波无奈签订承诺书,拿到钱后又提出撤销的做法对你有何启发?

案例2-4 "狗"案之约是否具有法律效力
——无效合同

一、案例介绍

2003年初,任某在某集市上发现陈某所牵"灵蹄"犬与自己前不久丢失的那只极为相似,遂与陈某交涉。陈某称该犬系为黄某处买,于是任某要求陈某一起去找黄某。见到黄某后,黄某称该犬系其家雌犬所生,由此引发争执。后双方协商,由陈某作为证人,双方在野外放犬,犬跑到谁家,谁就拥有所有权,如果该犬跑到一方家中,由另一方给付对方现金1万元。任某、黄某各拿出1万元交给陈某后,双方到野外放犬,结果该犬跑到黄某家中,陈某遂将2万元一并交给黄某。任某向法院提起诉讼,要求被告黄某返还其现金1万元。

法院经审理后认为,原、被告双方因犬的所有权问题发生争议,应平等协商，采取民间调解或诉讼方式解决纠纷，而双方采取在野外放犬的方式确定该犬的所有权，且约定该犬跑入一方家中，另一方给付对方现金1万元，具有打赌的性质，这种方式违反了社会的公共秩序和善良风俗。另外，因双方均有过错，应各自承担相应的损失。据此，判决被告返还原告现金1万元。

（案例来源：周继文：《"狗"案之约是否具有法律效力》，《人民法院报》2004年11月11日）

二、案例分析

本案中，任某与黄某就如何确定犬的归属及犬跑入一方家中，另一方给付对方现金1万元的问题达成了意思表示一致。表面看来，任某、黄某均为有完全民事行为能力的适格民事主体，二人的约定也是双方真实意思的体现，且不违反法律、行政法规的强制性规定。法院应认定该约定有效，驳回黄某的诉讼请求。

然而，任某与黄某的约定虽不是法律明确禁止的，却有违善良风俗，有损社会公共利益。在本案中，双方约定在野外放犬以确定犬的归属，这种解决问题的方式在民法上无可厚非，纯属当事人私法自治的范围，但一方给付另一方1万元钱的约定，从某种意义上讲具有"赌金"的性质，是一种非法的"射幸行为"，该行为已构成了对善良风俗的违反。

法律的价值在于维护一种公平、正义、和谐的社会秩序。公共秩序与善良风俗对于维护社会正常秩序和道德观念具有重要意义。公序良俗原则已经成为民法和合同法的基本原则。违反社会公序良俗和社会公共利益的合同无效，已经为世界各国立法所普遍认可。我国《合同法》第52条第4项规定，损害社会公共利益的合同无效。因而，本案中，任某与黄某的约定自始无效，黄某应将所得1万元返还给任某。

三、思考·讨论·训练

1. 合同的生效条件有哪些？欠缺合同的生效条件对合同效力有何影响？

2. 什么是无效合同？依我国《合同法》规定，哪些合同是无效合同？无效合同是不发生任何法律效力吗？

3. 什么是公序良俗？请从法律与道德的关系上分析法律规定"损害社会公共利益的合同无效"的意义。

4. 对于本案，有人提出，黄某所得1万元是非法所得，应予收缴？你认为这种说法正确吗？

案例 2-5 "飞来"的债务——表见代理

一、案例介绍

某家具厂与某木材公司有多年的木材买卖的业务关系,家具厂曾出函委派其供销科的业务员罗某专门负责其与木材公司的木材买卖业务。起初,罗某以家具厂的名义与木材公司签订木材买卖合同时都履行加盖家具厂印章的手续。后来,为图方便,罗某与木材公司签订合同时,不再加盖家具厂的印章,但家具厂对这些合同均予以认可,只要收到货后即按约向木材公司付款。

2001年5月,罗某因违纪被家具厂除名,不知去向。

两个月后,木材公司突然派员找到家具厂,称家具厂未按约支付一合同项下的1万余元的木材款,并要求即时付清。家具厂的接待人员很纳闷,厂里从未收到此款额的木材,怎会飞来此笔债务?经查,发现木材公司据以索款的合同是罗某以家具厂的名义订立的,合同上并未加盖家具厂的印章,更为重要的是,该合同的订立时间是在罗某被除名离厂后。据此,家具厂拒绝了木材厂的付款要求,让他们找实际收货人罗某解决问题。

不久,木材公司将家具厂告到了法院,该案最后以家具厂的败诉告终。

(案例来源:吕淮波:《输了"官司"因哪般?——以案说法析"表见代理"》,《江淮》2004年第8期)

二、案例分析

这是一起典型的表见代理的案例。该案中,家具厂是否应履行向木材公司付款的义务,关键在于罗某以家具厂名义与木材公司签订的合同是否有效,对家具厂有无约束力。

本案讼争合同是罗某在被家具厂除名,离开家具厂后,以家具厂的名义与木材公司签订的。也就是说,罗某是在代理权终止后仍以被代理人的名义签订合同,罗某的行为本质上是无权代理。一般来说,因无权代理签订的合同是效力待定合同,该合同须经追认权人——被代理人追认后,对被代理人方发生效力。这样看来,家具厂拒绝木材厂的付款要求似乎是合理的。

但是,本案具有一定的特殊性。这就是罗某的行为并非一般的无权代理,而是构成了表见代理。表见代理是指代理人虽不具有代理权,但具有代理关系的某些表面要件，这些表面要件足以使无过错的第三人相信其具有代理权[①]。本案中，罗某原是家具厂委派专门负责与木材公司订立合同的业务员，家具厂多次履行过虽未加盖本厂的印章，但由罗某以该厂名义与木材公司订立的合同。而在罗某被家具厂除名后，家具厂并未通知木材公司其已解除了对罗某的授权委托。在这种情况下，木材公司完全有理由相信罗某仍然是家具厂的代理人，其有代理权。这就构成了表见代理。

对于因表见代理签订的合同，《合同法》第49条规定："行为人没有代理权、超越代理权或者代理权终止后以被代理人名义订立合同，相对人有理由相信行为人有代理权的，该代理行为有效。"这就是说，对于因表见代理订立的合同，只要符合合同的其他生效要件，合同即有效，被代理人就应按合同约定履行义务。法律如此规定是为保护善意第三人的利益，维护交易安全。因此，对于本案，由于罗某的行为构成了表见代理，因此而订立的合同并非效力待定合同，而是有效合同，家具厂应当按照合同的约定履行付款义务。

本案中，家具厂的教训发人深省。实际上，实际生活中表见代理的产生常常都是由被代理人的过错导致的。例如，对公章或盖有公章的空白合同、信函保管使用不慎，而被人借用、盗用；对代理人的代理权限不做限制，或者授权不明；在终止了代理人的代理权后，不及时通知有关业务单位和有关人员，等等。一时疏忽，铸成大错。这些花钱买的教训告诉我们，谨慎授权，妥善保管授权凭证至关重要。

三、思考·讨论·训练

1. 什么是效力待定合同？效力待定合同的种类有哪些？其效力如何？
2. 什么是表见代理？其有哪些特征？因表见代理签订的合同效力如何？
3. 表见代理与代表人超越代表权的行为有何区别？
4. 本案中，家具厂在向木材厂付款之后，能否向罗某追偿？为保证追偿权的行使，其应注意哪些方面的工作？请联系实际，为家具厂提供建议。
5. 家具厂的教训给了你哪些启示？请认真思考，在实际生活中，应如何避免类似情况的发生？

[①] 参见王家福主编《中国民法学·民法债权》，第612页，法律出版社1991年版。

案例2-6 民工"生死状"——免责条款的效力

一、案例介绍

××年×月×日，罗某承包了铁道部第八工程公司眉山106线西来堰大桥行车道板的架设安装，工程总价款26万余元，费用包干。承包合同签订后，罗某即组织民工进行安装。

同年9月2日，刘某经人介绍至罗某处打工。在填写登记表时，刘某在"工伤概不负责"一栏签字，表示同意。

采用人工安装桥梁行车道板具有较高的危险性，为防止工伤事故，罗某曾召集民工开会强调安全问题，要求民工在安放道板下的胶垫时必须使用铁勾，防止道板坠落伤人。10月6日下午6时许，刘某在安放道板下的胶垫时未使用铁勾，直接用手放置。由于支撑道板的千斤顶滑落，重达十多吨的道板坠下，将刘某的左手砸伤。罗某立即送刘某到医院住院治疗。后经鉴定，刘某的伤残等级为工伤七级。

刘某出院后，向法院提起诉讼，要求罗某除已支付的医疗费、护理费、交通费等费用外，还须赔偿误工费、再医费、伤残补助金、伤残就业补助金以及其他损失。

（案例来源：本案例根据以下资料整理改编：《刘明诉铁道部第二十工程局二处第八工程公司、罗友敏工伤赔偿案》，最高人民法院网站：http://www.court.gov.cn。《张连起、张国莉诉张学珍损害赔偿纠纷案》，《中华人民共和国最高人民法院公报》1989年第1期）

二、案例分析

对于本案应如何处理，有三种观点：

第一种观点认为，罗某曾对民工强调过安全问题，刘某受伤是自己违规操作造成的，罗某不承担责任。

第二种观点认为，刘某在签订劳动合同时，已知晓并同意"工伤概不负责"。因而对于刘某受伤，罗某可免除责任。

第三种观点认为，罗某未尽到保障工人劳动安全的义务，对刘某受伤应承担责任。"工伤概不负责"的约定违反法律规定，是无效的。

我们同意第三种观点。

首先,依《宪法》和《劳动法》的规定,劳动者有获得劳动安全卫生保护的权利,用人单位应当依法建立和完善规章制度,改善劳动者的劳动条件,保障劳动者的劳动安全。本案中,刘某至罗某处打工,与罗某形成了劳动合同关系。罗某作为用人单位一方,应当为刘某提供劳动保护。然而,对于人工安装桥梁行车道板这一具有较高危险性的作业,罗某并未采取相应的安全措施,并临场加以监督和指导,仅是在作业前口头予以强调。由于罗某疏于注意,以致刘某发生安全事故,因而应对刘某承担赔偿责任。

其次,在劳动合同中,用人单位对因工致劳动者人身伤害承担的责任是无过错责任。即无论对造成劳动者人身伤害是否有过错,用人单位都要承担责任,除非存在法定或约定的免责事由。在本案中,虽然刘某在施工中也有违反安全操作规则的过失,但其并非铁道建设专业人员且违章情节较轻,罗某并不能以此主张免责。

最后,关于双方约定的"工伤概不负责"问题。"工伤概不负责"这种约定在劳动合同中较为常见,尤其在建筑行业。众所周知,建筑行业的工作大多风险性较高,工伤事故的发生较为频繁。近些年来,从事建筑工作的大多是农民工,他们工作条件恶劣,劳动安全得不到保障,而一旦因公致伤致残,又往往遭遇用工方已同意"工伤概不负责"而拒绝赔偿。因此,"工伤概不负责"这一约定也被农民工们称为"生死状"。

那么,这一"生死状"真的能免除用工单位的责任,令农民工自己对自己的生死负责吗?答案当然是否定的。

依合同自由原则,当事人一方自愿承担不利后果或者抛弃利益,在合同中约定排除或者限制其未来责任的条款,是其行使权利的自由,法律原则上不予干预。但出于保护弱者的目的,为防止契约自由的滥用,各国法律中对损害发生之前的责任的免除,往往有一定的限制或禁止。

我国《合同法》第53条规定:"合同中的下列免责条款无效:(一)造成对方人身伤害的;(二)因故意或者重大过失造成对方财产损失的。"

其中,明确规定了造成对方人身伤害的免责条款无效。《合同法》之所以这样规定,原因在于,人的生命健康权是至高无上的,如果允许免除一方当事人对另一方当事人人身伤害的责任,无异于纵容合同当事人以合同为保护伞而实施无视另一方生命权的行为,这与保护公民的人身权利的宪法原则是相违背的。

"工伤概不负责"这类约定,实质上便是对用人单位造成劳动者人身伤害免责的约定,如上所述,依《合同法》第53条规定,该约定是无效的。因而，用人单位不能以此主张免责。而实际上由于该条款自始便是无效的，因而当农民工遭遇不签此"生死状"便不提供工作机会时，也大可不必为此而与用工单位争论。

"农民工"一词，似乎总是与"欠薪"、"工伤"等相联系，保护农民工的利益，需要我们拿起法律的武器。打击不良商人，保护弱者利益，法律从未停止过它的脚步。

三、思考·讨论·训练

1. 什么是免责条款？在签订合同时约定免责条款对当事人有哪些意义？
2. 免责条款想怎么约定就可怎么约定吗？有效的免责条款须符合哪些条件？
3. 制定和使用免除格式条款提供者责任的格式条款应注意哪些问题？试从格式条款的角度对"工伤概不负责"这类约定的效力进行一下分析。
4. 为什么说，在劳动合同中，用人单位对因工致劳动者人身伤害承担的责任是无过错责任。其理论依据和法律依据分别是什么？
5. 关注有关农民工维权的报道，并从法律角度进行分析和思考。

案例 2-7　产量难确定，诚信作判断
——诚实信用原则

一、案例介绍

原被告双方于 1968 年 6 月 19 日签订了一份书面协议。该协议规定：被告将在合同履行期内把其生产的全部面包屑出售给原告；协议从 1968 年 6 月 19 日起履行，至 1969 年 6 月 18 日终止；此后，该履行期将继续续展 1 年，但任何一方均可解除该协议，只要提前 6 个月用挂号信向另一方发出解除通知。

该协议提到的面包屑并不是加工面包时产生的副产品，而是专门为履行该协议而生产的。该协议订立之后，被告向原告提供了大约 250 吨面包屑。然而，到 1969 年 5 月 15 日，被告停止了面包屑的生产。据被告的审计员证实，这一经营在经济上太不合算。在停产之后，被告拆除了烤炉，把原来的房子改装成了计算机房。被告曾经几次向原告表示，合同规定的价格如果能从每磅 6 美分改为每磅 7 美分，被告将恢复生产。

（案例来源：王军、戴萍编著：《美国合同法案例选评》，第 227 页，对外经济贸易大

学出版社 2006 年版）。

二、案例分析

本案原被告签订的合同在美国法中被称为"产量合同"，即当事人一方向另一方出售其生产的全部产品或提供的全部服务的协议。在这种合同中，卖方对该产量有实际控制权。因而当此种生产和销售对卖方无利可图时，卖方就会减产或停产，从而给依赖卖方提供此种产品的买方造成经济上的损失。

本案被告便声称，该合同并没有要求被告加工面包屑，而只是将他生产的全部面包屑出售给原告；既然在他的烤炉转让给他人之后生产停止了，被告就没有义务继续供应了。

被告的说法乍听起来很有理，但正如纽约州上诉法院判决意见中所称的，"被告是不是诚信地行事的，它是否诚信地停止了面包屑的生产，这是有待澄清的"。首先，产量合同中的数量条款虽然是按卖方的产量计算的，但这并不是完全不具有确定性的，这里的"产量"一词意味着特定的一方在诚信行事的情况下拥有的实际产量。其次，卖方有权通过事先发出通知解除合同，也就是说，如面包屑的生产将使其整个经营活动面临破产或处于真正的危险境地时，其完全可以通过通知对方解除合同而终止交易。在这种情况下，除非继续生产会给被告造成严重的损失，未经事先通知解除合同就停止生产，很难说是诚信行事的。

诚信行事，是美国合同法的一项重要原则。诚实信用，同样也是我国民法乃至大多数国家民法所普遍确认的一项民法基本原则。依诚实信用原则，要求民事主体应以诚实、善意态度行使权利、履行义务、恪守诺言。具体到合同履行中，诚实信用原则要求合同当事人应对合同履行抱有善良愿望和真诚的努力，并根据合同的性质、目的和交易习惯履行一定的附随义务。可以说，诚信对民事主体提出了道德上的要求，它不仅要看当事人是否遵循了合同的全部条款，而且还要看当事人是否以诚意履行了合同。如本案，当一方当事人依合同条款拥有决定自己一方的合同义务的余地时，诚实信用原则将对其构成限制，是否诚信行事将决定该方是否履行了其应当承担的合同义务。

但是，作为一个高度抽象化的基本原则，在具体案件中判断当事人是否做到了诚信是较为困难的，只能由法官依社会一般交易观念自由裁量。对此，美国法院的相关判例可资借鉴。在多伊尔诉戈登案中，纽约州法院的判决意见中说："诚信"一词包括了，但不仅限于，一种诚实的信念，包括了无恶意、无欺骗企图或寻求一种显失公平的利益的企图。该法院指出：个人所具有的诚信属于有关其自己的主观精神和内心世界的概念,因此,他是否诚信行事是不能仅根据其自己的主张得到最终定论的。判断行为人是否诚信行事有两个标准。一个是主观标准,即行为人的动机是否诚实守信。另一个是客观标准,即行为人是否遵守了特定行业中有关公平交易的合理商业准则,这应是在推定上一个通情达理的第三人将会认为是合理的评定标准,而不应决定于该当事人自己如何表白[①]。本案审理法院便指出,虽然产量合同中的数量条款是按卖方的产量计算的,但决定数量的一方应按照实行于该行业的公平交易的商业标准去经营其工厂或从事其经营活动,因而产量应是其诚信作为时的实际产量,将接近一个可合理预见的数字,而不是完全不具有确定性的。

三、思考·讨论·训练

1. 民法学家梁慧星教授称诚实信用原则是民法的"帝王条款",他为什么会认为该原则如此重要呢?请结合我国《合同法》的规定谈谈该原则的含义、意义及在《合同法》中的具体体现。
2. 在合同履行阶段,诚实信用原则对当事人提出了哪些要求?
3. 联系实际,谈谈诚信对于商人的重要性。
4. 通过本案你得到了哪些启示?你是否还认为恶意地钻法律漏洞或合同漏洞是很高明的?

案例 2-8 称"重组"巨能转让股权,欠贷款银行请求撤销——债权人的撤销权

一、案例介绍

2005 年 8 月 23 日,广州巨能经济发展有限公司(以下简称"广州巨能公司")与中国建设银行股份有限公司广州经济技术开发区支行(以下简称"建行广州支行")签订《人民币资金借款合同》,建行广州支行向广州巨能公司发放商业流动资金贷款 3000 万元,期限 1 年,自 2005 年 8 月 25 日起至 2006 年 8 月 24 日止。同日,巨能实业公司与建行广州支行签订《保证合同》,约定由巨能实业公司对广州巨能公司上述借款本息提供连带责任保证。后建行广

[①] 参见王军、戴萍编著《美国合同法案例选评》,第 226 页,对外经济贸易大学出版社 2006 年版。

州支行依约向广州巨能公司发放了 3000 万元贷款。但截至 2006 年 6 月 6 日，广州巨能公司仅归还了 300 余万元本息，尚拖欠贷款本息合计 2700 余万元，经建行广州支行多次催要仍未返还。

2006 年 5 月 26 日，北京经易智业投资有限公司（以下简称"经易智业公司"）与巨能实业公司签订《资产债务并购重组协议书》。5 月 29 日，双方又签订了《股权转让协议》。双方约定巨能实业公司将其持有的巨能新技术公司总计 6127 万股（占总股份的 80.33%）的股权转让给经易智业公司，转让价款为 1 元；将其持有的巨能东方公司 2000 万元的股权（占注册资本的 40%）中的 20% 转让给经易智业公司，转让价款为 1 元；将其持有的巨能制药公司 980 万元的股权（占注册资本的 70%）转让给经易智业公司，转让价款为人民币 350 万元，但经易智业公司和巨能实业公司均认为，经易智业公司并不需要支付上述股权转让款。上述股权转让现已在工商登记机关办理了相关变更登记手续。

建行广州支行得知股权转让事宜后，认为该转让未征得其同意，严重损害自己的合法债权，且使巨能实业公司的还款能力进一步降低。建行广州支行在与巨能实业公司及经易智业公司联系后，两公司仍然在工商行政管理局办理了股权变更手续，将股权过户到经易智业公司名下。建行广州支行为此起诉到法院，要求撤销巨能实业公司向经易智业公司转让巨能新技术公司、巨能东方公司、巨能制药公司股权的行为，并撤销工商登记。

北京市第一中级人民法院经审理后认为，巨能实业公司与建行广州支行的债权债务关系明显、确定，双方之间存在债权债务关系。巨能实业公司转让其股权财产的行为属于《合同法》中规定的无偿转让行为。法院认为，对债权人建行广州支行来说，巨能实业公司转让股权的行为使其可能获得的股权收益权旁落他人而没有任何补偿，这无疑是对债权人利益的损害。由于巨能实业公司转让其股权对建行广州支行的债权造成了损害，作为债权人的建行广州支行有权行使撤销权。因此，法院判令撤销巨能实业公司向经易智业公司转让巨能新技术公司、巨能东方公司、巨能制药公司股权的行为，并判令巨能实业公司与经易智业公司到工商行政管理部门办理相关变更登记手续。

（案例来源：李大华：《巨能实业无偿转让股权使债权人利益受损被判撤销》，载中国法院网：http://www.chinacourt.org，2007 年 8 月 12 日）

二、案例分析

债权主要从债务人的财产获得满足。债的关系成立后，债务人的财产成为债权的一般担保,即成为所谓"责任财产"。责任财产的增损,直接影响着债权人的债权能否得以实现。为保护一般债权人的利益,防止债务人责任财产的不当减少,法律设立了债的保全制度,即债权人的代位权与撤销权制度。前者主要是针对债务人怠于行使权利的消极行为,为保持债务人的财产而设;后者主要是针对债务人不当减少财产的积极行为,为恢复债务人的财产而设[1]。

在我国,"三角债"、恶意转让财产以逃避债务等问题长期困扰着社会经济生活,《合同法》中所确立的债权人的代位权和撤销权制度对解决此类问题有极为重要的意义。本案便是一起典型的撤销权诉讼。由于债的保全制度涉及较为复杂的法律理论,基于本书的写作目的,我们不做深入探讨,仅围绕本案对撤销权的构成要件做简单介绍。

一般来说,撤销权的构成要件可分为客观要件和主观要件。

(一)客观要件,即债务人有危害债权的行为

首先,债权人对债务人存在有效的债权,这是前提和基础。本案中,建行广州支行与巨能实业公司签订了《保证合同》。依该合同,建行广州支行对巨能实业公司享有了保证债权,即当广州巨能公司不履行借款合同的还款义务时,可以请求巨能实业公司承担连带责任。该《保证合同》是合法有效的。因此,建行广州支行对巨能实业公司存在有效的债权。

其次,债务人实施了一定的处分财产的行为。《合同法》第74条将可以撤销的债务人处分财产的行为限定在以下范围:债务人放弃债权的行为,债务人无偿转让财产的行为或债务人以明显不合理的低价转让财产的行为。股权作为财产性权利,也属财产之列,本案中,巨能实业公司以零对价将股权转让给经易智业公司,其行为属于《合同法》中规定的无偿转让财产的行为。

最后,债务人的行为有害于债权。这是撤销权构成的一个重要判断标准。如何判断债务人的行为是否有害于债权是非常重要的。对此,学术界有多种观点,如债权不能实现说、债务超过说、支付不能说等[2]。还有人提出,应将该问题置于民事诉讼法的视野中,将证明责任分配给债务人,即一旦债权人要求行使撤销权,则推定债务人必须反证证明自己的行为无害于债权人的债权,至于债务人是以自己有足够的支付能力为标准,还是以自己债务尚未超过资产为标准,无须统一确定,只要法官能形成心证,认为债务人的行为无害于债权即

---

[1] 参见王家福主编《中国民法学·民法债权》,第176~177页,法律出版社1991年版。

[2] 参见王利明主编《合同法要义与案例析解(总则)》,第293页,中国人民大学出版社2001年版。

可[①]。就本案而言，仅因巨能实业公司转让股权的行为使其可能获得的股权收益权旁落他人而没有任何补偿尚不能认定对债权人造成了损害，如果该公司在实施这些行为后，仍然资力雄厚，足以清偿全部债权，债权人就不能行使撤销权。对本案，应依现有"谁主张谁举证"的一般原则，由提起撤销权诉讼的债权人就债务人的行为有害于其债权进行举证，由法官结合具体情况做出判断。

（二）主观要件，即债务人与第三人具有恶意

根据《合同法》第74条的规定，被撤销的标的行为可分为放弃到期债权或无偿转让财产的无偿行为和债务人以明显不合理的低价转让财产的有偿行为。在前者，只要对债权人造成损害，债权人就可以行使撤销权，至于债务人和第三人是否具有主观恶意没有限定。而在后者，则要求债务人与第三人具有恶意。对于债务人恶意的认定，《合同法》第74条采用了一客观判断标准——"明显不合理的低价"；对于第三人的恶意，指的是受让人知道"债务人以明显不合理的低价转让财产，对债权人造成损害"。当然，具体如何认定"恶意"也涉及证明责任、法官自由裁量等问题。对此，不再详细论述。

对于本案，巨能实业公司转让股权的行为实质上是一种无偿转让行为，对于该行为，只需符合客观要件，债权人便可以提出撤销。

代位权和撤销权制度对于保障债权人利益有着重要意义。自《合同法》施行以来，尤其是最高人民法院有关司法解释颁布之后，此类诉讼逐渐增多，大量债权人通过提起代位权或撤销权诉讼使自己的债权得以保全。但该制度作为我国民商法中的一项新制度，其相关理论尚需通过实践进行检验和完善。

三、思考·讨论·训练

1. 什么是债的保全制度？法律中确立该制度有何意义？

2.《合同法》中还有哪些地方规定了撤销权？这些撤销权是同一制度吗？它们有什么区别？

3. 甲借给乙10万元，乙借给丙10万元，此两项借款均已届清偿期。甲急需用钱，请求乙还款。乙称自己手头无钱，无力还款。甲遂催促乙向丙索还欠款，但乙置之不理。后甲得知，乙在外扬言，丙与其是自家人，不会赖账，即使要回钱也要还甲，肥水不流外人田，还不如不要。

[①] 参见王利明主编《合同法要义与案例析解（总则）》，第294页，中国人民大学出版社2001年版。

甲很为难,怎样才能保全甲的债权,你能给甲出个主意吗?

4. 依我国《合同法》的规定,应如何行使代位权和撤销权?

5. 本案中,巨能实业公司转让股权的行为被撤销,相关股权应当返还。那么,相关股权应返还给债务人巨能实业公司,还是应直接以该股权向撤销权人建行广州支行履行清偿义务?

案例 2-9 罗米格诉德·瓦兰斯案
——不安抗辩权与预期违约

一、案例介绍

根据 1976 年 1 月 7 日订立的一份买卖协议,罗米格同意出售、德·瓦兰斯夫妇同意购买第 3 号住宅。该协议要求卖方在买方付清全部款项之后将第 3 号住宅完整地和完全地转让给买方。1976 年 3 月 11 日,买方的律师通知卖方的律师,该住宅具有某种瑕疵;在该瑕疵得到修正之前,买方将停止付款。同年 9 月 30 日,买方又写信给卖方说,该住宅没有建在指定的地界之内,而是侵入了邻人的土地;这种情况必须得到纠正,否则,该房屋无法向第三人出售。

1977 年 10 月 11 日,卖方向法院起诉,要求取消双方订立的合同。其理由是,买方未能按时付款。初审法院准许了卖方的请求。买方提起上诉。

夏威夷州中间上诉法院认为,依买卖协议要求,在买方付清款项之前,卖方没有义务转让该住宅的所有权。但如果买方得到的情报能合理地证实,卖方在其履行义务的时刻到来之时将不能依其诺言履行其承担的义务,买方有权得到某种救济。

法院对该案类推适用了美《统一商法典》第 2-609 条和第 2-610 条的规定:

第 2-609 条(对履行做出适当的保证的权利):

(1) 一个买卖合同强加给每一方当事人一种义务,即另一方对合同能得到正常履行抱有的期望不会受到损害。当有合理的依据证明,某一方的履行不能得到保证时,另一方可以用书面形式要求对于正常的履行做出适当的保证。在得到此种保证之前,他可以中止履行与他未收到与其要求一致的答复相对应的那部分义务,只要这种中止在商业上是合理的。

……

（4）在收到正当理由的要求后，如果未能在至多不超过30天的合理期限内提供在特定案件的情况下可认为是合理的对适当履行的保证，即构成毁弃合同。

第2-610条（预期毁约）：如果任何一方在合同的某一义务的履行尚未到期的情况下毁弃合同，且造成的损失将实质性地损害合同对另一方的价值，受损方可以：

（a）在商业上的合理时间内，等待毁约方履行合同；或

（b）寻求任何违约救济……即使他已经通知毁约方将等待其履约和已经催促其纠正违约；并且

（c）在上诉任何一种情况下中止自己对合同义务的履行……

在适用上述规定的时候，法院提出，对于本案，仍有尚未解决的事实问题，其中包括：

（1）买方是否已经有合理的根据去主张，卖方不能为履行合同义务提供保证？

（2）在买方用书面方式要求卖方对履行合同义务提供适当的保证之后，卖方是否提供了此种保证？（如果没有的话，通过类推适用《统一商法典》第2-609条（1），如果有正当理由的话，买方没有付款，不构成违约）

（3）卖方未能就依适当方式履行合同义务提供适当的保证是否等于毁弃合同？（如果的确如此，那么，通过类推适用《统一商法典》第2-610条，卖方违反了合同）

夏威夷州中间上诉法院认为，要想就上述问题做出判决就必须首先决定，是买方还是卖方违反了合同，或者双方都违反了或都没有违反合同。鉴于案件存在事实不清，夏威夷州中间上诉法院将该案发回原审法院。

（案例来源：王军、戴萍编著：《美国合同法案例选评》，第369～371页，对外经济贸易大学出版社2006年版）

二、案例分析

本案法院所援引的美《统一商法典》第2-609条和第2-610条的规定分别对应我国合同法理论中的不安抗辩权和预期违约制度。下面我们将就这两个问题分别予以分析：

（一）不安抗辩权与默示毁约

前述美国《统一商法典》第2-609条的规定即是英美合同法上著名的默示毁约制度。与该制度相类似，大陆法系存在着不安抗辩权制度。

所谓不安抗辩权，是指双务合同一方当事人依照合同规定须先为给付，在对方当事人有难为做出对待给付之虞时，得以拒绝先为给付的权利。

显然，上述两种制度有很多相似之处，但仍存在区别，主要表现在：第一，不安抗辩权的行使前提是双方当事人履行债务的时间有先后之分，而默示毁约不以该条件为前提。虽然就本案而言是存在先后履行顺序的。第二，不安抗辩权发生在一方客观上有难为给付之虞的情况下，而默示毁约发生在某一方的履行"不能得到保证"时，既包括客观上将不能履行，也包括主观上将拒绝履行合同[①]。

我国《合同法》第 68 条和第 69 条对不安抗辩权做了规定。依该规定，先履行一方有确切证据证明对方有下列情形之一的，可以中止履行合同：经营状况严重恶化；转移财产、抽逃资金，以逃避债务；丧失商业信誉；有丧失或可能丧失履行债务能力的其他情形。

除此之外，《合同法》也对默示毁约做了规定。依该法第 94 条和第 108 条的规定，在履行期限届满之前，当事人一方以自己的行为表明其将不履行合同义务的，对方可以视具体情况解除合同或要求其承担违约责任。

我国《合同法》同时确认不安抗辩权制度与默示毁约制度，是否有重复之嫌？对此，有观点认为，我国《合同法》中的默示毁约制度不同于英美法系国家的默示毁约制度。根据我国《合同法》的规定，默示毁约是当事人一方以自己的行为表明其将不履行合同义务，即其仅发生在一方在主观上将拒绝履行合同的情形；而客观上不能履行合同的，由不安抗辩权制度来调整。也就是说，我国《合同法》将传统上都由默示毁约制度调整的情形一分为二。[②]

因此，依我国《合同法》的规定，当一方当事人出现了《合同法》第 68 条所列举的情形之一，客观上将不能履行合同时，另一方当事人应主张不安抗辩权（此时尚不能认定对方构成默示毁约），中止履行其义务，并立即通知对方。如对方提供了适当担保，应恢复履行。如对方在合理期限内未恢复履行能力又未提供适当担保，则可认为其行为表明了其将不履行合同义务，已构成默示预期违约。而如果一方当事人在客观上仍有履行能力，但其行为，如寻找各种借口拖延履行，表明其主观上已不可能履行合同，另一方当事人可直接以默示毁约要求其承担责任。

---

① 参见王利明主编《合同法要义与案例析解（总则）》，第 238～239 页，中国人民大学出版社 2001 年版。

② 同上。

最后，需要指出的是，无论是英美法系的默示毁约制度，还是大陆法系的不安抗辩权制度，都要求中止履行一方应对对方不能履行合同举证，否则要对因此给对方造成的损失承担责任。故本案上述法院认为，由于"买方是否已经有合理的根据去主张，卖方不能为履行合同义务提供保证"这一事实有待确认，应将该案发回原审法院。事实上，如果买方不能对此举证，而是仅凭道听途说便中止履行合同，就应对己方未按时付款承担违约责任。

(二) 预期违约

预期违约，又称先期违约，是指在合同履行期限届满之前，一方当事人明确表示，或者其行为或实际状况表明其将不履行合同义务。其中，明确表示将不履行合同义务为明示毁约；以行为或实际状况表明将不履行合同义务是默示毁约。

预期违约制度起源于英美法系，我国《合同法》借鉴了该制度。《合同法》第94条规定，在履行期限届满之前，当事人一方明确表示或者以自己的行为表明不履行主要债务的，另一方当事人可以解除合同。《合同法》第108条规定，当事人一方明确表示或者以自己的行为表明不履行合同义务的，另一方当事人可以在履行期限届满之前要求其承担违约责任。但是，如前所述，我国《合同法》中的预期违约制度，尤其是默示毁约制度，与传统的预期违约制度仍有一定区别。

当一方预期违约时，另一方可采取什么救济手段呢？一般来说，非违约方可在以下对策中做出选择：

(1) 继续要求和等待对方履约。正如在泰勒诉约翰逊案中，加利福尼亚州最高法院的判决意见中所称，受损害的当事人"可以把毁弃视为一种虚张声势的威胁，从而在履行期到来时如果违约在事实上发生了再就实际发生的违约行为行使其获得补偿的权利"[①]。

(2) 解除合同，并要求违约方承担责任。但依我国《合同法》的规定，只有违约方的行为构成根本违约，即其将不履行主要债务时，方可解除合同。而对一般债务的违反不能提出解除合同。

(3) 直接要求其承担违约责任。依我国《合同法》的规定，无论是否构成根本违约，非违约方均可以在履行期限到来之前要求对方承担违约责任。

面对法律赋予的选择权，非违约方应如何选择，这是应慎重考虑的事情。

---

① 参见王军、戴萍编著《美国合同法案例选评》第二版，第374页，对外经济贸易大学出版社2006年版。

英国早期的一个经典判例有助于说明这一问题：船方甲与货方乙订立了一个租船合同，依约定，甲应将船舶开到苏联的敖德萨港为乙装货。船抵达后，乙因货源不足而拒绝装货。当时，装载期限尚未届满，甲拒绝接受乙预期违约的表示，继续坚持要求乙装货。但过了数日，在装载期限届满前，英俄爆发了战争，履行合同在法律上已成为不可能。事后，甲以乙违反租船合同为由提起诉讼，要求乙赔偿损失。法院认为，在战争爆发前还不存在实际不履行合同的问题，因为装货期限尚未届满，既然船方甲拒绝接受货方乙预期违约的表示，乙有权得到宣战而带来的解除合同的好处，因而判决船方甲败诉①。

对于本案，如果上诉法院提出的事实问题得到如下确认：买方有合理的依据证明，卖方的履行不能得到保证；在买方用书面方式要求卖方对履行合同义务提供适当的保证之后，卖方未在合理期限内提供此种保证。那么，就可以认为卖方的行为已构成预期违约。此时，买方可以在继续要求和等待卖方履约与采取适当的救济措施中做出选择，而其未按时付款是中止履行合同义务的行为，不构成违约。

三、思考·讨论·训练

1. 什么是双务合同履行中的抗辩权？我国《合同法》都规定了哪些抗辩权？

2. 依我国《合同法》的规定，不安抗辩权的构成要件有哪些？应如何行使不安抗辩权？

3. 我国《合同法》中的不安抗辩权制度与默示毁约制度有何关联？

4. 在案例介绍部分提到，"法院提出，对于该案，仍有尚未解决的事实问题"。此处有两处括号，对括号里的内容你是如何理解的？

5. 在一方当事人预期违约的情况下，未违约方选择解除合同，与选择不解除合同、直接要求对方承担违约责任有何区别？请结合我国《合同法》的规定进行分析。

---

① 转引自刘惠荣主编《国际商法学》，第84页，北京大学出版社2004年版。

案例2-10 "不良债权"的转让——债权让与

一、案例介绍

1997年4月17日，甲公司向农业银行（以下简称"农行"）借款170万元，逾期后仅还30万元；1999年9月7日，甲公司与农行签订新的借款150万元的借款合同，借新还旧，甲公司出具150万元借据，农行出具已归还140万元本金和10万元利息的"还款凭证"。2000年5月农行向长城资产管理公司剥离不良贷款，其中包括对甲公司的该项贷款。因农行与甲公司1999年的新借款合同未到期，农行遂与甲公司商定废除1999年新借款合同，恢复1997年借款合同，重新签订140万元借款借据，以此作为剥离不良贷款的债权凭证。但在此过程中，甲公司未向农行返还"还款凭证"。之后，农行、长城公司和债务人甲公司三方分别在《债权转让确认通知书》和《债权转让确认通知书回执》上签章，共同确认转让1997年借款合同140万元债权，农行将2000年甲公司重新出具的1997年借款合同的140万元借款借据，移交长城公司。此后，长城公司将该债权以26万元代价转让给原告。但当原告起诉甲公司要求清偿140万元债务时，甲公司出示（已作废的）1999年农行出具的"还款凭证"，声称该笔贷款已经归还。原告遂以农行的行为导致其受让的140万元债权不能实现为由起诉农行，一审法院判决农行向原告支付140万元及利息。

（案例来源：梁慧星：《"不良债权"受让人不能起诉银行》，民商法律网：http://www.civillaw.com.cn）

二、案例分析

本案法院的判决存在不当之处，原因在于：

（一）依合同相对性，原告应起诉长城资产管理公司，而非农行

本案中，存在两次债权转让。第一次债权转让，发生在农行与长城公司之间。农行根据国家关于剥离不良债权的政策，并按照合同法关于债权转让的规定，将自己对甲公司的140万元"不良债权"转让给长城公司。第二次债权转让，发生在长城公司与原告之间。长城公司将自己从农行受让的对甲公司的140万元"不良债权"，以收取26万元价款的对价再转让给了原告。

对原告而言，与其签订债权转让合同的是长城公司，而不是农行。依合同相对性，只有合同当事人才对另一方承担合同上的义务，违约责任也只能在合同当事人之间发生。因而，如原告以违约为由提起诉讼应当以长城公司为被告，而非农行。

当然，原告可以第三人侵害债权为由对农行提起侵权诉讼，但农行的行为是否构成了对原告债权的侵害？所谓"第三人侵害债权"，是指第三人通过引诱、胁迫、欺诈等方式，诱使（迫使）合同一方当事人不履行与他方订立的合同，从而导致他方的经济损失。本案中，农行未从债务人甲公司索回已经作废的"还款凭证"的行为，客观上导致了债务人甲公司在原告向其主张债权时用该"还款凭证"进行抵赖，原告因而遭受一定经济损失。但是，应当注意的是，农行在实施该行为时并不存在侵害原告债权的故意，也未采取引诱、胁迫、欺诈等"违反善良风俗的方式"，而只是由于其工作人员的疏忽大意，因而农行的行为并不构成第三人侵害债权。

（二）被转让的债权是债权转让合同的标的，受让的债权无法实现属于瑕疵担保问题

一谈到合同的转让，人们首先想到的是被转让的合同。实际上，这里涉及两个合同，一个是转让合同，另一个是被转让的合同。后者是前者转让的标的。因而，就债权让与合同而言，当事人是转让人（原债权人）与受让人（新债权人），转让的标的是被转让合同中的债权。依《合同法》的规定，转让人应当保证其转让的标的——债权不存在瑕疵，否则应对受让人承担瑕疵担保责任。那么，就本案而言，农行是否应承担瑕疵担保责任呢？答案仍然是否定的。

首先，如前所述，依合同相对性，如要追究农行的瑕疵担保责任，只能是长城公司。同理，原告也只能要求长城公司对其负担瑕疵担保的义务。原告直接要求农行对自己承担责任，是不正确的。

其次，瑕疵担保中的瑕疵，指的是标的物所含有的隐蔽的缺陷或其他与合同规定不符的品质问题，转让人是否故意隐瞒标的物的瑕疵直接决定着其是否承担瑕疵担保责任。而对于受让人明知标的物有瑕疵，仍然接受交付的知假买假行为，转让人是不负担保义务的。因而，对于本案，即使是长城公司，是否承担瑕疵担保责任也要取决于签订合同时原告对该债权存在的瑕疵是否知晓，这需要法院结合案件的具体情况做出判断。而在大多数情况下，对于不良债权存在不能实现的风险这一瑕疵问题，受让人签订合同时是知晓的。这从此类债权是作为不良债权而被剥离的及转让价格较低的事实中可以得到证明。

综上所述,"不良债权"的受让人难于从债务人处获得清偿,是"不良债权"性质决定的,是受让人自己明知并自愿承受的风险。如果认为当初剥离"不良债权"存有"瑕疵",受让人也只能以长城资产管理公司为被告,要求其承担瑕疵担保责任,而不能要求农行对其承担责任。

债权转让往往涉及多方当事人,对有关债权转让的案件,应当先理清各当事人之间的关系,再结合有关法律做出判断。

三、思考·讨论·训练

1. 一般情况下,债权让与会涉及哪些当事人?他们之间的关系如何?
2. 债权让与的构成要件有哪些?债权让与未经通知不发生效力,这主要是针对谁而言的?
3. 如何理解债权转让人的瑕疵担保义务?
4. 本案中,农行和原告的做法各有哪些不妥之处?它们应如何合理规避风险,并做到诚信行事呢?

案例 2-11 "火鸡"与"普通肉鸡"的区别
——合同的解除

一、案例介绍

1999年6月30日,某市第一服装厂接受一批外商订货,标的为纯棉睡衣5000件,交货日期为8月底。合同约定,一方违约,应向对方给付货款30%的违约金。由于交货时间短,服装厂将厂内生产计划做了调整,并要求工人加班加点,完成任务。7月1日,第一服装厂与该市棉纺厂签订了一份棉布供货合同。合同规定,在7月15日,棉纺厂向服装厂提供棉布1.8万米,并约定一方不履行时,应向对方支付违约金,数额为未履行部分价值的10%。

7月10日,棉纺厂向服装厂表示,由于机器检修等原因,15日交货有相当困难,请求将交货日期改为30日。服装厂表示该布料系为加工外商所订睡衣原料,交货日期短,不能推迟,否则外商会拒绝收货,所以棉纺厂必须按时交货。

7月15日,棉纺厂未按期交货,服装厂供销科遂四处联系棉布供应。7月16日,服装厂得知某纺织品商店存有棉布,即前往购回1.5万米。与在棉纺厂订货价格相比,服装厂多支付1.5万元。同日,服装厂派人以书面形式向棉纺厂声明解除供货合同。第二天，棉纺厂也以书面形式拒绝接受解除合同，并于 7 月 25 日将 1.8 万米棉布送到服装厂。服装厂拒收，双方发生纠纷。

服装厂向法院起诉，要求棉纺厂支付违约金 3000 元，赔偿差价损失 1.5 万元及其他合理支出 500 元。棉纺厂则要求追究服装厂的违约责任，收货付款并赔偿自己的损失 5000 元。

（案例来源：王利明主编：《合同法要义与案例析解（总则）》，第 351~352 页，中国人民大学出版社 2001 年版）

二、案例分析

本案中，棉纺厂未按期交货，已构成了迟延履行主债务，对此没有争议。问题在于，棉纺厂仅仅迟延履行了 10 天，服装厂便可单方解除合同吗？这要从根本违约与合同的法定合同解除的关系谈起。

合同解除可分为双方解除与单方解除，单方解除又依解除权的发生原因不同而分为约定解除和法定解除。其中，法定解除是指在合同成立以后，当事人一方行使法定的解除权而使合同效力消灭的行为。即由法律直接规定合同的解除条件，当此种条件具备时，当事人可以解除合同。本案中，服装厂以棉纺厂迟延履行主债务而提出单方解除合同，属于合同的法定解除问题。

那么，法律是如何规定法定合同解除的解除条件的？一般认为，法律直接规定解除合同的条件，究其实质，是对在违约情况下的合同解除所做出的限制。从世界各国的立法来看，一般均将法定解除与根本违约相联系，即只有一方当事人的行为构成根本违约的情况下，另一方当事人方可解除合同。

什么是根本违约？《联合国国际货物销售合同公约》第 25 条将其界定为："一方当事人违反合同的结果，如使另一方当事人蒙受损害，以至于实际上剥夺了他根据合同规定有权期待得到的东西，即为根本违反合同，除非违反合同一方并不预知而且一个同等资格、通情达理的人处于相同情况中也没有理由预知会发生这种结果。"

我国《合同法》吸收了各国的立法经验，采纳了《联合国国际货物销售合同公约》的有关规定，引入了根本违约制度。我国《合同法》第 94 条规定了五种情形下的法定解除，但其实质都强调了只有严重到不能实现合同目的的程度，方可单方解除合同。

由上述可知，本案中，服装厂能否单方解除合同，关键在于棉纺厂迟延履行的行为是否构成根本违约。我国《合同法》将作为合同法定解除原因的迟延履行分为两种情况：一是当事人一方迟延履行主要债务，经催告后在合理期限内仍未履行的；二是当事人一方迟延履行债务致使对方不能实现合同目的的。二者最主要的区别在于时间对于合同重要性的不同。如果时间因素对于合同至关重要，迟延履行将导致合同目的不能实现，则违反了履行期限即构成根本违约，未违约一方可以后者为法律依据，径直解除合同；如时间因素并不重要，迟延履行造成的后果也不严重，则违反了履行期限并不当然构成根本违约，此时未违约一方应催告迟延方在合理期限内履行主债务，若迟延方在此合理期限内仍未履行的，违约方始取得合同的解除权。对于迟延履行是否构成根本违约，以下两个案例可资借鉴[①]：

案例1：出售圣诞节食用火鸡合同案。买方从卖方处购买一批供圣诞节出售的火鸡，交货时间为11月底至12月初，而卖方交货为12月底。由于圣诞节已过，火鸡难以销售，使买方遭受重大损失，导致剥夺了买方有权根据合同可能获得的东西，在这种情况下，卖方的迟延履行可以认为是根本违约，买方有权解除合同。

案例2：出售普通肉鸡合同案。合同规定卖方应于7~8月装运，但卖方9月初才装运，在这段时间内，肉鸡的市场价格并没有什么变化，供销情况也正常。在这种情况下，卖方迟延交货就不能认为是根本违约，买方不能解除合同。除非买方订立合同时告知卖方有特定用途，而卖方的迟延将使该目的无法实现。

显然，在这两个案例中，区别并不在于火鸡与普通肉鸡生物学意义上的差别，而是由它们的代表意义所引起的合同履行期限对于合同重要性的不同。而这将直接影响到迟延履行是否构成根本违约，未违约方能否取得合同解除权。

本案中，服装厂从棉纺厂订购的布料是作为服装厂加工外商所订睡衣的原料，棉纺厂不按期交货将导致服装厂与外商所签订的合同无法履行。而事实上，当棉纺厂7月15日未能按期交货时，服装厂四处联系，最后多支付了1.5万元去市场购买所需布料，以保证与外商所签订的合同的履行。这些都说明，棉纺厂不能按期交货的违约行为已足以使服装厂订立合同的目的落空。因此，棉纺厂的迟延履行已经构成根本违约，服装厂有权单方解除合同。

三、思考·讨论·训练

1. 什么是根本违约？根本违约与合同的法定解除有何关系？
2. 我国《合同法》是如何规定法定合同解除的解除条件的？

---

① 沈四宝、刘刚仿编著：《国际商法》，第183页，中国人民大学出版社2005年版。

3. 对于本案,有一种观点认为,服装厂虽有合同解除权,但服装厂通知棉纺厂解除合同时,遭到了对方的反对,故原合同是否得以解除以及解除的时间,应由人民法院来审查确定。请从解除权的行使角度对该观点进行一下分析。

4. 我国《合同法》对合同解除权的行使期限有何规定?

案例 2-12　见义勇为遭索赔——违约责任的归责原则

一、案例介绍

1999 年 6 月 25 日,广西壮族自治区扶绥县田山圩镇司机叶翠宏驾驶着卧铺客车在正常运营。当车开到渠黎镇邕桑村边时,车主梁培胜问此前曾称欲在此处下车的两个男青年是否下车,二人离开座位说再过一点。于是司机把车门关上继续行驶。不料此时,两个男青年中的矮个子青年一把抢走了女乘客周丽芳脖子上的金项链并叫司机停车。周丽芳惊呼有人抢劫,并叫旁边的乘客蓝日亮帮忙,蓝随即上前抓住矮个子青年,随车卖票的车主梁培胜也堵住车门不让那两个男青年下车。相持一阵之后,矮个子青年不得已交出了金项链,但项链上的坠子却不见了,由此双方再起争执。此时,车上的乘客群情激奋,要求司机把这两个劫匪送往派出所处理。向来疾恶如仇的司机叶翠宏也认为不能放纵这些公路上的害群之马,于是紧握方向盘,继续前进。当车行至一个急弯道时,高个歹徒狗急跳墙,竟突然窜到驾驶室去抢夺方向盘。此时车正急转弯,加上那天刚下过雨路面较滑,司机无法紧急刹车,致使客车失控猛冲到路边的水沟里,翻倒在公路上。

翻车后,客车前挡风玻璃破碎,高个子劫匪从被撞烂玻璃的窗口逃走。此时,被车门夹住了脚的车主梁培胜看到矮个子劫匪也想爬出逃跑时,便挣扎着抓住那家伙的双脚,使其不得脱身。高个子劫匪见状又手持尖刀窜了回来,威胁梁培胜放人。在无助的情况下,梁培胜只好放手。尔后,车主拦住一辆大客车,把伤员送到扶绥县人民医院抢救,同时向渠黎镇派出所报案。

在这起事件中,伤得最重的是刚上车不久的扶绥县新宁镇第一小学教师甘育进。他落下了高位截瘫,经法医鉴定为一级伤残。后来,甘育进向法院起诉,要求客车车主梁培胜和司机叶翠宏及他们挂靠的南宁市交通运输公司赔偿医疗费、残疾生活补助费等费用共计 28.4088 万元。

本案在审理中，存在多种观点。

一种较普遍的观点认为，面对车匪路霸，司机见义勇为，同歹徒作斗争，这是我们这个社会应弘扬的行为。如果见义勇为者浴血奋战之后还要承担巨额赔偿，今后有谁还会在不法分子作恶之时挺身而出？车不是司机开不好才翻的，在当时的情况下，司机与车主应乘客的要求，把犯罪分子送到派出所去处理，这种处置是正确的。司机与车主对车祸的发生没有过错，不应承担赔偿责任。

第二种观点认为，作为司机，他的职责是将旅客安全送达目的地，所以不应该置一车人的安危于不顾去与犯罪分子搏斗。一个较有说服力的例子便是当歹徒劫持车时，为了保障乘客的安全也只能让犯罪持续一段时间，在营救各类被挟持的人质时也是如此。司机因小失大，对造成乘客的损害存在过错，应当承担赔偿责任。

第三种观点认为，原告与被告均无过错，应按照民法的公平原则，由被告给原告一些补偿，但不是法律上的赔偿。

第四种观点认为，原告购票上车，与被告的客运合同便已成立，被告应根据客运合同，安全准时地将原告送达目的地。但被告没有履行自己的义务，中途翻车，造成原告受到伤害。本案是客运合同纠纷，依无过错责任原则，被告未履行合同义务，又不存在免责事由，应承担违约责任。

（案例来源：员宁珠、莫小松：《见义勇为引出巨额赔偿》，《法制日报》2000年5月15日第3版）

二、案例分析

见义勇为反成被告，挺身而出却遭索赔。这个事件发生后立即受到社会的普遍关注，众多媒体纷纷转载。孰对孰错、赔与不赔，可谓众说纷纭。

对本案，人们争论最多的就是，面对歹徒，司机的处置行为是否恰当，司机对造成乘客的损害是否存在过错。上述第一、二、三观点本质上都是在讨论被告是否有过错。

孰对孰错，真的那么重要吗？实际上，如从违约责任的角度分析，这种讨论是没有多大意义的。因为依我国《合同法》的规定，违约责任原则上是以无过错责任原则为归责原则的。

《合同法》第107条规定："当事人一方不履行合同义务或者履行合同义务不符合约定的，应当承担继续履行、采取补救措施或者赔偿损失等违约责任。"可见，我国《合同法》将无过错责任原则确定为违约责任的归责原则，即只要当事人不履行合同义务或履行合同义务不符合约定，没有法定或约定的免责事由，就要承担违约责任，而不论其主观上是否有过错。合同义务是特定的相对人之间的义务，其以特别信赖关系为前提，故法律对合同当事人履行合同义务提出更高要求。无过错责任可促使当事人严肃对待合同，严格履行合同，避免在过错责任原则下违约方总是千方百计寻求无过错的理由以逃避违约责任的现象。

采用无过错责任原则，违约方是否有过错并不影响责任的构成，因而本案中被告是否承担责任与其是否有过错没有关联。被告如要免责，需要做的不是一遍遍地解释自己没有过错，而是应就是否存在免责事由进行举证。

那么，本案被告是否应承担赔偿责任呢？我们同意第四种观点。

首先，原告购票上车，便与被告形成了客运合同关系。依《合同法》第290条的规定，承运人负有"在约定期间或者合理期间内将旅客、货物安全运输到约定地点"的义务，保障乘客在运输途中的安全是承运人的基本义务。而本案被告中途翻车，造成原告伤害，没有尽到保障乘客安全的义务，存在违约行为。

其次，依《合同法》的规定，被告如能证明其存在法定或约定的免责事由可免除责任。其中，法定的免责事由主要有不可抗力、伤亡系旅客自身健康原因造成及旅客有故意或重大过失。显然，本案中被告并不能证明免责事由的存在。

既然被告有违约行为，又不存在免责事由。那么，依《合同法》的规定，被告理应承担违约责任，赔偿原告因其违约所遭受的损失。

但是当我们用法律的理性分析这个案例后，又不得不再次面临道德的思索。对见义勇为的英雄仅从道义和精神上鼓励是不够的，如何在经济上补偿与帮助见义勇为者，如何在制度上保障见义勇为者，解决他们的后顾之忧，这些都是值得我们深思的。

三、思考·讨论·训练

1. 我国《合同法》原则上采用过错责任原则，你知道哪些情况下采用过错责任原则吗？

2. 过错责任原则与无过错责任原则有何区别？我国《合同法》为什么将违约责任的归责原则确定为无过错责任原则？

3. 侵权责任的归责原则都有哪些？如何适用？

4. 对本案，如原告提起侵权之诉，胜算如何？

5. 某司机遇歹徒抢劫乘客见义不为，乘客受伤，司机车主应否赔偿？针对这些错综复杂的问题，你对经营者有哪些建议？你对有关部门有哪些建议？你认为在相关制度上还有哪些问题？

案例 2-13　"五月花餐厅"爆炸案
——侵权责任与违约责任的竞合

一、案例介绍

1999年10月24日傍晚6时左右，原告李萍、龚念夫妇二人带着8岁的儿子龚硕皓，与朋友到被告广东珠海经济特区五月花饮食有限公司（以下简称五月花公司）经营的五月花餐厅就餐，被安排在二楼名为"福特"的餐厅包房就座。"福特"包房的东、南两墙是砖墙，西、北两墙是木板隔墙，龚硕皓靠近该房木板隔墙的外侧就座。约6时30分左右，"福特"包房内突然发生爆炸，龚硕皓被炸，经抢救无效死亡，李萍受伤被评定为二级残疾，龚念受轻伤。

据查，五月花餐厅的这次爆炸，发生在餐厅服务员为顾客开启"五粮液酒"盒盖时。伪装成酒盒的爆炸物是当时在"福特"包房内就餐的一名医生收受的礼物，已经在家中放置了一段时间。10月24日晚，该医生将这个"酒盒"带入"福特"包房内就餐，服务员开启时发生爆炸。事后制造这个爆炸物并将其送给医生的犯罪嫌疑人被公安机关抓获。

李萍、龚念诉至法院，要求五月花公司赔偿医疗费、营养费、护理费、交通费、假肢安装费、残疾生活补助费、后期继续治疗费、残疾赔偿金、丧失生育能力赔偿金以及丧葬费、死亡赔偿金和精神损害赔偿金等共计403万元。其诉讼理由是：被告面向社会经营餐饮，应负责提供愉悦放心的消费环境，保证顾客的人身安全。被告对顾客自带酒水进入餐厅不予禁止，又在餐厅装修中使用了不符合安全标准的木板隔墙，以致埋下安全隐患。正是由于被告的经营管理不善，使餐厅发生了不该发生的爆炸，造成顾客人身伤亡。

被告五月花公司辩称：此次爆炸事件是犯罪分子所为，不知情的顾客把犯罪分子伪装成酒送给他的爆炸物带进餐厅，纯属意外事件。对此次爆炸，被告主观上没有过错，客观上也没有实施侵权行为。而且爆炸也造成了被告本身的巨大损失。被告作为经营者，已经对顾客尽到了保障其人身和财产安全的责任，原告只能向真正的加害人主张权利。故请求法院驳回原告的诉讼请求。

珠海市中级人民法院认为，被告五月花公司在此次爆炸事件中，已经尽到了应当尽到的注意义务，对原告的伤亡没有过错，故不构成侵权。被告与加害人之间也不存在任何法律上的利害关系，不能替代其承担法律责任。原告应当向有过错的第三人请求赔偿，不能让同样是受害人的被告代替加害人承担民事赔偿责任。故驳回了原告的诉讼请求。

在二审中，广东省高级人民法院针对李萍、龚念既认为被上诉人违约又认为其侵权，但一直没有在两者中做出明确选择，提出法院在全面审理后按照有利于权利人的原则酌情处理。法院认为，五月花公司通过履行合理的谨慎注意义务，不可能识别伪装成酒的爆炸物，因此不存在违约行为；五月花公司既与犯罪分子没有侵权的共同故意，更没有实施共同的侵权行为，也不能认定其侵权。但是，基于李萍、龚念一家是在实施有利于五月花公司获利的就餐行为时使自己的生存权益受损，五月花公司受损的则主要是自己的经营利益。依据最高人民法院在《关于贯彻执行〈中华人民共和国民法通则〉若干问题的意见（试行）》第157条规定："当事人对造成损害均无过错，但一方是在为对方的利益或者共同的利益进行活动的过程中受到损害的，可以责令对方或者受益人给予一定的经济补偿。"判决被上诉人五月花公司给上诉人李萍、龚念补偿30万元。

（案例来源：《最高人民法院公报》2002年第2期）

二、案例分析

本案因涉及经营者安全保障义务的界定、侵权责任与违约责任的竞合、民事责任归责原则等法律问题，而备受理论界和实务工作者的关注，并曾引起广泛的讨论。在这里，我们主要围绕《合同法》，就本案涉及的责任竞合问题及五月花公司是否应承担违约责任做一简单分析。

（一）关于违约责任与侵权责任的竞合

所谓违约责任与侵权责任的竞合，是指行为人的某一行为同时符合违约责任和侵权责任的构成要件，从而产生两种责任，行为人如何承担的情况[①]。就本案而言，一方面依《消费者权益保护法》的规定，五月花公司作为经营者负有保障消费者人身、财产安全的义务，违反该义务应承担侵权责任；另一方面，原告一家与五月花公司之间存在服务合同关系，如五月花公司违反了约定义务应承担违约责任。故原告认为五月花公司既违约，又侵权，发生了责任

[①] 参见刘士国《现代侵权损害赔偿研究》，第17页，法律出版社1998年版。

竞合。

违约责任与侵权责任同为民事责任，其在性质、责任形式、构成要件等方面均具有民事责任的共同特点。但是，作为两种制度，二者之间还存在很多区别，这些区别导致权利人主张何种请求权，利害关系将大为不同。

(1) 责任基础不同。违约责任以合同关系的存在为前提。违约责任的主体侵害的是债权等相对权，违反的是作为特定相对人应遵守的义务。而侵权责任以法定义务的存在为前提。侵权责任的主体侵害的是物权、人身权等绝对权，违反的是作为一般人所应遵守的法定义务。在本案中，如要求被告承担违约责任，则首先需要证明二者之间有合同关系，被告违反了合同义务。如要求被告承担侵权责任，则需要证明被告负有法定的保障原告人身安全的义务。

(2) 归责原则及责任构成要件不同。违约责任主要以无过错责任为归责原则；侵权责任原则上采用过错责任原则，法律有明文规定时采取无过错责任或者公平责任。而在不同的归责原则下，二者的构成要件也不相同。本案中，就侵权而言，并不属于法律明文规定的特殊侵权责任，原则上应采过错责任原则。虽然本案的一、二审法院都援用了公平责任处理该案，但对公平责任适用于本案是否合理，一直有较大争议。

(3) 举证责任不同。在一般的违约之诉中，权利人只要举证证明对方有不履行合同义务或履行义务不符合约定的违约行为即可，无需证明对方是否有过错。而在侵权责任中除特殊侵权外需由受害人就加害人的过错举证。就本案而言，原告若主张被告违约，只需证明对方有违约行为；若主张被告侵权，则除要证明其有侵权行为外，还需证明被告主观上有过错。

(4) 免责事由不同。在违约责任中，除法律规定的不可抗力等免责事由外，当事人还可以对免责事由事先约定。但侵权责任的免责事由只能由法律规定。而从法定的免责事由角度来看，侵权责任免责事由的范围总体上要广于违约责任。

(5) 责任范围不同。在违约责任的损害赔偿上，法律强调应当赔偿可得利益，另外强调可预见性标准。在赔偿范围上只包括财产损失，对于精神损害原则上不予赔偿。而侵权责任如果造成受害人人身和精神损害的，则包括精神损害赔偿。对于本案，原告如提起违约之诉，则不能要求赔偿精神损害。

此外，二者在诉讼时效、法院管辖等方面也存在一定区别。

综上，违约责任与侵权责任在法律上存在很大的差异，对两类责任的不同选择将直接关系到诉讼的成败及当事人的切身利益。那么，当发生责任竞合时，应如何处理？对此，《合同法》第122条规定："因当事人一方的违约行为，侵害对方人身、财产权益的，受损害方有权选择依照本法要求承担违约责任或者依照其他法律要求承担侵权责任。"这就是说，在二者发生竞合时，受损害方有选择权。

对于本案，在发生了责任竞合时，依《合同法》的规定，原告可以在对比了利害关系之后，于提起违约之诉与提起侵权之诉间做出选择。但直到二审，本案当事人也并未做出明确选择。这就向我们提出了一个问题。在实际生活中，普通老百姓对责任竞合这类专业问题知之甚少，老百姓通常是既不知道自己有选择权，也不知道如何选择，然而，如何选择将直接影响当事人能否胜诉，获赔多少。那么，当当事人未做出选择，或选择了明显对己不利的请求权时，法官应如何处理。对此，有人主张，法官应本着民法精神和社会的公平正义，尽可能地行使"释明权"来帮助较弱的一方当事人选择[1]。即要求法官在承办此类案件时，要充分对当事人予以释明，以便更充分地保护当事人的利益。本案二审法院便采取了这种做法，正如其所称"法院只能在全面审理后按照有利于权利人的原则酌情处理"。但需要指出的是，法官应注意释明的程度，应尽量避免直接替当事人做出选择，否则会使自己客观上站到了原告一边，不利于公正裁决，也与其中立的角色不符[2]。

（二）五月花公司应否承担违约责任

如前所述，本案涉及责任竞合问题。对于五月花公司是否应承担侵权责任，因篇幅所限，我们不做详细论述。在这里，我们主要谈谈违约责任。

依《合同法》的规定，违约责任原则上以无过错责任原则为归责原则。因此，只要被告有违约行为，又不能举证证明法定或约定的免责事由，就要承担违约责任。因而，本案中，认定五月花公司应否承担违约责任的关键便是其是否违反了合同约定的义务，而这又取决于五月花公司有何义务。

原告一家来到五月花餐厅就餐，二者之间便形成了餐饮服务合同关系。对于这一点不难理解。但是，在该合同中，被告作为经营者应当承担何种义务？其是否负有保障原告人身安全的义务？是否负有在任何情况下都要绝对保障消费者人身安全的义务？

对于餐饮服务合同，经营者负有的主给付义务是提供餐饮服务。这不同于

---

[1] 参见［日］谷口平安著，王亚新等译《程序的正义与诉讼》，第14页，中国政法大学出版社1996年版。转引自傅国云《民事责任的竞合与法律适用的选择——郑行国、李玲莲诉宁波市第二医院人身损害赔偿案的法理评析》，载《浙江省政法管理干部学院学报》2001年第4期。

[2] 参见傅国云《民事责任的竞合与法律适用的选择——郑行国、李玲莲诉宁波市第二医院人身损害赔偿案的法理评析》，载《浙江省政法管理干部学院学报》2001年第4期。

客运合同。在客运合同中,承运人负有"在约定期间或者合理期间内将旅客、货物安全运输到约定地点"[①]的义务,其中包括针对第三人侵权的安全保障义务。但这不等于说餐饮服务合同关系中的经营者不负有保障对方人身、财产安全的义务。因为依附随义务理论,合同当事人除应该全面履行合同约定的义务外,还应当遵循诚实信用原则,根据合同的性质、目的和交易习惯履行通知、协助、保密等附随义务。而本案中五月花公司作为消费与服务合同中的经营者,依诚信原则,应当负有保护消费者人身、财产不受非法侵害的附随义务。那么,这是不是说经营者在任何情况下都要绝对保障消费者的人身、财产安全呢?这需要对安全保障义务的范围与程度做出界定。

一般认为,经营者安全保障义务的程度应与其能力相适应,限制在合理的范围内。当然,这种能力并不是每个经营者的实际能力,而是基于各个行业、各种类型经营者整体与社会经济生活条件的实际情况而确定的平均能力[②]。最高人民法院2003年公布的《关于审理人身损害赔偿案件适用法律若干问题的解释》将此种义务规定为"合理限度范围内的安全保障义务"。

应指出的是,经营者基于约定而产生的对特定合同当事人的安全保障义务不同于法律规定的对一般人应承担的义务,其要求更为严格,对经营者的谨慎注意程度要求更高。但这也不应毫无边界,也应综合考虑其营业性质、预见能力等。

因而,正如本案二审法院判决书中所称:"对顾客带进餐厅的酒类产品,根据我国目前的社会环境,还没有必要,也没有条件要求经营者采取像乘坐飞机一样严格的安全检查措施。""要求服务员在开启酒盒盖时必须做出存在危险的判断,是强人所难。""五月花餐厅通过履行合理的谨慎注意义务,不可能识别伪装成酒的爆炸物,因此不存在违约行为。"

综上所述,由于本案中五月花公司已经尽到了在合理限度范围内保障原告安全的义务,其不存在违约行为,不应承担违约责任。

本案最终的处理是,法院判决由经营者基于人道原则予以相应的补偿。尽管这一判决适用法律是否准确尚存争议,但面对无辜受害的一家三口,面对加害人无力赔偿的情形,毕竟如此判决更具人性化。但法律毕竟是法律,法律一旦陷入人情的旋涡将很难保证公平与公正。诸如此类的事件还需其他相应制度的建立方能从根本上解决。这些都是值得我们思考的。

---

① 《中华人民共和国合同法》第290条。
② 参见李艳芳主编《经济法案例分析》,第215~216页,中国人民大学出版社2006年版。

三、思考·讨论·训练

1. 本案中，原告是提起侵权之诉有利，还是提起违约之诉有利？请你帮原告分析一下。

2.《消费者权益保护法》对经营者的安全保障义务有哪些规定？应如何理解这些规定？

3. 从侵权责任的角度，分析一下原告是否应承担责任？

4. 甲在某银行办理储蓄时，遭歹徒抢劫，银行保安未采取有效的制止措施。该客户可否要求银行承担责任？请分别从侵权责任与违约责任的角度予以分析。

5. 本案中，法院援引了公平原则处理该案。什么是公平原则？本案适用公平原则合适吗？

6. 我们可以通过设置哪些制度来有效地解决受害人的救济问题？谈谈你的观点。

第三章　担保法

> 法律是一切人类智慧聪明的结晶，包括一切社会思想和道德。
> ——［古希腊］柏拉图

担保法是民商法的重要组成部分，对促进资金融通和商品流通，保障债权的实现，发展社会主义市场经济具有重要的作用。担保法是规范担保关系的法律规范的总称，由《担保法》、《物权法》、《合同法》、《海商法》、《民法通则》、《票据法》、《民用航空法》等法律法规中有关担保的内容组成。其中最主要的是《担保法》及《物权法》中所规定的担保制度。

我国《担保法》自1995年10月1日起施行。新颁布的《物权法》于2007年10月1日起施行，其中担保物权部分对担保法中的内容做了大量的修正与补充，导致了《担保法》、《最高人民法院关于适用〈中华人民共和国担保法〉若干问题的解释》（以下简称《担保法解释》）与《物权法》之间的诸多冲突，由此会引发一些《担保法》与《物权法》适用上的衔接问题。对此，最高人民法院副院长万鄂湘表示，《物权法》的颁行并不意味着《担保法》的废止。《物权法》正式施行后将出现《民法通则》、《担保法》、《物权法》、《海商法》等规定中均有担保物权内容的诸法并行局面。在处理《担保法》等法律与《物权法》衔接问题时，人民法院首先应当坚持"法不溯及既往"的原则。其次应当按照立法法与物权法规定的原则和精神，根据"上位法优于下位法"、"新法优于旧法"、"特别法优于一般法"的原则解决法律适用冲突问题[①]。

担保是指以特定财产或第三人的一般财产来确保特定债权实现的法律制度[②]。在借贷、买卖、货物运输、加工承揽等经济活动中，债权人需要以担保方式保障其债权实现的，可以设定担保。

根据不同的分类标准，担保方式主要分为以下几种：

---

① 参见肖玮《最高法明确物权法与担保法冲突解决原则》，《检察日报》2007年7月6日。
② 参见刘保玉、吕文江主编《债权担保制度研究》，第17页，中国民主法制出版社2000年版。

1. 典型担保和非典型担保。根据担保制度是否是法律所明文规定的，担保分为典型担保和非典型担保。凡法律上明确规定的、规则明确的担保方式，都称为典型担保。如我国《担保法》第2条第2款规定："本法规定的担保方式为保证、抵押、质押、留置、定金。"由此可见，在我国，保证、抵押、质押、留置、定金都为典型的担保方式。而非典型担保则是指法律未明确规定但在社会交易实践中自发产生，而为判例、学说所承认的担保制度，如让与担保、抵消等。

2. 人的担保和物的担保。根据担保标的的不同，担保分为人的担保和物的担保。人的担保是以第三人的信用为担保标的担保债权人的债权，债务人不履行债务的，第三人承担连带责任。如保证人和其他连带责任人。物的担保是以债务人或者第三人的特定财产为担保标的担保债权人的债权。如抵押物、留置物、定金等担保财产。物的担保以特定物或者财产的价值作为债务履行的担保，较人的担保更为安全。

3. 约定担保和法定担保。根据担保的设定是否基于当事人的意思，担保分为约定担保和法定担保。约定担保是当事人通过订立担保合同自行设立的担保，具有自愿性。当事人完全依自己的意愿设定，是一种最常见、最主要的担保形式。如保证、抵押、质押、定金、活卖、典、当等。法定担保是依法律直接规定产生的担保，无须当事人之间约定，具有法定性。担保的条件、范围及当事人均由法律直接规定。如留置权、法定抵押权、船舶优先权等。

4. 本担保和反担保。根据担保设定的目的不同，担保分为本担保和反担保。本担保是担保人为主合同提供的担保。反担保是第三人为主合同提供担保后，反过来要求债务人向自己提供担保的担保。反担保有利于维护担保人的利益，促进担保关系的设立。

根据我国《担保法》的规定，担保主要有保证、抵押、质押、留置和定金五种方式。

一、保证制度

（一）保证的概念及特点

保证是指保证人和债权人约定，当债务人不履行债务时，保证人按照约定履行债务或者承担责任的行为[①]。保证具有从属性、相对独立性、无偿性、补

---

① 参见《中华人民共和国担保法》第6条。

充性等特点[①]。

(二) 保证合同

保证是通过保证合同而设定的。保证人与债权人可以就单个主合同分别订立保证合同,也可协议在债权最高额限度内就一定期间连续发生的借款合同或者某项商品交易合同订立一个保证合同。保证合同的形式和内容,应当符合法律规定的要求。

保证合同应当采用书面形式,包括以下内容:

(1) 被保证的主债权种类及数额。

(2) 债务人履行债务的期限。

(3) 保证的方式。当事人可以选择的担保方式,可以是一般保证,也可以是连带责任保证。

(4) 保证担保的范围。包括主债务及利息、违约金、损害赔偿金和实现债权的费用。

(5) 保证期间。保证期间是保证人承担保证责任的期间。分为约定保证期间和法定保证期间。约定保证期间是当事人在保证合同中约定的保证人承担保证责任的期限。法定保证期间是依法推定保证人承担保证责任的时间界限,为主债务履行期限届满之日起6个月。保证期间有约定的,从约定;没有约定的,执行法定保证期间。

(6) 双方认为需要约定的其他事项。

(三) 保证人资格

在保证合同中,合同的主体为债权人与保证人。保证人应当具备担任保证人的民事行为能力及代偿能力,下列民事主体不得为保证人:无民事行为能力人、未经国务院批准的国家机关,学校、幼儿园、医院等以公益为目的的事业单位、社会团体,企业法人的分支机构、职能部门。

(四) 保证的效力

保证成立后,在保证人与债权人之间发生保证之债的关系,债权人和保证人均享有一定的权利。债权人的权利是在主债务人不履行债务时,可以请求保证人履行保证债务。

保证人的权利主要包括以下三方面:

(1) 保证人求偿权。是指保证人享有在履行保证债务后向主债务人请求偿还的权利。

---

① 参见郭明瑞、房绍坤、张平华编著《担保法》,第102页,中国人民大学出版社2006年版。

（2）保证人代位权。是指保证人代债务人清偿债务后，取代债权人的地位对债务人享有债权。

（3）保证人的免责请求权。是指保证人在出现法定事由时，可以请求主债务人免除其保证责任的权利。

（五）保证责任的免除和消灭

依据《担保法》第30、23、24、28、26条规定，出现下列情形时，保证人的保证责任免除和消灭：

（1）主合同当事人双方恶意串通，骗取保证人提供保证的；主合同的债权人采取欺诈、胁迫等手段使保证人在违背真实意思的情况下提供保证的，保证人不承担保证责任。

（2）保证期间，债权人许可债务人转让债务的，应当取得保证人书面同意，保证人对未经其同意转让的债务，不再承担保证责任。

（3）债权人与债务人协议变更主合同，应当取得保证人书面同意，未经保证人书面同意的，保证人不再承担保证责任。除非当事人有相反的约定。

（4）在同一债权既有保证又有物的担保的情况下，债权人如果放弃物的担保，保证人在债权人放弃权利的范围内免除保证责任。

（5）保证期间，债权人未对保证人提出请求的，保证期间届满，保证人不再承担责任。

二、抵押制度

（一）抵押权的概念

抵押权是指为担保债务的履行，债务人或者第三人不转移财产的占有，将该财产抵押给债权人，在债务人不履行到期债务或者发生当事人约定的实现抵押权的情形时，债权人享有以抵押财产折价或拍卖、变卖价款优先受偿的权利。享有抵押权的人称为抵押权人，将财产抵押的债务人或者第三人称为抵押人，抵押的财产为抵押物。

（二）抵押合同

抵押权主要是通过抵押合同的设定而取得。抵押人和抵押权人应当以书面形式订立抵押合同。合同主要条款一般包括以下内容：

（1）被担保债权的种类和数额。

（2）债务人履行债务的期限。

（3）抵押财产的名称、数量、质量、状况、所在地、所有权归属或者使用权归属。

（4）担保的范围[1]。

（三）抵押物的范围

依据我国《物权法》第 180 条规定，债务人或第三人有权处分的下列财产可以抵押：

（1）建筑物和其他土地附着物。
（2）建设用地使用权。
（3）以招标、拍卖、公开协商等方式取得的荒地等土地承包经营权。
（4）生产设备、原材料、半成品、产品。
（5）正在建造的建筑物、船舶、航空器。
（6）交通运输工具。
（7）法律、行政法规未禁止抵押的其他财产。

抵押人可以将前款所列财产一并抵押。

（四）禁止抵押的财产范围

依据我国《物权法》第 184 条规定，下列财产不得抵押：

（1）土地所有权。
（2）耕地、宅基地、自留地、自留山等集体所有的土地使用权，但法律规定可以抵押的除外。
（3）学校、幼儿园、医院等以公益为目的的事业单位、社会团体的教育设施、医疗卫生设施和其他社会公益设施。
（4）所有权、使用权不明或者有争议的财产。
（5）依法被查封、扣押、监管的财产。
（6）法律、行政法规规定不得抵押的其他财产。

（五）抵押物的登记

抵押权以登记为公示方法，办理抵押登记的机关依抵押物的不同而不同。以《物权法》第 180 条第 1 款第 1 项至第 3 项规定的财产或者第 5 项规定的正在建造的建筑物抵押的，应当办理抵押登记。抵押权自登记时成立。以《物权法》第 180 条第 1 款第 4、6 项规定的财产或者第 5 项规定的正在建造的船舶、航空器抵押的，抵押权自抵押合同生效时设立；未经登记，不得对抗善意第三人[2]。

---

[1] 参见《中华人民共和国物权法》第 185 条。
[2] 参见《中华人民共和国物权法》第 187、188 条。

（六）抵押权的效力

抵押权成立后，抵押人对抵押物享有如下权利：抵押物的处分权、抵押物的设定担保权、抵押物的出租权、抵押物上用益物权的设定权、抵押物的占有权。抵押权人享有抵押权的保全权、抵押物的处分权及优先受偿权[①]。

（七）最高额抵押

最高额抵押是指为担保债务的履行，债务人或者第三人对一定期间内将要连续发生的债权提供担保财产的，债务人不履行到期债务或者发生当事人约定的实现抵押权的情形，抵押权人有权在最高债权额限度内就该担保财产优先受偿[②]。

三、质押制度

（一）质权的概念

质权是指债务人或者第三人将其动产或财产权利证书交付债权人占有，以此作为债权的担保，债务人不履行到期债务或者发生当事人约定的实现质权的情形时，债权人有权将担保之物变价，并优先受偿的权利。债务人或者第三人为出质人，债权人为质权人，交付的动产为质押财产。

质权的标的可以为物，也可以为权利。依据我国《物权法》的规定，质权有两种形式，即动产质权和权利质权。

质权与质押是两个不同的概念：质押是指设定质权的法律行为，质权是指质权人的权利；质押是质权产生的原因，质权是质押引起的法律后果。

（二）动产质权

动产质权是指债务人或者第三人将其动产移交债权人占有，当债务人不履行债务时或者当事人约定的实现质权的情形出现时，债权人享有就质押给债权人的动产折价或者以拍卖、变卖该动产的价款优先受偿的权利。动产质押的标的物须是可让与且法律不禁止流通的特定的动产。质权自出质人交付质押财产时设立。

依据《物权法》第210条规定，设立动产质权，当事人应当采取书面形式订立质权合同。质权合同一般包括下列条款：

（1）被担保债权的种类和数额。

（2）债务人履行债务的期限。

[①] 参见郭明瑞、房绍坤、张平华编著《担保法》，第158页，中国人民大学出版社2006年版。

[②] 参见《中华人民共和国物权法》第203条。

(3) 质押财产的名称、数量、质量、状况。
(4) 担保的范围。
(5) 质押财产交付的时间。

(三) 权利质权

权利质权是以出质人提供的财产权利为标的而设定的质权。

根据《物权法》第 223~228 条规定，权利质权主要包括以下几种：

(1) 以汇票等有权利凭证的债权为标的的质权。如以汇票、支票、本票、债券、存款单、仓单、提单出质的，出质人与质权人应订立质权合同，质权自出质人将权利凭证交付质权人时设立。没有权利凭证的，质权自有关部门办理出质登记时设立。

(2) 以可以转让的基金份额、股权为标的的质权。以基金份额、证券登记结算机构登记的股权出质的，质权自证券登记结算机构办理出质登记时设立；以其他股权出质的，质权自工商行政管理部门办理出质登记时设立。

(3) 以知识产权为标的的质权。以注册商标专用权、专利权、著作权等知识产权中的财产权出质的，出质人与质权人应当订立书面合同，并向有关主管部门办理出质登记。质权自登记时设立。

(4) 以应收账款为标的的质权。以应收账款出质的，当事人应当订立书面合同。质权自信贷征信机构办理出质登记时设立。

(5) 依法可以质押的其他财产权利。

四、留置制度

(一) 留置权的概念及特征

留置权是指债权人依约定占有债务人的动产，当债务人不履行债务时，债权人享有留置该财产并可以就该财产折价或者以拍卖、变卖该财产的价款优先受偿的权利。享有留置权的人，称为留置权人。留置的动产，称为留置物。

留置权具有以下特征：

(1) 留置权是法定的担保物权。留置权的成立无须当事人特别约定，只要法律规定的情形出现，就可以成立留置权。

(2) 留置权以债权人实际占有债务人的动产为前提条件。债权人依据合同约定占有对方的动产，在对方不履行合同时，有权留置该动产并就留置物变价优先受偿。债权人占有的动产，应当与债权属于同一法律关系，但企业之间留置的除外。

（二）留置权成立的条件

（1）债权人合法占有债务人的财产。
（2）债权人的债权与债务人的债务之间有关联（企业之间的留置除外）。
（3）债权已届清偿期。
（4）留置物是合法的、留置行为符合法律规定的程序。

（三）留置权实现的条件

（1）留置权人存在留置权。
（2）留置权人须给予债务人履行债务的宽限期。
（3）债务人在宽限期内仍未履行债务，也未另行提供担保。
（4）留置权的实现方式包括折价、拍卖、变卖。

（四）留置权消灭的原因

（1）因留置权人对留置财产丧失占有而消灭。
（2）因债务人另行提供担保并被留置权人接受的。

五、定金制度

（一）定金的概念及特征

定金是当事人一方在约定的应当支付款项内，先行支付对方一定数量的货币，以担保合同的订立、成立、生效及履行。

定金具有以下几个特征：

（1）定金具有预先支付性。定金是合同中负有支付货币义务的一方向对方提供的，带有先行预付的特点。
（2）定金具有实践性。定金虽是当事人在定金合同中约定的，但仅有设立定金的合意并没有实际支付定金，定金担保不能成立。
（3）定金具有从属性。定金的有效以主合同的有效成立为前提，主合同无效，定金条款也无效，除非担保合同另有约定。
（4）定金具有双重担保性。对合同的双方当事人均产生对等的履约担保作用。

（二）定金的种类

1. 立约定金。立约定金，又称犹豫定金，是为保证正式签订合同而设立的定金。它的效力是交付定金的一方若拒绝立约，则不能取回定金；接受定金的一方若拒绝立约，则应加倍偿还定金。

2. 成约定金。成约定金是为主合同成立而付收的定金，只有支付定金，合同才能成立。我国《担保法解释》采取了比较宽松的规定：在主合同已经履行或者已经履行主要部分的情况下，即使给付定金的一方尚未交付定金，主合同仍然成立或者生效。

3. 证约定金。证约定金是为证明主合同成立而交付的定金。此类定金，在我国法律上并没有明文规定，但在实践中，人们普遍认为定金的支付标志着合同的存在，有证明合同成立的作用。

4. 解约定金。解约定金是指当事人为取得主合同的单方解除权而支付的定金。在我国《担保法解释》中明确承认了这类定金，定金支付后，交付定金的一方可以按照合同的约定以失去定金作为代价而解除主合同，收受定金的一方可以双倍返还定金作为代价而解除主合同。

5. 违约定金。违约定金又称普通定金，是一般意义的定金。我国《担保法》对此有明确的规定：给付定金的一方不履行约定的债务，无权要求返还定金；收受定金的一方不履行约定的债务的，应当双倍返还定金。

（三）定金合同

定金合同是当事人双方约定定金条款的合同。定金合同应当以书面形式订立。定金合同一般包括以下内容：

1. 定金的交付期限。
2. 定金数额。定金数额可以由当事人自行约定，实践中一般在总金额10%～20%之间。我国《担保法》对定金的数额做了专门的限制规定：定金不得超过主合同标的金额的20%。
3. 定金的担保性质。
4. 定金类型。

定金合同从定金实际交付之日起生效。当事人应当在定金合同约定的期限内交付定金，定金交付后，定金的所有权即发生转移。

案例 3-1 谁都可以做担保人吗？
——保证人的资格条件

一、案例介绍

2005年12月，四川省泸县人民法院审结了一起借款合同纠纷案件，该案中的担保人泸县卫生局因不具备担保资格而为借款人熊某做担保被判承担连带责任，赔偿债务人不能清偿债务部分的二分之一。

泸县卫生局职工熊某因购房所需，于2001年与中国农业银行泸县支行签订了一份抵押借款合同，由其所在的机关做担保人，借款5万元，并于同年在泸县房监所办理了抵押登记，后熊某共偿还借款15205元。同年6月，熊某又将该房转卖与第三人杨某，未办过户手续。2002年，熊某病故。

熊某病故后，因借款未还清，中国农业银行泸县支行将熊某的妻子陈某和儿子以及泸县卫生局告上法庭，要求三被告还款（房屋于夫妻关系存续期间购买，购房时熊某之子不具有完全民事行为能力）。

审理中，担保人泸县卫生局主张其为国家机关，不具有担保资格，其担保行为无效，不应担责。

法院认为，根据《中华人民共和国担保法》第8条："国家机关不得为保证人，但经国务院批准为使用外国政府或者国际经济组织贷款进行转贷的除外"以及《最高人民法院关于适用〈中华人民共和国担保法〉若干问题的解释》第3条"国家机关和以公益为目的的事业单位、社会团体违反法律规定提供担保的，担保合同无效"的规定，被告泸县卫生局的确不具有担保资格，因此，熊某与原告中国农业银行泸县支行签订的抵押借款合同中涉及其担保的内容无效。

但是，泸县卫生局明知自己不具有担保人资格而为熊某做担保，存在主观过错。根据《中华人民共和国担保法》第5条第2款"担保合同被确认无效后，债务人、担保人、债权人有过错的，应当根据其过错各承担相应的民事责任"，以及《最高人民法院关于适用〈中华人民共和国担保法〉若干问题的解释》第7条"主合同有效而担保合同无效，债权人无过错的，担保人与债务人对主合同债权人的经济损失，承担赔偿责任；债权人、担保人有过错的，担保人承担民事责任的部分，不应超过债务人不能清偿部分的二分之一"的规定，法院判决由熊某之妻陈某承担还款责任，逾期未清偿则直接变卖抵押物，所得价款用于偿还借款。如不能清偿，则由被告泸县卫生局赔偿不能清偿部分的二分之一。

（资料来源：易亚萍、曾万军：《卫生局为职工购房贷款担保无效 责不可免》，载中国法院网：http://www.chinacourt.org）

二、案例分析

本案中，涉及三个问题：首先是判断泸县卫生局为职工购房贷款所做的担保是否有效？其次是在保证合同无效的情况下，泸县卫生局是否要承担责任？最后，在本案中，同一债权既有人的担保，又有物的担保，那么债权如何实现？

（一）泸县卫生局为职工购房贷款所做的担保是否有效？

我国《担保法》第8条规定："国家机关不得为保证人，但经国务院批准为使用外国政府或者国际经济组织贷款进行转贷的除外。"那么，为什么国家机关不可以做保证人？

1. 国家机关不具有担任保证人的权利能力或行为能力。国家机关的主要职责是依法行使职权，进行日常的公务活动，其运作效率关乎国家利益与公共利益。因此，不能直接参与经济活动并为他人的债务做保证。

2. 国家机关不具备代偿能力。因为国家机关的财产和经费都是国家财政划拨的，主要用于维持国家机关的公务活动和日常开支。如果允许国家机关为他人的债务做保证，在债务人不履行债务时，国家机关就要承担责任，用国家机关的行政经费来清偿债务，这样势必会影响国家机关正常公务的进行。

因此，除经国务院批准为使用外国政府或者国际经济组织贷款进行转贷的外，国家机关不能担任保证人。本案中，泸县卫生局是国家机关，当然不具有保证人资格，其担任保证人，直接违反了法律强制性规定，保证合同无效。

（二）在保证合同无效的情况下，泸县卫生局是否要承担责任？

在保证合同无效的情况下，泸县卫生局仍然要承担民事责任。因为根据《担保法》第5条第2款"担保合同被确认无效后，债务人、担保人、债权人有过错的，应当根据其过错各自承担相应的民事责任"，以及《担保法解释》第7条"主合同有效而担保合同无效，债权人无过错的，担保人与债务人对主合同债权人的经济损失，承担赔偿责任；债权人、担保人有过错的，担保人承担民事责任的部分，不应超过债务人不能清偿部分的二分之一"的规定，泸县卫生局对自己不具有担保人资格是一种明知状态，存在主观过错，理应承担相应的民事责任。责任的大小按相应的司法解释，即不应超过债务人不能清偿部分的1/2。

（三）本案中，同一债权既有人的担保，又有物的担保，那么债权如何实现？

本案中，熊某与中国农业银行泸县支行签订的借款合同，既以所购房屋做了抵押，又以泸县卫生局作为保证人。那么，同一债权既有人的担保，又有物的担保，债权如何实现？

《担保法》第28条规定："同一债权既有保证又有物的担保的，保证人对物的担保以外的债权承担保证责任。债权人放弃物的担保的，保证人在债权人放弃权利的范围内免除保证责任。"也就是说，在物保、人保并存的情况下，物保优先于人保受偿，保证人仅在债权人行使担保物权后仍不能受偿的债权余额部分承担保证责任。本案中，法院据此条规定，做出的"由熊某之妻陈某承担还款责任，逾期未清偿则直接变卖抵押物，所得价款用于偿还借款，如不足以清偿全部借款，则由被告泸县卫生局赔偿不能清偿部分的1/2"的判决是正确的。

新颁布的《物权法》对有关人保、物保并存时的清偿顺序问题做出了简明而科学的规定。《物权法》第176条规定："被担保的债权既有物的担保又有人的担保的，债务人不履行到期债务或者发生当事人约定的实现担保物权的情形，债权人应当按照约定实现债权；没有约定或者约定不明确，债务人自己提供物的担保的，债权人应当先就该物的担保实现债权；第三人提供物的担保的，债权人可以就物的担保实现债权，也可以要求保证人承担保证责任。提供担保的第三人承担担保责任后，有权向债务人追偿。"

由此可见，当事人有约定的，按约定顺位清偿。当事人没有约定的，如担保物由债务人提供，物保优先于人保清偿。这是因为，如果债权人先行使人的担保，保证人在履行保证责任后，还需要向债务人进行追偿。如果担保权人先行使物的担保，则可以避免保证人日后再向债务人行使追偿权的繁琐，减少实现债权的成本和费用。而且，在债务人自己提供物的担保的情况下，要求保证人先承担保证责任，对保证人也是不公平的[①]。如担保物由第三人提供，物保和人保处于同一清偿顺位，由债权人选择清偿顺位。这是因为，物的担保人和保证人均为债务人之外的第三人，都不是最终的清偿义务人，他们只是为债权人的利益提供双重保证，所以地位是相同的，债权如何实现应由债权人自由选择。债权人可以选择对自身最为有利的方式行使债权。《物权法》这种细致的规定，将给法律的适用带来较大改变[②]。就本案而言，因抵押财产系由债务人提供，在《物权法》生效后也应做相同的处理。

三、思考·讨论·训练

1. 熊某与中国农业银行泸县支行签订的抵押借款合同是否有效？为什么？
2. 熊某与中国农业银行泸县支行签订了抵押借款合同并在泸县房监所办理了抵押登记，那么，什么是抵押物登记？抵押物登记有何效力？应当办理而尚未办理抵押登记的抵押担保效力如何认定？抵押物登记机关如何确定？抵押物登记的程序是怎样的？如何理解未经登记不得对抗第三人？

[①] 参见姚红主编《中华人民共和国物权法精解》，第311页，人民出版社2007年版。
[②] 参见杨明刚主编《担保物权适用解说与典型案例评析》，第41页，法律出版社2007年版。

3. 熊某以所购房屋作为抵押物，那么以房地产设定抵押时应当注意哪些问题？

4. 泸县卫生局系国家机关，为什么不可以做保证人？哪些人可以作为保证人？什么是保证人的代为清偿债务能力？

5. 同一债权既有人保又有物保，债权如何实现？担保人承担担保责任后，是否有权向债务人追偿？

案例 3-2　谁来承担保证责任？
——保证方式

一、案例介绍

乙系一个独资企业（新新玩具厂）业主，其企业生产"乐乐"牌玩具熊。2002年3月8日，乙因扩大生产规模缺乏资金向甲银行申请贷款人民币100万元。甲银行经审查同意贷款，贷款期限为1年，但要求乙为这笔贷款提供担保。乙将本企业的"乐乐"商标专用权（经权威机构评估价值人民币40万元）质押给甲银行，3月11日双方签订了质押合同并到工商行政管理机关办理了质押登记。由于还有60万元的借款需要担保，于是，乙又请了他的朋友丙、丁和戊为这剩余的60万元提供保证，但当时保证人之间没有约定各自的保证份额。

2002年5月，金山玩具公司向商标评审委员会申请撤销乙的"乐乐"注册商标。商标评审委员会裁定申请成立，撤销了乙的注册商标。乙不服撤销裁定，向法院起诉，法院驳回起诉维持裁定。此后，乙的企业效益日益下滑，到2003年2月10日，新新玩具厂被宣告破产。贷款到期后，甲银行见乙已无还款能力，于是要求丙、丁、戊还款，三人拒绝还款。2003年5月18日，甲银行向法院起诉丙，要求其承担还款义务。对此案法院应如何处理？丙是否要承担还款责任？

（案例来源：张能宝主编：《2007年国家司法考试应试指导案例分析专题例题》，第274页，法律出版社2006年版）

二、案例分析

本案涉及《担保法》及《个人独资企业法》的有关法律问题，但因《个人独资企业法》不是本章的内容，所以，本案例分析仅从《担保法》角度加以评析。本案有四个关键的问题：首先是确定甲乙之间订立的质押合同是否成立？其次是确定丙、丁、戊是否应承担保证责任？如承担，应承担何种保证责任？再次是担保人承担保证责任后，是否有权向债务人追偿？最后是在人保与物保并存的情况下，如果物的担保合同被确认无效或者被撤销，保证人应如何承担责任？另外，本案中还涉及人保与物保并存时的债务清偿顺序问题，前文已做详细阐述，在此不再赘言。

（一）甲乙之间订立的质押合同是否成立？

《担保法》第79条规定："以依法可以转让的商标专用权，专利权、著作权中的财产权出质的，出质人与质权人应当订立书面合同，并向其管理部门办理出质登记。质押合同自登记之日起生效。"

本案中，甲乙双方签订了以商标专用权为标的的质押合同，并且在工商管理部门办理了质押登记，质押合同符合法律规定，成立且有效。

《物权法》第227条规定："以注册商标专用权、专利权、著作权等知识产权中的财产权出质的，当事人应当订立书面合同。质权自有关主管部门办理出质登记时设立。"由此可知，《物权法》的规定与《担保法》大体一致，本案中的质押合同依《物权法》仍然是有效的。

（二）丙、丁、戊是否应承担保证责任？如承担，应承担何种保证责任？

丙、丁、戊三人为乙剩余的60万元所提供的保证为人的担保。虽然当时保证人之间没有约定各自的保证份额，但仍应承担相应的保证责任。

保证责任分为两种：一般保证责任和连带保证责任。

一般保证责任是指保证人仅在债务人不能履行债务时才承担补充保证责任的保证。《担保法》第17条第1、2款规定："当事人在保证合同中约定，债务人不能履行债务时，由保证人承担保证责任的，为一般保证。一般保证的保证人在主合同纠纷未经审判或者仲裁，并就债务人财产依法强制执行仍不能履行债务前，对债权人可以拒绝承担保证责任。"由此可见，在一般保证中，保证人享有先诉抗辩权，仅在主债务人不足以完全清偿债权时，才承担保证责任。

连带保证责任是指债务人在债务履行期满仍未履行债务时，债权人既可以要求债务人履行债务，也可以要求保证人在其保证范围内承担保证责任的保证。《担保法》第18条规定："当事人在保证合同中约定保证人与债务人对债务承担连带责任的，为连带责任保证。连带责任保证的债务人在主合同规定的债务履行期届满没有履行债务的，债权人可以要求债务人履行债务，也可以要求保证人在其保证范围内承担保证责任。"也就是说，在连带保证责任中，保证人的责任要重于一般保证。不论债务人能否履行债务，只要债务未履行就有义务承担保证责任。

根据《担保法》第 19 条规定："当事人对保证方式没有约定或者约定不明确的，按照连带责任保证承担保证责任。"

本案中，丙、丁、戊三人在为乙提供保证时对保证方式没有约定，所以，三人应承担连带保证责任。甲银行作为债权人，可以依据借款合同请求乙偿还全部借款，也可以依据保证合同要求保证人丙、丁、戊承担 60 万元的保证责任。

（三）甲银行是否可以仅起诉丙，要求其承担全部 60 万元的保证责任？丙承担全部保证责任后，是否有权追偿？

《担保法》第 12 条规定："同一债务有两个以上保证人的，保证人应当按照保证合同约定的保证份额，承担保证责任。没有约定保证份额的，保证人承担连带责任，债权人可以要求任何一个保证人承担全部保证责任，保证人都负有担保全部债权实现的义务。"

本案中，保证合同中没有约定保证份额，所以，丙、丁、戊应承担连带责任。甲银行可以选择丙、丁、戊中的任何一个人要求其承担全部还款义务。因此，本案中，甲银行向法院起诉，要求丙承担还款义务，丙就应该承担全部 60 万元的还款责任。

《担保法》第 12 条规定："已经承担保证责任的保证人，有权向债务人追偿，或者要求承担连带责任的其他保证人清偿其应当承担的份额。"同时，《担保法解释》第 20 条第 2 款规定："连带共同保证的保证人承担保证责任后，向债务人不能追偿的部分，由各连带保证人按其内部约定的比例分担。没有约定的，平均分担。"

本案中，在丙偿还银行 60 万元以后，即享有了向债务人或其他连带责任保证人追偿的权利。丙既可以向债务人乙追偿，也可以要求丁和戊承担他们应当承担的份额。

（四）在商标被撤销后，丙、丁、戊又应当承担多少保证份额？

《担保法解释》第 38 条规定，同一债权既有保证人又有物的担保的，物的担保合同被确认无效或者被撤销，或者担保物因不可抗力的原因灭失而没有代位物的，保证人仍应当按合同的约定或者法律的规定承担保证责任。

结合本案来看，当事人之间对保证担保的范围和物的担保的范围有明确的约定，甲银行与债务人乙之间成立的质押合同已确定了质权担保 40 万元的债务，其后成立的保证关系是为剩余的 60 万元提供保证。所以，在商标被撤销后，丙、丁、戊应当承担的保证份额仍是 60 万元。

三、思考·讨论·训练

1. 甲乙之间订立的质押合同是否成立？为什么？
2. 丙、丁、戊应承担何种保证责任？丙、丁、戊能否主张自己享有先诉抗辩权？为什么？
3. 乙的商标权被撤销前，丙、丁、戊应当承担多少保证份额？乙的商标权被撤销后，丙、丁、戊又应当承担多少保证份额？
4. 贷款到期后，乙无还款能力，甲银行应如何收回贷款？
5. 在丙偿还银行 60 万元以后，他可以取得哪些权利？
6. 《物权法》中，有关质权的内容与《担保法》有无不同？如有不同，如何适用？

案例 3-3　替人担保就得担责
——抵押权行使期间

一、案例介绍

2000 年 4 月 8 日，某工商银行与某服装厂、某招待所签订抵押担保借款合同一份，约定：由工商银行向服装厂贷款 300 万元，期限自合同签订之日起至 2001 年 4 月 1 日止；招待所以其自有房屋做抵押担保，抵押期间为借款到期后 1 年。后工商银行依约放贷并办妥抵押登记手续，登记机关在房屋他项产权证上设定抵押期限为贷款到期后 1 年。贷款到期后，借款人服装厂无力还本付息，抵押人招待所不愿承担抵押担保责任。

无奈之下，工商银行于 2004 年 5 月 5 日向某市中级人民法院提起诉讼，请求判令服装厂偿还借款 300 万元及利息；依法对招待所的抵押物享有优先受偿权。服装厂对工商银行的诉讼请求没有异议。招待所辩称：在抵押合同中明确约定了抵押期限，且登记机关也设置了抵押期限，均为一年，现工商银行起诉已超过了抵押期限，因此招待所不能承担担保责任。

一审法院审理后认为，某工商银行与某服装厂、某招待所所签订的抵押担保借款合同为有效合同，其约定的和登记机关设置的抵押期间 1 年，没有法律约束力。根据《合同法》第 207 条、《担保法》第 41 条、第 42 条、《担保法解释》第 12 条的规定，判决："一、由服装厂偿还某工商银行借款 300 万元的本息；二、某工商银行对招待所所抵押的房屋享有优先受偿权。诉讼费25010元，由被告某服装厂负担。"

（资料来源：王树茂：《担保物权期间纠纷的风险防范》，中外民商裁判网：http://www.cfcjbj.com.cn）

二、案例分析

本案主要涉及抵押权行使期间的性质及当事人约定的抵押权存续期间是否有效两个问题。关于这两个问题，我国立法、学界一直存在较大的争议，在此只做一简要论述。

（一）抵押权行使期间的性质如何认定？

《担保法解释》第12条第2款规定："担保物权所担保的债权的诉讼时效结束后，担保权人在诉讼时效结束后的二年内行使担保物权的，人民法院应当予以支持。"也就是说，担保物权人自物权担保的债权诉讼时效完成后，再经过"二年"仍未行使担保物权的，人民法院不予保护。此"二年"是法定期间，性质上为除斥期间。

（二）当事人约定的抵押权存续期间是否有效？

《担保法解释》第12条第1款规定："当事人约定的或者登记部门要求登记的担保期间，对担保物权的存续不具有法律约束力。"依据该解释，我国法律上不允许当事人约定抵押权的存续期间。换言之，当事人约定或登记部门要求登记的担保期间没有法律效力。

结合本案，据上述两点，本案中一审法院的判决完全正确。由于债权人（抵押权人）工商银行对抵押人招待所的诉讼请求并未超过《担保法解释》所规定的抵押权行使期间，即主债权诉讼时效结束后再加上两年，工商银行要求对招待所抵押的房屋行使抵押权应得到支持。

（三）《物权法》颁布后，对以上问题有了不同的规定

《物权法》并没有沿袭《担保法解释》的模式，而是将抵押权的行使期间确定为诉讼时效，并且其诉讼时效期间与主债权的诉讼时效期间相同。《物权法》第202条规定："抵押权人应当在主债权诉讼时效期间行使抵押权；未行使的，人民法院不予保护。"《物权法》之所以这样规定，主要是考虑随着市场经济的快速运转，如果允许抵押权一直存续，可能会使抵押权人怠于行使抵押权，不利于发挥抵押财产的经济效用，制约经济的发展。因此，规定抵押权的存续期间，能够促使抵押权人积极行使权利，促进经济的发展。由于抵押权是主债权的从权利，因此，一些国家和我国台湾地区民法将抵押权的存续期间

与主债权的消灭时效或者诉讼时效挂钩的做法，值得借鉴①。

《物权法》没有对当事人能否约定抵押权的存续期间做出明确规定，但从将抵押权行使期间定性为诉讼时效而言，因我国法律不允许当事人约定增加或减少诉讼时效期间，故应认为在《物权法》及现行法律规定的框架下，抵押期间不能由当事人约定。

基于以上分析，如果本案发生在《物权法》颁布实施后，本案将会有不同的判决结果。

三、思考·讨论·训练

1. 某工商银行与某服装厂、某招待所所签订的抵押担保借款合同是否有效？为什么？

2. 如果本案发生在《物权法》颁布实施后，法院会有怎样的判决？本案中的某工商银行应如何行使抵押权，以避免损失的发生？

3. 什么是除斥期间？除斥期间与诉讼时效有哪些区别？将抵押权的行使期间确定为诉讼时效，有哪些合理性？

4. 《物权法》中有关质押期间、留置期间的规定与《担保法》有什么不同？

5. 抵押权的实现应具备哪些条件？

案例3-4 18头小牛的归属
——质物孳息的收取

一、案例介绍

天马畜牧养殖有限公司（以下简称"天马公司"）因进口成套饲料加工机械缺乏资金，即向建设银行某市支行（以下简称"某建设银行"）申请贷款人民币50万元。该银行同意为天马公司提供贷款，但要求该公司先提供担保，否则不予放贷。该公司即将其所有的20头乳牛出质给银行。由于银行没有饲养条件，即委托另一家农场代为饲养。双方签订了质押贷款协议，协议中约定：某建设银行向天马公司提供贷款人民币50万元，期限为1年；天马公司以20头乳牛作为质押担保，其中8头乳牛即将生产。质押合同生效后，建设

---

① 参见姚红主编《中华人民共和国物权法精解》，第352页，人民出版社2007年版。

银行即将20头乳牛委托给另一家农场代为饲养。在饲养期间，8头乳牛均已产仔，其他12头乳牛中也有10头怀上了小牛，并在债务履行期前先后生产。农场为接生小牛共花费人民币5000元，全部饲养费用为人民币2万元。此时，天马公司要求银行返还18头小牛，银行不同意，双方为此发生争执，天马公司遂向人民法院起诉，要求取得质物所生孳息的所有权。

（案例来源：张俊岩编著：《担保法典型案例》，第210～211页，中国人民大学出版社2003年版）

二、案例分析

本案主要涉及质权人的孳息收取权。那么，在质权存续期间，对质物所生孳息的收取权属于哪一方当事人呢？是出质人还是质权人？

（一）孳息的概念、分类

孳息是指由原物或者权利所产生的收益。孳息包括天然孳息和法定孳息两种。天然孳息是指依据自然规律产生的收益，比如，果树上结的果实、牲畜产的幼畜等。法定孳息是根据法律规定而由原物产生的收益，如利息、出租房屋产生的租金等。

（二）《担保法》中有关质权人孳息收取权的规定

在担保合同中，孳息的收取是一个现实的问题。对质押合同而言，由于出质人要移转质物于质权人占有，所以双方当事人对孳息的收取要做出约定。有约定，从约定。如无约定，按法定。

质物本身是质押法律关系的标的，孳息是由质物所带来的，那么，质权的效力能否及于质物的孳息，以及能否以质物的孳息优先受偿？

（1）如果当事人在质押合同中明确约定了质权人有收取孳息的权利，那么质权的效力及于孳息，质权人可以依所享有的质权对孳息优先受偿。如果当事人在合同中约定该权利属于出质人，那么，质权人无此权利。

（2）如果当事人在质押合同中对收取孳息的权利没有做出任何约定，则法律认定质权人有收取孳息的权利，并可依质权对孳息优先受偿。《担保法》第68条规定："质权人有权收取质物所生的孳息。质押合同另有约定的，按照约定。前款孳息应当先充抵收取孳息的费用。"

对于质权的实现，则因孳息标的物的不同而有所区别。如果孳息是金钱，则质权人可以直接用于清偿。如果孳息是物，则当事人可以协商以该孳息折价或者拍卖、变卖所得价款优先受偿。质权人收取孳息后，应先充抵收取孳息的费用。此费用为质权人收取孳息时所支出的合理的、必要的费用。然后充抵主债权的利息和主债权①。对此,《物权法》的规定与《担保法》的规定大致相同。

(三)《担保法》中有关抵押权人收取孳息的规定

《担保法》第47条规定:"债务履行期届满,债务人不履行债务致使抵押物被人民法院依法扣押的,自扣押之日起抵押权人有权收取由抵押物分离的天然孳息以及抵押人就抵押物可以收取的法定孳息。抵押权人未将扣押抵押物的事实通知应当清偿法定孳息的义务人的,抵押权的效力不及于该孳息。前款孳息应当先充抵收取孳息的费用。"

在抵押合同中,因在合同生效时不需要移转抵押物的占有,所以,抵押权的效力原则上并不及于抵押物的孳息。但在债务履行期满,债务人不履行债务致使抵押物被人民法院依法扣押的情况下,自扣押之日起抵押权人有权收取由抵押物分离的天然孳息和法定孳息。但是,如果抵押权人未将扣押抵押物的事实通知应当清偿法定孳息的义务人的,抵押权的效力不及于该孳息。也就是说,抵押权人有通知的义务,而在质押合同中,质权人则不存在该项义务。抵押权人收取的孳息的充抵顺序与质押相同。《物权法》的规定与《担保法》大致相同,只是增加了一个抵押权实现的条件,"发生当事人约定的实现抵押权的情形"。

(四)结合本案,天马公司不能主张收回孳息

本案中,双方当事人签订的质押贷款协议,属于动产质押合同。天马公司依照约定交付了质物给债权人(某建设银行)占有,该质押合同有效,某建设银行依法取得质权。天马公司以20头乳牛作为质押担保,其中8头乳牛即将生产,但是,在质押合同中并没有对孳息的收取权做出约定。根据《担保法》第68条的规定,在双方对收取孳息的权利没有约定的情况下,质权人有权收取质物所产生的孳息。在本案中,某建设银行作为质权人有收取孳息的权利,其所享有的质权的效力就及于这18头小牛,在债务人清偿债务以前,质权人有权拒绝出质人和债务人要求返还质物的要求。因此,天马公司不能要求某建设银行归还小牛。根据《担保法》第68条第2款的规定,作为质物孳息的18头小牛,应首先用来充抵银行与农场接生小牛所花费的费用,如果有剩余,还可以按照充抵饲养费、主债权利息及主债权的顺序加以使用。

---

① 参见张俊岩编著《担保法典型案例》,第212页,中国人民大学出版社2003年版。

三、思考·讨论·训练

1. 本案中，天马公司与某建设银行签订了质押贷款协议，那么，质权合同的成立应具备哪些条件？合同的主要内容是什么？
2. 天马公司与某建设银行签订的质押贷款协议属于动产质押合同，那么，质权是否在合同成立之时就发生效力？
3. 抵押权人的孳息收取权与质权人的孳息收取权有什么不同？二者关于孳息的使用又是如何规定的？
4. 比较《物权法》与《担保法》在孳息收取权问题上的异同点。

案例 3-5 违法拍卖，损失自负
——留置权的实现

一、案例介绍

2000 年 5 月 10 日，原告南通金鼎印染色织集团有限公司（以下简称"金鼎公司"）与被告深圳市深房保税贸易有限公司（以下简称"深房公司"）签订了一份承揽合同，由原告为被告加工 4 种规格的被套和枕套，合同价款共计 490140 元；质量按部颁标准，面料按确认样品生产，成品按定作方样品加工；交货期为定金到账后 55 天交货 50%，之后的 20 天将剩余的 50% 交清。合同签订后，被告于 5 月 19 日交付定金 74000 元。后因被告客户方面的要求，被告多次电传变更交货期。同年 10 月 17 日，被告电传原告告知：最后交货期定于 11 月中旬，此日期不会再改变。但此后经原告于 11 月 23 日、12 月 20 日两次电催，被告才于 12 月 20 日、21 日汇款购买包装、辅料和告知包装袋要求。

12 月 30 日，被告的客户才到原告处看货，并提出整改要求，要求改正后出货，但原告未签字认可。被告此后仍未到原告处验收出货。原告于 2001 年 2 月 14 日再次电催无果后，于同年 4 月 3 日向通州市人民法院提起诉讼，要求法院判令被告继续履行合同，提取货物并给付货款 416734.80 元，赔偿利息损失 28239.26 元。在被告于审理中表示不再接受定作物后，原告变更诉讼请求为要求被告赔偿损失 396689.59 元。并申请该院冻结了被告在银行的存款 43 万元。

被告深房公司答辩称：原告未能在定金到账后 55 天及之后的 20 天即 7 月 14 日、8 月 3 日分别交 50% 的货，且其加工的货物质量不合格，导致外商拒收,严重违约。请求驳回原告的诉讼请求。并反诉要求解除双方订立的承揽合同,由原告双倍返还定金14.8万元,赔偿错误冻结其银行存款的损失5万元。

金鼎公司对深房公司的反诉答辩称:第一次50%的货已于7月5日备好,并发传真告知了深房公司,但深房公司在7月15日前从未派员来验货。后经多次催提也未果。请求驳回深房公司的反诉请求。

法院在审理过程中,对定做物是否存在质量问题,委托南通市纺织产品质量监督检测所对本案标的物缝制质量、规格尺寸、包装唛头进行了检验,结果为该批产品所检项目符合国家标准规定的一等品技术要求。该检验报告经庭审质证后,金鼎公司于2001年9月20日电告深房公司其将于次日拍卖定作物,深房公司于次日回电予以反对,并电告通州市人民法院要求制止。但金鼎公司仍按期委托通州拍卖行对其加工的全部被套、枕套进行了拍卖,得款48000元。扣除其支付的公告费1700元、拍卖佣金2400元,实得43900元。

通州市人民法院经审理认为,原、被告双方签订的承揽合同系双方真实意思表示,合法有效,双方应共同遵守。造成金鼎公司迟延交货的原因,是深房公司未能及时确认面料和提供辅料的违约所致。金鼎公司加工生产的产品经质检部门检验达到了合同约定的要求,且深房公司客户看货时所提要求明显高于合同的约定,深房公司认为产品质量不合格,导致外商拒收货物的辩称因缺乏事实根据而不能成立。深房公司依法应当承担继续履行、采取补救措施或赔偿损失等违约责任。金鼎公司在诉讼中申请诉讼保全并无不当,深房公司要求赔偿错误冻结其银行存款的经济损失5万元以及双倍返还定金14.8万元的反诉请求,本院不予支持。因金鼎公司多次要求深房公司履行合同无果,深房公司也明确表示不再履行合同,所以,合同应予解除。金鼎公司要求深房公司赔偿损失(含货款损失、利息损失、拍卖佣金及公告费)符合法律规定,本院予以支持。依照《中华人民共和国合同法》第94条第1款第(四)项、第107条的规定,该院于2001年10月9日判决如下:

一、原、被告双方于2000年5月10日所签订的承揽合同予以解除。

二、深房公司赔偿金鼎公司损失470689.59元,7.4万元定金冲抵后,实际应当支付396689.59元。

三、驳回深房公司要求金鼎公司双倍返还定金14.8万元的反诉请求。

四、驳回深房公司要求金鼎公司赔偿损失5万元的反诉请求。

深房公司不服,向南通市中级人民法院提起上诉,称:金鼎公司未提供合格定作物,且逾期交货,应承担违约责任;金鼎公司违法拍卖标的物,应自担损失,请求改判。金鼎公司答辩认为原判正确,请求维持。

二审法院经审理认为，深房公司与金鼎公司签订的承揽合同与法不悖，应认定有效。根据双方合同约定，本案所涉标的物是按部颁标准并根据深房公司确认的面料生产，成品按深房公司提供样品加工验收。但深房公司未能提供交付样品的证明，应承担不能举证的责任。原审委托鉴定符合法定程序，该鉴定结论应予采信。深房公司无正当理由拒收标的物，已构成违约，应承担违约责任，其交付的定金依法不予返还。我国法律规定，因承揽合同发生的债权，债务人不履行债务的，债权人有留置权。债权人与债务人未在合同中约定留置的，债权人留置财产后，应当确定两个月以上的期限，通知债务人在该期限内履行债务。债权人未按此规定通知债务人履行债务，直接变价处分留置物的，应当对此造成的损失承担赔偿责任。根据法律规定，两个月以上的宽限期应从债权人行使留置权时起算。金鼎公司催促深房公司提货，不能认为有留置财物的意思表示。本案中的宽限期应从 2001 年 9 月 20 日金鼎公司向深房公司发出拍卖电报通知时起算。但金鼎公司在电报发出后 10 天内即拍卖留置物，属于行使留置权不当，应当承担拍卖留置物所造成的损失。据此，原判对有关拍卖事实认定不清，定性不当，应予纠正，故深房公司上诉理由部分成立。鉴于深房公司反诉要求解除合同，金鼎公司已将标的物处分，本案合同应予解除。依据《中华人民共和国担保法》第 87 条第 1 款、第 89 条，最高人民法院《担保法解释》第 113 条的规定，该院于 2002 年 3 月 22 日判决：

维持原判第一、三、四项，撤销原判第二项，改判驳回金鼎公司要求深房公司赔偿损失 396689.59 元的诉讼请求；金鼎公司对深房公司已付定金 7.4 万元不予退还。

（资料来源：案例改编自最高人民法院中国应用法学研究所编《人民法院案例选》第 3 辑，第 35 个案例，人民法院出版社 2003 年版）

二、案例分析

本案涉及《担保法》及《合同法》的有关内容，在此处仅从《担保法》角度加以分析。本案主要是留置权的实现问题，即留置权人主张和实现留置权的过程。

（一）留置权实现的条件和程序

留置权的实现是指留置权人通过处分留置物，以所得价款优先受偿。留置权的成立，并不等于实现了留置权。留置权的实现，必须依照法定的条件、程序及方式进行，才能产生相应的法律效力。

《担保法》第 87 条第 1 款规定："债权人与债务人应当在合同中约定，债权人留置财产后，债务人应当在不少于两个月的期限内履行债务。债权人与债务人在合同中未约定的，债权人留置债务人财产后，应当确定两个月以上的期限，通知债务人在该期限内履行债务。"也就是说，确定留置财产后债务人履行债务的宽限期并通知债务人在宽限期内履行债务，是留置权人的法定义务，也是留置权在实现条件上与抵押权、质权等约定担保物权的不同之处。那么宽限期应如何确定？

（1）债权人与债务人在合同中约定。如果债权人与债务人在合同中约定，债务人应当在不少于两个月的期限内履行债务，则约定的期限就是宽限期。如果债权人与债务人在合同中约定的宽限期少于两个月的，视为未约定，债权人留置债务人财产后，应重新确定宽限期。

（2）如果债权人与债务人在合同中未约定宽限期的，由债权人确定宽限期，该期限也不得少于两个月，如少于两个月，也应以两个月为准。

《担保法解释》第113条规定："债权人未按担保法第八十七条规定的期限通知债务人履行义务，直接变价处分留置物的，应当对此造成的损失承担赔偿责任。债权人与债务人按照担保法第八十七条的规定在合同中约定宽限期的，债权人可以不经通知，直接行使留置权。"也就是说，只有债权人与债务人在合同中约定宽限期的，留置权人才没有通知义务，才可以不予通知直接行使留置权。在由债权人单方决定宽限期的，债权人应当通知债务人，而且该通知必须是书面的，明确表示已行使了留置权。债权人不能通知的，也须在留置财产不少于两个月的期限后，才可以实现留置权。如果债权人能够通知而没有通知或者在不能通知的情形下未按照法律规定的期限而直接将留置物变价，债权人应赔偿由此造成的损失。

（二）结合本案，金鼎公司违法拍卖，损失只能自负

债权人金鼎公司向债务人深房公司发出过多次电传，可否认定是债权人金鼎公司已履行了其留置财产后的通知义务？从案例中可以得知，金鼎公司的电传都是催促提货，没有通知对方已行使了留置权，也没有明确宽限期。所以，金鼎公司是在不符合留置权实现的条件下，委托拍卖行拍卖留置物，违反了《担保法》及其司法解释的相关规定，理应由其自己承担拍卖留置物所造成的损失。二审法院改判由金鼎公司自己承担损失部分，是符合法律规定的。

在本案中还涉及一个问题：金鼎公司已向法院申请冻结了被告深房公司在银行的存款43万元，那么，在此情况下，金鼎公司还能否处置留置物？这里所涉及的是留置权的消灭问题。留置权的消灭是指留置权成立后基于一定的法律事实而不再存在。留置权是一种法定担保物权，其成立和消灭都由法律明确

规定。根据《担保法》第88条的规定：留置权因债权消灭或债务人另行提供担保并被债权人接受的情况下消灭。

金鼎公司向法院申请冻结对方银行存款的行为是财产保全制度中的诉讼保全，而不是债务人深房公司另行提供的担保。诉讼保全是指在诉讼中，为了保证人民法院的判决能顺利实施，人民法院根据当事人的申请或在必要时依职权对有关财产所采取的查封、扣押、冻结等强制性措施。债权人对被保全的财产并不享有担保物权，因此，仍可按照法律规定行使留置权。

（三）《物权法》关于留置权实现条件的不同规定

《物权法》第236条规定："留置权人与债务人应当约定留置财产后的债务履行期间；没有约定或者约定不明确的，留置权人应当给债务人两个月以上履行债务的期间，但鲜活易腐等不易保管的动产除外。债务人逾期未履行的，留置权人可以与债务人协议以留置财产折价，也可以就拍卖、变卖留置财产所得的价款优先受偿。留置财产折价或者变卖的，应当参照市场价格。"

本条是关于宽限期的不同规定。留置权人可以与债务人自由协商一定的债务履行期限，与《担保法》规定的这一期限"不得少于两个月"不同，《物权法》没有明确规定双方约定的期限长短，只要双方当事人协商一致便可。如果留置权人与债务人对于宽限期没有约定或者约定不明确的，留置权人可自行确定宽限期限，但不得少于两个月，除非留置财产为鲜活易腐等不易保管的动产，比如，海鲜、水果、蔬菜等。这些动产保管成本过高，如果期限过长，容易贬值甚至失去价值，对留置权人和债务人都不利，因此，留置权人无须给予债务人两个月以上的宽限期。

三、思考·讨论·训练

1. 金鼎公司在不具备留置权实现条件的情况下，违法拍卖处置留置物而造成了经济损失，那么，作为债权人的金鼎公司应该如何实现自己的债权、避免损失的发生？

2. 《物权法》中关于宽限期的规定有哪些合理因素？

3. 与《担保法》和《担保法解释》相比，《物权法》在留置权的概念、适用范围、留置财产与债权的关系、留置权的实现条件等方面有哪些不同的规定？如有不同，司法实践中应如何处理？

案例 3-6 "定金"？"保证金"？
——定金罚则的适用条件

一、案例介绍

原告李某某与被告某食品公司于 2004 年 10 月 12 日签订买卖合同一份。约定原告从被告处购买方便面，因李某某所订产品为新包装，需要交纳 1 万元的保证金，在正常销售后返回该 1 万元。合同订立的当日，李某某将 1 万元现金交给被告，被告出具了"收纸箱定金 1 万元"的款项收入凭证。主合同履行完毕之后，被告某食品公司未按合同约定将 1 万元现金返还给李某某，原告诉至法院。

原告诉称，我向被告交纳的 1 万元是定金，我履行合同后，被告至今不予返还，要求被告双倍返还定金共计 2 万元。

被告辩称，原告交的是保证金，"定金"是误写。我方按照合同约定多次给原告更改包装，并催原告带款提货，但原告未按约定销售我公司产品，原告构成违约，原告所交纳的 1 万元保证金不应返还，请求法院依法驳回原告的诉讼请求。

广饶县人民法院经审理认为，原、被告签订的买卖合同，是双方当事人真实意思的表示，且不违反法律、法规之规定，为有效合同。合同订立后，原告依约将 1 万元现金交给被告，被告为其出具了"收纸箱定金"的凭证，原告对此未提出异议，应视为在实际履行中双方对合同中的保证金条款进行了变更，使 1 万元保证金具有定金的性质，且变更内容不违反法律规定，也应为有效。原告按照合同约定，全面履行了自己的义务，其合法债权应予保护；被告仅履行了收款发货的义务，但未按约定将 1 万元定金返还给原告，构成了违约，应承担相应的民事责任。因违约行为致使合同主要目的落空，是适用定金罚则必须同时具备的要件。鉴于双方订立该合同的主要目的即买卖方便面已实现，因此，虽然定金条款有效，但不具备适用定金罚则的要件。据此，原告要求被告双倍返还定金的诉讼请求，理由不当，且有悖于法律规定，不予支持；但其要求被告返还定金 1 万元的主张，理由正当，本院予以支持。被告主张"定金"是误写，但未能提供合法有效的证据予以证明，本院不予采信；因为合同约定款到发货，所以被告主张原告不带款提货、构成违约，不能成立，故其以原告违约为由请求法院驳回原告的诉讼请求，没有事实根据和法律依据，本院不予支持。故判决：被告某食品公司返还原告李某某定金1万元。

（案例来源：王建民：《从一起买卖合同案件看定金罚则的适用条件》，中国法院网：http://www.chinacourt.org）

二、案例分析

本案主要涉及两个问题：定金的性质和定金罚则的适用。

（一）首先要判断原告李某某所交付的10万元现金的性质

1. 定金、定金合同的概念。定金是当事人一方在约定的应当支付款项内，先行支付对方一定数量的货币，以担保合同的订立、成立、生效及履行的担保方式。定金基于定金合同而产生。所谓定金合同是当事人双方约定定金条款的合同。其依附于主合同，是为担保债权实现而设定金钱权利义务关系的从合同。

2. 定金合同成立的要件。

（1）定金合同以主合同的有效成立为前提条件，随主合同的存在而存在，随主合同的消灭而消灭。

（2）定金合同须以定金的交付为成立要件。定金合同是实践性合同，应依定金的交付而产生定金法律关系。如果定金没有交付，即使订有定金合同或合同中存在定金条款，也不成立。

（3）定金合同须以货币为标的且不能超过法定限额。定金合同应当以金钱为标的，而且我国《担保法》第91条规定："定金的数额不得超过主合同标的额的百分之二十，超过的部分无效。"

3. 本案中，原告李某某所支付的1万元应认定为定金。原告李某某与被告某食品公司在买卖合同中约定，"因需方所订产品为新包装，需需要交纳1万元的保证金，在需方正常销售后返回给需方"，该条中约定的是"保证金"，且未约定"定金"性质，因此，保证金条款成立。但是，在合同订立后、履行前，原告依约交款时，被告为其出具了"收纸箱定金"的凭证，原告对此未提出异议，应视为在实际履行中双方对合同的保证金条款进行了变更，使1万元保证金具有了定金的性质，且变更内容不违反法律规定，应为有效。因此，1万元现金的性质已发生了改变，由保证金变更为定金。

（二）本案能否适用定金罚则

1. 违约定金罚则的适用条件。由于违约定金是生活中最常见的定金形式，所以，在《担保法》及《担保法解释》中对此做了专门规定，明确了违约定金罚则的适用条件。

（1）债务人不履行约定的债务。《担保法》第89条规定："当事人可以约定一方向对方给付定金作为债权的担保。债务人履行债务后，定金应当抵作价款或者收回。给付定金的一方不履行约定的债务的，无权要求返还定金；收受定金的一方不履行约定的债务的，应当双倍返还定金。"那么，如何理解"不履行约定的债务"？

《担保法解释》第120条规定："因当事人一方迟延履行或者其他违约行为，致使合同目的不能实现，可以适用定金罚则。但法律另有规定或者当事人另有约定的除外。当事人一方不完全履行合同的，应当按照未履行部分所占合同约定内容的比例，适用定金罚则。"由此可见，债务人不履行约定债务的行为包括以下两种情况：

其一，债务人根本不履行债务的行为。包括拒绝履行、履行不能。债务人根本就没有履行合同债务的，会导致合同目的无法实现，也就构成了根本违约，因此，可以适用定金罚则。

其二，迟延履行或者其他违约行为。根据《担保法解释》第120条第1款的规定，迟延履行或其他违约行为均适用定金罚则。其他违约行为包括提前履行、瑕疵履行、不完全履行等违约行为。但是，迟延履行或其他违约行为只有构成根本违约，使合同目的不能实现时，才能适用定金罚则[1]。

（2）债务人不履行约定的债务须不存在免责事由。《担保法解释》第122条规定："因不可抗力、意外事件致使主合同不能履行的，不适用定金罚则。因合同关系以外第三人的过错，致使主合同不能履行的，适用定金罚则。受定金处罚的一方当事人，可以依法向第三人追偿。"由此可见，不可抗力、意外事件是违约定金罚则适用的免责事由，而第三人的过错并不是免责事由。

2. 本案不适用定金罚则。本案中，原、被告并未约定"定金"的性质，应视为违约定金，但并不适用定金罚则。这是因为，定金罚则适用的条件之一是违约行为必须使合同目的不能实现。本案中原、被告双方订立该合同的主要目的是购销方便面，这个合同目的已实现，因此，不能适用定金罚则，该定金不应双倍返还。但是原告按合同约定全面履行义务后，被告并未将定金返还给原告，这就构成了违约，故被告只返还所得的1万元定金即可。

---

[1] 参见郭明瑞、房绍坤、张平华编著《担保法》，第247~248页，中国人民大学出版社2006年版。

三、思考·讨论·训练

1. 本案中，原告所交付的 1 万元现金从保证金变为定金，那么，定金与保证金、预付款、违约金有哪些区别及联系？我们在订立合同时，应注意哪些问题？
2. 本案中，判定定金为违约定金，那么定金共分为哪几种？它们都具有哪些效力？
3. 什么是定金罚则？定金罚则的适用条件有哪些？
4. 定金合同如何成立和生效？主要内容是什么？
5. 法律规定对当事人约定的定金数额有什么限制？

案例 3-7　担保合同纠纷案
——定金、抵押、质押、留置

一、案例介绍

中兴公司与天马服装厂签订了一份服装买卖合同，合同标的额 80 万元。双方在合同中约定：中兴公司预付定金 10 万元，如任何一方不履行合同应支付违约金 15 万元。合同签订后，中兴公司积极筹措资金并向天马公司支付了 10 万元定金。后天马服装厂由于提供加工辅料的 A 公司违约，导致不能履行合同。中兴公司以自己所有的一辆宝马车（价值 55 万元）做抵押向 B 公司借款 35 万元，双方还约定如中兴公司到期不能还款，则这辆宝马车就归 B 公司所有。中兴公司认为，办理抵押登记太麻烦，经 B 公司同意，双方签订借款及抵押合同后未向有关机关办理抵押登记。其后，中兴公司又以这辆宝马车做质押，向 C 公司借款 20 万元，双方签订了借款及质押合同。在质押期间，C 公司董事长李某开着质押的宝马车与他人相撞，汽车受损被送到 D 修理厂修理，共花费修理费 3 万元。汽车修好后，李某拿着 3 万元去提车。修理厂收钱以后要求李某把 C 公司以前的欠款 2 万元还清，李某不愿归还，于是修理厂就以行使留置权为名拒绝向李某交车。那么，本案应如何处理？

（案例来源：张能宝主编：《2007 年国家司法考试应试指导案例分析专题例题》，第 275～276 页，法律出版社 2006 年版）

二、案例分析

本案例是一个经典案例，它涵盖了我国担保制度的主要内容，包括定金、抵押、质押和留置四种担保方式，具有一定的代表性。本案中，中兴公司和天马服装厂签订的服装买卖合同约定的定金条款是否有效、是否适用定金罚则？中兴公司与 B 公司签订的抵押合同是否有效？中兴公司和 C 公司签订的借款及质押合同是否有效？质押期间，宝马车受损，中兴公司是否有权要求将该汽车提存？汽车修理厂是否有权行使留置权？

（一）中兴公司和天马服装厂签订的服装买卖合同约定的定金条款是否有效？能否适用定金罚则？

《担保法》第 89 条规定："当事人可以约定一方向对方给付定金作为债权的担保，债务人履行债务后，定金应当抵作价款或者收回。给付定金的一方不履行约定的债务的，无权要求返还定金；收受定金的一方不履行约定的债务的，应当双倍返还定金。"

《担保法》第 90、91 条规定："定金应当以书面形式约定。当事人在定金合同中应当约定交付定金的期限。定金合同从实际交付定金之日起生效。定金的数额由当事人约定，但不得超过主合同标的额的百分之二十。"

依据上述规定，本案中，中兴公司与天马服装厂在服装买卖合同中约定了定金条款，定金的数额为 10 万元，没有超出主合同标的额 80 万元的 20%，并且合同签订后，中兴公司积极筹措资金并向天马公司支付了 10 万元定金。所以，双方之间的定金担保法律关系已经成立。定金合同是合法有效的，从定金实际交付时生效。

《担保法解释》第 120 条规定："因当事人一方迟延履行或者其他违约行为，致使合同目的不能实现，可以适用定金罚则。但法律另有规定或者当事人另有约定的除外。"第 122 条规定："因不可抗力、意外事件致使主合同不能履行的，不适用定金罚则。因合同关系以外第三人的过错，致使主合同不能履行的，适用定金罚则。受定金处罚的一方当事人，可以依法向第三人追偿。"由此可知，违约行为是由意外事件、不可抗力造成的，不适用定金罚则。如果是第三人的过错造成的，适用定金罚则。

本案中，天马服装厂不能履行合同的根本原因是由于提供加工辅料的第三人 A 公司违约造成的，所以，根据《担保法解释》第 122 条的规定应适用定金罚则。天马服装厂作为收受定金的一方，因第三人 A 公司的过错，导致不能履行合同，应当双倍返还定金给中兴公司，然后再向 A 公司追偿。

（二）中兴公司与 B 公司签订的抵押合同是否有效？

《担保法》第 33 条第 1 款规定："本法所称抵押，是指债务人或者第三人不转移对本法第三十四条所列财产的占有，将该财产作为债权的担保。债务人不履行债务时,债权人有权依照本法规定以该财产折价或者以拍卖、变卖该财产的价款优先受偿。"第38条规定:"抵押人和抵押权人应当以书面形式订立抵押合同。"第41条规定:"当事人以本法第四十二条规定的财产抵押的,应当办理抵押物登记,抵押合同自登记之日起生效。"《担保法》规定了以车辆抵押的必须办理抵押物登记。

本案中,中兴公司为担保还款与B公司签订了以汽车为抵押物的抵押合同,但没有办理抵押登记,依据法律规定,此抵押合同不生效。抵押合同的订立是担保物权设定的原因行为,属于《合同法》的范畴,抵押合同的成立和生效应当符合《合同法》的有关规定。本案中的抵押合同无论是从主体还是从内容上看,都是符合法律规定的,是依法成立的合同。但根据《担保法》第41条和42条的规定,以车辆设定抵押应当办理抵押登记,抵押合同自登记之日起生效。所以,中兴公司与B公司签订的抵押合同虽然成立但不生效。

关于此抵押合同还有一个问题。《担保法》第40条规定:"订立抵押合同时,抵押权人和抵押人在合同中不得约定在债务履行期届满抵押权人未受清偿时,抵押物的所有权转移为债权人所有。"《担保法解释》第57条第1款规定:"当事人在抵押合同中约定,债务履行期届满抵押权人未受清偿时,抵押物的所有权转移为债权人所有的内容无效。该内容的无效不影响抵押合同其他部分内容的效力。"由此可见,本案中,当事人约定的"如中兴公司到期不能还款,则这辆宝马车就归B公司所有",应属于无效条款,这就是有关禁止流押的规定。另外,《担保法解释》第57条第2款规定:"债务履行期届满后抵押权人未受清偿时,抵押权人和抵押人可以协议以抵押物折价取得抵押物。但是,损害顺序在后的担保物权人和其他债权人利益的,人民法院可以适用合同法第七十四条、第七十五条的有关规定。"也就是说,抵押权人与抵押人在债务履行期届满后协议以抵押物折价给抵押权人取得时,只要不损害后序其他债权人的利益,是允许的。

(三)中兴公司和C公司签订的借款及质押合同是否有效?

《担保法》第63条规定:"本法所称动产质押,是指债务人或者第三人将其动产移交债权人占有,将该动产作为债权的担保。债务人不履行债务时,债权人有权依照本法规定以该动产折价或者以拍卖、变卖该动产的价款优先受偿。"第64条规定:"出质人和质权人应当以书面形式订立质押合同。质押合同自质物移交于质权人占有时生效。"本案中,中兴公司以宝马车做质押向C公司借款20万元,双方签订了借款及质押合同,并将质物宝马车交付到C公司董事长李某手中,所以,质押合同有效。

（四）质押期间，宝马车受损，中兴公司是否有权要求将该汽车提存？

《担保法》第69条规定："质权人负有妥善保管质物的义务。因保管不善致使质物灭失或毁损的，质权人应当承担民事责任。质权人不能妥善保管质物可能致使其灭失或者毁损的，出质人可以要求质权人将质物提存，或者要求提前清偿债权而返还质物。"据此条规定，本案中，C公司董事长李某驾宝马车出事导致汽车受损而花费的修理费理应由他承担，而且，中兴公司既可以要求将汽车提存，也可以要求提前清偿借款以返还汽车。

（五）汽车修理厂是否有权行使留置权？

《担保法》第82条规定："本法所称留置，是指依照本法第八十四条的规定，债权人按照合同约定占有债务人的动产，债务人不按照合同约定的期限履行债务的，债权人有权依照本法规定留置该财产，以该财产折价或者以拍卖、变卖该财产的价款优先受偿。"第84条第1、2款规定："因保管合同、运输合同、加工承揽合同发生的债权，债务人不履行债务的，债权人有留置权。法律规定可以留置的其他合同，适用前款规定。"

根据上述规定，留置权的成立需具备三个要件：

（1）债权人按照合同约定占有债务人的财产。

（2）债权人的债权与债务人的债务之间有关联。

（3）债权已届清偿期。

在本案中，当事人C公司和D修理厂之间是加工承揽合同关系，D修理厂可以就基于加工承揽合同关系产生的3万元修理费主张留置权。但D修理厂要求的2万元与此加工承揽合同没有任何关联，不能就这2万元行使留置权。

（六）《物权法》中有关抵押、质押、留置制度的规定

1. 关于担保物权的定义。《物权法》第170条规定："担保物权人在债务人不履行到期债务或者发生当事人约定的实现担保物权的情形，依法享有就担保财产优先受偿的权利，但法律另有规定的除外。"《物权法》增加了当事人可以约定行使担保物权的情形的内容，扩展了行使担保物权的条件，便于债权人行使权利。

2. 关于航空器、船舶、车辆抵押的效力。《物权法》第188条规定："以本法第一百八十条第一款第四项、第六项规定的财产或者第五项规定的正在建造的船舶、航空器抵押的，抵押权自抵押合同生效时设立；未经登记，不得对抗善意第三人。"从此条规定可以看出，关于车辆、船舶、航空器这些特殊动产的抵押，已经从登记生效主义改为登记对抗主义。当事人以这些动产抵押，

可以办理抵押登记，也可以不办理抵押登记，抵押权不以登记为生效要件，而是随抵押合同的生效而产生。但是，办理与不办理抵押登记所产生的法律后果是不同的，未办理抵押登记的，不得对抗善意第三人。所谓不得对抗善意第三人，包括两方面含义：一是抵押合同签订后，如果抵押人将抵押财产转让，对于取得该财产的善意第三人，抵押权人无权追偿，而只能要求抵押人重新提供新的担保，或者要求债务人及时清偿债务。二是抵押合同签订后，如果抵押人以该财产再次设定抵押权，而后位抵押权人进行了抵押登记，那么，实现抵押权时，后位抵押权人可以优于前位未进行抵押登记的抵押权人受偿。所以，为了切实保障自己债权的实现，抵押权人最好进行抵押登记。本案如果发生在《物权法》正式实施之后，应认定中兴公司为担保还款与B公司签订的以汽车为抵押物的抵押合同是有效的。

3. 关于禁止流押的规定。流押是指抵押权人在订立抵押合同时与抵押人约定，债务人不履行到期债务时抵押财产归债权人所有。《物权法》第186条规定："抵押人在债务履行期届满前，不得与抵押权人约定债务人不履行到期债务时抵押财产归债权人所有。"《物权法》将禁止流押约定限定在债务履行期届满前。债务履行期届满，债务人不履行债务的，抵押权人可以与抵押人协议将抵押财产折价归抵押权人所有。与《担保法》第40条不同的是，不仅当事人不得在抵押合同订立时约定流押，也不得在抵押合同订立后、债务履行期届满前进行流押约定。《担保法解释》第57条的规定，在《物权法》第195条中也有相同的规定。

4. 关于留置权的适用范围。《担保法》规定的留置权的适用范围过分狭窄，只有因保管合同、运输合同、加工承揽合同和法律规定可以留置的其他合同发生的债权，才能适用留置权，不符合经济实践需要，也不利于对债权人的保护。因此，我国《物权法》扩大了留置权的适用范围。《物权法》第230条第1款规定："债务人不履行到期债务，债权人可以留置已经合法占有的债务人的动产，并有权就该动产优先受偿。"第232条规定："法律规定或者当事人约定不得留置的动产，不得留置。"也就是说，只要不属于法定或约定不得留置的这两种情形，又符合留置权成立的条件，就可以成立留置权。

5. 关于留置财产与债权的关系。依我国《担保法》上规定的留置权成立要件，只有债权、债务及债权人对于标的物的占有，均基于同一个合同发生的，才可成立留置权。《担保法解释》第109条规定："债权人的债权已届清偿期，债权人对动产的占有与其债权的发生有牵连关系，债权人可以留置其所占有的动产。"该解释在一定程度上扩大了留置权的适用范围，以债权的发生与债权人对动产的占有之间有关联为留置权的成立要件,而不要求是基于"同一合同"。《物权法》第231条规定:"债权人留置的动产,应当与债权属于同一法律关系,但企业之间留置的除外。"之所以这样规定,是因为企业之间相互交易频繁,追求交易效率,如果严格要求留置动产与债权属于同一法律关系,将不利于企业间交易的迅捷和交易安全。本案如果发生在《物权法》正式实施之后,将认定D汽车修理厂有权行使留置权。

6. 关于多个担保物权并存时的清偿顺序。本案中,在宝马车上同时涉及抵押权、质押权和留置权三种担保物权。这就让我们不禁产生疑问,如三种担保物权都有效,对清偿顺序应如何确定?下面,就此问题结合《担保法》、《担保法解释》及《物权法》加以介绍。

(1) 多个抵押权并存时的清偿顺序。依据《担保法》第54条的规定,同一财产向两个以上债权人抵押的,拍卖、变卖抵押物所得的价款按照以下规定清偿:抵押合同已登记生效的,按照抵押物登记的先后顺序清偿;顺序相同的,按照债权比例清偿;抵押合同自签订之日起生效的,该抵押物已登记的,按照上述规定清偿;未登记的,按照合同生效时间的先后顺序清偿,顺序相同的,按债权比例清偿。抵押物已登记的先于未登记的受偿。应该注意的是,《担保法解释》第76条对《担保法》第54条所做的修正:同一动产向两个以上债权人抵押的,当事人未办理抵押物登记,实现抵押权时,各抵押权人按照债权比例受偿。

根据《物权法》第199条规定,同一财产向两个以上债权人抵押的,拍卖、变卖抵押财产所得的价款依照下列规定清偿:

①抵押权已登记的,按照登记的先后顺序清偿;顺序相同的,按照债权比例清偿。

②抵押权已登记的先于未登记的受偿。

③抵押权未登记的,按照债权比例清偿。

《物权法》的规定采用了《担保法解释》的规制模式。同一财产向两个以上的债权人抵押的,如果两个以上的抵押权均为有效成立,抵押权人之间就会出现权利冲突,需按一定规则确定各抵押权人的清偿顺序,对抵押物拍卖、变卖后的变价款在抵押权人之间进行合理清偿。如果各抵押权均已登记的,不管是动产抵押还是不动产抵押,以登记的时间先后确定清偿顺序,时间在先,权利在先,各抵押权同时登记的,清偿顺序相同,抵押物变价款在各抵押权人之间按其享有的债权比例清偿;如果既存在已登记的抵押权,也存在未登记的抵押权,因登记具有公示性从而产生对抗第三人的效力,登记的抵押权应优先于未登记的抵押权受偿；如果抵押物为动产，因抵押合同生效，无需登记，抵押权即设立，当各抵押权均未登记时，各抵押权人处于同等顺位，按其各自的债权比例清偿。

（2）抵押权与其他物权并存时的清偿顺序。

第一，抵押权与质权并存。《担保法解释》第79条第1款规定："同一财产法定登记的抵押权与质权并存时，抵押权人优先于质权人受偿。"

对于先成立质权而后设定抵押权的，对此有不同的观点。一般认为，设定质权后，不宜设定抵押权。但是，如当事人同意于出质的财产上再设定抵押权的，质权的效力优于抵押权。应该注意的是，质权人以出质物为自己设定抵押的，该抵押无效，因为质权人并非所有人。《担保法解释》第84条规定："出质人以其不具有所有权但合法占有的动产出质的，不知出质人无处分权的质权人行使质权后，因此给动产所有人造成损失的，由出质人承担赔偿责任。"也就是说，善意取得仅仅在动产质权上适用。

第二，抵押权与留置权并存。《担保法解释》第79条第2款规定："同一财产抵押权与留置权并存时，留置权人优先于抵押权人受偿"，但是，如果留置权人将留置物抵押的，因为留置权人并非标的物所有人，抵押应为无效。

《物权法》第239条规定："同一动产上已设立抵押权或者质权，该动产又被留置的，留置权人优先受偿。"也就是说，同一动产同时存在留置权与抵押权或者质权的，留置权的效力优先于抵押权或者质权。这样规定，主要是基于以下三方面的考虑：一是反映了我国立法经验和司法实践经验。我国的一些法律已明确规定，同一标的物上同时存在抵押权与留置权的，留置权优先于抵押权，例如，我国《海商法》第25条第1款规定："船舶优先权先于船舶留置权受偿，船舶抵押权后于船舶留置权受偿。"《担保法解释》第79条中也有这样的规定。二是这样规定符合国际上的立法经验。许多国家以及我国台湾地区的立法承认留置权效力优先于抵押权或者质权效力的原则。三是从理论上讲，留置权属于法定担保物权，其直接依据法律规定而产生，而抵押权与质权均为约定担保物权。法定担保物权优先于约定担保物权为公认的物权法原则[①]。

如何理解《物权法》第239条的规定？首先，在同一动产上，无论留置权是产生于抵押权或者质权之前，还是产生于抵押权或者质权之后，留置权的效力都优先于抵押权或者质权。也就是说，留置权对抵押权或者质权的优先效

[①] 参见姚红主编《中华人民共和国物权法精解》，第410页，人民出版社2007年版。

力不受其产生时间的影响。其次，留置权对抵押权或者质权的优先效力不受留置权人在留置动产时是善意还是恶意的影响。因为，如果留置权人与债务人恶意串通成立留置权，其目的就是为了排除在动产上的抵押权或者质权的，这已经超出了"恶意和善意"的范畴，属于严重违反诚实信用原则的恶意串通行为。在这种情况下，不但留置权不能优先于抵押权或者质权，该留置权也应当视为不存在。

三、思考·讨论·训练

1. 在案例分析中，已经将本案例所涉及的问题做了较详细的阐述，并就物权法中的有关规定加以介绍、比较，那么，如果本案发生在《物权法》颁布施行之后，本案例所涉及的几个问题又将有什么不同的处理结果？

2. 中兴公司与天马服装厂签订的合同中，既有定金条款又有违约金条款，应该如何适用？

3. 中兴公司和 C 公司签订了以宝马车为质物的动产质押合同，动产质押与权利质押有什么区别？质押期间由谁承担质物的保管义务？质权人不能妥善保管质物时应承担什么责任？质物有损坏或者价值明显减少的可能，质权人可以采取哪些措施？

4. 中兴公司与 B 公司签订的抵押合同因没有办理抵押登记，导致抵押合同不生效，那么，交通运输工具如何办理抵押登记（登记机关、程序）？

第四章 知识产权法

> 在没有专利法之前，随便什么人，随便什么时候，都可以使用别人的发明，这样发明人从自己的发明中就得不到什么特别的利益了。专利制度改变了这种状况，保证发明人在一定时期内对自己的发明独占使用，因此给了发明和制造实用新物品的天才之火添加了利益之油。
>
> ——［美］林肯

知识产权法是指调整在智力成果归属、利用和保护过程中所产生的各种社会关系的法律规范的总称。它主要包括著作权法、专利法和商标法，属于民事法律范畴。知识产权法是保护人类智力成果的法律制度，它用法律和经济手段调节因智力创造而产生的相应关系，以激励知识的创造，推动社会进步，为人类走向知识经济社会发挥了重要的作用。

一、知识产权的概念和特征

知识产权是指人们对智力成果和工商业标记依法所享有的权利的总称，通常由著作权、专利权和商标权三个主要部分组成。专利权和商标权又称为工业产权。

知识产权具有以下特征：

1. 客体的非物质性。知识产权的客体是智力成果，是一种精神财富，在客观上无法被人们实际占有和控制。

2. 专有性。知识产权只能由特定的、通过法律确认的主体享有。除非权利人许可或者法律强制外，任何人不得非法使用该权利。

3. 地域性和时间性。地域性是指按照一国法律获得承认和保护的知识产权，只能在该国发生法律效力，而不具有域外效力。时间性是指知识产权通常有一定的保护期限，超过这个期限，相关的知识产品就不再是受保护客体，而成为全社会共同的财富。

知识产权有广义和狭义之分。从权利类型来说，广义的知识产权有著作权

（含邻接权）、专利权、商标权、商号权、商业秘密权、产地标记权、集成电路布图设计权等一切在工业、科学、文学或艺术领域中由智力活动产生的权利。狭义的知识产权是指传统意义的知识产权，由著作权（含邻接权）、专利权和商标权三个部分组成的。

我国《民法通则》规定的知识产权有六种类型，包括著作权、专利权、商标权、发现权、发明权以及其他科技成果权。

二、著作权

著作权也称版权，是指文学、艺术和自然科学、社会科学、工程技术等作品的作者及其他著作权人依法对作品享有的权利。

（一）著作权的客体

1. 作品的概念及特征。著作权的客体是指著作权的保护对象，即作品。我国《著作权法实施条例》第2条将作品定义为："著作权法所称作品，是指文学、艺术和科学领域内具有独创性并能以某种有形形式复制的智力成果。"由此可见，作品应具有以下特征：

（1）独创性。所谓独创性是指作品系独立创作而成，不是依现有作品抄袭、复制而来，也不是根据既定的程式推演而来。独创性条件取决于两个方面，一是作品来源于作者的劳动；二是作品体现了作者的个人特性。

（2）可复制性。著作权只保护可复制的思想表达，而不保护思想本身。

2. 著作权法保护的范围。

（1）受保护作品。《著作权法》第3、6条规定的作品类型主要有文字作品；口述作品；音乐、戏剧、曲艺、舞蹈、杂技艺术作品；美术、建筑作品；摄影作品；电影作品和以类似摄制电影的方法创作的作品；工程设计图、产品设计图、地图、示意图等图形作品和模型作品；计算机软件；民间文学艺术作品；法律、行政法规规定的其他作品。

（2）不受著作权法保护的对象。《著作权法》第4、5条规定：第一，依法禁止出版、传播的作品，不受保护。第二，不适于保护的对象有：法律、法规，国家机关的决议、决定、命令和其他具有立法、行政、司法性质的文件及其官方正式译文；时事新闻；历法、数表、通用表格和公式。

（二）著作权的主体

著作权的主体即著作权人，是作品的所有人，著作权利益的承担者。著作权人一般包括三大类：作者、继受著作权人及外国人。

1. 作者。作者是创作作品的自然人，只有自然人才是事实作者。在我国，还存在被视为作者的法人或非法人单位。《著作权法》第11条第3款规定："由法人或者其他组织主持，代表法人或者其他组织意志创作，并由法人或者其他组织承担责任的作品，法人或者其他组织视为作者。"

2. 继受著作权人。除作者以外，基于继承、赠与、遗赠、受让等其他法律事实而成为著作权人的人。继受著作权人只能享有著作权中的财产权。

3. 外国人。外国人包括无国籍人，只要符合一定的条件，也可以成为受我国《著作权法》保护的著作权人。

（三）著作权的内容

著作权的内容是指著作权人享有的权利和必须履行的义务。著作权人的权利包括人身权利和财产权利。人身权利是指作者享有的与其作品有关的以人格利益为内容的权利，也称为精神权利。著作人身权与作者的身份紧密相连，专属于作者。财产权利是指通过对作品的利用和处分而获得报酬的权利，也称为经济权利。财产权许可他人行使，也可以转让给他人。

根据《著作权法》第10条的规定，作者享有的人身权利包括发表权、署名权、修改权、保护作品完整权；财产权利包括复制权、发行权、出租权、展览权、表演权、放映权、广播权、信息网络传播权、摄制权、改编权、翻译权、汇编权及应当由著作权人享有的其他权利。

著作权人的义务主要有：遵守法律、法规的义务；允许他人合理使用其作品的义务。

（四）邻接权

邻接权是指与著作权有关的权利，即作品传播者所享有的权利。邻接权包括表演者权、录音录像制作者权、广播组织权。

（五）著作权侵权和法律保护

1. 著作权保护期限。著作权保护期限包括作品从何时起受到法律保护和著作权的有效期两个问题。

我国《著作权法》采用自动保护原则，作品一经产生，即产生著作权。

对作品的署名权、修改权、保护作品完整权的保护期，法律给予了无限期保护。公民的作品发表权、著作财产权的保护期为作者终生及其去世后50年，截止至作者死亡后第50年的12月31日；合作作品的发表权、著作财产权的保护期截至最后一位作者死亡后第50年的12月31日；法人或非法人单位的作品、电影作品和以类似摄制电影的方法创作的作品、摄影作品的发表权、著作财产权的保护期为作品首次发表后第50年的12月31日，但作品自创作完成后50年内未发表的，法律不再保护。

2. 侵犯著作权的法律责任。侵犯著作权的法律责任可以分为民事法律责任、行政法律责任和刑事法律责任。对于侵犯著作权的行为，著作权人可以要求侵权人承担停止侵害、消除影响、公开赔礼道歉、赔偿损失等民事责任；损害公共利益的，可以由著作权行政管理部门处以停止侵权行为、没收违法所得、没收、销毁侵权复制品及罚款等行政处罚；情节严重构成犯罪的，依法追究刑事责任。

对于著作权侵权纠纷，可以通过协商、调解、仲裁或诉讼程序来解决。当事人对行政处罚不服的，可以在收到行政处罚决定书之日起3个月内向人民法院起诉。

三、专利权

专利权是指国家依法授予发明人、设计人或其所属单位对其发明创造在一定范围内享有的独占权利。

（一）专利权主体

专利权的主体即专利权人，是指有权提出专利申请、取得专利权并承担相应义务的人，包括公民、法人、共同发明人、委托发明人、合法受让人和外国人。

1. 公民。公民个人是发明人或设计人的，是指对发明创造的实质性特点做出创造性贡献的人，对其非职务发明专利享有所有权。

2. 法人。法人对发明人完成的职务发明享有专利权。根据《专利法》第6条第1款的规定，职务发明创造分为两种情形：一是执行本单位的任务所完成的发明创造；二是利用本单位的物质技术条件所完成的发明创造。

对于职务发明的权利归属，我国《专利法》第6条第3款规定："利用本单位的物质技术条件所完成的发明创造，单位与发明人或者设计人订有合同，对申请专利的权利和专利权的归属做出约定的，从其约定。"如果单位和发明人没有对权属问题做出约定或约定不明的，该发明创造仍应视为职务发明创造，专利申请权仍然属于单位。职务发明创造的专利申请权属于发明人所在的单位，但发明人或者设计人仍依法享有发明人身份权和获得奖励报酬的权利。

3. 共同发明人。共同发明是指两个或两个以上的人共同完成的发明创造。

4. 合法受让人。即依继承、赠与、转让等方式承受专利权的自然人和社会组织。包括合作开发中的合作方、委托开发中的委托方、申请人或专利权人的继承人等。

5. 外国人。包括外国自然人和外国法人，只要符合一定的条件，也可以成为受我国《专利法》保护的专利权人。

（二）专利权客体

专利权的客体即专利法的保护对象，包括发明、实用新型和外观设计三类。三种发明创造在获得专利权保护的情况下，分别称为发明专利、实用新型专利和外观设计专利。

1. 发明。发明是指对产品、方法或者其改进所提出的新的技术方案。发明又可以分为产品发明、方法发明和改进发明三类。

2. 实用新型。实用新型是指对产品的形状、构造或者其组合所提出的适于实用的新的技术方案。

实用新型与发明都是技术方案，但两者是有区别的：

（1）实用新型是针对产品而言的，任何方法都不属于实用新型的范围。

（2）作为实用新型对象的产品只能是具有确定形状、立体构造的产品。

（3）从创新水平来看，取得实用新型专利的新技术方案，不要求具备高度的创造性，而只要有实质性特点和进步即可。

3. 外观设计。外观设计是指对产品的形状、图案、色彩或其组合做出的富有美感的并适用于工业应用的新设计。

外观设计的特点有：

（1）必须依附于产品，否则它只能是一件艺术品。

（2）外观设计着眼于产品的外部审美价值，而不去追求实用目的。

（3）外观设计必须适于工业应用，可以通过工业手段大量复制。

4. 不授予专利权的对象。

（1）违反国家法律、社会公德或妨害公共利益的发明创造。

（2）科学发现。

（3）智力活动的规则和方法。

（4）疾病的诊断和治疗方法。

（5）动物和植物品种。

（6）用原子核变换方法获得的物质。

（三）专利权的内容

专利权的内容即专利权人的权利和义务。专利权人的权利包括人身权和财产权两个方面。人身权是指专利权人为发明人时，其本人所享有的与人身不可分离的权利。财产权是指专利权人因取得专利而依法享有的经济权利。主要包括专有实施权、转让权、放弃权、标记权和许可权。

专利权人的主要义务是：缴纳专利年费；依法行使专利权。

（四）专利权的取得

1. 专利权的授予条件。授权专利权的发明和实用新型，应当具备新颖性、创造性和实用性。授予专利权的外观设计应当同申请日以前在国内外出版物上公开发表过或者国内公开使用过的外观设计不相同和不相近似，并不得与他人在先取得的合法权利相冲突。

（1）新颖性。新颖性是指在申请日以前没有同样的发明或者实用新型在国内外出版物上公开发表过、在国内公开使用过或者以其他方式为公众所知，也没有同样的发明或者实用新型由他人向国务院专利行政部门提出过申请并且记载在申请日以后公布的专利申请文件中。

丧失新颖性的例外。申请专利的发明创造在申请日以前6个月内，有下列情况之一的，不丧失新颖性：①在中国政府主办或者承认的国际展览会上首次展出的。②在规定的学术会议或者技术会议上首次发表的。③他人未经申请人同意而泄露其内容的。

（2）创造性。创造性是指同申请日以前已有的技术相比，该发明有突出的实质性特点和显著的进步，该实用新型有实质性特点和进步。我国《专利法》对发明和实用新型的创造性提出了不同的要求。发明专利，要求其在技术上具备突出的实质性特点和显著的进步，而对实用新型专利，只要求其有实质性特点和进步。

（3）实用性。实用性是指该发明或者实用新型可在实践中实现并能产生积极的效果。如果申请专利的发明或实用新型是一种产品的，该产品必须能够制造或者使用；如果申请专利的发明是一种方法的，该方法必须能够在实践中应用并能够产生良好的技术、经济和社会效益。

2. 专利权的授予程序。取得专利权的程序包括专利权的申请和专利权的审查与批准两部分。

发明或者实用新型专利的申请应当提交请求书、说明书及其摘要和权利要求书等文件。申请外观设计专利的，应当提交请求书以及外观设计的图片或者照片等文件，并且应当写明使用该外观设计的产品及其所属的类别。申请专利的原则有单一性原则、先申请原则和优先权原则。

我国对发明专利的审查实行"早期公开，延迟审查"的制度。发明专利申请经初步审查、实质审查没有发现驳回理由的，国务院专利行政部门应当做出授予发明专利权的决定，并发给专利证书，同时予以登记和公告。发明专利权自公告之日起生效。

(五) 专利侵权和法律保护

专利侵权是指在专利权的有效期间，第三人非法利用专利权人的发明创造或非法妨碍专利权人利用其发明创造的行为。构成专利侵权的，应承担相应的民事、行政及刑事法律责任。

专利权的法律保护是指依法保护专利权人的合法权利，对专利侵权行为予以法律制裁。发明专利的保护期限为 20 年；实用新型和外观设计专利权的保护期限为 10 年，均自申请日起算。专利权人在有效期限届满前可通过不缴纳专利年费或声明放弃专利权的方法，自行决定其实际受保护期的长短。

四、商标权

商标，又称品牌，是生产经营者在其商品或服务上所使用的，由文字、图形或其组合构成的，具有显著特征并便于识别商品或服务来源的专用标记。

商标权是注册商标所有人对其商标依法享有的专用权。我国对于一般的产品是否申请注册商标，采取自愿原则，但法律、行政法规规定的必须使用注册商标的商品除外。

(一) 商标权的主体

商标权的主体是商标权人。有权申请商标注册和享有商标专用权的商标权人包括自然人、法人、外国人和商标权继承人。

(二) 商标权的客体

商标权的客体是注册商标。注册商标必须具备以下条件：①商标图样须由文字、图形或其组合构成。②必须具备显著特征，便于识别。③必须不与他人注册的商标相混同。④商标所使用的文字、图形不违反禁用规定。

(三) 商标权的内容

商标权人的权利主要有商标专用权、商标转让权、商标使用许可权和商标续展权。

商标权人的义务主要有：①依法缴纳各项商标费用的义务；②不得连续 3 年停止使用注册商标；③保证使用注册商标商品的质量不粗制滥造、以次充好、欺骗消费者的义务；④依法使用注册商标，不得自行改变注册商标的文字、图形或其组合；⑤不得自行改变注册人的名称、地址或其他注册事项；⑥不得自行转让注册商标。

(四) 商标权的取得

在我国，商标权是通过商标注册取得的。注册商标一般经过申请、审查和核准 3 个阶段。申请人提出注册申请时，应按商品类别提出申请，向商标局送交商标注册申请书、商标图样、商标注册申请人资格证明以及缴纳申请费用。商标局对商标注册申请，按商标法的规定进行审核。凡符合规定条件的，应做出初步审查决定，予以公告，否则驳回申请。对初步审查并予以公告的商标，自公告之日起3个月内任何人均可提出异议，期满无异议的，由商标局做出核准决定，予以注册，发给商标注册证书并予以公告，申请人即取得商标。对已注册的商标有争议的，争议人可自该商标核准注册之日起5年内向商标评审委员会申请裁定。

（五）商标侵权和法律保护

1. 商标侵权行为及其责任。商标一经注册，申请人即取得注册商标专用权，依法受到保护，任何侵犯注册商标专用权的行为都属于商标侵权行为。实施侵犯商标权的行为应承担的法律责任主要有民事责任、行政责任和刑事责任。

2. 商标专用权的保护期限。商标专用权的保护期限是10年，自核准注册之日起计算。注册商标可以续展，应在期满前6个月内提出继续注册申请，每次续展的有效期限为10年。如果在商标有效期限届满后6个月的宽展期内仍未提出续展注册申请的，注册商标予以注销。

案例 4-1　"千手观音"惹官司
——舞蹈作品的著作权保护

一、案例介绍

2005年中央电视台的春节晚会上，由中国残疾人艺术团排演的舞蹈《千手观音》深深打动了全国人民的心，获得了广泛的好评。然而，在该作品著作权属于谁的问题上，却出现了诸多分歧。2005年春节后，《千手观音》的艺术指导张继钢为该作品申请了著作权登记，作者署名为张继钢。而在该作品排演过程中任舞蹈老师的刘露却认为该作品是由她创编的，并起诉至法院，要求法院确认刘露为《千手观音》的作者，同时要求被告经济赔偿并发表道歉声明。

一审法院判决认定，我国法律规定如无相反证据，在作品上署名的公民、法人或者其他组织为作者。本案对作者身份的认定应考虑如下问题：

（1）关于手稿及排练草图，作品应该可被有形载体固定，因此手稿和排练草图是创作舞蹈作品的直接有效证据。但因该证据没有显示创作完成的时间，尚不能建立刘露与作品之间的有效联系。

（2）关于照片和VCD，刘露提供"八臂观音"照片欲说明《千手观音》舞蹈是刘露的创意，但其并未就照片与舞蹈之间的关联性加以说明。《千手观音》VCD和部分动作照片证明的是最终作品形式，而不是该舞蹈的创作过程。

（3）关于证人证言及媒体报道，因证人没有出庭，且证词内容带有评论性，并无关于创作过程的客观性陈述，虽有媒体报道，但艺术团未予认可，且无其他证据佐证，对此法院不予认可。

综上，刘露关于《千手观音》舞蹈作品系其创作，并要求张继钢承担侵权责任的主张缺乏证据，不予支持。据此依照《中华人民共和国民事诉讼法》第62条第1款、《中华人民共和国著作权法》第11条第4款之规定，判决：驳回刘露的全部诉讼请求。判决后，刘露不服，提起上诉。张继钢同意原判。

二审法院经审理认为，我国《著作权法实施条例》第4条第（六）项规定，舞蹈作品，是指通过连续的动作、姿势、表情等表现思想情感的作品。据此，判定舞蹈作品的创作事实构成应当由主张创作事实的人对动作如何衔接、姿势如何设计、表情如何表现等创作经历加以证明。就本案而言，同时还需要证明通过对观音生动表现，传达人对善爱、给予和帮助等思想追求的创作构思是如何产生并由谁完成的。就现有证据而言，能够用于判断上述事实的直接证据仅限于双方提交的手稿草图，虽然该草图均未标明时间和作者，但根据草图绘制风格，结合绘制人对舞蹈编创或排练备忘的自然需求特性，并本着对等原则，对该证据均予认定，即双方均是各自草图的绘制人，但仅凭草图尚难确定草图的绘制行为究竟属于编创还是属于排练，显然对该事实的判断仍需结合他证做出判断。

就本案而言，证人证言是证明创作事实的主要证据形式，鉴于该类证据的主观特性，本院依照《最高人民法院〈关于民事诉讼证据的若干规定〉》第78条，考虑证人与本案利害关系的程度、证明内容与事项，对该证据的客观性及对"待证事实"的印证力做出判断。虽然双方没有提出共同证人，但双方各自的证人曾经互为工作关系，尚无证据显示证人相互间存在利害关系，并足以导致伪证情况的发生，尽管双方彼此均提出对方存在证人证明行为受到妨碍的情况，双方证明效力均受到对等的削弱，但其他证人证言依然有效，故此应当给予双方证人证明行为以充分信任，并根据证明内容与证明事项做出相应判断。

通过分析双方的证人证言，二审法院认为，张继钢一方的证人——作为舞蹈节目的组织人和传授人与刘露一方的证人——作为舞蹈作品的被组织人和被传授人,相比之下,就刘露是否编导了诉争作品一事,张继钢一方的证据与事实更加接近,更有能力说明编创过程。根据证据优势规则,判定张继钢一方的证人所做证明成立,舞蹈《千手观音》系由张继钢所编导。

刘露、张继钢分别提交的证明创作构思《千手观音》时的照片、图片、文章等,因该类证据具有普遍性,可以用于证明寻求灵感、形成创意、完成构思的内心活动,但却证明不了是谁首先将构思宣布并确立为舞蹈作品题材,进而编成舞蹈作品等问题。显然,因刘露是在《千手观音》节目准备工作确定下来之后来到剧组,故此不存在刘露与张继钢共同提出将"千手观音"创意引入舞蹈作品的事实。由此,无法依据照片、图片形成是"刘露将'千手观音'创意引入舞蹈"这一事实的内心确信。

刘露提交的12人版《千手观音》VCD光盘、《千手观音》部分动作照片均没有编导署名情况,媒体的相关宣传报道中所提"群舞《千手观音》编导刘露老师"一语属于本案的待证命题,其获奖证书与张继刚提交的已有创作作品、获奖证书均与本案待证事实没有关联性。上述证据不能作为本案认定事实的依据,法院不予采信。

刘露作为排练老师,将舞蹈动作传授给演员,其传授的过程本身属于由演员将编导内容通过排练者演绎为舞蹈表演的过程。根据现有证据,本院可以认定,该舞蹈是边编导、边修改、边排练的完成过程,编导与排练无法截然分开,但本案编导的意志决定了排练者和舞蹈表演者的意志,虽不排除排练者在排练中也要通过智力活动完成排练过程,但该过程不具有本质上体现原创意义和主导意义的编创属性。

综上所述,二审法院认为,原审法院认定"刘露要求确认《千手观音》舞蹈作品系其创作,并要求张继钢承担侵权责任的主张缺乏证据",该认定并无不当,且适用法律并无不当。依照《中华人民共和国民事诉讼法》第153条第1款第(一)项之规定,二审法院判决:驳回上诉,维持原判。

(资料来源:案例改编自北京市第一中级人民法院(2006)一中民终字第8897号民事判决书《刘露与张继钢侵犯著作权纠纷案二审》)

二、案例分析

本案主要涉及两个问题:舞蹈作品的著作权保护及民事诉讼中举证责任的负担。因民事诉讼中举证责任的负担不是本章讨论的内容,所以,此处主要从舞蹈作品的著作权保护角度加以剖析。

本案的核心问题就是谁是舞蹈《千手观音》的真正作者?如何加以确定?

(一)舞蹈作品的概念

舞蹈作品是艺术领域内具有独创性并能以某种有形形式复制的智力成果。《著作权法实施条例》第4条第6款指出:"舞蹈作品,是指通过连续的动作、姿势、表情等表现思想情感的作品。"

(二)舞蹈作品著作权人的确定

由于舞蹈作品是一种视觉与听觉高度结合的舞台艺术,是通过多种艺术元素有机结合的综合艺术。一个舞蹈除了其主体——舞蹈语汇之外,还通过音乐、舞美、灯光、服装、道具等不可或缺元素的统一,来突出和烘托舞蹈主题。所以,舞蹈作品的创作是一个复杂和需多方合作的过程。

舞蹈作品著作权人主要有以下几类:

1. 作者。舞蹈作品的作者就是舞蹈作品的编导。通过分析舞蹈作品的创作过程,可以确定一个作品的编导即作者。

(1)舞蹈作品的编导首先是舞蹈立意和风格的确定者。编导通过生活及编创经验的积累,结合自身深厚的文化知识底蕴、超常的艺术想象力、鉴赏力,确定一个初步的创作意念和方向,并收集与之有关的艺术资料和素材,逐步明晰舞蹈作品的框架。

(2)舞蹈作品的音乐对舞蹈作品的体现有着举足轻重的作用,而作曲家应依据编导的要求完成舞蹈的背景音乐,也就是编导的创意和构思在音乐上的体现。

(3)在作曲家完成舞蹈音乐后,编导就进入舞蹈作品创作的核心部分——编舞。编导通过长时间的创作构思、素材的广泛积累,在头脑中逐渐生成具体的舞蹈动作的形态画面,画面与画面之间的动作连接等,形成舞蹈作品的雏形。

(4)编导在完成编舞或编舞的过程中,会向舞美、服装、灯光、道具等设计师阐述舞蹈的主题和构思,并对各构成元素的创作分别提出具体的要求和设想,使舞美、服装、灯光、道具达到编导整体的创作意图。

(5)在完成编舞后,进入舞蹈的排练阶段。编导既可亲自排练,也可委托排练老师协助排练。在排练过程中,编导还会根据排练过程的实际情况,对舞蹈动作进行修改和调整,使舞蹈趋于成熟和完善。排练教师只是编导意志的艺术执行者,他的任务在于解析编导的构思,帮助演员深入理解编导的意图和舞蹈内容,并具体地负责排练,示范动作,指导、纠正演员的动作错误。排练老师在编导不在排练现场时可根据实际情况对某些动作或队形的改动提出建议,在得到编导的审查、认可和同意后方可实施。而编导对作品的任何修改和定稿，无须征得排练老师的同意。

（6）在舞蹈的各构成元素设计和制作完成以及舞蹈的排练工作也告一段落后，进入舞蹈的合成阶段。由于编导是全部创作元素的灵魂，所以舞蹈合成的指挥者必须是编导本人。编导根据舞蹈合成的情况对舞蹈构成元素提出相应的修改和调整的要求，除舞蹈语汇以外的其他舞蹈元素的主创人员按编导的要求完成相关工作，由编导完成舞蹈动作的修改[①]。

综上所述，在舞蹈作品的整个创作过程中，无不体现编导的意志，编导才是舞蹈作品的真正作者。

2. 表演者。按照《著作权法实施条例》第5条的解释，"表演者，是指演员、演出单位或者其他表演文学、艺术作品的人"。表演者在表演的过程中付出了创造性劳动，因而对其表演行为享有表演者权。

3. 舞美创作者。舞美主要指服饰、化妆、道具、舞台布景等。一个好的舞蹈作品，离不开好的舞美。舞美创作者享有著作权的依据是其工作应具有独创性。

4. 录音录像制作者。经舞蹈作品权利人协商后，录音录像制作者可以对舞蹈作品进行录制。当然，当事人之间可以对录制者权的归属进行约定。

（三）舞蹈作品著作权人的权利

1. 作者。舞蹈作品的作者享有《著作权法》第10条规定的人身权利和大部分财产权利。由于舞蹈作品的自身特点，财产权利中的广播权、翻译权不为其享有。

2. 表演者。根据《著作权法》第37条规定，表演者对其表演享有下列权利：

（1）表明表演者身份。

（2）保护表演形象不受歪曲。

（3）许可他人从现场直播和公开传送其现场表演，并获得报酬。

（4）许可他人录音录像，并获得报酬。

（5）许可他人复制、发行录有其表演的录音录像制品，并获得报酬。

（6）许可他人通过信息网络向公众传播其表演，并获得报酬。

3. 舞美创造者。舞美创造者享有著作权人的人身权利和除广播权、翻译权的大部分财产权利。

4. 录音录像制作者。《著作权法》第41条规定："录音录像制作者对其制

---

① 参见周俊武《从〈千手观音〉谈舞蹈作品的署名权》，载 http://www.findalawyer.cn。

作的录音录像制品，享有许可他人复制、发行、出租、通过信息网络向公众传播并获得报酬的权利；权利的保护期为五十年，截止于该制品首次制作完成后第五十年的12月31日。被许可人复制、发行、通过信息网络向公众传播录音录像制品，还应当取得著作权人、表演者许可，并支付报酬。"

根据《著作权法》第39、40条的规定，录音录像制作者在享有上述权利的同时，还应承担以下义务：①使用他人作品制作录音录像制品，应当取得著作权人许可，并支付报酬；②使用改编、翻译、注释、整理已有作品而产生的作品，应当取得改编、翻译、注释、整理作品的著作权人和原作品著作权人许可，并支付报酬；③使用他人已经合法录制为录音制品的音乐作品制作录音制品，可以不经著作权人许可，但应当按照规定支付报酬；④著作权人声明不许使用的不得使用；⑤制作录音录像制品，应当同表演者订立合同，并支付报酬。

（四）舞蹈作品侵权纠纷的处理

首先是确定著作权人（在前文已作阐述）。其次是确定管辖法院，也就是选择被告所在地、侵权行为地及行政主管机关查处所在地法院管辖。再次是判断侵权行为是否存在。最后是关于证据的审核、认定方面。

判断舞蹈作品的侵权问题，需要区别情况进行：第一，舞蹈作品是否是已进入公有领域的作品。第二，是否为原创的作品。发生纠纷时，原告通常都会主张作品是原创的。由于舞蹈作品涉及的领域太广、太繁杂，所以，必要时，可以邀请其他领域的专家一同进行鉴定。第三，是否是借鉴著作权领域、公有领域内的作品而创作完成的作品。遇上这种情况，就需要通过技术处理了，即删除公有领域的成分后，再进行甄别[①]。

因为舞蹈作品是动静结合、多种艺术元素结合的综合艺术。在司法实践中，如何判断是否侵权是一个难点问题，也缺乏相关的法律依据和标准。

中国舞蹈家协会驻会副主席冯双白认为，在舞蹈界里还没有特别严格的规定来界定什么是"抄袭"，其个人认为可以有两个判定标准：一是明显使用了现、当代舞蹈作品里的独创动作；二是使用了别人独创的"动作与动作之间的连接"[②]。

在司法实践中，著作权的侵权判断一般采用"实质相似性加接触原则"。根据著作权法的理论，作品最重要的概念是独创性，而独创性的主要判断标准是

[①] 参见孔夏雨、高为民《"舞"出著作权保护的精彩》，《中国知识产权报》2007年6月29日。
[②] 参见肖东、杨萌《〈千手观音〉又起版权纠纷—导演称自己是原创》，载 http://www.ce.cn。

独立创作完成。即便是多位作者同时完成了相同或类似的作品，只要证明作品是各自独立完成的，便都会受到法律保护。所以，作为原告不能只举证证明被告的作品与原告的作品相似或相同，就认定被告的行为构成侵权行为。还应当证明被告的作品是在抄袭原告作品的基础上完成的，即原告能够证明被告有机会接触原告作品，在此基础上完成的作品如果与原告的作品基本相同，则可以推定被告的行为构成侵权。在这种情况下，被告可以通过举证证明自己虽然接触了作品，但是自己的作品属于独立完成的，具有独创性，即与接触的作品有实质差别，就不能被认定为抄袭①。

（五）结合本案，关键是判断谁完成了《千手观音》的编导工作

从相关证据及大量的证人证言可以看出，无论从素材积累、创意构思、编舞排练到组织实施、合成修改，在整个过程中，张继钢始终发挥着创作者、主导者的作用，其应当被认为是舞蹈《千手观音》的作者。刘露是在《千手观音》节目准备工作确定下来之后作为舞蹈排练老师进入剧组的，对于其在舞蹈排练中的"一边修改一边编排"的行为，虽不排除其在排练中也要通过智力活动完成排练过程，但该过程不具有本质上体现原创意义和主导意义的编创属性，所以，不能认定其是舞蹈作品《千手观音》的作者。

本案还涉及作品登记的问题。根据国家版权局《作品自愿登记试行办法》第2、4条的规定：作品实行自愿登记。作品不论是否登记，作者或其他著作权人依法取得的著作权不受影响。作品登记申请者应当是作者、其他享有著作权的公民、法人或者非法人单位和专有权所有人及其代理人。作品登记可以维护作者或其他著作权人和作品使用者的合法权益，有助于解决因著作权归属造成的著作权纠纷，并为解决著作权纠纷提供初步证据，作品登记证书可作为证据使用②。

三、思考·讨论·训练

1. 《千手观音》引发了一系列著作权纠纷案，那么，应该如何认定舞蹈作品的著作权人？如何保护著作权人的合法权利？我国相关法律应该在哪些方面进行完善？

2. "千手观音"来自佛教文化，民间有很多表现观音形象的作品，创作出不同形式的《千手观音》，对于这些相同题材的作品，如何认定其版权？

---

① 参见廖明《记者就〈千手观音〉版权之争采访资深律师》，《兰州晨报》2005年3月12日。
② 参见孔夏雨、高为民《"舞"出著作权保护的精彩》，《中国知识产权报》2007年6月29日。

3. 什么是版权登记？版权登记的作用是什么？如何进行版权登记？版权登记会不会引起"艺术垄断"？

4. 舞蹈作品的著作权有什么特点？和其他形式作品的著作权相比有哪些异同？

案例 4-2 是职务发明吗？
——专利申请权的归属

一、案例介绍

甲是某公司退休高级工程师，与被告通达股份有限公司（以下简称"通达公司"）的负责人有私交。2002年4月3日，甲与通达公司签订《关于PT25型平台拖车生产协议》一份。双方约定：通达公司提供生产平台拖车的样车及相关技术要求，由甲为其生产一台PT25型平台拖车；加工价格（含材料及其他配件）每台2.8万元；合同签订日起3天内，通达公司向甲支付定金2万元整；交货日期为30天，生产场地所发生的一切费用由甲承担。此外，合同对其他条款也进行了约定。

合同签订后，通达公司租用生产场地，向甲提供样车和生产资金。甲聘用生产技术人员，组织设计施工。其间，通达公司负责人要求将平台拖车的跳板部分设计改装成既可以横向移动，又可以手摇折叠的机械板桥；增加一台生产数量，并要求甲将通达公司主管部门（某市公路局）的一台待修拖车也按上述技术条件进行改装，改装费每台按3000元计收。对通达公司的上述要求和条件，甲表示同意。之后，甲根据通达公司的技术改进要求，对平台拖车的跳板部分进行设计、绘图和计算数据，并以通达公司设计师名义出具设计图纸。同年6月5日，甲依据双方所签拖车生产合同及通达公司提出的额外施工要求，完成上述3台平台拖车的生产、加工及改装任务。同年7月，甲又在通达公司领取了300元工资。

在合同履行过程中，甲以生产、制作平台拖车名义，在通达公司领取拖车材料款、加工费及工资，并将购买拖车所用材料费用在通达公司予以报销。甲的领款金额包括甲于2002年5月20日在该公司领取的工资款共计3581.30元。甲设计制作的3台平台拖车经双方检验后，已经交付给通达公司。

2002年4月底，通达公司负责人提出将上述设计改装的"带机械板桥"的平台拖车技术方案申报专利。同年5月15日，通达公司与某市专利事务所签订专利委托代理协议书一份。专利代理委托书载明：通达公司根据《专利法》的相关规定，委托专利事务所就"带机械板桥"的平台拖车申报专利事项办理专利申报手续；委托单位是通达公司，该专利设计人是甲，通信地址是通达公司及其法定住所地，联系人是通达公司雇用人员孟姗。专利代理委托书由甲起草、填写，通达公司加盖公章确认。专利申报期间，甲为该平台拖车申报实用新型专利制作设计图纸、计算数据、撰写和修改申报专利技术文件，通达公司承担该专利申报所需费用。同年5月23日，通达公司取得专利申请文号。2003年4月30日，国家知识产权局将"带机械板桥的平台拖车"实用新型专利公告、授权，该项专利权的授权证书中载明的设计人为甲，专利权人为通达公司。2004年3月，甲在多次向国家知识产权局申请"带机械板桥"平台拖车专利被该局通知不予受理的情况下，向法院提起专利申请权诉讼。之后，又以专利权权属纠纷为由向法院提起诉讼，提出认定通达公司是以采用欺诈手段取得该项专利权的诉讼请求。对于本案法院会如何处理？

（案例来源：吴汉东主编：《知识产权法教学案例》，第67~69页，法律出版社2005年版）

二、案例分析

本案主要涉及专利申请权和专利权归属问题。本案争议的焦点是"带机械板桥"平台拖车的实用新型专利的专利申请权人是谁？是甲还是通达公司？也就是说，甲的发明是职务发明还是非职务发明？通达公司是否以采用欺诈手段取得该项专利权的？

（一）职务发明的权利归属

我国《专利法》第6条规定："执行本单位的任务或者主要利用本单位的物质技术条件所完成的发明创造为职务发明创造。职务发明创造申请专利的权利属于该单位，申请被批准后，该单位为专利权人。非职务发明创造，申请专利的权利属于发明人或者设计人；申请被批准后，该发明人或者设计人为专利权人。利用本单位的物质技术条件所完成的发明创造，单位与发明人或者设计人订有合同的，对申请专利的权利和专利权的归属做出约定的，从其约定。"此条款明确了非职务发明创造的专利申请权和专利权归发明人或设计人自己，职务发明创造的专利申请权和专利权归单位。对于利用本单位的物质技术条件所完成的职务发明，单位与发明人或者设计人有约定的，从约定。因此，要明确专利申请权和专利权的归属问题，首先就必须明确其发明创造是否为职务发明。

从《专利法》第 6 条可知，职务发明创造主要有两类：一类是指发明人和设计人在执行本单位的任务所完成的发明创造。根据《专利法实施细则》第 11 条的相关规定，所谓"执行本单位的任务"是指三种情况：第一，在本职工作中做出的发明创造；第二，履行本单位交付的本职工作之外的任务所做出的发明创造；第三，退职、退休或者调动工作后 1 年内做出的，与其在原单位承担的本职工作或者原单位分配的任务有关的发明创造。另一类是指主要利用本单位的物质技术条件所完成的发明创造。根据《专利法实施细则》第 11 条的相关规定，所谓"主要是利用本单位物质技术条件"是指利用本单位的资金、设备、零部件、原材料或者不对外公开的技术资料等。这里需要说明的是，对于不是执行本单位的任务，而是发明人或设计人自己完成的发明创造，如果其主要是利用本单位的物质技术条件实现的，也就是说，本单位物质技术条件应当是完成发明创造所不可缺少的，这种情况同样属于职务发明。对于少量的利用或者对发明创造的完成没有实质帮助的利用，可以不考虑。但是，如果单位和发明人或设计人对发明创造以合同形式约定其为职务发明的，则此发明创造为职务发明。

（二）关于本案

本案中，"带机械板桥"平台拖车实用新型专利是职务发明还是非职务发明，可以通过分析该专利的产生过程加以判断。

首先，职务发明的前提条件必须是发明人或设计人与用人单位应形成一定的劳动关系，是在执行本单位的任务或者主要利用本单位的物质技术条件所完成的发明创造，否则职务发明就无从谈起。

2002 年 4 月 3 日，甲与通达公司签订《关于 PT25 型平台拖车生产协议》一份，在双方当事人之间形成加工承揽合同法律关系，甲为承揽方，通达公司为定作方，此时双方并未形成劳动法律关系。

甲于 2002 年 5 月 20 日在通达公司领款 3581.30 元，同年 7 月又在该公司领取 300 元工资，据此应认定为甲与通达公司之间已经形成事实上的临时聘用关系。主要理由是：劳动者向用人单位提供劳动力，用人单位向劳动者支付工资或提供报酬是劳动法的一般规则。劳动法律关系一般基于集体劳动合同、聘用及临时劳动事实而产生。就通达公司和甲之间的关系而言，双方之间除平台拖车加工合同关系外，并无劳动聘用关系。按照双方签订的协议，通达公司只负向甲支付拖车加工价款的合同义务，而没有向甲支付工资的合同义务。在实际履行中，通达公司向甲支付了包括工资在内的拖车材料款、加工费用等共计 3581.30 元。通达公司之所以向甲支付工资应认定为，因其向甲提出原加工合同之外的工作任务：将拖车跳板部分根据通达公司的构思和设想进行改进，增加了生产数量及改装一台待修拖车。甲对通达公司的要求及条件表示同意。甲通过自己的努力和技术专长完成通达公司临时交付的工作，对该改进部分进行绘图、设计和计算，按照上述要求完成该工作任务。此时，双方已形成以平台拖车跳板部分技术改进为内容、以通达公司向甲支付工资为条件的事实上的临时聘用关系。所以，甲于2002年5月20日和同年7月在通达公司领款行为应认定为通达公司向甲支付工资的行为。

其次，在合同履行期间，通达公司提出"带机械板桥"的平台拖车的主题构思及技术要求，并交甲负责设计、制图和施工，故其技术条件由通达公司提供；PT25型平台拖车及其改进部分的资金由通达公司支付，其物质条件也由通达公司提供。所以，应认定甲的"带机械板桥"平台拖车实用新型是主要利用本单位的物质技术条件所完成的发明创造。

最后，从该实用新型申报专利的技术资料看，"带机械板桥"平台拖车的设计图纸及技术文件均署名通达公司，设计人除甲外，还有通达公司的负责人的署名，对该技术文件反映甲在工作身份上隶属于通达公司的这一事实，甲明知且予以认可。因此，实用新型专利技术是甲在执行通达公司临时交付的工作任务期间，利用通达公司的物质技术条件完成的发明创造，该项专利应属职务发明专利。2002年5月15日，通达公司委托专利事务所申报该项专利时，甲以通达公司名义填写专利委托书，撰写、修改申报专利技术文件，绘制专利设计图纸，计算数据，将专利设计人确定为甲，专利权人确定为通达公司。从委托书填报的内容及委托过程来看，双方当事人对专利权属问题已经达成一致，故其法律效力应予认定。甲以通达公司采用欺诈手段取得该项专利权的诉讼主张，人民法院不应当予以支持。

综上所述，本案"带机械板桥"平台拖车的实用新型专利应认定为职务发明专利，专利权归通达公司所有。甲作为该项专利的设计人，可依《专利法实施细则》的相关规定，获得职务发明专利相应的奖励。

三、思考·讨论·训练

1. 什么是发明人、专利申请权人及专利权人？它们之间有什么区别和联系？专利权人的权利和义务是什么？
2. 什么是职务发明？什么是非职务发明？二者的区别和联系是什么？
3. 职务发明的发明人或设计人拥有哪些权利？
4. 授予专利的条件是什么？如何取得专利权？

5. 2003年4月30日，通达公司取得"带机械板桥的平台拖车"实用新型专利，其专利权的保护期限何时届满？

案例4-3 一发明、一专利
——专利申请的原则

一、案例介绍

发明人舒学章于1991年2月7日向中国专利局申请名称为"一种高效节能双层炉排反烧锅炉"实用新型专利，1992年9月30日被授予专利权，专利号为91211222.0。该专利的权利要求为：一种主要由反烧炉排、正烧炉排和炉体构成的高效节能双层炉排反烧锅炉，其特征在于正烧炉排和反烧炉排的各个炉条是间隔的一上、一下两层构成波浪形排列。该实用新型专利期限届满前，专利权人请求了续展，至1999年2月8日，该专利权保护期限届满，权利终止[①]。1999年2月22日发明人舒学章又以同一发明名称向中国专利局申请了一项发明专利，1999年10月13日被授予发明专利权，专利号为92106401.2号。该专利的权利要求为：一种立式或卧式双层炉排平面波浪形反烧炉排锅炉，其特征是上层水管反烧炉排是平面波浪形布置。济宁无压锅炉厂于2000年12月22日向专利复审委员会请求宣告舒学章的发明专利无效，理由是该发明专利同舒学章已过专利保护期的实用新型专利构成重复授权，违反了专利法实施细则关于"同样的发明创造只能被授予一项专利"的规定。2001年3月26日，专利复审委员会经过审查认为，92106401.2号发明专利授权时，91211222.0号实用新型专利权由于保护期限届满已终止，故不存在两个专利同时存在的情况，不存在重复授权问题。因此，驳回了济宁无压锅炉厂的无效宣告请求。济宁无压锅炉厂不服，向法院提起行政诉讼，一审法院支持了专利复审委员会的观点，维持了专利复审委员会做出的决定。济宁无压锅炉厂也不服该一审判决，提出上诉。二审法院经审理认为，本案争议的发明专利权构成了对在前授予并已终止的实用新型专利权的重新授予，因此，撤销了一审判决和专利复审委员会的决定。舒学章不服该二审判决，提出再审申请，再

[①] 这里需要说明的是，根据我国1984年的《专利法》，实用新型和外观设计专利的保护期为自申请之日起5年，届满前还可申请续展3年。1992年9月第一次修正的《专利法》将实用新型和外观设计专利的保护期改为自申请之日起10年。

审法院以其再审申请不符合法律规定为由,于2003年12月17日驳回了舒学章的再审申请。专利复审委员会于2003年2月3日另行组成合议组,对济宁锅炉厂针对"一种高效节能双层炉排反烧锅炉"发明专利提出的无效宣告请求进行审查。2004年6月4日,专利复审委员会做出第6229号无效决定,宣告"一种高效节能双层炉排反烧锅炉"发明专利权无效。舒学章又以国家知识产权局专利复审委员会为被告,提起诉讼。一审法院判决,维持专利复审委员会做出的第6229号无效决定;驳回舒学章的诉讼请求。舒学章不服,又上诉至二审法院。二审法院做出了驳回上诉,维持原判的判决。

(案例改编自北京市高级人民法院(2005)高行终字第231号行政判决书《舒学章与国家知识产权局专利复审委员会发明专利权无效行政纠纷案二审》;程永顺:《重复授予的专利权应宣告无效》,《人民法院报》2002年11月6日)

二、案例分析

本案的过程看似很复杂,经过两次起诉、上诉,专利复审委员会也做出了两次不同的决定,但其核心问题就是对《专利法实施细则》第13条所规定的"同样的发明创造只能被授予一项专利"的理解。

(一)对发明创造的理解

我国《专利法》第2条规定:"本法所称的发明创造是指发明、实用新型和外观设计。"也就是说,发明创造包括发明专利、实用新型专利和外观设计专利。

《专利法》所称发明,是指对产品、方法或者其改进所提出的新的技术方案,可分为产品发明、方法发明和改进发明三大类;实用新型是指对产品的形状、构造或者其结合所提出的适于实用的新的技术方案;外观设计是指对产品的形状、图案、色彩或其组合做出的富有美感的并适用于工业应用的新设计。由此可见,发明和实用新型专利保护的是新的技术方案,而外观设计专利保护的是产品的新设计。因此,在发明、实用新型等技术方案与外观设计之间很难出现重复专利。而发明专利既包括产品发明,也包括方法发明,实用新型专利则仅保护产品发明,由于它们二者保护的均属于新的技术方案,因此,发明专利与实用新型专利之间容易出现重复专利。

当然,虽然实用新型与发明都是技术方案,但两者是有区别的:①实用新型是针对产品而言的,任何方法都不属于实用新型的范围。②作为实用新型对象的产品只能是具有确定形状、立体构造的产品。③从创新水平来看,取得实用新型专利的新技术方案,不要求具备高度的创造性,而只要有实质性特点和进步即可。

(二) 对"同样的发明创造"的理解

所谓"同样的发明创造",从形式上看,应当包括将相同的发明创造申请两项以上的发明专利、申请两项以上的实用新型专利或者既申请发明专利又申请实用新型专利三种情况。这三种情况在授权后,均属"同样的发明创造"被重复授予了专利权。从内容上看,"同样的发明创造"应当指两项以上发明创造专利的权利要求记载的技术内容、技术方案相同,而不是指两项以上发明创造专利的名称或者权利要求文字完全相同。当然,技术内容或者技术方案相同,包括了权利要求书记载的文字内容完全相同,也包括了技术方案相等同的情况。另外,从立法本意上讲,只要是相同的发明创造,不管是否为同一主体申请,在授权上如果发现技术内容是重复的,均不应对在后申请授予专利权[①]。

(三) 对"只能被授予一项专利"的理解

"只能被授予一项专利",也就是说,法律禁止重复授权。如果同样的发明创造同时有两项或者两项以上处于有效状态的授权专利存在就构成重复授权。因为根据《专利法》的规定,被授予专利权的发明创造应当具备"三性",其中之一就是新颖性。新颖性是指在申请日以前没有同样的发明或者实用新型在国内外出版物上公开发表过、在国内公开使用过或者以其他方式为公众所知,也没有同样的发明或者实用新型由他人向国务院专利行政部门提出过申请并且记载在申请日以后公布的专利申请文件中。由此可见,将同样的发明创造重复授予专利权,后一专利权肯定是不符合新颖性的要求。而且,如果允许相同的发明创造在不同的时期被授予两项以上的专利权,势必会延长对该专利技术方案的保护期,不仅有损社会公众的利益,而且不利于发明创造的推广转化。

(四) 关于本案

本案中,发明人舒某1992年9月30日已经取得"一种高效节能双层炉排反烧锅炉"实用新型专利,其后于1999年2月22日又将具有相同技术内容和技术方案的发明创造申请了发明专利,针对前一实用新型专利而言,其后的发明专利显然属于重复授权。从时间上看,1992年9月30日被授予实用新型专利,至1999年2月8日权利终止后该技术已进入公有技术领域。但由于舒某在1999年10月13日又被授予发明专利权,这就意味着已进入公有技术领域

---

① 程永顺:《重复授予的专利权应宣告无效》,载《人民法院报》2002年11月6日。

的技术又将有 10 年的保护期，这不仅违反了专利法禁止重复授权的规定，也有违专利法的立法本意，损害了社会公众的利益。所以，2004 年 6 月 4 日，国家知识产权局专利复审委员会做出的宣告"一种高效节能双层炉排反烧锅炉"发明专利权无效的决定是正确的。

三、思考·讨论·训练

1. 超过专利保护期的实用新型专利能否申请发明专利？
2. 如何理解《专利法实施细则》规定的"同样的发明创造只能被授予一项专利"？
3. 发明、实用新型和外观设计三个概念之间有哪些区别和联系？
4. 发明、实用新型和外观设计的保护期限分别是多长时间？
5. 被授予专利权的发明创造应当具备的"三性"标准是什么？在发明专利、实用新型专利和外观设计专利的具体应用上有什么不同？

案例 4-4　香奈儿起诉了
——注册商标专用权的保护

一、案例介绍

2005 年 9 月，法国路易威登马利蒂公司（LV）、意大利古乔古希股份公司（GUCCI）、英国勃贝雷有限公司（BURBERRY）、卢森堡普拉达公司（PRADA）和法国香奈儿有限公司（CHANEL）五家世界著名品牌公司以其注册商标专用权被侵犯为由将北京秀水街服装市场有限公司（原北京市秀水豪森服装市场有限公司）和五位售假商户起诉到北京市第二中级人民法院，要求法院判令被告立即停止侵权行为，并赔偿五原告经济损失各 50 万元人民币，共计 250 万元人民币。

五原告在起诉时称，在秀水街商厦经营的商户潘某等人多次销售其公司拥有注册商标专用权的"LV"、"GUCCI"、"BURBERRY"、"PRADA"、"CHANEL"品牌的箱包商品，给商标权人带来重大经济损失，造成了恶劣影响。同时，五原告还认为，被告北京市秀水豪森服装市场有限公司作为秀水街商厦的经营管理者，曾公开承诺过不出售假货，而且有能力制止商户卖假，但原告却在秀水市场上的五家摊位购买到了仿冒自己品牌的手包、钱包等大量物品。五家名牌公司表示，当初他们曾以律师函的形式向秀水街市场提出抗议，但秀水街市场没有采取任何措施，为潘某等人的侵权行为提供了便利条件，要求法院判令其承担连带责任。

秀水街服装市场有限公司针对五家公司的诉讼，认为市场没有故意为侵犯注册商标专用权的行为提供便利条件，对商户销售假冒注册商标商品的行为并不知情。而且，在收到起诉材料后，市场方面已收回五家商户的摊位并采取了相应的管理措施。如果法院判定其承担责任，那么对全国所有的同类市场企业来说都将是"一场灾难"。五位售假商户则认为，他们因此事已受到制裁，不应再承担损失。而且被告潘某等人也联名向法院递交信件，称他们从外地来到北京寻找生计，有父母需要供养，有子女需要读书，他们不知道除了卖这些商品还能够做什么，国外公司提起的这场诉讼一下子让他们陷入了经济的困境。

2005年12月19日，北京市第二中级人民法院经过审理后认为，五位个体商户销售带有五原告商标标识的商品，其行为侵犯了五原告享有的注册商标专用权。同时，秀水街服装市场有限公司作为市场的经营管理者，应该及时制止市场内售假行为，在五家公司函告并标明了售假摊位号后，秀水街服装市场有限公司没有采取措施制止，直到案件审理时，售假行为依然存在，因此，秀水街服装市场有限公司应就售假商户的行为承担连带责任。据此，法院判令五名商户停止销售带有五家公司商标的产品，秀水街服装市场有限公司和商户共同赔偿五家公司各人民币2万元，包括1万元经济损失和1万元因诉讼而支付的合理费用。

一审宣判后，秀水街服装市场有限公司及五家商户均提起了上诉。2006年4月18日，北京市高级人民法院对该案做出终审判决，判决驳回秀水街服装市场有限公司及五家商户的上诉，维持一审判决。

（案例来源：龙翼飞：《秀水市场售假败诉，知识产权保护显威力》，《商品与质量》2006年第21期）

二、案例分析

本案为最高人民法院评选的2006年"全国十大知识产权案例"之一。本案案情相对简单，所涉及的核心问题就是注册商标专用权的保护，但本案的意义和影响却远非如此。

（一）注册商标专用权的相关知识

商标是生产经营者在其产品或服务上所使用的，由文字、图形或其组合构成的，具有显著特征并便于识别产品或服务来源的专用标记。商标经使用人申请并经国家工商行政管理部门商标局核准登记注册后，便成为注册商标。申请商标注册的申请人首先必须具备法律规定的主体资格。申请注册商标应以使用为目的，由国家工商行政管理局认可的商标代理机构提出注册申请或由申请人直接提出，并向商标局报送申请书、商标图样，附送有关证明文件和缴纳申请费用，经过严格的审查公告、异议等法定程序后，方可成为注册商标。商标注册申请人即成为商标权人，依法享有商标权人的各项权利、义务：注册商标所有人就该商标享有独占、排他的专有使用权，权利人可据此对抗任何第三人在相同或类似的产品或服务上使用相同或类似的商标；可以就该商标作出转让和许可使用，以获取报酬。同时还应履行注册商标权人应当承担的义务，如缴纳年费等。国家应当保障注册商标权人的专有使用权。当权利人的专有使用权受到侵犯时，国家有关行政主管部门、司法机关应依法定程序制止、惩罚侵犯注册商标权的行为，使侵权人承担相应的刑事、民事或行政的责任。

根据我国《商标法》第51条的规定："注册商标的专用权，以核准注册的商标和核定使用的商品为限。"也就是说，注册商标专用权的保护仅限于核准注册的商标和核定使用的商品范围内。

根据我国《商标法》第52条的规定，下列行为之一的，均属侵犯注册商标专用权：

1. 未经商标注册人的许可，在同一种商品或者类似商品上使用与其注册商标相同或者近似的商标的。

2. 销售侵犯注册商标专用权的商品的。

3. 伪造、擅自制造他人注册商标标识或者销售伪造、擅自制造的注册商标标识的。

4. 未经商标注册人同意，更换其注册商标并将该更换商标的商品又投入市场的。

5. 给他人的注册商标专用权造成其他损害的。

（二）关于本案

本案中，五位商户及秀水街服装市场有限公司的行为已侵犯了五大品牌公司的注册商标专用权。

香奈儿等五大品牌公司均在中华人民共和国依法注册并获得了注册商标专用权。如法国香奈儿公司在我国依法注册了"CHANEL"商标和第145863号图形商标，并获得了注册商标专用权。那么，本案中的五位商户在未经授权的情况下销售带有他人商标标识的产品，显然属于商标侵权行为。

根据我国《商标法实施条例》第50条第3款的规定，"故意为侵犯他人注册商标专用权行为提供仓储、运输、邮寄、隐匿等便利条件"的行为属于侵权注册商标专用权的行为。在本案中，法院据此认定秀水街服装市场有限公司的行为构成商标侵权行为。根据这个判决，出租摊位的市场经营者有义务对租赁摊位的商户出售商品的种类、质量等进行监督，以制止制假售假情况。如果发现但没有及时有效地制止，就属于提供便利条件而构成侵权。这个判决所确立的精神将影响到更大范围的市场。

本案的终审判决与五公司最初的诉讼请求数额相去甚远，但这个判决在我国国内及国际社会中所产生的影响是巨大的。对于国内类似于秀水街市场经营模式的商家来说，再不能像以前一样，公然出售假货了。对于我国全面推进保护知识产权战略来讲，其意义也是非常深远的。2006年是我国加入世界贸易组织后承诺完全兑现的最后一年，秀水街市场一案的判决表明，拥有司法裁判权的法院在知识产权保护上采取了更为严格的标准。它同时传递出一个强有力的信号，就是中国政府在加强知识产权保护方面有效地实施法律和贯彻国家政策的决心。西方媒体纷纷称此案件"具有里程碑意义"。他们认为，"包括秀水市场败诉案在内的一系列保护国际知名品牌在华权益的举措，是中国逐步建立国际化的知识产权保护制度的明证。"①

三、思考·讨论·训练

1. 注册商标的申请条件是什么？如何申请注册商标？
2. 什么是注册商标的专用权？
3. 注册商标专用权侵权的构成要件是什么？
4. 驰名商标应当如何认定？对驰名商标有哪些特殊保护？
5. 就我国目前的市场现状，讨论应当如何加强注册商标专用权的保护？

案例 4-5 这个商标能注册吗？
——商标构成要件

一、案例介绍

美国光学公司在第 9 类眼镜等商品上申请注册 "AMERICAN OPTICAL" 和 "美国光学" 两件商标，被国家工商行政管理局商标局驳回，商标局驳回

---

① 参见朱希军、任爱民、周晓冰《品牌之诉——知识产权名案在北京二中院》，《法律与生活》2006年5月上半月刊。

的主要理由是：申请商标为国家名称加学科名称，用做商标缺乏显著性，不易识别，国家名称不得用做商标或商标的一部分。

美国光学公司向国家工商行政管理局商标评审委员会申请复审，主要理由是：申请商标为申请人公司名称的一部分，申请人乃世界最著名的眼镜生产厂家之一，申请商标在消费者心中已形成了相当高的信誉，申请商标表达的是一种"美国风格、美式的"含义，并非国名或学科名称，其带有隐喻意义的第二含义具有显著特性。

商标评审委员会终局裁定：美国光学公司××年××月××日在第9类眼镜等商品上申请注册的"AMERICAN OPTICAL"及"美国光学"两商标予以驳回，不予初步审定。

（案例来源：郭禾主编：《知识产权法案例分析》，第210～212页，中国人民大学出版社2006年版）

二、案例分析

本案主要涉及的知识点是注册商标的构成要件。本案的焦点就是美国光学公司的复审理由是否成立，这直接关系到所申请的商标能否获准注册。

（一）注册商标的构成要素应符合法律规定

1. 商标图样须由文字、图形或其组合构成。我国《商标法》第8条规定："任何能够将自然人、法人或者其他组织的商品与他人的商品区别开的可视性标志，包括文字、图形、字母、数字、三维标志和颜色组合，以及上述要素的组合，均可以作为商标申请注册。"

2. 必须具备显著特征，便于识别且不与他人注册的商标相混同。我国《商标法》第9条第1款规定："申请注册的商标应当有显著特征，便于识别，并不得与他人在先取得的合法权利相冲突。"商标是区别商品或服务的标志，无论使用什么标志做商标，都必须具有显著特征，使之成为区别于他人同类商品或服务的明显标志。商标的独特性和可识别性是相互联系的，商标特征越显著，越具有自己的特点，它的区别作用就越大，也就越便于人们识别。另外，申请注册的商标还不得与他人在先取得的合法权利相冲突，这里的在先权利，是指在申请商标注册前已存在的合法权利，其内容既可能涉及其他知识产权也可能涉及民法保护客体，主要包括著作权、商号权、外观设计专利权、地理标记权、姓名权、肖像权等。

3. 商标所使用的文字、图形不违反禁用规定。

（1）绝对禁用条款。根据我国《商标法》第10条规定，下列标志不得作为商标使用：

①同中华人民共和国的国家名称、国旗、国徽、军旗、勋章相同或者近似的，以及同中央国家机关所在地特定地点的名称或者标志性建筑物的名称、图形相同的。

②同外国的国家名称、国旗、国徽、军旗相同或者近似的，但该国政府同意的除外。

③同政府间国际组织的名称、旗帜、徽记相同或者近似的，但经该组织同意或者不易误导公众的除外。

④与表明实施控制、予以保证的官方标志、检验印记相同或者近似的，但经授权的除外。

⑤同"红十字"、"红新月"的名称、标记相同或者近似的。

⑥带有民族歧视性的。

⑦夸大宣传并带有欺骗性的。

⑧有害于社会主义道德风尚或者有其他不良影响的。

县级以上行政区划的地名或者公众知晓的外国地名，不得作为商标，但是，地名具有其他含义或者作为集体商标、证明商标组成部分的除外；已经注册的使用地名的商标继续有效。

《商标法》的上述规定属商标的消极注册条件，既是基于维护本国和外国的国家、军队的威信和国际组织的尊严，人道主义和公共利益的需要，也是为了增进民族团结、尊重宗教信仰和维护社会主义道德风尚的需要。因此，上述规定是公序良俗原则在商标注册中的体现。

（2）相对禁用条款。我国《商标法》第11条规定，下列标志不得作为商标注册：

①仅有本商品的通用名称、图形、型号的。

②仅仅直接表示商品的质量、主要原料、功能、用途、重量、数量及其他特点的。

③缺乏显著特征的。

上述三种标志如果经过使用取得显著特征，并便于识别的，可以作为商标注册。

（3）立体商标的禁用规定。我国《商标法》第12条规定："以三维标志申请注册商标的，仅由商品自身性质产生的形状、为获得技术效果而需有的商品形状或者使商品具有实质性价值的形状，不得注册。"

（二）本案中，美国光学公司的复审理由是不能成立的

美国光学公司的复审理由是否成立直接关系到所申请的商标能否获准注册。一种观点认为，既然《商标法》有明确规定，国家名称不能作为商标或商标的组成部分，那么，在实践中就不能使用，更不能申请注册。另一种观点认为，复审理由成立，该商标通过长期使用已具有第二含义，可以注册。

就本案而言，美国光学公司以"AMERICAN OPTICAL"和"美国光学"申请注册商标，由于其商标中含有美国的国家名称的中文和英文，因此，该商标违反了《商标法》第10条第1款的规定，是绝对禁用条款。并且该文字也难以表达"美国风格、美式的"含义，至少是并不显著。因此，申请人关于该两件商标带有第二含义、具有显著性的复审理由不能成立。

三、思考·讨论·训练

1. 注册商标的构成要件有哪些？
2. 商标注册的原则是什么？
3. 简要阐述商标注册的申请、审查、核准及公告程序。
4. 外国人、外国企业如何在我国申请商标注册？
5. 本案中，美国光学公司对商标局驳回申请的，可以自收到通知之日起多长时间内向商标评审委员会申请复审？对商标评审委员会的裁定不服的，可以自收到通知之日起多长时间内向人民法院提起诉讼？

第五章　证券法

　　法律不能使人人平等，但是在法律面前人人是平等的。
　　　　　　　　　　　　　　　　　　　　——［英］波洛克

　　证券法是规范我国证券市场的基本法律，在保护投资者合法权益，维护社会经济秩序及社会公共利益，促进社会主义市场经济发展等方面，发挥着巨大的作用。我国《证券法》颁布于 1998 年 12 月 29 日，自 1999 年 7 月 1 日起正式施行，于 2005 年 10 月进行了重新修订。

一、证券法概述

　　（一）证券的概念与种类
　　证券是指证明或设定权利的书面凭证。证券主要包括金券、免责证券和有价证券。
　　金券又称金额券，其本身具有一定的价值，票面记载一定金额，只能为一定目的而使用。如邮票、印花、纸币等。
　　免责证券，又称资格证券，是指持有者具有行使一定权利的资格，而义务人向其履行义务即告免责的证券。如银行存单、存车牌等。
　　有价证券是代表一定财产权的证券。根据其所表示的权利内容不同，分为物品证券和价值证券。物品证券是表明持有人对特定物品享有一定请求权的有价证券，如提单、仓单等。价值证券是以货币额表示的证券，包括货币证券和资本证券。货币证券主要指汇票、本票和支票。资本证券大致分为股票、债券、投资基金券和衍生证券四大类[①]。我国《证券法》上的证券专指资本证券。

　　（二）证券法的概念及基本原则
　　证券法是指调整证券发行、交易以及监管关系的法律规范的总和。
　　依据《证券法》第 3～8 条，我国证券法的基本原则有以下几项：①公

---

① 参见朱羿锟主编《商法学——原理·图解·实例》，第 405 页，北京大学出版社 2007 年版。

开、公平和公正原则；②自愿、平等、有偿和诚实信用原则；③集中统一监管和行业自律相结合的原则；④分业经营原则。

（三）证券经营机构

证券经营机构，也称"证券商"制度。证券商是从事证券经营业务的组织。所谓证券经营业务是指证券承销，证券自营买卖，证券交易之经纪或者居间业务，证券投资信托，证券融资，证券登记，证券交易的清算、过户，证券集中托管，证券投资咨询等证券法律行为。

二、证券的发行

（一）证券发行概念

证券发行是指发行人为筹集资金而按照法定的条件和程序向社会公众出售证券并由购买者购买的法律行为。

（二）证券发行的条件、审核制度与方式

1. 证券发行的条件。只要上市公司公开发行证券，无论是发行股票，还是发行债券或可转换公司债券，均应有健全的组织机构且运行良好，具有可持续的盈利能力，财务状况良好，募集资金数额和用途合规，无重大违法行为，而且不得具有规定的消极资格[①]。

2. 证券发行审核制度。我国对公开发行证券实行核准制，对上市公司非公开发行新股也是实行核准制。核准机关负责审查其是否符合法律、行政法规所规定的条件，只有经过核准方可发行证券。不过，核准并不构成监管机关对发行人经营情况与收益的保证或承诺。对于股票而言，发行人需对其经营与收益的变化自行负责，投资者自行承担由此所产生的投资风险。不过，对于企业直接或者间接到境外发行证券或者将其证券在境外上市交易，仍实行审批制[②]。

3. 证券发行的方式——承销。证券只能由依法设立的有承销资格的证券经营机构向社会公开销售，而不能由发行人自己进行销售，也就是不能进行私募。

证券承销有代销和包销两种基本方式。证券代销是指证券公司代发行人发售证券，在承销期结束时，将未出售的证券全部退还给发行人的承销方式。证券包销是指证券公司将发行人的证券按照协议全部购入或者在承销期结束时将

---

① 参见《上市公司证券发行管理办法》第 6~11 条。
② 参见朱羿锟主编《商法学——原理·图解·实例》，第 459 页，北京大学出版社 2007 年版。

售后剩余证券自行购入的承销方式。

(三) 持续信息公开制度

信息公开制度是指在证券的发行和上市交易过程中,将与证券的发行和影响证券交易价格的重要信息进行公开的法律制度。鉴于在证券发行、上市及交易期间,信息公开的义务人须一直进行信息披露,所以称之为持续信息公开。信息公开的基本要求是真实、准确、完整和及时。能够有效维护投资者的利益,促进证券发行与交易价格合理化,约束证券发行人和上市公司,促进其完善治理结构,增强其对投资者的责任心。违反信息公开制度,致使投资者在证券交易中遭受损失的发行人、上市公司应承担相应的赔偿责任。

三、证券交易

证券交易是指证券权利人在法定交易场所买卖已依法发行的证券的行为。

依交割期限与投资方式的不同,证券交易可以分为现货交易、期货交易、期权交易及信用交易。现货交易是以实际拥有的证券作为交易标的并且在成交后即时清算交割证券价款的交易形式,这是最基本的交易形式,也是我国证券法所确认的主流交易形式;期货交易是通过期货合约的方式进行证券交易,交易的对象是标准化合约;期权交易,又称选择权交易,是指由期权买方向期权卖方支付期权费用后,取得是否按交易价格买进或者卖出一定数量证券的选择权的一种证券交易方式;信用交易,又称保证金交易,是指证券公司向客户借贷一定的资金或者证券进行交易的一种证券交易形式。客户事先向证券公司交纳一定的保证金,客户可以向证券公司借款或者进行证券透支。

证券交易的主体就是证券的投资者,可以是个人投资者和机构,也可以是中、外投资者。证券交易有两种场所,即证券交易所和柜台。相应的,其交易也就分为场内交易和场外交易。与证券交易的场所相对应,证券交易方式也有两种,即集中竞价交易和非集中竞价。证券交易的基本程序是投资者需要开立账户,然后委托与成交,最后结算、交割与过户。

禁止的交易行为是指证券市场的参与者和监管者在证券交易过程中,依法不得实施的行为。主要有内幕交易、操纵市场、欺诈客户三种禁止交易行为。

四、上市公司收购

上市公司收购是指收购人通过在证券交易所的股份交易,持有一个上市公司的股份达到一定比例,或通过其他合法途径控制一个上市公司的股份达到一定的程度,从而获得或者可能获得对其实际控制权的法律行为。

上市公司收购的主体是收购者（包括法人和自然人）和目标公司股东，目标公司的经营者不是收购任何一方的当事人。上市公司收购的客体是上市公司的股份而不是上市公司本身，其根本目的是要获取目标公司的控制权。

上市公司收购主要有要约收购、协议收购和集中竞价交易收购三种类型。根据我国《证券法》第85条的规定，投资者可以采取要约收购、协议收购及其他合法方式收购上市公司。我国对集中竞价交易收购方式没有明确的规定，但对间接收购和管理层收购做了明确规定。

上市公司收购的法律后果：

1. 上市公司临时停牌。在上市公司收购过程中，一旦收购人做出收购上市公司的公告，证券监管部门或者证券交易所可以决定目标公司的股票临时停牌，防止导致股票价格的暴涨。

2. 收购人持有目标公司股票转让的限制。为了防止收购人利用收购机会操纵股市，损害投资者的合法权益，在上市公司收购中，收购人对所持有的被收购公司的股票，在收购行为发生后的一定期限内不得转让。

3. 上市公司收购的报告与公告。一旦收购完成，收购人应在15日内，向中国证监会和证券交易所报告收购情况，并予以公告[①]。

4. 目标公司所发行的股票在证券交易所停止交易。若收购人通过收购，而合并目标公司，则目标公司因收购完成而归于消灭。对于目标公司的原有股票，收购人应依法予以更换[②]。

5. 目标公司组织的变更。在完成收购后，目标公司股权结构将发生巨大的变化。其股权可能因为收购而高度集中，从而不再符合上市条件或股份有限公司的条件，目标公司股票即应在证券交易所终止上市，或变更公司形式。

五、证券投资基金法律制度

（一）证券投资基金的概念及性质

证券投资基金是一种利益共享、风险共担的集合证券投资方式。通过发行基金单位，集中投资者的资金，由基金托管人托管，由基金管理人管理和运用资金，从事股票、债券等金融工具投资，并将投资收益按基金份额持有人所持份额进行分配的新型投资工具。

证券投资基金是信托财产，基金本身不是财团法人和社团法人，因此基金

---

① 参见《中华人民共和国证券法》第100条。
② 参见《中华人民共和国证券法》第99条。

持有人的个人债务不能对基金主张清偿,除非处理基金本身的信托事务时发生的债务和费用以及税款。

(二)证券投资基金的种类

根据基金的运作方式,将其分为封闭式基金和开放式基金。

封闭式基金是指经核准的基金份额总额在基金合同期限内固定不变,基金份额可以在依法设立的证券交易场所内交易,但基金份额持有人不得申请赎回的基金。

开放式基金是指基金份额总额不固定,基金份额可以在基金合同约定的时间和场所申购或者赎回的基金。基金份额持有人可依据基金份额的资产净值,在规定的时间和场所赎回其所持有的基金份额。

(三)证券投资基金的募集与交易

证券投资基金的募集是指基金管理人为筹集资金而依法定条件和程序向投资者销售基金份额的一系列行为的总称。我国对证券投资基金的募集实行核准制。一般而言,基金的募集须经过:申请设立基金、签订发起人协议、基金契约、托管协议与招募说明书的准备、基金设立申请报告的上报、基金文件的公告等几个阶段。

封闭式基金、开放式基金以及其他基金,均可上市交易,基金上市也实行核准制。基金管理人需向中国证监会或证券交易所提交上市申请和相关资料。一经核准上市,基金份额即可上市交易。

(四)证券投资基金的上市及终止

基金上市、终止由证券交易所决定,报中国证监会备案即可。基金上市后,其终止上市的事由包括以下四种情形:①不再具备上市交易条件。②基金合同期限届满。③基金份额持有人大会决定提前终止上市交易。④基金合同约定的或基金份额上市交易规则规定的终止上市交易的其他情形[①]。

案例 5-1 "杭萧钢构"案——信息披露制度

一、案例介绍

杭萧钢构原名为萧山市杭萧轻型钢房制造有限公司,成立于 1994 年 12 月

---

① 参见《中华人民共和国证券投资基金法》第 50 条。

20日。2000年12月28日,公司整体变更为浙江杭萧钢构股份有限公司。2003年11月10日,在上海证券交易所上市,代码600477。

2007年1月至2月初,杭萧钢构与中国国际基金有限公司就安哥拉住宅建设项目举行谈判。2月13日,签署合同草案,合同总金额折合人民币313.4亿元。2月12日下午3时,正值合同谈判处于收尾阶段,杭萧钢构董事长单银木在公司2006年度总结表彰大会的讲话中称:"2007年对杭萧来说是一个新的起点,如国外的大项目正式启动,2008年股份公司争取达到120亿,集团目标150亿。"

2月15日,杭萧钢构发布公告称:"公司正与有关业主洽谈一境外建设项目,该意向项目整体涉及总金额折合人民币约300亿元,该意向项目分阶段实施,建设周期大致在两年左右。若公司参与该意向项目,将会对公司2007年业绩产生较大幅度增长。"而合同草案实际约定却是"各施工点现场具备施工条件后两年内完工。"

3月13日,杭萧钢构又发布公告称:"中国国际基金有限公司与安哥拉共和国政府签订了公房发展EPC合同,为安哥拉兴建公房项目,总工期为5年。"

4月4日,中国证监会向杭萧钢构下发了《立案调查通知书》,通知公司因公司股价异常波动,涉嫌存在违法违规行为,根据《证券法》的有关规定,决定立案调查。在此期间,杭萧钢构股票价格发生巨大波动,2至4月间,产生了十几个涨停,有关财经媒体质疑声音不断。

4月29日,《中国证券报》记者发表文章《证监会拟对杭萧钢构行政处罚 部分涉嫌违法犯罪责任人员已被采取限制出境措施》,首次正面地将杭萧钢构存在虚假陈述行为问题揭露出来。

5月14日,杭萧钢构发布《重大事项公告》与《致歉公告》,披露中国证监会对杭萧钢构做出的行政处罚决定和上海证券交易所对杭萧钢构做出的公开谴责决定。在中国证监会证监罚字[2007]16号《行政处罚决定书》中,中国证监会认定杭萧钢构在信息披露中存在以下违法违规行为:"(一)未按照规定披露信息;(二)披露的信息有误导性陈述,即构成了虚假陈述行为,故根据《证券法》,对杭萧钢构及其董事长单银木等高管人员进行行政处罚。"

公告发布后,引起了杭萧钢构股票价格的下跌,连续产生跌停,造成部分投资者的投资损失,进而委托律师提起证券民事赔偿诉讼。

6月13日,新华社报道:"继中国证监会对杭萧钢构信息披露违法违规行为做出行政处罚决定后,司法机关开始对杭萧钢构案中内幕交易的相关责任人与犯罪嫌疑人罗高峰（涉嫌泄露内幕信息罪）、王向东、陈玉兴（涉嫌内幕交易罪）执行逮捕。"

（案例来源：宋一欣：《杭萧钢构民事赔偿案主要原告代理律师致函最高人民法院，请求尽快恢复受理该案》，http：//songyixin0214.blog.sohu.com）

二、案例分析

近年来，我国证券市场上股指不断创出新高，但同时市场上各种违法违规行为也时有发生，杭萧钢构案就是 2007 年令人瞩目的一个大案，主要涉及我国上市公司的信息披露制度。

（一）信息披露制度的有关规定

信息披露是指上市公司依照法律规定将自身财务、经营等情况向证券管理部门报告并向社会公众投资者公告的活动。上市公司信息披露是否真实、及时、完整、准确是证券市场体现公开、公平、公正原则的重要衡量标准。信息披露可以充分保护社会公众与投资者的合法权益，保障证券市场的正常秩序。长期以来，信息披露问题一直是广大投资者关注的焦点，也是监管机构进行监管的重点内容。

关于信息披露的相关法律法规，我国主要有《公司法》、《证券法》、《股票发行与交易管理暂行条例》、《禁止证券欺诈行为暂行办法》、《公开发行的股票公司信息披露实施细则》、《上市公司治理准则》、《证券交易所股票上市规则》、《上市公司信息披露管理办法》、《上市公司信息披露事务管理制度指引》等。其中，2006 年 12 月 13 日由中国证监会颁布实施的《上市公司信息披露管理办法》，对我国的信息披露制度做了详细规定。

我国《证券法》第 63 条规定："发行人、上市公司依法披露的信息，必须真实、准确、完整。不得有虚假记载、误导性陈述或者重大遗漏。"第 67 条第 1 款规定："发生可能对上市公司股票交易价格产生较大影响的重大事件，投资者尚未得知时，上市公司应当立即将有关该重大事件的情况向国务院证券监督管理机构和证券交易所报送临时报告，并予公告，说明事件的起因、目前的状态和可能产生的法律后果。"

《上市公司信息披露管理办法》第 2 条规定："信息披露义务人应当真实、准确、完整、及时地披露信息，不得有虚假记载、误导性陈述或者重大遗漏。信息披露义务人应当同时向所有投资者公开披露信息。"也就是说，上市公司董事会全体成员必须保证信息披露的内容具有真实性、准确性、完整性、及时性和公平性。第 5 条规定："信息披露文件主要包括招股说明书、募集说明书、上市公告书、定期报告和临时报告等。"随着证券市场的发展和成熟，信息披露的内容呈扩大趋势。

（二）结合本案，杭萧钢构在信息披露方面有重大违法违规行为

经中国证监会调查认定，杭萧钢构信息披露中的违法违规行为主要有两个方面：

1. 未按照规定披露信息。公司在非洲安哥拉取得巨额工程项目，但没有依照规定及时向市场公布，而是先在公司内部的职工大会上进行透露，使公司内部人员及密切关联人员先于市场得到信息，并使股价连续上涨并产生剧烈波动。

2. 有两处"披露的信息有误导性陈述"。2月15日，公司发布公告称公司正在洽谈一个境外建设项目，"该意向项目分阶段实施，建设周期大致在两年左右"，若参与"将会对公司2007年业绩产生较大幅度增长"。证监会认定，这与安哥拉项目合同草案实际约定的"各施工点现场具备施工条件后两年内完工"内容存在严重不符，会使投资者误以为该项目的实施条件不存在重大不确定性，能够在约两年左右的时间内完工。

3月13日，公司发布公告称："中国国际基金有限公司与安哥拉共和国政府签订了公房发展EPC合同，为安哥拉兴建公房项目，总工期为5年。"而根据有关证据，杭萧钢构并未看到该公房项目合同。没有看到合同却并未在公告中披露，这一行为也足以对投资者产生误导，使投资者以为这家公司所签合同不存在重大不确定性和风险[①]。

根据我国《证券法》第193条第1款的规定："发行人、上市公司或者其他信息披露义务人未按照规定披露信息，或者所披露的信息有虚假记载、误导性陈述或者重大遗漏的，责令改正，给予警告，并处以三十万元以上六十万元以下的罚款。对直接负责的主管人员和其他直接责任人员给予警告，并处以三万元以上三十万元以下的罚款。"中国证监会对杭萧钢构及其董事长单银木等高管人员进行了行政处罚：对公司给予警告，并处以40万元罚款；对公司董事长单银木、公司总裁周金法分别给予警告，并处以20万元罚款；对公司董事潘金水、公司总经理陆拥军、公司证券办副主任（证券事务代表）罗高峰分别给予警告，并处以10万元罚款。

上市公司违规披露信息具有极大的危害性，破坏了上市公司的诚信形象，损害了广大投资者的利益，形成了内幕交易的温床。证券市场要想健康发展，

---

① 参见高晓娟、胡作华《杭萧钢构信息披露违法违规"三部曲"》，载新华网浙江频道，http://www.zj.xinhuanet.com。

就必须保护广大投资者的合法利益。如果投资者尤其是中小投资者的合法利益得不到有效保护，他们的信心就会受到打击，就会远离这个市场。没有广大投资者的参与，就没有证券市场的健康发展。规范的信息披露是维护证券市场公开、公平、公正的根本保证。在 2007 年，"杭萧钢构"、"天山股份"等一批违规公司的曝光，说明我国上市公司信息披露的现状还不容乐观，上市公司信息披露的制度建设、执法与监管等方面任重而道远。

三、思考·讨论·训练

1. 从"杭萧钢构"案可以得到哪些启示？"杭萧钢构"案对公司及证券市场的健康发展有哪些危害性？

2. 为什么证券市场上信息披露不实、内幕交易等违法违规现象屡禁不止？我国的信息披露制度、证券监管体系还存在哪些问题？如何解决？

3. 为什么上市公司要进行信息披露？在强制信息披露制度下，保护投资者利益和保护公司商业秘密之间的平衡点在哪里？

案例 5-2　我国证券市场第一例要约收购案
——强制要约收购

一、案例介绍

南京钢铁股份有限公司（以下简称"南钢股份"）是 2000 年 9 月在上海证券交易所上市的公司，其国有股 35760 万股由南钢集团持有，占南钢股份的 70.95%。2003 年 3 月 12 日，南钢集团与复星集团的三个关联公司（复兴集团公司、复兴产业投资和广信科技）共同签订了设立南京钢铁联合有限公司（以下简称"南钢联合"）的合资合同。《合资经营合同》约定：南钢联合共计注册资本 27.5 亿元。其中南钢集团以其持有的南钢股份 35760 万股国有法人股及其他部分资产（包括负债）合计 11 亿元净值出资，占南钢联合注册资本的 40%；复兴科技集团以现金 8.25 亿元出资，占注册资本的 30%；复兴产业投资以现金 5.5 亿元出资，占注册资本的 20%；广信科技以现金 2.75 亿元出资，占注册资本的 10%。南钢集团以其持有的 35760 万股国有股出资，导致南钢联合被认为构成上市公司收购行为。南钢联合于 2003 年 6 月 12 日向南钢股份所有股东正式发出全面收购要约。经评估，南钢股份 35760 万股国有股价值 136008 万元，折合每股净资产值为 3.80336 元。由于在签署要约收购报告书前6个月，南钢联合不存在购入南钢股份流通股的行为，而南钢股份的挂牌交易股票在提示性公告日前30个交易日内每日加权平均价格的算术平均值的90%为5.86元，因此收购价格为国有股3.81元/股，流通股为5.86元/股。要约有效期为1个月。截至2003年7月12日要约收购期满，南钢股份股东无一人接受其发出的收购要约。这意味着收购方南京钢铁联合有限公司履行完了强制收购的义务，而法定的强制要约收购制度的目标远没有达到。因为复兴集团既没有因要约收购而增加收购成本，又间接地实现了对南钢股份的控股。造成这种现象的原因是南钢股份流通股在要约收购提示性公告前1个月的二级市场流通股均价达到6.68元/股，而要约收购价格仅为5.86元/股，南钢股份流通股交易价格始终高于要约价格，没有投资者会愿意接受要约。

（案例来源：符启林主编：《证券法理论·实务·案例》，第221页，法律出版社2007年版）

二、案例分析

本案例主要涉及我国上市公司强制要约收购制度。

（一）上市公司强制要约收购制度的相关知识

上市公司收购是指收购人通过在证券交易所的股份交易持有一个上市公司的股份达到一定比例，或通过其他合法途径控制一个上市公司的股份达到一定的程度，从而获得或者可能获得对其实际控制权的法律行为。上市公司收购主要有要约收购、协议收购和集中竞价交易收购三种类型。

要约收购是指收购人通过向目标公司全体股东发出在要约期满后以一定价格购买其所持有股份的意思表示而进行的收购，以此实现对目标公司的控制。要约收购分为自愿要约收购和强制要约收购两种。自愿要约收购是指收购人自主决定并直接向目标公司全体股东公开发出要约，邀请所有股东按要约规定的条件出售其股票以取得对目标公司的控制权的收购。强制要约收购则是指在收购人持有目标公司已发行股份达到一定比例，以致获得对目标公司的控制权时，法律强制其向目标公司的全体股东发出收购其所持有全部股份的要约。

强制要约收购的主要目的在于对中小股东权益的保护，有助于防止收购人同目标公司控股股东及管理层之间进行"暗箱"操作，损害中小股东的利益，使中小股东拥有选择退出的机会。

我国1998年《证券法》确立了强制要约收购制度，但规定较为概括，可操作性不强。2002年9月28日，证监会出台的《上市公司收购管理办法》（以下简称《收购办法》），将要约收购作为上市公司收购的重要模式之一，成为上市公司要约收购的主要法律依据。

(二) 南钢联合为什么要进行强制要约收购？南钢联合是否享有要约豁免？

按照《收购办法》第 24 条的规定："通过证券交易所的证券交易，收购人持有一个上市公司的股份达到该公司已发行股份的百分之三十时，继续增持股份的，应当采取要约方式进行，发出全面要约或者部分要约。"南钢联合作为南钢股份 70.95% 股份的受让人，对南钢股份的持股比例已超过 30%，故须履行强制要约收购义务。因此，南钢联合对南钢股份的全部剩余股份 240 万法人股（占总股本的 0.48%）和 14400 万流通股（占总股本的 28.57%）提出了收购请求。

强制要约收购在保护中小股东权益的同时也加大了上市公司收购的成本。要约豁免制度既能够降低收购成本，又能够保护中小股东的利益。对符合下列条件之一的上市公司，可以向中国证监会提出要约豁免：

1. 上市公司股权转让并未导致实际控制人发生变化。

2. 上市公司面临严重财务困难，收购人为拯救公司，提出切实可行的重组方案取得该公司股东大会批准且承诺 3 年内不转让其所拥有的权益的。

3. 上市公司根据股东大会决议发行新股，导致收购人持有、控制该公司股份比例超过 30% 的。

4. 因承销股票、合法继承、行政划拨、公司减持股本、银行开展正常业务等情况致使持股比例超过 30% 的。

5. 中国证监会认定的其他情形。

其中，第 2、3、4 种情形显然不适用于南钢股份收购案，那么，南钢股份的实际控制人是否发生改变了呢？虽然拥有南钢股份 70.95% 的南钢集团在南钢联合中占有 40% 的高额股份，但其余 60% 的股份均由复兴集团旗下的三家关联公司共同持有，也就是说，复兴集团实际已成为南钢联合有限公司的控股股东，通过南钢联合受让的南钢股份 70.95% 的股权间接获得了南钢股份的实际控制权。所以，南钢股份的实际控制人已经发生改变，不能申请豁免。

(三) 南钢收购为什么失败了？

2003 年 7 月 12 日，我国证券市场上第一例要约收购——南钢股份要约收购案，以零预受、零撤回情形收尾。出现这种情况的原因如下：

1. 南钢联合公告的收购价格远低于市场价格。南钢联合公告的收购价格为法人股 3.81 元/股，流通股 5.86 元/股，而公告当日南钢股份的市场交易价格为 7 元/股。原因在于《收购办法》的规定和此次收购的性质。《收购办法》

第34条对流通股和非流通股规定了不同的定价方式：流通股的要约价格不得低于公告日前6个月内收购人购买该种股票的最高价格或公告日前30个交易日内该种股票的每日加权平均价格的算术平均值的90%，以较高者为准；非流通股的要约价格不得低于公告日前6个月内收购人购买该种股票的最高价格或目标公司最近一期经审计的每股净资产值，以较高者为准。一般来说，自愿要约收购人会将要约价格定得较高，使之对目标公司股东具有足够吸引力；而对于南钢联合这样的强制要约收购人，由于要约收购并非其本意，只是为了履行法定义务而不得不为，实际上并不希望对方接受要约，所以倾向于将收购价格在法定幅度内定得尽可能的低。既然如此，高达20%的价格差额就不足为奇了[1]。

2. 南钢股份面临退市的风险。1998年《证券法》第86条规定："收购要约的期限届满，收购人持有的被收购公司的股份数达到该公司已发行的股份总数的百分之七十五以上的，该上市公司的股票应当在证券交易所终止上市交易。"南钢联合持有的南钢股份已高达70.95%，如果拥有4.05%股份的股东接受要约，南钢股份就必须退市。这显然有违收购方的本意。因为如果南钢股份暂停上市，收购方将丧失融资功能，而作为流通股股东，公司退市后其股价与法人股相差无几，将会损失惨重。所以，收购方通过精心设计的远低于市场价格的收购价格、要约有效期限为法定最低期限等方式，使退市风险变得极小。

强制要约收购制度在本案中并未体现出保护中小股东权益的立法初衷，收购方只是不得不遵守该制度而做出一些象征性的行为，这说明我国的上市公司收购制度还有许多不尽如人意的地方，需要在以后的实践中逐渐完善、修正。

三、思考·讨论·训练

1. 南钢联合是否应当履行强制要约收购的义务？在其收购行为中，所定收购价格是否合法？

2. 南钢联合收购失败说明我国上市公司收购制度还存在哪些漏洞？应该如何解决？

3. 在上市公司收购过程中，为什么要实行强制信息披露制度？它主要保护谁的利益？

---

[1] 参见廖凡《南钢股份收购案：中国要约收购第一案》，载 http://fllww.com。

第六章 票据法

法律就是秩序，有好的法律才有好的秩序。

——［古希腊］亚里士多德

票据法作为规范票据行为，调整票据关系的法律规范，在保护持票人的票据权利、维护社会经济秩序及推进我国社会主义市场经济的发展等方面发挥着重要作用。我国《票据法》于1995年5月10日颁布，自1996年1月1日起正式施行，于2004年8月进行了重新修订。

一、票据与票据法

（一）票据的概念和特征

票据是指出票人签发的，承诺由自己或委托他人于到期日或见票时无条件支付一定金额给收票人或持票人的一种有价证券。我国的票据包括汇票、本票、支票。票据具有汇兑、支付与结算、融资、替代货币等作用。

票据有以下特征：

1. 票据是完全的有价证券。票据本身就足以证明权利的存在。票据权利与票据不可分开。票据权利随票据的制作、出让而发生、转移。占有票据，即占有票据的价值。

2. 票据是要式证券。票据须符合一定的格式才能有效。

3. 票据是一种无因证券。票据权利仅依票据法的规定而产生、变更或消灭，无需考虑其发生的原因或基础。

4. 票据是流通证券。流通性是票据的基本功能之一。票据在到期前，可以通过背书方式转让而流通。

5. 票据是文义证券。票据上的权利义务必须以票据上的文字记载为准。

6. 票据是设权证券。票据是创设权利，而不是证明已经存在的权利。票据一经做成，票据上的权利便随之而确立。

（二）票据法的概念及特征

票据法是规定票据制度，调整票据活动中产生的各种社会关系的法律规范的总称。票据法具有技术性、强制性及国际统一性。

（三）票据法律关系

票据法律关系是指票据当事人之间在票据的签发和转让等过程中发生的权利义务关系。票据法律关系可分为票据关系和非票据关系。票据关系是指当事人之间基于票据行为而发生的债权债务关系。非票据关系则是指由票据法所规定的，不是基于票据行为直接发生的法律关系。

（四）票据行为

1. 票据行为的概念。票据行为是指以产生、变更和消灭票据权利义务关系为目的的法律行为。票据行为是票据法的核心概念之一，没有票据行为，票据上的权利、义务无从产生，也无从变更和消灭。

2. 票据行为的特征。

（1）要式性。票据行为具有严格的要式性，需遵循以下法定形式：①各种票据行为均需采用书面形式，且不同事项在票据上的记载位置均有特殊要求；②每种票据行为都需要行为人在票据上签章；③各种票据行为均有特定格式或款式，才能产生法律效力。票据行为的要式性有利于票据的安全流通。

（2）文义性。文义性是指票据行为的内容均依票据上所载的文字意义而定。票据文义直接决定票据的权利和票据义务的范围和最高限度。我国《票据法》第8条规定："票据金额以中文大写和数码同时记载，二者必须一致，二者不一致的，票据无效。"

（3）无因性。无因性是指票据行为只要具备法定形式要件，便产生法律效力，即使其基础关系或原因关系因有缺陷而无效，票据行为的效力仍不受影响。

（4）独立性。独立性是指在同一票据上所做的各种票据行为互不影响，各自独立发生法律效力。

（5）连带性。连带性是指同一票据上的各种票据行为人均对持票人承担连带责任。由于票据行为具有独立性和无因性，这就使持票人的权利实现受到影响，因此票据法规定了连带原则，以保护持票人的票据债权。

3. 票据行为的生效要件。票据行为生效要件分为实质要件和形式要件两类。票据行为的实质要件，适用民法上关于民事行为成立要件的规定。票据行为的形式要件主要包括书面、记载事项、签章和交付四方面[①]。

---

① 参见杨小强、孙晓萍主编《票据法》，第35页，中山大学出版社2003年版。

（五）票据权利

1. 票据权利的概念和分类。票据权利是指持票人请求票据债务人支付票据金额的权利。票据权利作为一种金钱债权，包括付款请求权和追索权双重权利。

付款请求权是指持票人凭票据请求票据债务人支付一定数额金钱的权利。追索权是指持票人行使付款请求权遭到拒绝或有其他法定原因时，向其前手请求偿还票据金额、利息及其他费用的权利。付款请求权是第一顺序权利，而追索权一般是在行使付款请求权后才使用的权利，所以是第二顺序权利。

2. 票据权利的取得。票据权利的取得是指依据何种方式、何种法律事实而取得票据权利。从票据权利的取得方式看，分为原始取得和继受取得。

3. 票据权利的行使和保全。票据权利的行使是指票据债权人请求票据债务人履行其票据债务行为。票据权利的行使，应当在票据债务人的营业场所和营业时间内进行。票据债务人无营业场所的，应当在其住所进行。票据权利的保全，是指阻止票据权利丧失的行为。

二、汇票

（一）汇票的概念

汇票是指出票人签发的、委托付款人在见票时或者在指定日期无条件支付确定金额给收款人或持票人的票据。汇票分为银行汇票和商业汇票两种。银行汇票是由银行签发给在本银行存有货币的收款人持往异地办理转账结算或支取现金的汇票。商业汇票是指银行以外的主体签发的由承兑人承兑，并于到期日向收款人或被背书人支付款项的汇票。

（二）出票

出票是指出票人签发票据，将其交付给收款人的一种行为。汇票经签发后，付款人就承担按时付款，以及为付款做准备的承兑。如果付款人不能按时付款或承兑的，则要受到追索，偿还原汇票的金额、利息及有关费用。

（三）票据的记载事项

汇票的记载事项分为绝对记载事项和相对记载事项。绝对记载事项缺少一项，票据无效。包括：①表明"汇票"的字样；②无条件支付的委托；③确定的金额；④付款人名称；⑤收款人名称；⑥出票日期；⑦出票人签章。而相对记载事项如果并未在票据上记载，不影响汇票本身的效力，可依照法律的规定推定。

（四）背书

背书是指持票人在票据背面或粘单上记载相关事项并签章将汇票权利让与他人的一种票据行为。背书必须做成记名背书。

背书必要记载的事项有：背书人的签章、被背书人的名称和背书的日期。另外，背书不得附条件，否则，所附条件不具有票据法上的效力。

（五）承兑

承兑是指汇票付款人承诺在汇票到期日支付汇票金额的票据行为。提示承兑是指持票人向付款人出示票据并要求付款人承诺付款的行为。付款人承兑汇票的，应当在汇票正面记载"承兑"字样和承兑日期并签章。承兑文句和承兑签章是绝对记载事项。承兑日期属相对记载事项。付款人对汇票进行承兑时，必须记载在汇票的正面。付款人承兑汇票不得附有条件。承兑附有条件的，或者以其他方法变更汇票上的记载事项的，视为拒绝。

（六）付款

付款是汇票的义务人向持票人支付汇票金额，以消灭票据权利义务的行为。请求付款是持票人的汇票权利，也是其拥有汇票的目的。持票人应按下列期限提示付款：①见票即付的汇票，自出票日起的1个月内付款人提示付款。②定日付款、出票后定期付款或见票后定期付款的汇票，自到期日起10日内向承兑人提示付款。

付款人和承兑人必须在持票人请求付款的当日足额付款，不允许延期付款。同时，付款人和代理付款人在付款时必须承担审查义务。

（七）追索权

追索权，又称偿还请求权，是持票人在票据到期不获付款，或期前不获承兑，或有其他法定原因，并在行使或保全票据上的权利后，可向其前手请求偿还票据金额、利息及其他法定款项的一种票据权利。

根据《票据法》第61条的规定，持票人可以行使追索权的原因包括：①汇票被拒绝承兑的；②承兑人或者付款人死亡、逃匿的；③承兑人或者付款人被依法宣告破产的或者因违法被责令终止业务活动的。

三、本票

本票是指出票人签发的承诺自己在指定日期或见票时，无条件支付确定金额给收款人或持票人的票据。我国票据法所称本票是指银行本票。银行本票限于见票即付。

本票的付款期限自出票之日起，最长不得超过两个月，并保证支付。出票人在持票人提示见票时，必须承担付款的责任。持票人未按规定期限提示见票的，丧失对出票人以外的前手的追索权。

本票的背书、付款行为、追索权的行使，除本票的规定外，适用有关汇票的规定。

四、支票

支票是出票人签发的，委托办理支票业务的银行或其他金融机构在见票时，无条件支付确定金额给持票人的票据。依据支票的用途，分为普通支票、现金支票和转账支票。普通支票可用于支取现金和转账，现金支票只能用于支取现金，转账支票只能用于转账。禁止签发空头支票和与预留签章不符的支票。

支票限于见票即付，不得另行记载付款日期。另行记载付款日期的，该记载无效。持票人应当自出票日起10日内提示付款，超过提示付款期限的，付款人可以不予付款；付款人不予付款的，出票人承担票据责任[①]。

案例6-1　票据纠纷上诉案
——拒绝证明与追索权的行使

一、案例介绍

甲公司与乙电机厂曾有货物买卖合同关系。2002年1月，乙电机厂向甲公司购买漆包线4批，并出具账号同为04218800006112的支票4张以结货款，支票的票面出票日期分别为2002年2月3日、2月10日、2月20日、2月21日，金额合计41324元。同年1月20日，林先生向公安机关报案，称乙电机厂办公室被人入室盗窃，其保险柜内的支票、单位财务专用章及林先生的私章被盗。1月23日，顺德市某农村信用合作社接受乙电机厂申请，为04218800006112账户办理了销户。2月4日，甲公司委托中国农业银行顺德市某支行对填写的出票日期为2002年2月3日的支票收款，因账户销户被退票。同年7月12日，甲公司以乙电机厂尚欠货款未付为由向一审法院起诉，请求判令乙电机厂、林先生支付货款41324元及延期付款违约金并承担案件的诉讼费用。一审判决后，乙电机厂、林先生不服，提起上诉。二审法院以一审法院以票据纠纷立案并进行审理和判决，而未将改变案由一事通知当事人为由做出

[①] 参见《中华人民共和国票据法》第90、91条。

裁定，将案件发回重审。在一审重审期间，甲公司变更诉讼请求，明确以票据纠纷起诉，请求判令乙电机厂、林先生支付票据款41324元及逾期付款利息（从起诉日起按银行同期贷款利息计算至清偿日止），案件的诉讼费用由乙电机厂及林先生负担。

一审法院审理认为，因乙电机厂向甲公司购买漆包线而将讼争的4张支票用做付款用途，故在乙电机厂收取了甲公司相应的货物后，甲公司便对其所取得的、讼争的4张支票支付了相应对价。因此乙电机厂、林先生提出由于甲公司没有依约供应货物，故乙电机厂、林先生对讼争支票不需承担票据责任的主张缺乏事实依据，不予采纳。另甲公司在2002年2月4日将出票日期写为同年2月3日的支票向银行提示付款时，是因乙电机厂的账号被注销、账户余额不足而被银行拒付票据款项，故在这种特定的情况下，乙电机厂、林先生仍提出甲公司应将出票日期分别填写为2002年2月10日、2月20日、2月21日的3张支票也拿到银行承兑交换才能视为甲公司行使付款请求权的主张，是不合理也违背逻辑的，故对其该项主张不予采纳，并视为甲公司就上述3张支票已行使了付款请求权。综上，乙电机厂就讼争的4张支票应向甲公司承担票据责任，甲公司诉请乙电机厂支付41324元票据款及延期付款违约金有理，予以支持，但延期付款违约金的具体数额应从其提起诉讼而主张权利之日起至乙电机厂清偿债务之日止，按中国人民银行同期同类贷款利率计付。又因乙电机厂是林先生个人投资经营，故林先生应对乙电机厂的上述债务负无限清偿责任。依照《中华人民共和国民法通则》第108条，《中华人民共和国票据法》第4条第5款、第92条，《中华人民共和国私营企业暂行条例》第7条的规定，判决：①乙电机厂应于判决生效之日起3日内，向甲公司支付41324元票据款及延期付款违约金（延期付款违约金的计算方法：从2002年7月16日起至乙电机厂清偿之日止，按中国人民银行同期同类贷款利率计付）。②林先生对乙电机厂所欠的上述债务承担无限清偿责任。案件受理费1670元、财产保全费540元，两项合计共2210元，由乙电机厂及林先生负担。乙电机厂、林先生不服该判决，提起上诉。

二审法院认为，关于甲公司向乙电机厂行使票据追索权是否合法的问题，乙电机厂及林先生上诉称甲公司未取得付款人的拒绝证明，即表明其未行使付款请求权便直接行使追索权，这不符合法律规定，故应驳回其起诉。从本案来看，在2002年1月23日，乙电机厂办理了4张诉争支票所涉账户的销户手续。同年2月4日，甲公司就票面出票日期为2002年2月3日的支票委托银行收款被退票。甲公司称退票原因是账户销户可信。而且，乙电机厂、林先生也确认甲公司已就该支票行使了付款请求权。对于另外的3张支票,虽然《中华人民共和国票据法》第62条规定"持票人行使追索权时,应当提供被拒绝承兑或者被拒绝付款的有关证明",但在甲公司明知支票账户已经销户的特定情形下,仍要求其持同一账户的另外3张支票请求付款人出具拒绝付款的有关证明是不合常理也是没有必要的。因此,本院认定甲公司在本案中持4张支票向乙电机厂行使票据追索权合法。

乙电机厂应支付4张诉争支票的款项41324元及相应的延期付款违约金给甲公司。乙电机厂是林先生开办的私营企业,林先生对其债务须承担无限责任。原审判决认定事实基本清楚,适用法律基本正确,应予维持。综上所述,依照《中华人民共和国民事诉讼法》第153条第1款第(一)项的规定,判决如下:驳回上诉,维持原判。二审案件受理费1670元,由上诉人乙电机厂、林先生负担。

(案例来源:张民安主编:《票据法案例与评析》,第124~129页,中山大学出版社2006年版)

二、案例分析

本案主要涉及票据的追索权问题。在本案中,当事人双方争议的焦点是在没有提供拒绝证明或者退票理由书的情况下,甲公司是否有权向乙电机厂行使追索权?

(1)什么是追索权?追索权行使的条件?追索权的行使是否必然以付款请求权的行使为前提?

票据权利是一种双重权利。票据权利人可以向两个以上的票据债务人行使权利。付款请求权是票据的第一次权利,是指票据权利人对票据主债务人或其他付款义务人请求支付票据金额的权利。追索权是票据的第二次权利,指持票人行使付款请求权遭到拒绝或有其他法定原因时,向其前手请求偿还票据金额、利息及其他费用的权利。通常情况下,付款请求权是第一顺序权利,而追索权一般是只有在行使付款请求权被拒绝后才使用的权利,所以称为第二顺序权利。

追索权的行使应当具备一定的条件,即实质要件和形式要件。追索权的实质要件是指法律规定的可以引起持票人追索权发生的客观事实,也就是持票人追索权发生的法定原因。我国《票据法》第61条规定:"汇票到期被拒绝付款的,持票人可以对背书人、出票人以及汇票的其他债务人行使追索权。汇票到期日前,有下列情形之一的,持票人也可以行使追索权:①汇票被拒绝承兑的；②承兑人或者付款人死亡、逃匿的；③承兑人或者付款人被依法宣告破产的或者因违法被责令终止业务活动的。"由此可知，追索权的实质要件有两种情况：一种情况是到期追索，另一种情况是期前追索。

追索权的形式要件是指追索权行使的程序。具体包括：①在法定期限内提示承兑或提示付款；②在不获承兑或不获付款时在法定期限内做成拒绝证明，这是行使追索权的主要形式要件。对此，我国《票据法》第62条第1款规定："持票人行使追索权时，应当提供被拒绝承兑或者被拒绝付款的有关证明。"

结合本案，追索权的行使是否必然以付款请求权的行使为前提？根据最高人民法院《关于审理票据纠纷案件若干问题的规定》第4条的规定："持票人不先行使付款请求权而先行使追索权遭拒绝提起诉讼的，人民法院不予受理。除有票据法第六十一条第二款和本规定第三条所列情形外，持票人只能在首先向付款人行使付款请求权而得不到付款时，才可以行使追索权。"根据前文所述追索权实质要件的第二种情况，在持票人无法行使票据付款请求权的情况下，可以无须先向票据付款人主张票据权利而径直行使票据追索权。本案中，从法院已经查明的事实来看，甲公司从乙电机厂处取得了4张支票，这4张支票的票面出票日期分别为2002年2月3日、2月10日、2月20日、2月21日，而且这4张支票均是从同一账号出具的。甲公司持2002年2月3日的支票向付款银行要求付款时，因该支票所依附的银行账户已经被销户而被拒绝付款。同理，可以推断，其他3张支票由于与该张支票均出于同一银行账户，即便甲公司持这3张支票向付款银行提示付款，银行也必然会拒绝付款。所以，甲公司没有必要再行提示付款，可直接向出票人行使票据追索权。

（2）什么是拒绝证明？拒绝证明有哪些形式？持票人未能出示拒绝证明丧失了其对前手的追索权，是否同时丧失对出票人的追索权？

拒绝证明，又称拒绝证书，是用以证明持票人曾经依法行使票据权利而被拒绝，或者无法行使票据权利的一种公证书[①]。

拒绝证明的表现形式是多样的，既可以是拒绝证明书，也可能是退票理由书，还可以是其他证明形式。根据最高人民法院《关于审理票据纠纷案件若干问题的规定》第71条的规定，在承兑人或者付款人死亡、逃匿的情况下，拒绝证明可以是：①人民法院出具的宣告承兑人、付款人失踪或者死亡的证明、法律文书；②公安机关出具的承兑人、付款人逃匿或者下落不明的证明；

---

① 参见谢怀栻《票据法概论》，第191页，法律出版社1990年版。

③医院或者有关单位出具的承兑人、付款人死亡的证明;④公证机构出具的具有拒绝证明效力的文书。《票据法》第64条规定:"承兑人或者付款人被人民法院依法宣告破产的,人民法院的有关司法文书具有拒绝证明的效力。承兑人或者付款人因违法被责令终止业务活动的,有关行政主管部门的处罚决定具有拒绝证明的效力。"

拒绝证明是票据法中持票人行使追索权所必需的一种证明文件,只是追索权成立的形式要件而非实质要件。如果根据已知的事实,可以确定票据付款人拒绝承兑、付款,或者由于其他原因而导致持票人无法行使票据付款请求权的,虽然持票人没有提供相应的拒绝证明书或者退票理由书等,也应当允许该持票人行使追索权[①]。

我国《票据法》第65条虽然规定:"持票人不能出示拒绝证明、退票理由书或者未按照规定期限提供其他合法证明的,丧失对其前手的追索权。但是,承兑人或者付款人仍应当对持票人承担责任。"但根据最高人民法院《关于审理票据纠纷案件若干问题的规定》第19条的规定:"票据法第四十条第二款和第六十五条规定的持票人丧失对其前手的追索权,不包括对票据出票人的追索权。"也就是说,持票人所丧失的是针对其前手的追索权,并不包括出票人,持票人仍然有权对出票人行使追索权。

结合本案,由于4张支票共同所依附的银行账户已经被注销,所以持票人甲公司没有必要再向付款银行行使除2002年2月3日开具的另3张支票的付款请求权,以取得拒绝证明。而且由于乙电机厂是涉案支票的出票人,即使持票人甲公司不能提供拒绝证明,其也不丧失对出票人乙电机厂的追索权。所以,二审法院的判决是正确的。

三、思考·讨论·训练

1. 结合本案,甲公司应在什么期限内向乙电机厂行使追索权?
2. 什么是票据权利?票据权利的特征是什么?
3. 追索权的行使要件和行使程序是什么?追索权又称第二顺序权利,它的行使是否必然以付款请求权的行使为前提?
4. 票据持有人对其前手行使追索权,有无先后顺序的限制?
5. 什么是拒绝证书?拒绝证书有什么作用?持票人未能出示拒绝证明是否丧失对其前手及出票人的追索权?

---

① 参见张民安主编《票据法案例与评析》,第129页,中山大学出版社2006年版。

案例 6-2 汇票纠纷案
——票据无因性、背书转让及承兑

一、案例介绍

1997年9月27日，A商场与B食品批发站签订了购买食品的合同。合同约定，B食品批发站供应A商场价值10万元的糕点，A商场向B食品批发站出具了一张以工商银行某分行为承兑人的00883208号银行承兑汇票，并在汇票上注明"限额10万元"的字样。B食品批发站将该汇票背书转让给了某面粉厂，面粉厂恰好对某粮油收购站有一笔欠款，遂在当天就又背书给了该粮油站，并在背书的同时写上"不得转让"的字样。粮油站将汇票贴现给了建设银行某分行。但在建设银行某分行向工商银行某分行提示付款时，工商银行某分行拒付，理由是：B食品批发站提供的糕点有重大质量瑕疵，A商场来函告知，00883208号汇票不能兑付，请协助退回汇票。建设银行某分行认为，其为该汇票的善意持有人，A商场与B食品批发站的合同纠纷不影响自己的票据权利，故向法院起诉，向背书人B食品批发站行使追索权。

（案例来源：张能宝主编：《2007年国家司法考试应试指导案例分析专题例题》，第423页，法律出版社2006年版）

二、案例分析

本案例是2007年国家司法考试应试指导中的一个典型案例，它涵盖了《票据法》中票据的无因性、背书转让、承兑及追索等几个重要问题，具有一定的代表性。在本案中，建设银行某分行能否向B食品批发站行使追索权？法院是否会支持它的诉讼请求？

有关票据追索权的内容在上一案例中已有详细阐述，在此不再赘述。本案中所涉及的内容是追索权的行使顺序。根据我国《票据法》第61条第1款规定："汇票到期被拒绝付款的，持票人可以对背书人、出票人以及汇票的其他债务人行使追索权。"第68条第1、2款的规定："汇票的出票人、背书人、承兑人和保证人对持票人承担连带责任。持票人可以不按照汇票债务人的先后顺序，对其中任何一人、数人或者全体行使追索权。"由此可见，票据的突出特点是持有人对其前手的追索权，并且追索权的行使不受先后顺序的限制。因此，本案中的建设银行某分行可以向背书人B食品批发站行使追索权，法院应支持建设银行某分行的诉讼请求。

本案中还涉及以下几个问题：汇票上"限额10万元"的记载事项是否具有票据上的法律效力？工商银行某分行的拒付理由能否成立？建设银行某分行能否向面粉厂行使追索权？建设银行某分行应在什么期限内向B食品批发站行使追索权？

（一）本案中，汇票上"限额10万元"的记载事项不具有票据上的法律效力

票据是文义证券和要式证券。票据行为的有效成立，必须具备一定的记载事项，并且需依法定格式进行记载。依据其对票据效力的影响，票据的记载事项主要分为四类：

1. 必要记载事项。即指法律规定应该在票据上记载的不可缺少的事项，它又可分为绝对必要记载事项和相对必要记载事项。绝对必要记载事项，是指出票人在出票时必须完整记载的事项，缺少任何一项都将导致该票据无效。《票据法》第22条规定："汇票必须记载下列事项：①表明'汇票'的字样；②无条件支付的委托；③确定的金额；④付款人名称；⑤收款人名称；⑥出票日期；⑦出票人签章。汇票上未记载前款规定事项之一的，汇票无效。"

相对必要记载事项，是指法律规定在出票时应予记载，但如未记载，法律另定有补救措施，票据并不因此而失效。包括：付款日期、付款地、出票地等事项。《票据法》第23条规定："汇票上记载付款日期、付款地、出票地等事项的，应当清楚、明确。汇票上未记载付款日期的，为见票即付。汇票上未记载付款地的，付款人的营业场所、住所或者经常居住地为付款地。汇票上未记载出票地的，出票人的营业场所、住所或者经常居住地为出票地。"

2. 任意记载事项。即指法律规定可以进行记载或者法律未做任何规定，允许行为人自己决定是否记载的事项。这种事项一经记载，即产生票据法上的权利。如不得转让的记载、委托收款的记载、质押的记载、保证的记载、支付币种的记载等。

3. 记载有益事项。即指当事人可以记载的在《票据法》上尚未规定的事项，但该记载不发生法律效力。如关于与支付人有资金关系的记载、关于限额支付的记载等。

4. 有害记载事项。即指根据票据法不得记载的事项，如果有该记载时，票据归于无效。如附条件委托付款。

综上所述，本案中，汇票上"限额10万元"的记载事项属于记载有益事项，不具有票据上的法律效力。

（二）工商银行某分行的拒付理由不能成立，因为票据是一种无因证券

票据行为的无因性，也称票据行为的抽象性，是指票据行为的效力不受票据行为的原因，也就是发生票据行为的事实依据的影响。票据行为或基于买卖、租赁、委托、承揽等原因而发生，或基于税收、继承、赠与等原因发生，但票据行为一经成立，其效力即与票据行为的原因相分离，不因票据行为的原因关系无效或原因关系有瑕疵而受影响。也就是说，票据权利一经成立，便与其赖以发生的原因相分离，票据产生的原因有效与否，与票据权利的存在无关。票据权利的行使只以持有票据为必要，持票人无需证明取得票据的原因。票据行为的这一特性是为了保障票据的流通性和安全性。《票据法》第13条规定："票据债务人不得以自己与出票人或者与持票人的前手之间的抗辩事由，对抗持票人。但是，持票人明知存在抗辩事由而取得票据的除外。票据债务人可以对不履行约定义务的与自己有直接债权债务关系的持票人，进行抗辩。本法所称抗辩，是指票据债务人根据本法规定对票据债权人拒绝履行义务的行为。"这是我国《票据法》对票据行为无因性的直接规定。

票据行为的无因性主要体现在以下几个方面：

首先，即使票据发行或转让的原因不存在或者无效、被撤销，只要在票据上所为的票据行为依法成立，票据行为人就须承担票据义务，持票人就得享有票据权利。

其次，票据关系中的权利义务内容应当依票据文义，即使票据上的记载内容与票据原因关系的内容不一致或不完全一致，也不能以票据外的事实来改变票据关系的内容。

最后，票据行为无因性原则在当事人（包括有直接原因关系的当事人）之间发生举证责任的转换的法律效果。持票人在主张票据债权时，无须证明原因关系的存在，只要依票据上的记载内容即可向票据债务人主张相应的票据权利。反之，如果票据债务人欲对抗权利人的权利主张，则需举证证明存在符合票据法规定的、足以对抗权利人权利主张的抗辩事由。[①]

另外，票据行为的无因性是相对的。依据我国《票据法》第10、12、11条的规定，主要有以下三点：

其一，票据的取得以给付对价为基础，其签发、取得和转让，均应以真实的交易关系和债务关系为基础。

其二，基于欺诈、盗窃或胁迫等手段取得票据，或明知前述情形，出于恶

---

① 参见于莹《论票据的无因性及其相对性》，《吉林大学学报》2003年第4期。

意取得票据，即不得享有票据权利。持票人因重大过失取得不合法票据的，也不得享有票据权利。

其三，基于税收、继承、赠与关系，无需对价即可取得票据，但持有人享有的票据权利不得优于其前手的权利。

结合本案，依据票据行为无因性的原则及我国《票据法》第44条规定："付款人承兑汇票后，应当承担到期付款的责任。"第57条第1款规定："付款人及其代理付款人付款时，应当审查汇票背书的连续，并审查提示付款人的合法身份证明或者有效证件。"可见，承兑银行作为付款人，其职责是审查汇票背书的连续，并审查提示付款人的合法身份证明或有效证件。在上述两种情况审查合法后，只要持票人不是明知存在抗辩事由而持有汇票，付款人就不得以基础原因关系存在问题对抗持票人。

本案中，A商场与B食品批发站之间的买卖关系作为票据行为的原因关系，并不影响票据行为的效力。建设银行某分行并不知晓B食品批发站违约供货的事实，因此它是汇票的善意持有人，而且汇票上不发生法律效力的"限额10万元"记载也不影响票据的其他法律效力，因此，工商银行某分行无权以B食品批发站提供的糕点有重大质量瑕疵为理由拒绝付款。

（三）建设银行某分行不能向面粉厂行使追索权

"不得转让"属于票据记载事项的任意记载事项，一经记载，即产生票据法上的效力。我国《票据法》第34条规定："背书人在汇票上记载'不得转让'字样的，其后手再背书转让的，原背书人对后手的被背书人不承担保证责任。"在本案中，汇票当事人之间的关系是：面粉厂作为背书人，某粮油收购站是被背书人，作为其后手，再将汇票背书转让给了建设银行某分行（后手的被背书人）。因为面粉厂已经在背书时记载了"不得转让"的字样，因此建设银行某分行不可以向面粉厂行使追索权，因其不承担保证责任。

（四）建设银行某分行应在被拒绝付款之日起6个月内行使追索权

《票据法》第17条规定："票据权利在下列期限内不行使而消灭：①持票人对票据的出票人和承兑人的权利，自票据到期日起二年。见票即付的汇票、本票，自出票日起二年；②持票人对支票出票人的权利，自出票日起六个月；③持票人对前手的追索权，自被拒绝承兑或者被拒绝付款之日起六个月；④持票人对前手的再追索权，自清偿日或者被提起诉讼之日起三个月。票据的出票日、到期日由票据当事人依法确定。"建设银行某分行应该在被拒绝付款之日起6个月内行使追索权。

三、思考·讨论·训练

1. 本案中，B食品批发站如果并未将该汇票贴现给建设银行某分行，而是自己持有该汇票，并在到期日向工商银行某分行提示付款，此时，A商场才发现B食品批发站提供的糕点有重大质量瑕疵，工商银行某分行能否以上述理由拒付？为什么？

2. 如果建设银行某分行在工商银行某分行拒绝付款后将票据背书贴现给农业银行，那么，什么是背书？背书的种类有哪些？这种背书是什么性质？其贴现票据的行为是否有效？

3. 什么是票据行为无因性？其主要内容及例外规定是什么？

4. 票据保证与民法上的保证相比较有什么区别？

5. 票据行为的种类及其含义是什么？

第七章　保险法

> 保险的意义，只是今日做明日的准备，生时做死时的准备，父母做儿女的准备，儿女幼小时做儿女长大时的准备，如此而已。
>
> ——胡适

保险法是我国民商法的重要组成部分，在规范保险活动，保护保险市场主体的合法权益，加强对保险业的监督管理，促进和保障保险业的健康发展等方面发挥着重要的作用。我国的《保险法》于 1995 年 10 月 1 日起施行，于 2002 年 10 月 28 日重新修订。

一、保险的概念及构成要素

保险是指投保人根据合同约定，向保险人支付保险费，保险人对于合同约定的可能发生的事故因其发生所造成的财产损失承担赔偿保险金责任，或者当被保险人死亡、伤残、疾病或者达到合同约定的年龄、期限时承担支付保险金责任的商业保险行为[①]。

保险的构成要素有危险的存在、众人协力和损失赔付三个。

二、保险法概述

（一）保险法的概念

保险法是调整保险关系的法律规范的总称。保险关系是指当事人之间依保险合同发生的权利义务关系和国家对保险业进行监督管理过程中所发生的各种关系。

（二）保险法的基本原则

1. 最大诚信原则。保险是特殊的民事活动，其对于诚实信用程度的要求远远大于其他民事活动。保险合同中的最大诚信原则，其基本内容有告知、保证、弃权和禁止反言三个方面。

---

① 参见《中华人民共和国保险法》第 2 条。

2. 保险利益原则。保险利益，又称可保利益，是指投保人对保险标的具有的法律上承认的利益。投保人对保险标的应当具有保险利益，投保人对保险标的不具有保险利益的，保险合同无效。

3. 近因原则。近因是指导致结果发生的决定性或最有力的原因。保险标的的损失往往是多方面的原因导致的，保险法上的近因是指造成保险标的损害的主要的、起决定性作用的原因。近因属于保险责任，保险人就应承担保险责任。

4. 损失补偿原则。保险的目的就是通过分散危险，从而填补投保人或被保险人因保险事故所遭受的损失。这种损失的填补，在保险中称为"补偿"。其含义是：被保险人在保险事故发生后，有权依保险合同从保险人处获得全面、充分的赔偿；保险赔偿以被保险人的实际损失为限，被保险人不能因获得保险赔偿而获得额外的利益。

三、保险合同

（一）保险合同的概念及特征

保险合同是投保人与保险人约定保险权利义务关系的协议。

保险合同有如下四个重要特征：

1. 保险合同是最大诚信合同。我国《保险法》第 5 条规定："保险活动当事人行使权利、履行义务应当遵循诚实信用原则。"

2. 保险合同是附和合同。在保险合同订立时，保险合同的条款由保险人单方面拟订的，投保人只能是接受、服从或者拒绝保险人所提出的条件，处于被动的附和地位。

3. 保险合同是射幸合同。射幸与侥幸同义，就是碰运气。就单个的保险合同而言，任何投保人均有可能以少量的保险费支出，而换取在保险事故发生时保险人的巨额赔偿或者保险金的给付。保险人的任何一次承保均有可能以收取少量的保险费而在事故发生时进行巨额的赔偿或者给付。当然，就任何单个的合同而言，也有可能是投保人只支付保险费，或者保险人只收取保险费，而保险事故未发生。这是由保险事故发生的偶然性决定的。就保险合同整体而言，保险人所收到的保险费的总额原则上应与其所负的赔偿责任相等。

4. 保险合同是诺成性合同。保险合同的生效，保险人保险责任的承担与投保人是否已经缴纳保费没有关系。保险合同成立后，即使投保人尚未交纳保险费，保险责任范围内的事故发生了，保险人也应承担责任。但是，如果合同有约定的，从其约定。

（二）保险合同的主体

保险合同的主体包括当事人和关系人。当事人是指订立保险合同的双方，包括投保人和保险人。关系人是指受益人和被保险人。受益人是人身保险中享有保险金请求权的人，投保人、被保险人均可以为受益人。被保险人是其财产或者人身受到合同保障，享有保险金请求权的人。

（三）保险合同订立的一般规定

保险合同在本质上仍属于民事合同，因此，保险合同的订立须经过要约与承诺两个阶段。从保险实践来看，保险合同一般由投保人发出要约，经保险人承诺而订立。保险合同一般采用书面形式。保险合同的主要形式有投保单、保险单、保险凭证、暂保单以及其他书面文件。

保险合同条款体现保险合同的内容。依据其性质分为法定条款和约定条款。法定条款是必备条款，我国《保险法》第19条做了明确规定。约定条款也称任意条款，因保险合同当事人的约定而形成。特别约定条款效力优于法定条款。

保险合同是诺成性合同，由投保人提出保险要求，经保险人同意承保，并就合同的条款达成协议，保险合同就成立。一般来说，保险合同自其成立时生效，不以书面形式和投保人缴纳保险费为生效条件。但是，法律规定或当事人有约定的除外。保险合同的无效是指保险合同因法定原因或约定原因而全部或部分不产生法律约束力的情形。保险合同无效，自始不发生法律效力。

（四）保险合同的履行

保险合同一经生效，当事人应依约全面履行自己的义务，实现保险合同目的。在保险合同成立后，投保人应履行交纳保险费、维护保险标的安全、危险增加、出险时的通知、施救义务。保险人最基本的义务是损失赔偿或者给付保险金。

（五）保险合同的变更、解除及终止

保险合同生效后，只要双方当事人协商一致，即可变更保险合同的有关内容。但变更保险合同的，应由保险人在原保险单或者其他保险凭证上批注或者附贴批单，或者由投保人和保险人订立变更保险合同的书面协议。

保险合同的解除是指保险合同生效后，当事人依法终止合同的法律行为。保险合同的解除分为任意解除、法定解除和约定解除。

保险合同的终止是指保险合同双方当事人的权利、义务归于消灭。保险合同终止的事由主要有期限届满、保险人履行赔偿或给付保险金、保险合同解除、保险标的发生部分损失和保险标的灭失。

四、财产保险合同

（一）财产保险合同的概念及分类

财产保险合同是指当事人以财产及其有关利益为保险标的而订立的保险合同。财产保险合同主要有财产损失保险、责任保险、信用与保证保险三类。

（二）财产保险合同的主要内容

1. 保险标的。我国《保险法》第33条第1款规定，凡是财产和与财产有关的利益均可为保险标的。

2. 保险价值与保险金额。

（1）保险金额不得超过保险价值。我国《保险法》第40条规定："保险标的的保险价值，可以由投保人和保险人约定并在合同中载明，也可以按照保险事故发生时保险标的的实际价值确定。保险金额不得超过保险价值；超过保险价值的，超过的部分无效。保险金额低于保险价值的，除合同另有约定外，保险人按照保险金额与保险价值的比例承担赔偿责任。"

（2）保险价值的确定。保险价值的确定有依当事人约定、依法定标准和依实际价值三种方式。

3. 保险责任和责任免除。保险责任是保险合同最重要的条款之一，是规定保险人承担风险范围的合同条款。责任免除，又称除外责任，是指保险人不承担保险责任的情形。我国《保险法》第18条规定："保险合同中规定有关于保险人责任免除条款的，保险人在订立保险合同时应当向投保人明确说明，未明确说明的，该条款不产生效力。"

4. 代位求偿权。代位求偿权是指在保险事故因第三人造成时，保险人在向被保险人赔偿后依法取得的向该第三人求偿的权利。代位求偿权仅存在于财产保险合同中。

代位求偿权需具备以下两个条件：①保险事故是由第三人的过错造成的。②保险人已经向被保险人支付了保险赔偿金。

代位求偿权具有以下效力：

①保险人可以直接向第三人请求赔偿。②被保险人放弃对第三人的赔偿请求权的行为无效。③被保险人负协助保险人行使求偿权的义务。④被保险人仍可就未赔偿部分向第三人求偿。

代位求偿权的限制。除被保险人的家庭成员或者组成人员作为第三人故意造成保险事故外，保险人不得对被保险人的家庭成员或其组成人员行使代位求偿权。

5. 委付。委付是指保险标的发生推定全损时,由被保险人将其所有权转让给保险人,由保险人向被保险人支付全部保险金额。委付的适用条件是:①保险标的发生推定全损;②被保险人须向保险人提出书面申请,并经保险人同意;③不得附加任何条件。

五、人身保险合同

(一) 人身保险合同的概念与种类

人身保险合同是指当事人以人的寿命和身体作为保险标的而订立的保险合同。人身保险合同主要包括人寿保险合同、健康保险合同和意外伤害保险合同。

(二) 人身保险合同的特殊条款

1. 不可抗辩条款。不可抗辩条款是指人身保险合同的投保人虽然违反告知义务,但该合同经过法定或约定的除斥期后,保险人不得解除合同,也不得拒绝承担保险责任。我国《保险法》第54条第1款规定:"投保人申报的被保险人年龄不真实,并且其真实年龄不符合合同约定的年龄限制的,保险人可以解除合同,并在扣除手续费后,向投保人退还保险费,但是自合同成立之日起逾二年的除外。"

2. 迟交宽限条款。《保险法》第58条规定:"合同约定分期支付保险费,投保人支付首期保险费后,除合同另有约定外,投保人超过规定的期限六十日未支付当期保险费的,合同效力中止,或者由保险人按照合同约定的条件减少保险金额。"可见,我国《保险法》确定的宽限期是60日。在宽限期内,投保人即使没有按时交付保险费,保险合同仍然有效,在此期间发生保险事故,保险人仍应履行给付义务。

3. 中止复效条款。投保人在宽限期届满时仍不缴纳保费,合同效力中止。合同效力中止后发生保险事故,保险人不承担保险责任。保险合同中止后两年内,投保人补交了保险费,可以申请复效,在此期间保险人不得解除合同。超越了该期间投保人便不得再申请复效。但是,自合同中止之日起两年内双方未达成协议的,保险人可以解除合同。

4. 不丧失价值条款。由于人身保险带有储蓄性质,因此法律规定,合同解除时或是保险人依法可以不承担责任时,如果保费已交足两年以上的,保险人应退还保险单的现金价值,保费未交足两年的,保险人按照合同在扣除手续费后退还保险费。

5. 年龄误告条款。对于人身保险合同,被保险人的年龄是一个重要的因素，投保人应如实申报被保险人的年龄。我国《保险法》第54条第2、3款规定："投保人申报的被保险人年龄不真实，致使投保人支付的保险费少于应付保险费的，保险人有权更正并要求投保人补交保险费，或者在给付保险金时按照实付保险费与应付保险费的比例支付。投保人申报的被保险人年龄不真实，致使投保人实付保险费多于应付保险费的，保险人应当将多收的保险费退还投保人。"

6. 自杀条款。为了避免通过蓄意自杀方式图谋保险金，人身保险合同一般都把自杀条款作为法定除外责任。自杀条款仅适用于以死亡为给付保险金条件的人身保险合同。依据我国《保险法》第66条的规定，如果被保险人死于自杀，保险人无需承担给付保险金的责任。但是，对投保人已支付的保险费，保险人应按照保险单退还其现金价值。如果保险合同自成立之日起满两年后，即使被保险人自杀，保险人也可依约给付保险金。

六、保险公司

我国保险公司可以采用股份公司和国有独资公司的组织形式。根据我国《保险法》第72条的规定，设立保险公司需符合五个条件：①章程符合保险法和公司法的规定；②注册资本最低限额为2亿元，注册资本应为实缴货币资本；③高管人员应符合中国保监会规定的任职资格条件；④具有健全的组织机构与管理制度；⑤具有与其业务发展相适应的营业场所及设施。一般来说，完成保险公司的设立任务，需经历设立申请、初审、筹建、申请正式审查、审核决定和登记六个阶段。

保险公司变更事项包括：①变更名称；②变更注册资金；③变更公司或其分支机构的营业场所；④调整业务范围；⑤公司分立或合并；⑥修改公司章程；⑦变更出资人或持有公司股份10%以上的股东；⑧保险监督管理部门规定的其他事项变更。保险公司更换董事长、总经理，应当报经保险监督管理机构审查其任职资格[①]。

保险公司的终止是指依法设立的保险公司因法定原因或经保监会批准，关闭其营业机构而永久停止从事保险业务。保险公司的终止事由包括解散、依法撤销和破产。

---

① 参见《中华人民共和国保险法》第82条。

七、保险经营规则

保险公司的业务范围分为财产保险业务与人身保险业务两类。人身保险业务包括人寿保险、健康保险、意外伤害保险等。财产保险业务包括财产损失保险、责任保险、信用保险等。

保险经营规则是保险公司在从事保险经营过程中依法必须遵守的一系列行为准则的总称。它具体包括保险业务分业核定经营规则、保险公司偿付能力经营规则、经营风险规则、资本金运用规则和保险公司及其员工业务行为规则。

案例 7-1 什么原因引起了爆炸？
——近因原则

一、案例介绍

某电力公司与保险公司在 2000 年 10 月签订了 6 份保险合同，其中包括企业财产险、机器损坏险和利润损失险。2000 年 12 月 15 日，电力公司一座电厂燃气—蒸气联合循环发电机组运行人员发现控制油泵出口的一根连接软管出现泄漏，接着控制油软管破裂，整个燃烧室突然着火燃烧，致使余热锅炉烟道发生爆裂。该事故造成燃烧室、锅炉等严重损坏，导致电厂停产 3 个月之久。在进行理赔过程中，保险公司与电力公司发生争议。双方的争议焦点就是在险种的确认上，电力公司坚持要求按机损险和利损险进行赔偿，而保险公司认为只能按财产险进行赔偿。根据双方订立的保险合同，企业财产险的赔偿金额只有 1000 多万元，而机器损坏险和利润损失险的赔偿金额超过 9000 多万元，远远大于财产险。

鉴于这起事故损失起因比较复杂，当事人双方分别邀请了有关专家对这起事故进行深入的评估和调查。双方都为自己找了不同的机构来调查事故的原因，得出了不同的结果。一方认为事故是爆炸带来的损失，一方认为是设计错误带来的损失。最后，人民法院委托某大学进行鉴定。某大学的鉴定报告认为，造成损失的原因不是单一的，既包括爆炸，同时又包括设计上的错误。

2001 年 9 月 18 日，人民法院做出判决，依据某大学的鉴定报告认为引发本案一连串事故的前因是燃机输油管破裂和设计逻辑错误，爆炸是设计错误发展的必然结果，由此，设计错误是本案损失发生的直接原因，根据近因原则，判决保险公司赔偿机器损坏险和利润损失险，其中机器损坏险保险金 1499 万元,利润损失险 1733 万元。

(案例来源:李玉泉主编:《保险法学案例教程》,第 42~43 页,知识产权出版社 2005 年版)

二、案例分析

本案主要涉及保险法基本原则中的近因原则。在本案中,险种的确认成为双方争议的焦点,那么,不同的险种会导致不同的赔偿结果吗?

(一)本案涉及三个险种,保险责任范围不同,赔偿结果也不同

企业财产保险、机器损坏保险和利润损失保险是本案涉及的三个险种,这三个险种都属于财产保险,但保险责任范围是不同的。

企业财产保险主要承保火灾以及其他自然灾害和意外事故造成保险财产的直接损失。在保险合同中,一般采取列明方式确定保险责任。其承保的风险主要有火灾、爆炸、雷击、飞行物体及其他空中运行物体坠落、灾害及意外事故引起的"三停"损失,等等。

机器损坏险是指以机器设备为保险标的,以机器损害为赔偿前提,承担被保险机器因除外责任之外的突然的、不可预料的意外事故造成的物质损坏或灭失。其保险责任一般是人为事故和机械电气事故。比如,设计、制造或安装错误,铸造和原材料缺陷以及超负荷、超电压等特定情形。不包括自然灾害及一般的意外事故。

利润损失险是依附于财产保险基础上的,承保由于火灾和自然灾害或意外事故,使被保险人在保险财产从受损到恢复至营业前状况一段时期内,因停产、减产、营业中断所造成的利润损失和这期间所需开支的必要费用等间接损失。

三个不同的险种,保险责任不一样,保险赔偿结果也不同。所以,双方争议的实质是对引发保险事故并造成保险标的损失的原因的认定上。因为,如果仅仅是爆炸的话,那就只能赔偿企业财产险。如果是设计错误,就应该赔偿机器损坏险和利润损失险。不同的损失原因导致不同的赔偿结果。那么,在存在多种原因的情况下,如何判断导致损失发生的直接原因?保险公司如何进行理赔?这就是保险法上的近因原则。

(二)根据近因原则,本案中的保险事故应当认定为燃机输油管破裂和设计逻辑错误

近因是指导致结果发生的决定性或最有力的原因。保险标的的损失往往是多方面的原因导致的,保险法上的近因是指造成保险标的损害的主要的、起决

定性作用的原因。近因属于保险责任，保险人就应承担保险责任。否则，保险人不负赔偿责任。近因的认定和保险责任的确定是非常复杂的。

1. 单一原因造成的损失。这种情况比较常见，造成保险标的损失的原因只有一个，那么，这个原因就是近因。如果该原因属于保险事故，保险人就应该承担赔偿责任。反之，保险人就不负赔偿责任。

2. 多种原因造成的损失。在多种原因造成保险标的损失的情况下，持续地起决定或支配作用的原因为近因。具体来说，多种原因造成的损失，又可分为以下几种：

（1）多种原因同时发生。如同时发生的原因都是保险危险，保险人应赔偿所有原因造成的损失；反之，则不予赔偿。如多种原因既有保险危险，又有不保危险，保险人只负责赔偿保险事故所造成的损失，对非保险事故所造成的损失不予赔偿。如损失无法区别，双方可以协商解决。协商不成，根据保险法及有关程序法的相关规定，被保险人对保险事故的性质、原因，只能提供其可能提供的证据，如果被保险人没能提供此项证据，而保险公司也未能提供其中某部分损失是属于除外责任的证据的，保险公司就应当对保险标的全部损失承担赔偿责任。

（2）多种原因连续发生。即各原因依次发生，持续不断，且具有前因后果的关系。有以下三种情况：

第一，连续发生的原因都是保险危险的，保险人赔偿全部损失。

第二，连续发生的原因中有除外风险或不保风险，如果不保危险先发生，保险危险后发生，保险危险是不保危险的结果，保险人则不承担赔偿责任。

第三，连续发生的原因中有除外风险或不保风险，如果保险危险先发生，不保危险后发生，不保危险是保险危险的必然结果，则保险人仍应负责赔偿。

（3）多种原因间断发生。即前因与后因之间不相关联，后来发生的灾害事故是一个新的独立的原因介入产生的。后因不是前因的直接的、必然的结果，前因后因之间的连续发生了中断。如投保人只投保了火灾保险而没有投保盗窃保险，当火灾发生时，一部分财产被抢救出来放在露天，又被盗走等。

多种原因间断发生，保险人是否承担赔偿责任有两种情况：

第一，新的独立原因（近因）为保险危险，即使发生在不保危险（前因）之后，由保险危险所造成的损失仍须由保险人赔偿；但对前因不保危险造成的损失，保险人不负责任。

第二，新的独立原因（近因）为不保危险，即使发生在保险危险（前因）之后，由不保危险造成的损失，保险人不负赔偿责任；但对以前保险危险造成的损失，保险人仍应赔偿。

结合本案，根据有关鉴定机构的鉴定结果，燃机输油管破裂、设计逻辑错误以及爆炸，都是导致保险事故的原因，属于多种原因连续发生。如何确定近因？虽然爆炸发生在后，属于最近的、有效的原因，但爆炸是燃机输油管破裂和设计逻辑错误的直接的必然结果，所以，保险事故的近因应当认定为燃机输油管破裂和设计逻辑错误。保险公司应当根据与电力公司订立的机器损坏险和利润损失险合同，承担保险责任，并向电力公司支付保险赔偿金。人民法院对此案的审理，正确地适用了近因原则，做出的判决较为合理。

三、思考·讨论·训练

1. 本案中，某电力公司发生爆炸造成了巨额损失，但因投保而获得了赔偿，减少了损失。请简要论述保险的功能和作用。

2. 于先生2006年在泰康人寿保险公司投保了养老保险附加意外伤害保险。2007年1月，于先生在行走时被一辆自行车带倒，顿觉身体不适，被送往医院后虽经医生竭力抢救，最后仍不治身亡。医院的死亡证明书指出死亡原因是"心肌梗死"。事故发生后，泰康人寿保险公司迅速全额赔付了养老保险的保险金5万元。但对于先生家人提出的赔付意外伤害险的要求，公司以导致死亡的原因是疾病而非意外事件，不予理赔。于先生家人很困惑：如果不是被自行车碰擦，就不会跌倒引起心肌梗死，更不会导致死亡，这怎么不是意外伤害呢？

结合上述案例中有关近因的基本原理，分析泰康人寿保险公司是否应承担意外伤害的赔偿责任？

案例 7-2 出险了，保险公司却不赔
——出险通知义务的履行

一、案例介绍

2003年6月3日，投保人石先生与某保险公司签订了机动车保险合同，双方约定，保险标的为石先生所有的捷达轿车一辆，保险险别为车辆损失险、第三者责任险，附加险为不计免赔特约险等。第三者责任险赔偿限额为10万元，保险期限自2003年6月4日零时起至2004年6月3日24时止。保险合同签订后，投保人石先生按时向保险公司缴纳了保险费。2003年8月11日，石

先生许可的驾驶员李某在驾驶该保险车辆行驶至京顺路附近时将第三人撞伤，交通管理部门认定驾驶员李某负事故的全部责任，第三人无违章行为，不负此事故的责任。此后，驾驶该车的司机李某向因此受伤的受害者赔偿了误工费，伤残生活补助费，二次手术（取内固定）费，家属误工护理费，交通、复查、评残费等共计5万余元。

  本案中最为重要的事实是，投保人石某在出险当天即电话通知了介绍自己投保的业务员张某，而张某又电话通知赵某。张某系该保险公司寿险部业务员，赵某虽非该保险公司工作人员，也未取得保险代理人的资格，但其能够在该保险公司营业区域内办理有关保险事务，并印有名片。投保人石某投保时全部手续均由张某、赵某承接并办理。投保车辆出险后，石某及时向公安交通管理部门报案，并通知了张某，张某于当晚通知了赵某，但张、赵二人均未将出险情况告知保险公司。2003年9月，投保人石先生向保险公司提出了索赔要求，此后，保险公司以投保人石先生在投保车辆出险后未能于48小时内通知保险公司为由做出拒赔决定，并向投保人石先生发出了拒赔通知书。2003年年底，投保人石先生诉至法院，要求保险公司赔偿第三者责任险保险金5万余元。

  法院经审理认为，投保人石先生与保险公司所签机动车保险合同系双方真实意思表示，不违反国家法律规定，应认定为有效合同，双方均应按保险合同的约定享受权利、履行义务。由于该机动车辆保险合同条款第25条规定，保险车辆发生保险事故后，被保险人应当采取合理的保护、施救措施，并立即向发生地交通管理部门报案，同时在48小时内通知保险人。该条款作为保险合同的内容为投保人、被保险人设定了保护施救义务、报案义务、通知义务，设定被保险人所应承担的该三项义务的主旨在于防止道德风险的发生。当出现保险事故时，如果投保人、被保险人有意违反上述三项义务，致使保险人不能查明保险事故发生的原因，而难以确定保险责任的，保险人有权不予赔偿；如果被保险人以自己的行动善意地履行了保险合同条款，但因客观原因导致某项义务延迟履行，且保险事故已查清，保险责任已明确，同时保险人的损失并未因此扩大，则保险人不应免于承担保险责任。

  本案石先生延迟履行保险事故通知义务，是由于对保险公司业务人员的误解所致，该误解导致的后果，直接反映出保险公司对内欠缺严格管理机制，对外欠缺规范的业务行为。对此，保险公司应负有责任。同时，保险合同为格式合同，格式合同具有投保的附属性及双方当事人经济地位的不平衡性的特征，因此，对于保险合同所约定的违反保险事故的通知义务而免除保险人的保险责任的条款，应当予以严格解释。故只有当投保人、被保险人违反"保险事故通知义务"致使保险事故不能查明发生原因，而难以确定保险责任的，保险人才可以不承担保险责任。本案保险事故已经查清，保险责任已经明确，同时又不存在扩大损失的情况，因此，对于本案中的保险公司的拒赔行为，法院不予支持，它有违公平原则。对于原投保人合理的损失，保险公司应全部赔偿。最终判决保险公司赔偿投保人石先生保险赔偿金5万余元。

（案例来源：贾林青、陈晨、丁当主编：《保险合同案例评析》，第220~223页，知识产权出版社2003年版，本案例经过改编）

二、案例分析

在本案中，双方当事人分歧的焦点在于投保人是否违反了"出险通知义务"，以及违反该通知义务是否必然导致保险金请求权的消灭？本案涉及的保险法律问题有两个：一是最大诚信原则；二是保险代理制度。

（一）什么是最大诚信原则？其主要内容是什么？

最大诚信原则是指保险合同当事人在合同订立时及合同有效期内，应依法向对方提供足以影响对方做出订约与履约决定的全部实质性重要事实，同时绝对信守合同订立的约定与承诺。否则，受损害的一方，可以此为由宣布合同无效，或解除合同，或不履行合同约定的义务或责任，甚至可以要求对方予以赔偿。最大诚信原则的基本内容包括告知、保证、弃权与禁止反言。本案中所涉及的是广义的告知，也就是"通知"，即保险合同订立后，对于保险标的的危险变更、增加，或保险事故发生时，投保人、被保险人或者受益人有及时通知保险人的义务。

我国《保险法》第22条第1款规定："投保人、被保险人或者受益人知道保险事故发生后，应当及时通知保险人。"由此可见，投保人、被保险人或受益人有出险通知的义务，而通知的期限为"及时"。

如何理解及时？根据《保险法》第22条第1款规定，投保人、被保险人或者受益人只有知道保险事故发生后，才能承担逾期通知的责任。不论保单条款规定是"48小时内通知"、"10日内通知"、"及时通知"都应当从知道或应当知道保险事故发生时开始，也就是保险事故发生后，当事人应从知道或应当知道保险事故发生时开始，在具备通知条件的最短时间内，将出险情况通知保险人。因为保险人赔偿或者给付保险金是以事故责任已确定，事故损失已核清为前提的，保险人需要对保险事故进行调查，以确定自己是否应当进行赔偿以及所应当赔偿的数额。投保人、被保险人或者受益人在保险事故发生后，只有及时通知保险人,才便于保险人迅速查清保险事故发生的原因及相关事实。如果逾期履行该通知义务,有可能造成保险事故的原因无法查清,责任不能确定,甚至不排除投保人或者受益人以迟延通知为借口,人为导致道德风险的发生。关于出险通知的方式,在保险事故发生后,投保人、被保险人或者受益人可以书面形式、口头形式或其他合理形式通知保险人。

(二)是不是投保人违反了"出险通知义务",将必然导致保险金请求权的消灭,也就是保险人不再承担赔偿责任?

未及时履行保险事故发生的通知义务不构成保险人免责的事由,但应当承担逾期通知的法律后果。我国保险法在这方面未做明确规定,在保险实务中一般采取三种做法:一是保险人不承担保险责任。二是被保险人或者受益人承担因为逾期通知而使保险公司增加的相关费用。三是如果逾期履行损失扩大,保险人就损失扩大部分可以拒绝赔偿,但不能因此解除保险合同。

第一种做法显然不对。因为逾期通知虽然是对保险合同约定的违反,应当承担相应的法律责任。但是,出险通知仅为保险索赔中的一个程序和手续,逾期通知出险在绝大部分情况下并不影响保险公司对保险事故性质、原因、损失程度的确认,如果保险公司仅仅因为逾期通知而拒赔,违反了公平原则。

第二、三种做法应该是合理的。因逾期履行通知义务的,导致保险事故原因、性质等情况难以确定的,造成保险人查清案情所额外支出的费用及损失扩大的部分,理应由投保人、被保险人或受益人承担。

如果投保人、被保险人或者受益人故意不履行通知义务,并希望或者放任事故损失的发生和扩大,而从保险人处获得保险金赔偿,则保险人当然有权对该保险事故不予赔偿;但如果投保人、被保险人或者受益人在知道保险事故发生后,积极地履行通知义务,只是由于其他原因,未能按照保险合同约定的期限通知到保险人,同时,事故损失并未因此而扩大,则保险人应当承担赔偿责任。

(三)什么是保险代理制度?本案中,赵某的代理行为是否有效?

在本案中,法院认为"石先生逾期履行保险事故通知义务,是由于对保险公司业务人员的误解所致,该误解导致的后果,直接反映出保险公司对内欠缺严格管理机制,对外欠缺规范的业务行为,对此,保险公司应负有责任"。这个问题涉及保险代理制度。

保险代理人是根据保险人的委托,向保险人收取代理手续费,并在保险人授权的范围内代为办理保险业务的单位和个人。本案中,张某是该保险公司寿险部业务员,在投保人石某出险当天电话通知他时,理应告知石某正确的报案方法或者由其本人通知保险公司，因其本人怠于行使职责所产生的责任，不应由石某承担。赵某虽非该保险公司工作人员，也未取得保险代理人的资格，但其能够在该保险公司营业区域内办理有关保险事务，并印有名片。投保人石某投保时全部手续均由张某、赵某承接并办理。赵某的行为完全构成表见代理。

《合同法》第 49 条规定："行为人没有代理权、超越代理权或者代理权终止后以被代理人名义订立合同，相对人有理由相信行为人有代理权的，该代理行为有效。"这就是民法中的表见代理。法律之所以规定表见代理制度的目的在于保护相对人的合法权益，维护交易安全。从通常意义上讲，保险代理人代理保险活动时，必须具有保险人的授权，且必须在该授权范围内进行。若保险代理人无代理权、超越代理权或在代理权终止后，代理保险人从事保险活动，则该代理行为属于效力未定的民事行为。只有经保险人追认，该行为才对保险人产生法律效力。若保险人不追认，则对保险人不产生效力，由保险代理人承担责任。但是，根据《保险法》第 128 条第 2 款的规定，保险代理人为保险人代为办理保险业务，有超越代理权限行为，投保人有理由相信其有代理权，并已订立保险合同的，保险人应当承担保险责任；但是，保险人可以依法追究越权的保险代理人的责任。保险法中这条规定实际上是借鉴了民法的相关规定。

本案中，赵某非该保险公司工作人员，也未取得保险代理人的资格，也就是说，他的代理行为是一个没有代理权的无权行为，但他能够在该保险公司营业区域内办理有关保险事务，作为投保人就有理由相信他是有代理权的，他的代理行为也就是有效的，代理行为所产生的后果理应由保险人承担。赵某在知道出险后未履行代理人职责的行为，应由其本人及保险公司承担。本案中，石某出险后及时向公安交通管理部门报案，并通知了张某，应认定石某履行了"出险及时通知"的义务，保险公司理应对投保人石某做出赔偿。

三、思考·讨论·训练

1. 本案中，赵某的代理行为是表见代理，如何判断表见代理行为？在《保险法》中引入表见代理制度有什么意义？保险代理与民法上的一般民事代理有什么区别？

2. 为什么保险合同是最大诚信合同？最大诚信原则对保险合同的重要意义是什么？

3. 最大诚信原则的基本内容是什么？《保险法》是如何规定告知、保证及弃权和禁止反言制度的？

4. 保险公司应如何加强对保险代理人行为的规范？保险代理人与保险经纪人的区别？他们与保险公司有哪些权利、义务关系？

5. 逾期履行出险通知义务的法律后果是什么？

案例7-3 人已死，保单还有效吗？
——保险合同的成立与生效

一、案例介绍

2003年9月16日，某保险公司接到业务员报案，称被保险人于9月9日晚被害，要求保险公司赔付保险金30万元。经该保险公司理赔人员查明：

（1）被保险人杨某（女）于2003年9月9日被人在轿车内用尖刀刺死后抛尸野外，经法医鉴定，杨某的死亡时间为9月9日晚9时许。

（2）2003年8月30日，杨某填写了投保书，投保平安长寿险15万元，附加意外伤害险15万元。次日，因保险金额较大，业务员告知杨某按公司规定必须体检，体检费为400元，体检合格经核保同意承保后，400元体检费转为首期保费的一部分。杨某缴纳了400元体检费，业务员开具了"人身保险费暂收收据"。9月8日，杨某到公司体检，业务员告诉她，如身体有问题，公司可能拒保或加费承保，按公司规定标准体保费应为15460元。杨某答复业务员，如加费承保，在1000元内可由业务员自行处理。并与业务员约定9月10日晚5时30分到杨某家收取保费。9月10日晚业务员到杨某家收取保费，因杨某不在，杨母按杨某的嘱托向业务员交付保费15060元（400元体检费转为保费），业务员开具"人身保险费暂收收据"，标明保费总额为15460元并收回了先期开出的400元收据。

（3）因9月11～12日保险公司休息，13日业务员将保费交至公司，核保人员根据杨某的体检结果，在投保单上做出"右肾积水，需作次标准体承保，加费400元"的核保结论。业务员垫交了400元加费。9月15日公司签发了正式保单，保单载明平安长寿险保额15万元，附加人身意外伤害险保额15万元、扩展医疗险5万元；受益人为杨某之女张某；保险责任自2003年9月13日12时起。次日，业务员将正式保单送至杨某家，得知杨某已经死亡。

保险公司经研究认为，投保人2003年8月30日填写投保书并交付给业务员属于要约行为，保险公司在审核体检结果和投保书后，于2003年9月13日要求被保险人按次标准体加费承保属于反要约，业务员根据杨某的授权垫付加费是承诺行为。但作为被保险人的杨某已经于 2003 年 9 月 9 日晚死亡,是保险标的灭失。因此,保险合同没有成立,所签发的保单属于无效合同,保险人不承担给付保险金责任。但保险人因无效合同取得的保费应当退还给投保人。据此,保险公司做出了拒赔通知书。

（案例来源：周玉华编著：《最新保险法法理精义与实例解析》,第 83～84 页,法律出版社 2003 年版,本案例经过改编）

二、案例分析

本案中,判断保险公司拒赔决定是否合法的关键是投保人与保险人之间的保险合同是否成立及杨某死亡时,保险公司所签发的保险单是否具有法律效力。

根据我国《保险法》第 10、13 条的规定,保险合同是投保人与保险人约定保险权利义务关系的协议。保险合同是诺成性合同,投保人提出保险要求,经保险人同意承保,并就合同的条款达成协议,保险合同即成立。保险人应当及时向投保人签发保险单或者其他保险凭证,并在保险单或者其他保险凭证中载明当事人双方约定的合同内容。一般来说,保险合同自其成立时生效,不以书面形式和投保人缴纳保险费为生效条件。但是,法律规定或当事人有约定的除外。

在本案中,保险公司主张保险合同不成立,拒赔和返还保费的决定是正确的。理由如下：

1. 投保人（杨某）于 2003 年 8 月 30 日填写投保书并交付给业务员是提出要约；保险公司在审核体检结果和投保书后,于 2003 年 9 月 13 日要求被保险人按次标准体加费承保是提出了新的要约；业务员根据杨某的授权垫付加费是承诺行为,但是,由于承诺人杨某已经于 9 月 9 日晚死亡,因此,9 月 13 日业务员根据杨某的授权做出的承诺不能成立。所以,保险合同并未成立。

2. 被保险人杨某死亡,就不能成为保险合同的合法主体。因为人身保险合同是以人的寿命和身体为保险标的的保险合同。作为被保险人的杨某已经于 2003 年 9 月 9 日晚死亡,也就是说,保险合同的标的已灭失,保险合同当然不能成立。

另外,本案中保险公司认定保险合同无效的主张是错误的。因为根据《合同法》的规定,无效合同是已经成立,但欠缺合同生效要件,自始不发生法律效力的合同。本案中,保险合同既未成立,就不产生保险单是无效合同的问题。因此,本案中已经签发的保单虽具合同形式,但因订约过程中当事人一方死亡且保险标的灭失,所以保险合同并未成立,也就谈不上是有效还是无效。

三、思考·讨论·训练

1. 简要分析本案中保险合同的订立过程。
2. 本案中保险公司签发了正式保险单,那么,保险合同的成立是否必须以保险单的签发为要件?
3. 本案涉及的文件包括投保书、人身保险费暂收收据及正式保单,它们是否属于保险合同?保险合同的形式有哪些?其法律效力是什么?
4. 讨论保险合同成立与保险合同生效的区别、联系。
5. 保险合同的生效要件有哪些?保险合同的生效时间有几种情形?

案例 7-4 能获得更多的利益吗?——重复保险

一、案例介绍

郭某于 2003 年 1 月 30 日向当地的甲保险公司办理了家庭财产保险并附加盗窃险,保险金额 5000 元,保险期限自 2003 年 1 月 31 日至 2004 年 1 月 30 日。后来,郭妻所在单位为全体员工投保了家庭财产保险并附加盗窃险,郭某家的保险金额为 3000 元,保险期限自 2003 年 3 月 18 日至 2004 年 3 月 17 日,但承保人为乙保险公司。2003 年 5 月 10 日,郭某家发生盗窃。郭某向公安部门报案,并通知了甲保险公司,经勘验确定,郭某家财产损失达 2 万元,其中现金存折计 7000 元,金银首饰 3000 元,字画 3000 元,录像机、高级西装共 7000 元。郭某向甲、乙两保险公司提出索赔。在理赔过程中,乙保险公司发现郭某向甲保险公司进行了投保,后来郭妻所在单位为职工在乙公司投保;因此,乙公司认为这属于重复保险,第二份保险合同无效,乙公司不负赔偿责任。郭某遂诉至法院,法院经审理认为,郭某向甲、乙两保险公司所投的家庭财产险的保险金总额为 8000 元,而其所遭受的财产损失为 2 万元,两家保险公司赔偿金额的总和并未超出保险价值,所以甲、乙两保险公司应当分别赔偿郭某 5000 元和 3000 元保险金。

(案例来源:史卫进、孙洪涛编著:《保险法案例教程》,第 126~128 页,北京大学出版社 2004 年版,本案例经过改编)

二、案例分析

本案中主要涉及的知识点是重复保险的问题。根据我国《保险法》的相关规定，法院的判决是否正确呢？

(一) 对重复保险的理解

我国《保险法》第41条规定："重复保险的投保人应当将重复保险的有关情况通知各保险人。重复保险的保险金额总和超过保险价值的，各保险人的赔偿金额的总和不得超过保险价值。除合同另有约定外，各保险人按照其保险金额与保险金额总和的比例承担赔偿责任。重复保险是指投保人对同一保险标的、同一保险利益、同一保险事故分别向两个以上保险人订立保险合同的保险。"

我国保险法对重复保险采用广义的定义，是指投保人对同一保险标的、同一保险利益、同一保险事故分别向两个以上保险人订立数个保险合同，而该数个保险合同均须在同一保险期间内发生效力。狭义的重复保险除具备广义重复保险的要件之外，其保险金额的总和须超过该同一保险标的的保险价值总和。我国《保险法》第41条第3款的规定显然是广义的理解，这种规定有不妥之处。因为根据保险法损失补偿、填平的基本原则，被保险人不能获得超过可价值的赔款，如果允许被保险人获得超过保险价值的赔偿，不仅意味着被保险人通过保险获得了不当得利，而且还可能引发道德危险，即投保人对同一保险标的进行多次重复投保，然后故意制造保险事故，从而获得巨额的保险赔偿金。但是，如果投保人就同一保险标的、同一保险利益、同一保险事故分别向两个以上保险人订立保险合同，而且合同彼此之间的有效期间没有丝毫的重叠之处，则对于每一保险期间来说，投保人与各保险人之间还是只存在一个保险合同，没有重复保险的问题，所以，在定义上，应该加入"同一保险期间"较为妥当。此外，重复保险应该是指保险金额的总和超过保险标的价值的情况。如果各保险合同的总和并未超过保险标的的价值，就是共同保险，即各个保险合同的保险人只就其承保部分在保险事故发生时，按比例负保险赔偿的责任，被保险人无不当得利的可能性，所以不属于我国《保险法》第41条所称的重复保险[①]。

《保险法》第41条第2款规定：如果重复保险的保险金额总和超过了保险价值，则应当由各保险人按照其保险金额与保险金额总和的比例承担赔偿责

---

① 参见周玉华编著《最新保险法法理精义与实例解析》，第238页，法律出版社2003年版。

任。可见，我国保险法采用的是比例分摊主义原则。目的是防止投保人利用重复保险获得超额赔款，维护社会公平。

（二）结合本案，郭某能得到多少赔偿？甲、乙两家保险公司应如何分摊保险责任？

郭某于 2003 年 1 月 30 日向当地甲保险公司办理了家庭财产保险并附加盗窃险，保险金额 5000 元，保险期限自 2003 年 1 月 31 日至 2004 年 1 月 30 日。其后，郭妻所在单位为全体员工向乙保险公司投保了家庭财产保险并附加盗窃险，郭某家的保险金额为 3000 元，保险期限自 2003 年 3 月 18 日至 2004 年 3 月 17 日。由此可见，此时，郭某与其妻子所在单位分别就郭某的家庭财产同时投保了家庭财产保险附加盗窃险，并且这两份保险合同的生效期间从 2003 年 3 月 18 日至 2004 年 1 月 30 日期间发生了重叠，所以构成了我国《保险法》所称的重复保险。

如何确定财产损失范围？按照我国《家庭财产保险条款》第 3 条的规定，金银、首饰、珠宝、货币、有价证券、票证、邮票、古玩、古书、字画、文件、账册、技术资料、图表、家畜、花、树、鱼、鸟、盆景等等无法鉴定价值的财产，是不保财产，不在保险财产范围之内。那么，郭某家失窃的现金存折计 7000 元、金银首饰 3000 元、字画 3000 元等都属于不保财产，保险公司不承担赔偿责任。也就是说，郭某家的财产损失只有录像机和高级西装共 7000 元属于保险财产的范围。

本案中，乙保险公司的处理是不对的。甲和乙两保险公司承保的保险金额总和共 8000 元，而郭某的有效索赔额，也就是保险价值是 7000 元，所以，郭某理应得到足额赔偿。乙公司的做法是错误的。同样，法院的判决也是错误的。正确的做法是：各保险人应当按照其保险金额与保险金额总和的比例承担赔偿责任。也就是，甲公司应负赔偿金额为：7000 元 × [5000 元 ÷ (5000 元 + 3000 元)] = 4375 元；而乙公司应负赔偿金额为：7000 元 × [3000 元 ÷ (5000 元 + 3000 元)] = 2625 元。

三、思考·讨论·训练

1. 重复保险的分摊方式有哪几种？我国保险法采用的是什么方式？本案中，如果采用不同的分摊方式，结果会有什么不同？
2. 重复保险中投保人应履行的义务是什么？规定此义务的意义是什么？
3. 在保险实务中，应如何使自己的利益得到最大的保护，又不支付多余的保费？

4. 保险法中设立重复保险制度的意义是什么？
5. 在人身保险中存不存在重复保险？为什么？

案例 7-5　保险金归谁？——受益权

一、案例介绍

2004 年 12 月，男青年王某以自己为被保险人，与某保险公司签订了养老保险合同并附加意外伤害保险，保险金额为 10 万元，并指定其妻张某为受益人。王某与张某结婚时间不长，尚无子女。夫妻二人婚后虽然单独立户居住，但是，两人每天下了班都要先到王某的父母家吃饭。2005 年春节过后，王某夫妻连着两天都没有去父母家吃饭。王某的母亲放心不下，赶紧与老伴一同前往儿子的住处探望。哪知来到王某夫妻二人居住的平房，只见门窗紧闭着，房门是从里面锁上的，怎么叫也没人答应。两个老人立刻慌了神，赶紧叫来人帮助砸开房门，进去一看，王某夫妇早已死在床上。王某的父母赶紧向公安机关报了案，经过法医鉴定，确认王某、张某夫妇二人死于煤气中毒。办完了儿子、儿媳的丧事后，王某的父母在收拾儿子的遗物时，发现王某生前还曾向保险公司投保了上述人身保险。作为该保险合同受益人的张某与被保险人王某在同一次事故中一并死亡，王某的父母便以被保险人的法定继承人的身份向保险公司提出了索赔申请。谁知张某的父母得到消息，知道女儿是该人身保险合同的受益人，享有保险金请求权，便以受益人张某的法定继承人的身份向保险公司提出索赔申请。保险公司见此情形，不知该如何处理，便要求几位老人先自己协商好了，再领取保险金。可是，两家的老人在保险金的分配问题上，各说各的理，谁也不肯相让，最后直闹到了法院。

法院经审理认为，人身保险合同的受益人享有的受益权是一项期待权，只有在发生保险合同约定的保险事故时，期待权才能转变为现实的财产权。本案中的被保险人王某与受益人张某同时死亡，他们相互之间不发生相互继承的关系，故基于该人身保险合同产生的保险金应作为王某的遗产处理，由王某的继承人依法取得。法院最后判决 10 万元保险金归王某的父母所有。

（案例来源：贾林青、陈晨、丁当主编：《保险合同案例评析》，第 294 页，知识产权出版社 2003 年版，本案例经过改编）

二、案例分析

本案的焦点是当指定受益人和被保险人在同一事件中死亡,又无法确定死亡的先后顺序时,保险金应该作为被保险人的遗产处理,还是应当作为指定受益人的遗产处理?

我国《保险法》第61条第1款规定:"人身保险的受益人由被保险人或者投保人指定。"第64条规定:"被保险人死亡后,遇有下列情形之一的,保险金作为被保险人的遗产,由保险人向被保险人的继承人履行给付保险金的义务:(一)没有指定受益人的;(二)受益人先于被保险人死亡,没有其他受益人的;(三)受益人依法丧失受益权或者放弃受益权,没有其他受益人的。"可见,我国相关法律并未对受益人和被保险人在同一事件中死亡的保险金归属问题做出明确的规定。

本案在审理过程中出现了两种不同的意见。一种意见认为,可以参照我国继承法的有关规定,推定王某夫妇二人同时死亡。而基于人身保险合同产生的保险金则作为夫妻二人的共同财产,由他们双方的父母各继承1/2。另一种意见则认为,该保险金应当作为被保险人王某的遗产,由其父母作为法定继承人来继承。因为,张某的父母与王某之间并没有法律上的权利义务关系,如果由他们继承保险金,有悖于投保人王某为自己利益而进行投保的初衷。

从本案所涉及的保险金看,应当归王某的父母所有。根据我国保险法的相关规定,受益人的产生主要有两种方式:一种是保险合同中指定的,另一种是依法定方式产生的。受益人若是合同指定的,则保险金不得作为被保险人的遗产处理;若受益人是依法定方式产生的,则保险金可以作为被保险人的遗产处理。这是因为,当保险金作为遗产处理时,应该适用继承法的有关规定。本案中,被保险人和其指定的受益人在同一事件中死亡,又无法确定先后顺序的情况,保险法以及相关的司法解释中都没有具体规定,就应当适用关系最密切的法律。最高人民法院《关于执行〈中华人民共和国继承法〉若干问题的意见》第2条规定:"相互有继承关系的几个人在同一事件中死亡,如不能确定死亡先后时间的,推定没有继承人的先死亡。死亡人各自都有继承人的,如几个死亡人辈分不同,推定长辈先死亡;几个死亡人辈分相同,推定同时死亡,彼此不发生继承,由他们各自的继承人分别继承。"根据上述规定,可以确定死者之间是否存在继承关系,但无法确定每个被继承人的遗产范围。

在被保险人与受益人同时死亡的情况下,保险金属于被保险人指定的受益人的遗产?还是应当做为被保险人的遗产?还是夫妻二人的共同财产?找不到相关的法律依据。所以,在处理本案时就需要结合保险法的立法本意来考虑问题。按照《保险法》的有关规定,投保人向保险人投保以及投保人或被保险人指定保险金受益人的目的,都是为了使自己的利益,或者其他家庭成员的利益能够得到一定的保障。所以,投保人或被保险人在指定保险金受益人时,一般都会在与自己的权利义务关系最密切的直系亲属中进行选择。正是基于保险活动中所存在的这种利益关系,保险法才规定,保险受益人的选择权和变更权在投保人或被保险人手中。即使他们放弃了这种权利,也要由与他们关系最密切的直系亲属以法定继承人的身份来受益。本案中的投保人王某,在以自己作为被保险人向保险公司投保养老保险及附加意外伤害保险时,选择了与其共同生活的妻子作为指定受益人,这说明王某投保时的本意,是想使他们夫妻二人的利益都能够通过投保来得到相应的保障。但是,由于意外情况的发生,妻子张某与投保人(被保险人)王某在同一事件中一起死亡,这使得王某投保时的目的已不可能再实现了。如果此时再由与王某并无法律上的权利义务关系,生前又不在一起共同生活的岳父母来继承王某的保险金,显然有悖于王某投保时的初衷,也不符合保险法的立法本意。所以,张某的父母是无权要求继承王某的保险金的。综上所述,这笔保险金应作为被保险人王某的遗产并由其父母继承。

三、思考·讨论·训练

1. 本案中,假如投保人(也是被保险人)王某立有遗嘱,并且遗嘱变更了其原先指定的受益人张某,这种变更是否产生法律效力?如果被保险人王某未指定受益人,这笔保险金该如何处理?
2. 如果人身保险合同中有多个受益人,其中一个受益人先于被保险人死亡,其保险金如何处理?
3. 在人身保险合同中,投保人对哪些人具有保险利益?
4. 夫妻离婚时,保险单可否进行分割?
5. 以死亡为给付保险金条件的合同,为什么不经被保险人同意、认可就是无效合同?

第八章 劳动与社会保障法

> 救济走在权利之前，无救济即无权利。
>
> ——英美法谚

劳动法是我国社会主义法律体系中一个重要的独立的法律部门。以劳动权益保护为宗旨，融实体法与程序法为一体，为建立和维护适应社会主义市场经济的劳动制度，促进经济发展和社会进步，起到了重要作用。我国《劳动法》于1994年7月5日通过，自1995年1月1日起施行。

一、劳动法概述

劳动法是调整劳动关系以及与劳动关系密切联系的其他社会关系的法律规范的总称。劳动关系是劳动法的主要调整对象，即劳动者与用人单位在实现劳动过程中形成的社会关系。劳动法还调整与劳动关系密切联系的其他社会关系。包括因管理社会劳动力、执行社会保险、组织工会和职工参加民主管理、监督劳动法规的执行、处理劳动争议等发生的社会关系。

根据《劳动法》第2条的规定，在中华人民共和国境内的企业、个体经济组织和与之形成劳动关系的劳动者，适用劳动法；国家机关、事业组织、社会团体和与之建立劳动合同关系的劳动者，依照劳动法执行。新《劳动合同法》中就"用人单位"的概念进一步延伸，在原"我国境内企业、个体经济组织"基础上新增"民办非企业单位等组织"纳入"用人单位"主体中，使劳动法的适用范围更加广泛。

劳动法的主要内容包括劳动就业、劳动合同、集体合同、工作时间和休息时间、工资、劳动安全与卫生、社会保险与福利、劳动争议处理、劳动监督检查，等等。

二、劳动合同法概述

我国于2007年6月29日通过了《劳动合同法》，自2008年1月1日起施行。《劳动法》是一部全面调整劳动关系的法律，而《劳动合同法》是对劳动关系中的劳动合同进行调整的法律。《劳动合同法》是《劳动法》的必要补充和完善，必将对改进和提高劳动管理，构建和谐、稳定的劳动关系起到巨大的推动作用。

《劳动合同法》施行后，将与《劳动法》并存。二者的制定机关均是全国人大常委会，从制定主体看，法律位阶是一致的，具有同等的法律效力。在司法实践中，如果遇到《劳动合同法》和《劳动法》的法律适用冲突时，根据"新法优于旧法"、"特别法优于普通法"的原则，应该优先适用《劳动合同法》。

（一）劳动合同的一般规定

劳动合同是劳动者与用人单位确立劳动关系、明确双方权利和义务的协议。企业、个体经济组织、民办非企业单位等组织与劳动者建立劳动关系时应当订立劳动合同。劳动合同的订立应遵循合法、公平、平等自愿、协商一致、诚实信用的原则。依法订立的劳动合同具有法律约束力。建立劳动关系，应当订立书面劳动合同。一般情况下，劳动合同依法成立，即双方意思表示一致，签订劳动合同之日，劳动合同就产生法律效力。双方当事人约定须鉴证和公证方可生效的劳动合同，其生效时间始于鉴证或公证之日。由于劳动合同的鉴证和公证采取自愿原则，所以，鉴证和公证不是劳动合同生效的必经程序。

劳动合同的无效是指当事人违反法律、行政法规，致使签订的劳动合同不具有法律效力。根据《劳动合同法》第26条的规定，下列劳动合同无效或部分无效：①以欺诈、胁迫的手段或者乘人之危，使对方在违背真实意思的情况下订立或者变更劳动合同的。②用人单位免除自己的法定责任、排除劳动者权利的。③违反法律、行政法规强制性规定的。

劳动合同的无效或者部分无效，由劳动争议仲裁机构或者人民法院确认。

（二）劳动合同的主要条款

根据《劳动合同法》第17条的规定，劳动合同应当具备以下条款：①用人单位的名称、住所和法定代表人或者主要负责人。②劳动者的姓名、住址和居民身份证或者其他有效证件号码。③劳动合同期限。④工作内容和工作地点。⑤工作时间和休息休假。⑥劳动报酬。⑦社会保险。⑧劳动保护、劳动条件和职业危害防护。⑨法律、法规规定应当纳入劳动合同的其他事项。

劳动合同除前款规定的必备条款外，用人单位与劳动者可以协商约定试用期、培训、保守商业秘密、补充保险和福利待遇等其他事项。

（三）劳动合同的分类

根据《劳动合同法》第12~15条的规定，劳动合同按照有效期限分为固定期限、无固定期限和以完成一定工作任务为期限的劳动合同三种。用人单位与劳动者协商一致，可以订立固定期限劳动合同、无固定期限劳动合同和以完成一定工作任务为期限的劳动合同。

固定期限劳动合同，是指用人单位与劳动者约定合同终止时间的劳动合同。

无固定期限劳动合同，是指用人单位与劳动者约定无确定终止时间的劳动合同。

有下列情形之一，劳动者提出或者同意续订劳动合同的，应当订立无固定期限劳动合同：①续延劳动合同时，劳动者已在该用人单位连续工作满10年以上的。②用人单位初次实行劳动合同制度或者国有企业改制重新订立劳动合同时，劳动者在该用人单位连续工作满10年且距法定退休年龄在10年以内的。③连续订立两次固定期限劳动合同后续订的。

用人单位自用工之日起满1年不与劳动者订立书面劳动合同的，视为用人单位与劳动者已订立无固定期限劳动合同。

以完成一定工作任务为期限的劳动合同，是指用人单位与劳动者约定以某项工作的完成为合同期限的劳动合同。

（四）劳动合同的履行和变更

劳动合同依法订立即具有法律效力，当事人必须履行劳动合同规定的义务。履行劳动合同，双方当事人必须遵循全面履行、亲自履行、协作履行和实际履行的原则。

劳动合同订立后，如果订立合同时所依据的情况发生了重大变化，致使原劳动合同无法履行，双方当事人可以协商，在不违反法律、法规的前提下变更劳动合同。变更劳动合同，应当采用书面形式记载变更的内容，经用人单位和劳动者双方签字或者盖章生效。

（五）劳动合同的解除和终止

劳动合同的解除，是指劳动合同当事人提前消灭劳动合同关系的一种法律行为。根据《劳动合同法》的规定，劳动者解除劳动合同可有双方协商解除、提前通知解除和即时辞职三种情况。用人单位解除劳动合同可有双方协商解除、单方立即解除、提前通知解除和因裁减人员而解除四种情况。

根据《劳动合同法》第44条的规定，有下列情形之一的，劳动合同终止：①劳动合同期满的。②劳动者已开始依法享受基本养老保险待遇的。③劳动者死亡，或者被人民法院宣告死亡或者宣告失踪的。④用人单位被依法宣告破产的。⑤用人单位解散、被吊销营业执照或者责令关闭的。⑥法律、行政法规规定的其他情形。

三、集体合同

(一) 集体合同的概念及主要内容

集体合同是集体协商双方代表根据法律、法规的规定就劳动报酬、工作时间、休息休假、劳动安全卫生、保险福利等事项在平等协商一致基础上签订的书面协议。集体合同是协调劳动关系的一项重要法律制度。

自 2004 年 5 月 1 日起施行的《集体合同规定》第 8 条规定，集体协商双方可以就下列多项或某项内容进行集体协商，签订集体合同或专项集体合同：劳动报酬；工作时间；休息休假；劳动安全与卫生；补充保险和福利；女职工和未成年工特殊保护；职业技能培训；劳动合同管理；奖惩；裁员；集体合同期限；变更、解除集体合同的程序；履行集体合同发生争议时的协商处理办法；违反集体合同的责任；双方认为应当协商的其他内容。

(二) 集体合同的订立

《劳动法》第 33 条第 2 款规定："集体合同由工会代表职工与企业签订；没有建立工会的企业，由职工推举的代表与企业签订。"第 7 条第 2 款规定："工会代表和维护劳动者的合法权益，依法独立自主地开展活动。"工会是职工合法权益的代表者，当然有权代表职工签订集体合同。

《集体合同规定》第 36 条规定："经双方协商代表协商一致的集体合同草案或专项集体合同草案应当提交职工代表大会或者全体职工讨论。职工代表大会或者全体职工讨论集体合同草案或专项集体合同草案，应当有三分之二以上职工代表或者职工出席，且须经全体职工代表半数以上或者全体职工半数以上同意，集体合同草案或专项集体合同草案方获通过。"

(三) 集体合同的变更和解除

在集体合同期限内，由于订立集体合同的主客观条件发生变化，致使集体合同难以履行时，集体合同任何一方均可提出变更或解除集体合同的要求。签订集体合同的一方就集体合同的执行情况和变更提出商谈时，另一方应给予答复。当事人双方应依照法律规定的条件和程序，经协商一致，对原集体合同进行变更或解除。

四、工作时间和休息休假

(一) 工作时间

工作时间是指法律规定的劳动者在一定时间内从事生产或工作的小时数。

工作时间分为工作日、工作周、缩短工作时间、延长工作时间、综合计算工作时间、不定时工作时间及加班加点。

我国职工的标准工作日时间为 8 小时, 每周标准工作时间为 40 小时。

缩短工作时间, 是指少于标准工作日和工作周的工作时间, 适用于特殊行业和工种。如从事高山、矿山井下、有毒有害等作业的劳动者。

延长工作时间, 是指超过标准工作日的工作时间, 适用于从事受自然条件和技术条件限制的突击性或季节性工作以及完成其他紧急任务的职工。一般每日延长工作时间不得超过 1 小时; 特殊情况下, 每日延长工作时间不超过 3 小时, 但是每月不超过 36 小时。

综合计算工作时间, 是指以一定时间为周期, 集中安排工作和休息, 平均工作时间与标准工作时间相同的工作时间。主要适用于交通、铁路、邮电、水运等行业因工作性质特殊, 需要连续作业的职工和地质及资源勘探、建筑、旅游等受季节和自然条件限制的行业的部分职工。

不定时工作时间, 是指不受固定工作时数限制的工作时间, 适用于高级管理人员、外勤人员等。

加班是劳动者在法定节日或公休假日从事生产或工作。加点是劳动者在正常工作时间以外继续从事生产或工作。各单位在正常情况下不得安排职工加班加点。如需加班加点, 应按规定支付加班加点的工资。

(二) 休息时间

休息时间是指劳动者在法定工作时间以外不从事生产或工作而自行支配的时间。休息时间分为:

1. 工作日内间歇时间。是指在工作日内给予劳动者休息和用餐的时间, 一般为 1~2 小时, 最少不得少于半小时。

2. 工作日间的休息时间。是指两个邻近工作日之间的休息时间, 一般不少于 16 小时。

3. 公休假日。又称周休息日, 是指劳动者在一周内享有的连续休息时间。自 1995 年 5 月 1 日起, 国家机关、事业组织、社会团体实行职工每日工作 8 小时、每周工作 40 小时工作制, 星期六和星期日为周休息日。

4. 休假制度。法律规定的劳动者享有节假日带薪休息的制度。休假分为法定节假日、探亲假、年休假等几种类型。

五、工资

工资有广义和狭义之分。广义的工资, 是指用人单位以法定货币形式支付给劳动者的各种劳动报酬，包括基本工资、奖金、津贴、补贴、加班加点工资和特殊情况下的工资。狭义工资，是指用人单位以货币形式支付给劳动者的基本工资。

（一）工资形式

工资形式是指计量劳动和支付劳动报酬的方式。企业根据本单位的生产经营特点和经济效益，依法自主确定本单位的工资分配形式。工资形式主要有计时工资、计件工资、定额工资、浮动工资、奖金、津贴、特殊情况下的工资等形式。

（二）工资保障制度

工资保障制度是指保障劳动者依法获得工资、维持其基本生活的法定制度和措施的总称，主要包括《劳动法》和《工资支付暂行规定》的相关规定。

1. 最低工资保障。国家以法定形式确定最低工资标准，保障劳动者获得最低劳动报酬，以满足其自身及家庭成员基本生活需要。

2. 工资支付保障。是指对劳动者获得的全部应得工资及其所得工资支配权的保障。表现为：用人单位应严格执行工资支付办法，以货币形式按月支付给劳动者本人；严禁用人单位非法扣除工资。

六、劳动争议及其处理

劳动争议又称劳动纠纷，是指劳动关系双方当事人或团体之间关于劳动权利和劳动义务的争议。

劳动争议处理部门主要有劳动争议调解委员会、劳动争议仲裁委员会和人民法院。劳动争议调解委员会是依法成立的调解劳动争议的群众性组织，它的职责是调解本单位内部的劳动争议。劳动争议仲裁委员会是指依法成立的行使劳动争议仲裁权的劳动争议处理机构，是组织领导劳动争议仲裁工作的最高组织形式。

劳动争议的处理可分为协商、调解、仲裁和诉讼四个阶段。劳动争议发生后，当事人应协商解决；不愿协商或者协商不成的，可以向本单位劳动争议调解委员会申请调解；调解不成的，可以向劳动争议仲裁委员会申请仲裁。提出仲裁要求的一方应当自劳动争议发生之日起60日内向劳动争议仲裁委员会提出书面申请。劳动争议当事人对仲裁裁决不服的，可以自收到仲裁裁决书之日起15日内向人民法院提起诉讼。一方当事人在法定期限内不起诉又不履行仲裁裁决的，另一方当事人可以申请人民法院强制执行。

七、社会保障法

(一) 社会保障法概述

社会保障是指国家为保障社会安定和经济发展而依法建立的,在公民因年老、疾病、伤残、失业、灾害、战争等原因发生生活困难时,由国家和社会提供物质帮助,维持公民一定生活水平的制度。社会保障法是调整社会保障关系的法律规范的总称。

社会保障法的基本内容主要包括以下五方面:

1. 社会保险制度。是指国家通过立法建立的,对劳动者在年老、失业、患病、工伤、生育以及发生其他生活困难时,给予物质帮助的制度。我国已建立起基本养老保险、基本医疗保险、失业保险、工伤保险、生育保险等制度。社会保险是社会保障的一个重要组成部分,将做详细介绍。

2. 社会救济制度。是指对公民在受到自然灾害或生活发生严重困难的情况下获得经济帮助,以保障其最低生活需要的制度。即建立灾民救济、城市居民最低生活救济、城乡特殊贫困人员等救济制度。

3. 社会福利制度。是指国家和社会为维护和提高社会成员一定的生活质量,满足其物质和精神的基本需要而采取的社会保障政策以及所提供的设施和相应的服务。如建立老年福利、托幼福利、残疾人福利、社区服务、城镇居民福利津贴等项制度和设立文化、教育、卫生、保健等社会公益设施。

4. 社会优抚制度。是指由国家和社会对有特殊贡献者及其家属提供社会优待和物质帮助,以保障其生活不低于当地一般生活水平的制度。社会优抚的对象主要包括现役军人、革命伤残人员、退役军人、烈属、病故军人家属、军属及见义勇为人员等。

5. 社会互助制度。是指不同的社会团体和社会成员自愿组织和参加的相互提供帮助、扶弱济困活动的制度。如工会组织建立的工会会员互助金制度等。

(二) 社会保险制度

1. 社会保险是指劳动者在暂时或永久性丧失劳动能力及失业时,获得国家、社会经济补偿和物质帮助的一种社会保障制度。我国目前的社会保险仅限于职工社会保险,也即劳动保险,尚未包括农民社会保险和其他劳动者保险。

2. 社会保险的特征主要有:

(1) 社会性。社会保险的范围比较广泛,包括社会上不同层次、不同行业、不同职业的劳动者。

（2）强制性。社会保险由国家通过立法强制实施。

（3）互济性。社会保险是用统筹调剂的方法集中和使用资金，用来帮助和补偿遇到劳动风险的劳动者。

（4）福利性。社会保险以帮助劳动者摆脱生活困难为目的，属于非营利性、公益性服务事业。

（5）补偿性。社会保险是对劳动者所遇劳动风险的补偿。

（6）差别性。劳动者所得社会保险待遇往往由于工龄长短、缴纳保险费多少等因素的不同而有所差别。

（三）社会保险的主要内容

1. 养老保险制度。养老保险是指劳动者在因年老或病残而丧失劳动能力的情况下，退出劳动领域，定期领取生活费用的一种社会保险制度。它为实现劳动者老有所养提供了物质保障。我国职工养老保险有三种形式：

（1）退休，即职工因年老或病残而完全丧失劳动能力，退出生产或工作岗位养老休息时获得一定物质帮助的制度。

（2）离休，即建国前参加革命工作的老干部达到一定年龄后离职休养的制度。

（3）退职，即职工不符合退休条件但完全丧失劳动能力而退出职务或工作岗位进行休养的制度。

2. 工伤保险制度。工伤保险是指劳动者在工作中或法定条件下发生意外或因职业性有害因素危害而致伤、病、残、死亡，依法获得经济赔偿和物质帮助的一种社会保险制度。

工伤保险的待遇范围主要包括工伤医疗期间待遇、工伤致残待遇及因工死亡待遇。

3. 失业保险制度。失业保险是指劳动者在失业期间，由国家和社会给予一定物质帮助，以保障其基本生活并促进其再就业的一种社会保险制度。

我国的失业保险立法始于1986年颁布的《国营企业职工待业保险暂行规定》。1993年国务院制定了《国有企业职工待业保险规定》，1994年《劳动法》第一次在立法中用"失业"概念代替"待业"概念，并将失业保险列为社会保险的一个险种。

享受失业保险待遇的失业者必须是非自愿失业的职工，在失业前曾履行一定的缴费义务，其领取失业救济金期限尚未届满，仍具有被介绍就业的条件。失业者享有失业保险还须履行法定程序并经过法定等待期间。

4. 疾病、生育、死亡保险制度。

(1) 疾病保险。疾病保险是保障劳动者及其亲属非因工病伤后在医疗和生活上获得物质帮助的一种社会保险制度。我国职工疾病保险待遇主要包括医疗待遇，疾病、负伤、残疾期间的生活待遇。

(2) 生育保险。生育保险是指女职工因怀孕、分娩导致不能工作，收入暂时中断，国家和社会给予必要物质帮助的社会保险制度。根据《中华人民共和国劳动法》、《女职工劳动保护规定》和《企业女职工生育保险试行办法》的规定，女职工生育保险包括产假、医疗服务和产假期生育津贴三部分内容。

(3) 死亡保险。死亡保险是指在劳动者死亡后，为解决其善后事宜及其生前所供养直系亲属的基本生活，按照法律规定给予物质帮助的社会保险制度。

案例 8-1 炒了工作，赔了自己
——竞业禁止

一、案例介绍

原告：浙江某电器有限公司（以下简称"电器公司"）。

被告：李某。

被告：宁波某炊具制品有限公司（以下简称"炊具公司"）。

被告李某原系原告电器公司的员工，从事技术工作。原告电器公司生产销售各类炊具、餐具等，被告炊具公司也生产同类产品。2003年3月1日，原告与被告李某签订《聘用合同》和《保密合同》。《聘用合同》约定：合同期为3年，自2003年3月1日起至2006年2月28日止，甲方（原告电器公司）聘请乙方（被告李某）从事技术工作；年基本工资3万元，以后每年按8%的比例递增；甲方无故解除劳动合同的，应赔偿乙方20万元经济损失，乙方擅自解除劳动合同的，应赔偿甲方20万元经济损失，合同期满，甲方一次性支付乙方服务费3万元。《保密合同》对保护商业秘密的范围、保密和禁止披露商业秘密、商业秘密的使用、泄露行为、保密方式、保密期限、竞业禁止的经济补偿、违约责任等做了约定。其中规定，在与公司终止或解除《聘用合同》之日起24个月内，乙方不得自营或为他人经营与本公司有竞争的业务，并且约定有下列情形之一的，将被视为故意违反本合同约定的竞业禁止义务：①为与本公司在产品市场或服务方面直接或间接竞争的公司或机构工作或在这类公司拥有利益。②对竞业禁止的经济补偿规定：负有竞业禁止义务的乙方，公司不论在任何情况下终止或解除与其劳动关系，乙方在《聘用合同》终止或解除后24个月内，只要严格遵守本合同有关竞业禁止的规定，公司应按照当地最低工资标准向乙方支付竞业禁止补偿费。③关于违约责任约定。无论故意或疏忽大意，负有竞业禁止的乙方如违反本合同，应当一次性支付数额20万元的违约金。

2003年11月12日，被告李某离开原告公司到被告炊具公司工作。电器公司于11月13日发电报催告李某回公司上班，李某未再回原告处上班。12月21日，原告将与李某签订的《聘用合同》和《保密合同》寄给炊具公司。12月22日，原告申请公证处将信函内容进行了保全。12月26日原告通知李某解除劳动合同，同日发信给炊具公司告知不得录用李某。12月28日，炊具公司复函给原告，称收到两份合同，但公司没有名叫李某的员工等。2004年1月5日，原告向当地劳动争议仲裁委申请仲裁。1月6日，仲裁员到炊具公司向李某送达仲裁文书时，李某仍在炊具公司上班。2月27日，仲裁委做出裁决：

（1）李某支付给电器公司违反劳动合同的经济损失3万元，违反《保密合同》的违约金1万元，合计人民币4万元。

（2）炊具公司支付给电器公司因李某违反劳动合同的经济损失17万元，因李某违反保密合同的违约金损失9万元，合计26万元。

（3）上列款项在裁决生效后10日内付清，李某与炊具公司承担连带责任。

（4）李某继续履行保密合同中关于竞业限制的规定，自2003年12月至2005年11月，不得在与电器公司相同的行业内从事工作。

原告认为被告李某、被告炊具公司的行为给原告带来经济损失是巨大的，仲裁委将约定的违约金数额与补偿费相比较是错误的。故向法院起诉：

（1）要求被告李某赔偿违反劳动合同的经济损失人民币20万元。

（2）要求被告李某赔偿竞业限制违约金人民币20万元。

（3）要求被告炊具公司对被告李某的全部赔偿数额承担连带责任。

（4）要求被告李某、炊具公司继续履行竞业限制规定。

被告李某辩称：

（1）原告的第一项诉讼请求缺乏事实和法律依据，因原告未给李某缴纳社会保险费，没有提供相应的劳动条件，故被告李某是依法解除和原告的劳动合同。且原告对该项请求的经济损失情况和损失的计算方式未做阐述和相应举证，而仅以双方签订的《聘用合同》中约定的数额向被告李某要求赔偿，是没有法律依据的。

（2）原告的第二项诉讼请求违反了公平原则，并且是原告违约在先，不能要求被告李某赔偿损失，被告李某认为竞业限制违约金与其应得收入相比，差距太大，作为竞业限制，原告应支付竞业限制补偿金，现原告没有支付，无权要求被告李某支付竞业限制违约金20万元。

（3）《保密合同》中的条款不合理、不合法，限制了劳动者的劳动权，目前，我国法律并没有允许用人单位设定竞业限制来保护企业的商业秘密，且约定的商业秘密范围不明确。因此，该竞业限制约定不合理，是无效的。

被告炊具公司辩称：原告的诉讼请求不符合法律规定，本案是劳动合同纠纷，不是侵权纠纷，炊具公司没有对原告实施侵权行为，原告不能以被告李某的违约为由，要求被告炊具公司就此承担连带责任。

在本案的审理过程中，对于李某单方解除劳动合同是否构成违约，有两种不同的观点。一种观点认为，李某不构成违约。我国《劳动法》第32条规定，在试用期内、用人单位以威胁或者非法限制人身自由的手段强迫劳动、用人单位未按照劳动合同约定支付劳动报酬或者提供劳动条件三种情形之一，劳动者可以随时解除劳动合同。劳动者享有无条件单方解除权，法律又没有规定需履行通知义务，只要李某认为原告未提供相应劳动条件，他可以随时离开而不受任何限制。故李某不构成违约。

另一种观点认为，李某构成违约。尽管《劳动法》没有明确规定劳动者单方解除合同的形式及效力，但参照《合同法》第96条"当事人一方依照本法第93条第2款、第94条的规定主张解除合同的，应当通知对方。合同自通知到达对方时解除。对方有异议的，可以请求法院或者仲裁机构确认解除合同的效力"。该条虽未明确规定解除通知的具体方式，但已规定合同解除的效力发生在解除合同通知到达对方当事人时发生法律效力，因此主张合同解除的当事人就负举证证明解除合同的通知已到达对方当事人的责任，如不能证明，就应当认定合同并没有解除。李某应举证证明解除合同通知已到达原告，如无法证明解除合同通知已到达原告就应认定单方解除合同构成违约。法院采纳了第二种观点。

关于李某单方解除劳动合同后的违约金问题，由于我国《劳动法》对违约金问题没有做出明确的规定，所以，在适用经济补偿金与违约金时，存在两种不同意见。

第一种意见认为，原、被告签订的《聘用合同》约定赔偿经济损失以及《保密合同》约定的违约金均没有事实和法律依据。我国《劳动法》中对违反

《劳动法》的法律责任主要是以赔偿为内容的责任。《劳动法》第 102 条规定："劳动者违反本法规定的条件解除劳动合同或者违反劳动合同中约定的保密事项，对用人单位造成经济损失的，应当依法承担赔偿责任。"《劳动法》对劳动者违反劳动合同约定应负的赔偿责任的范围及项目做了明确的界定，规定劳动者违反劳动合同给用人单位造成损失作为赔偿的前提条件。本案原告未对约定的 20 万元的损失进行举证，故该项请求没有法律和事实依据。双方签订的《保密合同》约定的竞业限制违约金条款，违反合法、公平、合理的原则。被告年工资 3 万元，两年也只有 6 万元，约定违约金 20 万元严重侵犯了劳动者的劳动权利，该约定不具备法律约束力。根据《违反〈劳动法〉有关劳动合同规定的赔偿办法》（劳部发［1995］223 号，以下简称《赔偿办法》）第 5 条规定："劳动者违反劳动合同中约定保密事项，对用人单位造成经济损失的，按《反不正当竞争法》第 20 条的规定支付用人单位赔偿费用。"《反不正当竞争法》第 20 条规定："经营者违反本法规定，给被侵害的经营者造成损害的，应当承担损害赔偿责任，被侵害的经营者的损失难以计算的，赔偿额为侵权人在侵权期间因侵权所获得的利润；并应当承担被侵害的经营者因调查该经营者侵害其合法权益的不正当竞争行为所支付的合理费用。"可见，劳动者违约应承担的赔偿额是以造成用人单位损失为条件的，本案原、被告约定的违约金数额没有法律依据。本案原告未对《保密合同》中约定的 20 万元的违约损失进行举证，故该项请求也没有法律和事实依据。

第二种意见认为，原、被告签订的《聘用合同》约定赔偿经济损失以及《保密合同》约定的违约金并不违反有关法律、法规的强制性规定，应当有条件予以认定。原劳动部在《赔偿办法》中对赔偿责任做了进一步的明确规定："劳动者违反规定或劳动合同的约定解除劳动合同，对用人单位造成损失的，劳动者应赔偿用人单位下列损失：（一）用人单位招收录用其所支付的费用；（二）用人单位为其支付的培训费用，双方另有约定的按约定办理；（三）对生产、经营和工作造成的直接经济损失；（四）劳动合同约定的其他赔偿费用。"由此可见，劳动者与用人单位在劳动合同中可以约定赔偿费用。违约金具有补偿性，约定的违约金视为违约的损害赔偿，赔偿额应当相当于违约所造成的损失。但约定的违约金数额过分高于或低于造成的损失的，当事人可以请求法院或者仲裁机构予以适当减少或者增加。赔偿损失的范围可由法律直接规定，或者双方约定。约定赔偿又称赔偿额的预定，它是主合同的从合同，指当事人在约定赔偿合同中预定一个损失数额或者约定赔偿损失的计算方法，在一方当事人违约给另一方当事人造成损失时，则按约定进行赔偿。法院采纳了第二种意见。

《劳动法》对一方违约应支付约定违约金未做出规定，按照《浙江省劳动合同办法》的规定，"劳动合同对劳动者的违约行为设定违约金，仅限于下列情形：（一）违反服务约定的；（二）违反保守商业秘密约定的"。本案原、被告签订的《聘用合同》及《保密合同》基于竞业限制约定的经济损失，可以认定为约定违约金。被告李某应按约承担违约责任。鉴于被告李某违反聘用合同约定的服务期，对原告公司造成的经济损失情况分析，其属于一般的技术人员，录用时也未对其培训，对原告生产经营的影响也不很重大，其年薪只有3万元，故约定的违约金数额相对过高。被告虽未明确向法院提出要求变更或者减少，但考虑被告一直作不构成违约答辩，结合被告答辩意见第二项，认为约定违反公平原则，与其收入差距过大，故应酌情减少。对于双方在《保密合同》约定的20万元违约金，由于商业秘密的泄露对原告所造成的损失需要一段时间才能计算，可能远远超出该数额，也可能未达到该数额，因而针对其损失的不确定性，应当尊重双方对违约金的预先约定。

综上，法院经审理认为，原告电器公司与被告李某签订的《聘用合同》、《保密合同》合法有效。被告李某擅自离职的行为构成违约，应承担赔偿责任。炊具公司在李某未解除劳动合同时招用李某从事与原告同业的业务，应对被告李某的赔偿责任承担连带责任。《聘用合同》赔偿数额问题，应遵循公平合理原则，结合本案实际情况考虑，合同中设定过高，酌情予以变更，确定为10万元。《保密合同》约定的20万元违约金，该数额的确定并不违反公平合理原则，法院即采纳该数额。对于原告要求被告李某继续履行《保密合同》中的竞业限制规定的诉请，理由不够充分，法院不予支持。依照《劳动法》第17、99、102条的规定，判决如下：

（1）由被告李某在本判决发生法律效力之日起10日内支付给原告电器公司违反《聘用合同》的经济损失10万元，违反《保密合同》的违约金20万元，合计30万元。

（2）被告炊具公司负连带责任。

（3）驳回原告电器公司的其他诉讼请求。

（案例来源：曹可安主编：《中华人民共和国劳动合同法解析、案例分析、合同样本》，第263页，京华出版社2007年版）

二、案例分析

本案主要涉及竞业禁止、商业秘密的保护及劳动者解除劳动合同三个方面的法律问题。

(一) 竞业禁止条款的相关内容

1. 竞业禁止的概念。竞业禁止是指为防止商业秘密和其他经营、技术信息在同行业间的泄露,用人单位与劳动者通过协议约定,劳动者在职期内及离职后一定期限内,负有保护用人单位的商业秘密,不得从事或兼职从事与用人单位相同或相类似的竞争性业务的义务。

2. 竞业禁止的分类。竞业禁止有多种分类方法,按照其产生的依据不同,可将竞业禁止分为法定竞业禁止和约定竞业禁止。按照竞业禁止义务存在的时间,可以分为在职员工的竞业禁止和离职员工的竞业禁止。

(1) 法定竞业禁止即义务人基于法律的直接规定而产生竞业禁止的义务。我国《公司法》第61条规定,董事、经理不得自营或者为他人经营与其所任职公司同类的营业或者从事损害本公司利益的活动。

(2) 约定竞业禁止,是指用人单位与其特定的从业人员用合同的方式对竞业禁止行为进行的约定,法律并不进行强制性规定。约定竞业禁止的理论基础是契约自由原则,但不得违背社会公共利益。《劳动法》第22条规定,劳动合同当事人可以在劳动合同中约定保守用人单位商业秘密的有关事项。《劳动合同法》第23条第1款中规定:"用人单位与劳动者可以在劳动合同中约定保守用人单位的商业秘密和与知识产权相关的保密事项。"

(3) 在职员工的竞业禁止是职工对用人单位的忠实义务在法律上的体现,是劳动纪律和职业道德的基本要求。我国《公司法》、《劳动法》规定的法定竞业禁止均为在职竞业禁止。

(4)《劳动合同法》第24条规定:"竞业限制的人员限于用人单位的高级管理人员、高级技术人员和其他负有保密义务的人员。竞业限制的范围、地域、期限由用人单位与劳动者约定,竞业限制的约定不得违反法律、法规的规定。在解除或者终止劳动合同后,前款规定的人员到与本单位生产或者经营同类产品、从事同类业务的有竞争关系的其他用人单位,或者自己开业生产或者经营同类产品、从事同类业务的竞业限制期限,不得超过二年。"也就是说,竞业限制义务主体的范围主要包括:用人单位的高级管理人员、高级技术人员和其他负有保密义务的人员;竞业限制的范围、地域的限制是:与本单位生产或者经营同类产品、从事同类业务的有竞争关系的其他用人单位或自己开业生产或者经营与本单位有竞争关系的同类产品、业务;竞业限制的期限是两年,从劳动者原劳动合同解除或者终止之日起算。

《劳动合同法》第23条第2款规定:"对负有保密义务的劳动者,用人单位可以在劳动合同或者保密协议中与劳动者约定竞业限制条款,并约定在解除或者终止劳动合同后,在竞业限制期限内按月给予劳动者经济补偿。劳动者违反竞业限制约定的,应当按照约定向用人单位支付违约金。"

竞业限制条款是一种以限制劳动者的自由择业权为手段,对用人单位的商业秘密及合法权益进行保护的方式。从权利、义务对等的角度出发,对由此给劳动者带来的经济损失就应当给予适当的补偿。如果用人单位没有约定给劳动者适当的经济补偿,那么该条款就成为"显失公平"的条款。

(二) 商业秘密的保护

商业秘密是指不为公众所知悉、能为权利人带来经济利益、具有实用性并经权利人采取保密措施的技术信息和经营信息。构成商业秘密必须具备秘密性、实用性和措施性三个要件。在实践中,公司往往通过采取各种手段来保护自己的商业秘密。如用人单位与劳动者签订《保密协议》,约定保守商业秘密的义务。在这里,有一个问题,就是保密义务与竞业禁止义务一般同时存在,使人容易产生模糊认识,往往将二者混为一谈。

具体来说,竞业禁止与保密义务有以下区别:

(1) 保密义务所限制的行为是对商业秘密的泄露和使用行为,而竞业禁止所限制的是从事某种专业、业务,或经营某种产品或服务的行为。

(2) 保密义务是从消极意义上禁止相对人泄露、使用或允许他人使用商业秘密,并不禁止相对人设立竞争企业或到竞争企业工作。如果相对人有合法取得商业秘密的途径,权利人就无权要求其承担保密义务。而竞业禁止则是全面禁止劳动者利用其在职期间获得的一切信息和技能(包括商业秘密和未作为商业秘密但对竞争对手有利的信息)的机会,这是一种积极意义上保护商业秘密的方法。

(3) 保密义务的产生基于法律的直接规定,或者基于劳动合同的附随义务,不管当事人之间是否有明示的约定,劳动者在职期间和离职以后均承担保守用人单位商业秘密的义务。而劳动者的离职竞业禁止义务是基于当事人之间的约定而产生的,无约定则无义务。

(4) 保密义务的存在是没有期限的,只要商业秘密存在,义务人的保密义务就存在;而竞业禁止义务的存在是有期限的,在职竞业禁止的期限是劳动合同的存续期间,离职竞业禁止的期限由当事人约定[①]。

---

① 参见曹可安主编《中华人民共和国劳动合同法解析、案例分析、合同样本》,第 260 页,京华出版社 2007 年版。

（三）劳动者解除劳动合同的情形

劳动合同的解除是指劳动合同当事人提前消灭劳动合同关系的一种法律行为。劳动者解除劳动合同一般有双方协商解除、提前通知解除和即时辞职三种情况。依据《劳动合同法》第36、37条的规定：用人单位与劳动者协商一致，可以解除劳动合同。劳动者提前30日以书面形式通知用人单位，可以解除劳动合同。劳动者在试用期内提前3日通知用人单位，可以解除劳动合同。

依据《劳动合同法》第38条的规定，有下列情形之一的，劳动者可以随时辞职，但仍要履行通知用人单位的义务：①用人单位未按照劳动合同约定提供劳动保护或者劳动条件的。②用人单位未及时足额支付劳动报酬的。③用人单位未依法为劳动者缴纳社会保险费的。④用人单位的规章制度违反法律、法规的规定，损害劳动者权益的。⑤用人单位因《劳动合同法》第26条规定的情形致使劳动合同无效的。⑥法律、行政法规规定的其他情形。

用人单位以暴力、威胁或者非法限制人身自由手段强迫劳动者劳动的，或者用人单位违章指挥、强令冒险作业危及劳动者人身安全的，劳动者可以立即解除劳动合同，无需事先告知用人单位。

（四）关于本案

由于本案发生在《劳动合同法》颁布之前，主要法律依据是《劳动法》的相关规定。

1. 李某与电器公司所订立的《保密合同》是合法有效的。本案中，因李某是电器公司的技术人员，电器公司出于对自身利益的保护，与其订立了《保密合同》，约定了保护商业秘密和竞业禁止条款，是双方当事人的真实意思表示，符合《劳动法》的有关规定，是合法有效的。作为被告人李某应遵守合同约定，切实履行保密及竞业禁止义务，其在炊具公司上班的行为，已经违反了保密合同的约定，理应承担相应的违约责任。

2. 李某单方解除劳动合同是否构成违约？我国《劳动法》第32条规定："有下列情形之一的，劳动者可以随时通知用人单位解除劳动合同：（一）在试用期内的；（二）用人单位以暴力、威胁或者非法限制人身自由的手段强迫劳动的；（三）用人单位未按照劳动合同约定支付劳动报酬或者提供劳动条件的。"也就是说，劳动者单方解除合同仍需履行通知的义务。尽管《劳动法》没有明确规定劳动者单方解除合同的形式及效力，但按相关法律的规定，当事人一方主张解除合同的，应当通知对方，"合同自通知到达对方时解除"。本案中，李某并未履行也提不出相关的证据证明其履行了通知义务，所以，就应认定为违约。

按照《劳动合同法》第 38 条的规定，即时辞职分为随时通知辞职和无需通知辞职两种。即便李某认为电器公司未给其缴纳社会保险费，没有提供相应的劳动条件，也属于即时辞职中的随时通知辞职，也就是说，在辞职时需要通知用人单位，而不能不辞而别。

3. 李某单方解除劳动合同后的违约金问题。劳动者提前解除劳动合同可能对用人单位造成一定的经济损失，劳动者应当赔偿的只是用人单位由于劳动者辞职所造成的经济损失，如招录费用、培训费用及生产经营所产生的直接费用，等等。有损失有赔偿，没有损失则没有赔偿。本案中，关于违反《聘用合同》的赔偿数额问题，因李某是一般的技术人员且年薪只有 3 万元，所以合同中设定过高，本着公平合理原则，酌情予以变更是正确的。至于《保密合同》约定的 20 万元违约金，因为该数额的确定并不违反公平合理的原则且本着尊重双方当事人意思自治的原则，法院采纳了该数额。

为了防止用人单位滥用违约金条款，保护劳动者的自主择业权，《劳动合同法》规定只有在两种情形下，用人单位可以约定由劳动者承担违约金：①在服务期约定中约定违约金。用人单位为劳动者提供专项培训费用，对其进行专业技术培训的，可以与该劳动者订立协议，约定服务期。劳动者违反服务期约定的，应当按照约定向用人单位支付违约金。违约金的数额不得超过用人单位提供的培训费用。用人单位要求劳动者支付的违约金不得超过服务期尚未履行部分所应分摊的培训费用[①]。②在竞业限制约定中约定违约金（见《劳动合同法》第 24 条的规定）。除以上两种情形外，用人单位不得与劳动者约定由劳动者承担违约金，或者以赔偿金、违约赔偿金、违约责任金等其他名义约定由劳动者承担违约责任。对于约定由用人单位承担的违约金，《劳动合同法》没有做出禁止性规定。

4. 对于用人单位招录尚未解除劳动合同的劳动者的责任。依据《劳动法》第 99 条规定："用人单位招用尚未解除劳动合同的劳动者，对原用人单位造成经济损失的，该用人单位应当依法承担连带赔偿责任。"从本案看，电器公司已将与李某签订的《聘用合同》和《保密合同》寄给炊具公司，并发信给炊具公司告知不得录用李某。也就是说，炊具公司明知李某与电器公司尚未解除劳动合同仍录用李某，理应依法承担连带赔偿责任。

《劳动合同法》第 91 条也有相应的规定："用人单位招用与其他用人单位尚未解除或者终止劳动合同的劳动者，给其他用人单位造成损失的，应当承担

[①] 参见《中华人民共和国劳动合同法》第 22 条。

连带赔偿责任。"也就是说，用人单位招用职工时应查验其终止、解除劳动合同证明，以及其他能证明该职工与任何用人单位不存在劳动关系的凭证，方可与其签订劳动合同。用人单位招用尚未解除劳动合同的劳动者，对原用人单位造成经济损失的，该用人单位应当与劳动者承担连带赔偿责任。

三、思考·讨论·训练

1. 本案中，如果电器公司没有给李某缴纳社会保险费也没有提供相应的劳动条件，李某应该如何去做才能既保护自己的合法权益，又不违反劳动法律法规的有关规定？

2. 在本案中，李某与用人单位签订了《保密合同》，约定了竞业禁止条款，如何理解竞业禁止的含义和性质？有人认为，对于用人单位和劳动者而言，竞业禁止是一把"双刃剑"，你是如何理解的？对于普通劳动者而言，应如何谨慎对待竞业禁止条款，以切实保护自己的合法权益？如果用人单位不履行竞业禁止条款中的经济补偿，劳动者应该怎么办？

3. 对比《劳动法》与《劳动合同法》中对于劳动者解除劳动合同的规定有什么不同？在司法实践中应该如何适用？

4. 在劳动合同中可以约定保密事项，那么什么是商业秘密？商业秘密有哪些特征？商业秘密的保护有哪些法律手段？保密条款中一般约定哪些事项？

案例 8-2 谁来为拖欠的农民工工资买单？
——工资支付保障制度

一、案例介绍

为了要回自己应得的工资，在北京地铁 5 号线 14 号合同段项目施工的 258 名农民工，一纸诉状将临沂坎源建筑有限公司及北京市政建设集团有限责任公司告上法院，起诉二被告拖欠劳务费。2006 年 6 月 20 日，北京市西城区人民法院对该案进行公开宣判，判决被告临沂坎源建筑有限公司在判决生效后 3 日内给付原告 258 人所欠工资，被告北京市政建设集团有限责任公司承担连带责任。

在庭审中，原告 258 名农民工陈述，临沂坎源建筑有限公司与北京市政建设集团有限责任公司就北京市地铁 5 号线 14 号合同段项目签有劳务分包合同，原告系临沂坎源建筑有限公司派往该项目的实际施工者。从 2005 年 6 月开始，建筑公司每月都向原告出示该月应发工资的工资表，但均以北京市政公司没有给付建筑公司劳务费为由，拒绝向原告发放工资。258名农民工无奈，只得诉至法院，要求二被告共同给付欠发的工资。

被告临沂坎源建筑有限公司当庭辩称，原告258名农民工是该单位的雇用员工，被告确实存在拖欠农民工工资问题，原告所述的拖欠工资数额也属实。但同时表示，因北京市政公司没有给付建筑公司劳务费，导致建筑公司无力支付工人工资，希望法院判决。

被告北京市政建设集团有限责任公司当庭表示，认可与坎源公司的劳务承包合同，确认尚欠临沂坎源建筑有限公司劳务费90.02万元，现公司经济困难，对原告的诉讼请求，听从法院判决。

西城区法院经审理查明，原告258人为被告临沂坎源建筑有限公司雇用的农民工。2005年3~12月间，北京市政建设集团有限责任公司将"奥体北辰西路"、"地铁5号线14号合同段"及"清华南路"等工程分包给临沂坎源建筑有限公司并分别签有北京市建设工程劳务分包合同。在履行合同的过程中，北京市政建设集团有限责任公司在临沂坎源建筑有限公司完工以后没有如约支付合同价款，尚欠计90.02万元。而临沂坎源建筑有限公司也未支付原告258人的劳务费。

法院认为，258名原告受雇于临沂坎源建筑有限公司为其工作，付出劳动理应得到合理的报酬，该公司没有按时支付工资，实属不妥。北京市政建设集团有限责任公司拖欠临沂坎源建筑有限公司劳务费亦是导致原告合法权益受损的重要原因，对此应承担相应的法律责任。原告的诉讼请求合理，证据充分，应予支持，故判决被告临沂坎源建筑有限公司在判决生效后3日内给付原告258人所欠工资，被告北京市政建设集团有限责任公司承担连带责任。

至此，该案得到解决，原告在接到西城区法院的判决书后，非常满意，感谢法院这么快就为他们讨回了公道，并希望能尽快拿到被拖欠的工资。而二被告也表示将遵守法院的判决，尽快为原告解决工资发放的问题。

（案例来源：张笑竹，《北京地铁5号线258名民工为薪资告赢市政集团》，人民网：http://legal.people.com.cn，2006年6月21日）

二、案例分析

本案涉及的法律问题主要是我国的工资支付保障制度。建筑工程总承包方在拖欠分包方工程款，导致分包方拖欠农民工工资的情况下，是否应对所拖欠的农民工工资承担连带责任？

(一) 工资支付保障制度的有关规定

工资支付保障是指对劳动者获得的全部应得工资及其所得工资支配权的保障。

1. 《劳动法》对工资支付保障做了原则性规定。我国《劳动法》第50条规定："工资应当以货币形式按月支付给劳动者本人。不得克扣或无故拖欠劳动者的工资。"

2. 劳动部颁发的《工资支付暂行规定》及《对〈工资支付暂时规定〉有关问题的补充规定》中，对工资支付保障做了进一步的细致规定和解释。

"克扣"是指用人单位无正当理由扣减劳动者应得工资（即在劳动者已提供正常劳动的前提下，用人单位按劳动合同规定的标准应当支付给劳动者的全部劳动报酬）。用人单位有正当理由可以代扣劳动者工资的情形有：用人单位代扣代缴的个人所得税；用人单位代扣代缴的应由劳动者个人负担的各项社会保险费用；法院判决、裁定中要求代扣的抚养费、赡养费；法律、法规规定可以从劳动者工资中扣除的其他费用。不包括以下减发工资的情况：①国家的法律、法规中有明确规定的；②依法签订的劳动合同中有明确规定的；③用人单位依法制定并经职代会批准的厂规、厂纪中有明确规定的；④企业工资总额与经济效益相联系，经济效益下浮时，工资必须下浮的（但支付给劳动者工资不得低于当地的最低工资标准）；⑤因劳动者请事假等相应减发工资等。

"无故拖欠"系指用人单位无正当理由超过规定付薪时间未支付劳动者工资的违法行为。但不包括以下情形：①用人单位遇到非人力所能抗拒的自然灾害、战争等原因，无法按时支付工资；②用人单位确因生产经营困难、资金周转受到影响，在征得本单位工会同意后，可暂时延期支付劳动者工资，延期时间的最长限制可由各省、自治区、直辖市劳动行政部门根据各地情况确定。其他情况下拖欠工资均属无故拖欠；

3. 由劳动和社会保障部与建设部共同制定的《建设领域农民工工资支付管理暂行办法》（以下简称《办法》）针对拖欠工资现象较严重的建筑领域做了更进一步的规定。农民工欠薪索赔的对象扩大为建设工程分包企业、工程总承包企业以及业主等，农民工维权有了更多的渠道。对建筑业农民工欠薪中各方主体的权利义务关系做出了明确的规定。另外，还规定了总承包企业对分包企业支付农民工工资的监督权，业主或工程总承包方拖欠工程款导致分包方欠薪时前者的先行垫付义务，以及总承包方将工程分包给不具备用工主体资格的组织或个人时欠薪的连带支付责任。

《办法》第10条规定："业主或工程总承包企业未按合同约定与建设工程

承包企业结清工程款，致使建设工程承包企业拖欠农民工工资的，由业主或工程总承包企业先行垫付农民工被拖欠的工资，先行垫付的工资数额以未结清的工程款为限。"第11条规定："企业因被拖欠工程款导致拖欠农民工工资的，企业追回的被拖欠工程款，应优先用于支付拖欠的农民工工资。"第12条规定："工程总承包企业不得将工程违反规定发包、分包给不具备用工主体资格的组织或个人，否则应承担清偿拖欠工资连带责任。"

（二）结合本案，被告临沂坎源建筑有限公司及北京市政建设集团有限责任公司应承担连带责任

近几年来，拖欠农民工工资问题已成为全社会共同关注的焦点，先有温家宝总理亲自出面为一农民工讨回工资，其后又有在全国范围内展开的轰轰烈烈的清理农民工欠薪的运动。然而，这些举措终不能彻底根治此类现象。建筑业是吸纳农民工的主要行业之一，也是拖欠和克扣农民工工资现象比较严重的行业。究其原因，建筑领域存在着劳动力供大于求、拖欠工程款以及劳务用工行为不规范等问题，致使"杀人讨薪"、"跳楼讨薪"的悲剧屡见不鲜。如何彻底解决拖欠农民工工资问题，如何加强相关立法建设，构建社会主义和谐社会，已迫在眉睫。

在建筑业中，工程总承包企业通常会将一些局部工程发包给第三方，而第三方的用工形式大都采用农民工。从劳动关系的角度来讲，工程总承包企业和第三方雇用的农民工之间没有直接的劳动关系，即使是直接用工的第三方建设工程分包企业和农民工之间劳动合同的签订率也不高，大多只能通过事实劳动关系来保护劳动者。

本案中，北京市政建设集团有限责任公司将北京市地铁5号线14号合同段项目分包给了临沂坎源建筑有限公司。在合同履行的过程中，北京市政建设集团有限责任公司在临沂坎源建筑有限公司完工以后没有如约支付合同价款，导致原告258名农民工的工资被拖欠。对此案，西城区法院的判决是被告临沂坎源建筑有限公司支付原告工资，同时被告北京市政建设集团有限责任公司承担连带责任。但就本案而言，如适用两部合发《办法》第10条，判决总承包方垫付责任应该更合适。《办法》第10条对各方责任及支付范围做了明确的规定，且本案事实也符合该条款的适用前提。在临沂坎源建筑有限公司具备用工主体资格的前提下，对于此案应该优先适用《办法》第10条，由北京市政建设集团有限责任公司在未结清工程款的范围之内先行垫付原告的工资。先行垫付不能等同于连带责任，更何况在业主或工程总承包企业未按合同约定与建设工程承包企业结清工程款，致使建设工程承包企业拖欠农民工工资的情况

下,判决连带责任也是形同虚设,因为此时分包方根本不具备支付能力,原告也只能向总承包方索要欠薪①。

三、思考·讨论·训练

1. 如何从立法的角度彻底解决拖欠农民工工资的问题?其必要性和可行性是什么?
2. 农民工应从哪几方面着手,加强对自身合法权益的保护?(结合《劳动法》、《劳动合同法》的相关规定)
3. 建筑行业是拖欠农民工工资的"重灾区",造成这种现象的根源是什么?如何加强对建筑企业的监督、管理?
4. 如果发生拖欠、克扣工资的情况,农民工应该如何拿起法律武器保护自身的合法权益?
5. 我国现行的劳动法律制度存在哪些人为的漏洞,加大了农民工讨薪的成本?
6. 我国工资保障制度的主要内容是什么?

案例 8-3 我是单位职工吗?
——事实劳动关系

一、案例介绍

上诉人(一审被告):某公共交通总公司(以下简称"公交公司")。

被上诉人(一审原告):何双华。

第三人:古林。

被告公交公司与第三人古林签订承包 57 路公交车合同书,由古林承包经营该路公交车,何双华系古林招聘的驾驶员,每月工资 2000 元,公交公司发给何双华号码为 5168 的岗位服务证,但何双华未与公交公司签订劳动合同。2002 年 10 月 26 日,何双华驾驶的公交车在行驶途中,因车辆故障,零件飞出,砸伤其右足。2003 年 5 月 10 日,劳动局安全监察部门确认何双华属工伤。原告就工伤赔偿向法院起诉,一审法院做出判决后,被告不服,向二审法院提起上诉,主张:①公交公司已将 57 路公交车发包给古林经营,承包合同

---

① 参见黎建飞主编《劳动法案例分析》,第 132 页,中国人民大学出版社 2007 年版。

已明确约定"发生工伤由乙方（古林）承担"，因此应由古林承担何双华的工伤赔偿责任。②何双华仅住院18天，原审判决却按200天计算医院伙食补助费以及护理费缺乏事实依据。③公交公司已为何双华安排工作，不应再支付其一次性就业安置费。④公交公司已借给何双华2000元，应在本案中予以处理，与其他款项对抵。二审法院于2001年3月15日做出终审判决。

一审法院经审理认为，公交公司与古林签订承包合同，由古林承包经营57路公交车。何双华虽为古林招聘的人员，未与公交公司签订劳动合同，但何双华是以公交公司人员的名义从事工作的，有公交公司发给的岗位服务证为证，何双华"暂住证"中其单位及职业栏中注明"公交司机"以及公交公司盖章确认的"劳动能力鉴定表"中也清楚地说明何双华的工作单位是公交公司。故何双华与公交公司形成事实劳动关系，公交公司应对何双华因工伤产生的费用负担责任，古林作为某路公交车的承包者，应负连带责任。至于公交公司与古林签订的承包合同，属内部承包关系，双方可另行处理。至于何双华主张的其工伤津贴、伙食补助费、护理费的计算期限应自住院之日至医院出具医疗终结之日止，符合有关法律规定，应予支持。故何双华治疗期间工伤津贴为13333元（按每月工资2000元、治疗计200天计算）、伙食补助费4000元（按每天20元、治疗计200天计算）、护理费5000元（按每天25元、治疗计200天计算）、医疗费230元、定残费180元及一次伤残补偿金12804元（七级伤残应按本市1999年月均工资1067元，补偿12个月计算）。公交公司及古林应承担上述费用。至于一次性就业安置费，公交公司虽称其已安排何双华担任门卫工作，但未能提供证据，且何双华也予否认，不予采信。故何双华诉求公交公司及古林应支付一次就业安置费26675元（伤残七级补偿25个月，按市月平均工资1067元计算），应予支持。至于何双华的续疗费，因该费用尚未实际发生，故不予处理。何双华可待实际发生后，凭票据向公交公司及古林主张权利。综上，依照《民法通则》第106条，《××市职工工伤保险暂行规定》第21、22、24、26条，判决如下：①被告公交公司应于本判决生效之日起十日内偿还何双华工伤津贴13333元、伙食补助费4000元、护理费5000元、医疗费230元、定残费180元、一次性伤残补偿金12804元、一次性就业安置费26675元。以上共计62222元。②第三人古林对上述第一项确定的义务负连带清偿责任。③驳回何双华的其他诉讼请求。

一审判决后，公交公司不服，上诉至二审法院。

二审法院经审理认为，古林承包57路公交车后，对其招聘的驾驶员何双华在工作中所发生的工伤事故理应承担赔偿责任。公交公司将57路公交车发包给古林，应对古林所负的赔偿责任承担连带责任。原审认定何双华与公交公司形成事实劳动关系不符。公交公司对此的上诉有理，予以支持。鉴于二审已查明何双华实际住院仅18天，故公交公司上诉主张应依实际住院天数计算其伙食补贴的理由符合法律规定，应予采纳。但公交公司关于何双华的护理费也应以18天计算的上诉主张，则应从何双华伤情的事实出发来确定其确需护理的时间。考虑到何双华右足跖骨开放性骨折、肌腱断裂的情况，其从骨折损伤开始到骨闸形成稳定大约需3个月的时间，故以90天计算其确需护理的天数较为合理。公交公司请求以18天计算，以及原审判决以200天计算其护理天数均无事实依据，也不符合客观事实，应予以更正。至于公交公司上诉关于不应支付何双华一次性就业安置费的请求因与××市相关部门《关于在执行〈××市职工工伤保险暂行规定〉中的若干问题的处理意见》的相关规定相悖，本院不予支持。原审判决支持何双华关于一次性就业安置费的诉求是正确的。此外，原审确定何双华工伤津贴、医疗费、定残费及一次性伤残补偿金、就业安置费的数额正确，应予维持。据此，依照《诉讼法》第153条的规定，判决如下：①维持一审法院判决第三项，即驳回何双华的其他诉讼请求。②撤销一审法院判决第一、二项。③古林应于本判决生效后10日内支付何双华工伤津贴13333元、伙食补助费360元、护理费2250元、医疗费230元、定残费180元、一次性伤残补偿金12804元、一次性就业安置费26675元。以上共计55832元。④公交公司对古林的上述赔偿承担连带责任。本案一、二审诉讼费共2985元，由古林负担2719元，何双华负担266元。

（案例来源：卢炯星、洪志坚主编：《劳动法案例精析》，第56页，厦门大学出版社2004年版）

二、案例分析

本案是一起因工伤事故赔偿问题而引发的劳动纠纷，主要涉及事实劳动关系的认定及事实劳动关系中的工伤处理两个法律问题。

（一）劳动关系、劳务关系和承包关系的界定及事实劳动关系的认定

1. 劳动关系、劳务关系和承包关系的界定。劳动关系是劳动者与用人单位之间为实现劳动过程而发生的劳动力与生产资料相结合的社会关系。

劳务关系是指当事人约定一方为他方提供劳务，他方给付报酬而形成的社会关系。

承包关系在法律上没有确切的定义，在企业范围内的承包关系作为一种责任制形式，并不是一种独立的社会关系，可以从属于劳动关系，也可以从属于

民事关系。从属于劳动关系的承包关系，由劳动合同规定工资报酬、集体福利、工作时间以及劳动纪律等内容。承包合同则只对劳动合同未规定的定额指标、奖金分配等内容进行规定。这种承包关系并未改变劳动关系的特性，只是将定额管理与物质奖励制度结合运用，以完成定额程度作为计奖的依据，这种承包关系人应由劳动法进行调整。从属于民事关系的承包关系，劳动关系已经虚化，工资关系成为档案关系，劳动者被赋予经营者的资格。劳动关系已经转化为劳务关系，成为民事关系，应当由民法调整。因此，承包关系中的承包者具有两种身份，既是经营者又是劳动者，这种主体以不同身份实行的不同行为应分别归由劳动法和民法去调整[①]。

这三个关系中，劳动关系与劳务关系是一对容易混淆的概念，它们之间主要存在以下区别：

（1）对主体的要求不同。劳动关系的主体一方是用人单位，另一方必须是劳动者；而劳务关系的主体是不确定的，既可以是法人与法人之间、法人与自然人之间。也可以是自然人之间，其表现形式较多。

（2）主体地位不同。劳动关系两个主体之间既有经济关系也有管理与被管理关系。劳务关系双方之间仅有经济关系，而不存在管理关系。

（3）劳动关系具有以国家意志为主导、当事人意志为主体的属性。而劳务关系具有当事人意思为主导的特征，充分体现了当事人的意思自治，国家意志基本不干预。

（4）劳动报酬的性质不同。在劳动关系中，用人单位除按约定支付劳动者工资外，还应当为劳动者缴纳各种社会保险。劳务关系中劳动仅可得到劳动报酬，即劳动者提供劳务，用人单位支付约定的劳务报酬，劳动者无权要求用人单位为其缴纳社会保险费用。

（5）承担的风险责任不同。劳动关系兼有劳动管理和商品交换双重性质，劳动者的风险（生病、工伤等）以及在履行职务行为中给他人造成的利益损害，由用人单位承担，即使解除合同也必须承担相应责任；劳务关系中双方纯属一次性了结的商品买卖关系，风险一般由劳动者自己承担。

（6）劳动关系受劳动法调整，遵循"保护劳动者原则"，因劳动关系发生的纠纷适用《劳动法》；而劳务关系受民法调整，遵循"平等自愿，等价有偿原则"，劳务关系纠纷则适用《合同法》。

---

① 参见《劳动关系与劳务关系、承包关系有什么区别？》，德州人力资源网：http://www.dezhoujob.com。

（7）劳动关系的法定形式是书面的，需用劳动合同加以认定。劳务关系的法定形式除书面形式以外，还可以是口头或其他形式加以认定。

2. 事实劳动关系的认定。事实劳动关系是我国劳动法领域的一个重要问题，对于事实劳动关系的概念及构成要件尚没有达成统一意见，在此，仅做一简要阐述。

（1）事实劳动关系的概念。事实劳动关系是指用人单位与劳动者之间形成事实上的劳动力使用关系，但不符合《劳动法》第19条所规定的形成劳动关系应具备的法定条件。

（2）劳动法律关系与事实劳动关系的区别。劳动法律关系是指形式要件、实质要件均符合劳动法律规范的一种劳动关系；事实劳动关系，是指不完全符合劳动法律规范所规定的要件的一种法律关系。如没有签订书面劳动合同、劳动者的年龄不符合劳动法的规定，等等。

劳动法律关系是以法律规定的权利义务为内容的，是明确和完整的；事实劳动关系的权利义务则是相对不确定的。

劳动法律关系是完全受法律保护的，而事实劳动关系中的一些种类必须经相关法律加以确认，才能由劳动法律法规调整、受劳动法的保护。否则，事实劳动关系中双方当事人的利益很难得到实现。

（3）事实劳动关系的种类：①无书面形式的劳动合同而形成的事实劳动关系。②无效劳动合同而形成的事实劳动关系。③双重劳动关系而形成的事实劳动关系。

（4）对于事实劳动关系的认定，一般应具备下列条件：

第一，要让劳动者能够证明事实劳动关系的存在。比如，发生争议之前劳动者就要注意搜集原先的劳动合同、工资单、考勤卡、工作证、出入证、开会通知、报销单据，等等，以证明劳动者确实跟用人单位之间存在劳动关系。

第二，取得用人单位故意拖延不续订劳动合同的证据。比如，劳动者要求单位尽快签订劳动合同的谈话记录、证人证言、单位要劳动者填的有关表格、单位借口拖延续订的证明，等等。

第三，取得用人单位单方面终止劳动关系的证据。比如，单位的书面解除劳动关系通知、谈话记录、证人证言、公司发文，等等[①]。

（5）对事实劳动关系的法律保护。根据劳动部办公厅1994年5月发布的《关于劳动争议处理问题的复函》的规定，处理事实劳动关系引起的劳动争

---

① 参见王君子《论事实劳动关系的认定及规范》，法律教育网：http://www.chinalawedu.com。

议，劳动争议仲裁委员会应当首先督促双方当事人依照国家和法律的规定签订、续订或终止劳动合同。同时，要根据具体情况区分双方当事人在形成事实劳动关系过程中各自所应承担责任的大小，予以妥善处理。

2000年10月30日，最高人民法院《关于印发〈民事案件案由规定（试行）〉的通知》将"事实劳动关系争议"列为第一部分"合同纠纷事由"中的第39项"劳动争议"当中。

2001年4月，最高人民法院《关于审理劳动争议案件适用法律若干问题的解释》第1条第2项规定：劳动者与用人单位之间没有订立书面劳动合同，但已形成劳动关系后发生的纠纷，当事人不服劳动争议仲裁委员会做出的裁决，依法向人民法院起诉的，人民法院应当受理。

3. 结合本案，原、被告双方及第三人三者之间法律关系的界定。

（1）第三人古林与公交公司之间的承包关系。公交公司与古林签订承包57路公交车合同书，由古林负责承包经营，公交公司提供公交车以及从事营运所必需的资格和条件，双方之间即形成了承包关系。但公交公司仍拥有被承包车辆的所有权以及对57路公交车路线享有的营运权，古林的承包经营活动仍应受到公交公司的监督管理或者制约。

（2）原告何双华与承包人古林之间的法律关系。本案中，原告何双华与承包人古林之间并不存在劳动关系。

古林并不具备公交车营运资格，也不是个体工商户，不具备用工主体资格。何双华虽然是古林招聘的司机，但他并不是以古林的名义而是以公交公司司机的名义从事工作的，因此，他们之间不存在劳动关系，他们之间的关系与劳务关系更为相似。

（3）原告与被告公交公司之间存在事实劳动关系。本案中，何双华虽为古林招聘的人员，未与公交公司签订劳动合同，但何双华是以公交公司人员的名义从事工作的，有公交公司发给的岗位服务证，何双华"暂住证"中其工作单位及职业栏中注明"公交司机"及公交公司盖章确认的"劳动能力鉴定表"中也清楚地说明何双华单位是公交公司。基于以上事实可以基本认定何双华与公交公司之间存在事实劳动关系。虽然何双华的工资并非是由公交公司直接支付，但可以认定为是古林根据与公交公司之间承包合同的授权来招聘何双华为公交公司司机并每月支付其工资的。因此，公交公司与何双华之间的关系完全符合事实劳动关系的构成要件，公交公司必须对何双华在正常工作过程发生的工伤事故所产生的费用承担责任。本案二审法院的判决值得商榷。

（二）事实劳动关系中的工伤处理

1. 工伤的概念及界定。工伤是指劳动者在从事职业活动或者与职业责任有关的活动时所遭受的事故伤害和职业病伤害。定义中所称职工，是指与用人单位存在劳动关系（包括事实劳动关系）的各种用工形式、各种用工期限的劳动者。

根据我国2003年4月27日发布的《工伤保险条例》第14条规定，职工有下列情形之一的，应当认定为工伤：①在工作时间和工作场所内，因工作原因受到事故伤害的。②工作时间前后在工作场所内，从事与工作有关的预备性或者收尾性工作受到事故伤害的。③在工作时间和工作场所内，因履行工作职责受到暴力等意外伤害的。④患职业病的。⑤因工外出期间，由于工作原因受到伤害或者发生事故下落不明的。⑥在上下班途中，受到机动车事故伤害的。⑦法律、行政法规规定应当认定为工伤的其他情形。

《工伤保险条例》第15条规定："职工有下列情形之一的，视同工伤：（1）在工作时间和工作岗位，突发疾病死亡或者在48小时之内经抢救无效死亡的；（2）在抢险救灾等维护国家利益、公共利益活动中受到伤害的；（3）职工原在军队服役，因战、因公负伤致残，已取得革命伤残军人证，到用人单位后旧伤复发的。"

《工伤保险条例》第16条规定："职工有下列情形之一的，不得认定为工伤或者视同工伤：（1）因犯罪或者违反治安管理伤亡的；（2）醉酒导致伤亡的；（3）自残或者自杀的。"

2. 工伤赔偿费用的承担。根据劳动部1995年8月4日发布的《劳动部关于贯彻执行〈中华人民共和国劳动法〉若干问题的意见》第17条明确指出："用人单位与劳动者之间形成了事实劳动关系，而用人单位故意拖延不订立劳动合同，劳动行政部门应予以纠正。用人单位因此给劳动者造成损害的，应按劳动部《违反〈中华人民共和国劳动法〉有关劳动合同规定的赔偿办法》的规定进行赔偿。"该《赔偿办法》第3条规定了具体的赔偿标准，其中造成劳动者工伤、医疗费用损失的，除按国家规定为劳动者提供工伤、医疗费用外，还应支付劳动者相当于医疗费用25%的赔偿费用；如造成职工和未成年工身体健康损害的，除按国家规定提供治疗期间的医疗待遇外，还应支付相当于其医疗费用25%的赔偿费用。

3. 结合本案，何双华所受到的伤害应被确认为工伤。何双华是在工作时间，在工作岗位上，驾驶公交车因车辆故障，发生意外事故受伤的，因此应属于"在工作时间和工作场所内，因工作原因受到事故伤害的"，应确认为工伤。既然公交公司与何双华之间存在事实劳动关系，公交公司必须按照相应法律规定负担何双华因工伤而产生的各项费用，并且法院还可以参照劳动部的规定，判处被告支付原告何双华相当于其医疗费用25%的赔偿费用。至于公交公司与古林之间的内部承包合同关于"发生工伤由乙方（古林）承担"的协议，对何双华不具有法律约束力。古林作为承包人，对何双华未能与公交公司签订书面的劳动合同负有一定的责任，应当承担相应的连带责任。

三、思考·讨论·训练

1. 在本案中，如果古林与公交公司之间是内部承包关系的话，古林与公交公司是否还存在劳动关系？

2. 劳动合同期满后，劳动者仍在原用人单位工作，原用人单位未表示异议的，视为双方同意以原条件继续履行劳动合同。如果一方提出终止劳动关系的，用人单位是否可以不支付经济补偿金？在这种情况下，劳动者应该如何保护自己的合法权益？

3. 讨论如何证明事实劳动关系的存在？存在事实劳动关系的劳动者的权利是否受到法律保护？劳动者应如何维权？

第九章 反不正当竞争法

> 世界上唯有两样东西能让我们的内心感到深深的震撼，一是我们头顶上灿烂的星空，一是我们内心崇高的道德法则。
>
> ——［德］康德

不正当竞争行为有广义与狭义之分。广义的不正当竞争，是指包括垄断、限制竞争行为和其他违反商业道德行为在内的所有破坏竞争的行为。具体指三类行为：一是垄断行为。主要是指经营者本人或者通过企业兼并等方式，形成对一定市场的独占或控制。二是限制竞争行为。主要是指经营者滥用经济优势或几个经营者通过协议等联合方式损害竞争对手的行为。三是不正当竞争行为。主要是指经营者用欺骗、胁迫、利诱以及其他违背诚实信用原则的手段从事市场交易的行为。狭义的不正当竞争行为仅指上述第三类行为①。

与上述相对应，反不正当竞争法也有广义与狭义之分。广义的反不正当竞争法是以广义的不正当竞争行为为规范对象的，是指包括反垄断法（或限制竞争法）和狭义的反不正当竞争法在内的、所有规范市场主体的竞争行为、制止各类违法竞争行为的法律部门。而狭义的反不正当竞争法，仅以狭义的不正当竞争行为作为规范对象②。

我国的《反不正当竞争法》于1993年9月2日由八届全国人大第三次会议通过，自1993年12月1日起施行。在制定反不正当竞争法时，考虑到当时我国社会主义市场经济的发展水平和实际状况，最终采取了反不正当竞争法与反垄断法分别立法，反不正当竞争法以规范狭义不正当竞争行为为主，同时将当时急需规范的行政垄断、公用企业限制竞争行为等垄断或限制竞争行为纳入调整范围的立法模式。

我国《反不正当竞争法》第2条第2款规定："本法所称的不正当竞争，是指经营者违反本法规定，损害其他经营者的合法权益，扰乱社会经济秩序的

---

① 参见钟明钊主编《竞争法》，第84页，法律出版社2005年版。
② 同上。

行为。"同时，该法在第二章具体列举了11类不正当竞争行为。根据《反不正当竞争法》的这些规定，不正当竞争行为应具有以下特征：由经营者所为，以市场竞争为目的，违反公认的商业道德，损害竞争者的合法权益[①]。

我国《反不正当竞争法》列举的不正当竞争行为有：

1. 假冒、仿冒行为。又称市场混同行为。我国《反不正当竞争法》第5条规定："经营者不得采用下列不正当手段从事市场交易，损害竞争对手：（一）假冒他人的注册商标；（二）擅自使用知名商品特有的名称、包装、装潢，或者使用与知名商品近似的名称、包装、装潢，造成和他人的知名商品相混淆，使购买者误认为是该知名商品；（三）擅自使用他人的企业名称或者姓名，引人误认为是他人的商品；（四）在商品上伪造或者冒用认证标志、名优标志等质量标志，伪造产地，对商品质量作引人误解的虚假表示。"需要指出的是，该条所列举的第四种行为，实质上是通过在商品上伪造或冒用质量标志、伪造产地的方式，对商品质量进行虚假宣传，因而严格来说并非市场混同行为，而是虚假宣传行为。

2. 公用企业限制竞争的行为。《反不正当竞争法》第6条规定："公用企业或者其他依法具有独占地位的经营者，不得限定他人购买其指定的经营者的商品，以排挤其他经营者的公平竞争。"

3. 行政垄断行为。根据《反不正当竞争法》第7条的规定，这里的行政垄断行为，是指政府及其所属部门滥用行政权力，限制经营者正当经营活动和限制商品地区间正当流通的行为。

4. 商业贿赂行为。商业贿赂行为是指经营者采用财物或其他手段暗中收买交易对象或相关人员，以获得交易机会或有利的交易条件的行为。《反不正当竞争法》第8条规定："经营者不得采用财物或者其他手段进行贿赂以销售或者购买商品。"

5. 虚假宣传行为。根据《反不正当竞争法》第9条规定，虚假宣传行为是指经营者利用广告或者其他方法，对商品的质量、制作成分、性能、用途、生产者、有效期限、产地等作引人误解或虚假宣传的不正当竞争行为。

6. 侵犯商业秘密的行为。根据《反不正当竞争法》第10条规定，侵犯商业秘密的行为是指经营者采取不正当手段获取，披露使用，或者违反约定擅自允许他人使用权利人的商业秘密，以排挤竞争对手，取得竞争优势的行为。

7. 低于成本价销售行为，又称低价倾销行为、掠夺性定价。《反不正当竞

[①] 参见钟明钊主编《竞争法》，第99~100页，法律出版社2005年版。

争法》第 11 条规定的低于成本价销售行为，是指经营者以排挤竞争对手为目的，以低于成本的价格销售商品的不正当竞争行为。

8. 搭售行为。《反不正当竞争法》第 12 条规定："经营者销售商品，不得违背购买者的意愿搭售商品或者附加其他不合理的条件。"

9. 不正当有奖销售行为。不正当有奖销售行为是指经营者违反诚实信用和公平竞争的原则，以附带性的提供金钱、物品或者其他利益的引诱方式，促销其商品或服务的不正当竞争方式。《反不正当竞争法》第 13 条对不正当有奖销售行为做出了规定。

10. 商业诋毁行为，又称商业诽谤行为。根据《反不正当竞争法》第 14 条规定，商业诋毁行为是指经营者捏造、散布虚伪事实，损害竞争对手的商业信誉、商品声誉的不正当竞争行为。

11. 串通招标投标行为。《反不正当竞争法》第 15 条规定："投标者不得串通投标，抬高标价或者压低标价。投标者和招标者不得相互勾结，以排挤竞争对手的公平竞争。"

在上述 11 类行为中，第 2、3、7、8、11 类行为，在本质上属于垄断或限制竞争行为。考虑到制定《反不正当竞争法》时的实际状况，我国《反不正当竞争法》将一些已经出现、急需规范的垄断或限制竞争行为纳入进来，一并加以规范，这也是我国竞争法体系的一大特色。

案例 9-1 "避风塘"起风波
——假冒、仿冒行为

一、案例介绍

原告上海避风塘美食有限公司（以下简称"避风塘公司"）因与被告上海德荣唐美食有限公司（以下简称"德荣唐公司"）发生不正当竞争纠纷，向上海市第一中级人民法院提起诉讼。

原告诉称："避风塘"是本公司的名称。本公司使用"避风塘"进行对外宣传，在经营中十分注重广告投入，强化了"避风塘"作为品牌形象的作用，使"避风塘"成为上海地区餐饮服务行业中较为知名的服务名称。被告在其招牌、匾额、店堂餐桌以及广告上擅自使用"避风塘"字样，利用本公司知名度为其获取非法利益。被告这种引人误解的虚假宣传行为，侵犯了本公司的企业名称权和知名服务特有名称权，是不正当竞争。请求判令被告立即停止侵权，公开向本公司赔礼道歉，消除影响，赔偿本公司的经济损失50万元。

被告辩称："避风塘"一词，是餐饮行业内约定俗成并广泛使用的一种特色风味菜肴的名称，此点已由商标评委会确认。本公司是在标注自己企业名称的情况下使用"避风塘"一词，不侵犯原告的企业名称，不会引起消费者误解。

上海市第一中级人民法院经审理查明：

原告避风塘公司于1998年9月15日经工商行政管理部门注册登记成立，企业名称为："上海避风塘美食有限公司"，经营饭、菜、酒、点心、冷饮、咖啡堂吃等。此后，避风塘公司开设打浦、静安、八佰伴三家分店。经工商行政管理部门批准，避风塘公司及其分店自1999年9月起，制作有"避风塘"内容的店堂牌匾广告和户外广告，同时还在菜单、食品包装盒、日历卡上印制"避风塘"及其汉语拼音的字样。避风塘公司的经营曾获得若干项荣誉，并被媒体报道。避风塘公司对外宣传资料上刊印的《〈避风塘〉的故事》，内容为："'避风塘'是香港维多利亚海港上帆船、舢板等船只用来避台风的多个海湾，其中以位于香港岛北侧的铜锣湾避风塘（建于1862年）最为出名。20世纪60年代开始，由于环境的污染，香港沿海捕鱼为生的渔民在香港邻近水域已难以有鱼获，仅靠捕鱼难以为生，而这些渔民世代以大海为家，在如此特殊的居住环境下，从而对海产认识甚深，对海产的烹调另树独特风格。与此同时，由于香港的经济不断发展，铜锣湾区已成为香港最繁荣的消费娱乐区，遂有渔民以其艇只为店在铜锣湾避风塘经营起特色海鲜美食，由于其制作和烹调技巧在当时没有任何餐厅菜馆可仿效生产，便形成了其专营式的经营。昔日的避风塘，每当夜幕低垂的时候，渔民们驶来一艘艘张灯结彩的营业艇来避风塘做生意。这些小艇专门经营海鲜、粥、粉、面、水果、饮料等，还有一些歌舞艇上面有歌女演唱和乐师伴奏。市民纷纷到艇上饮食和娱乐、歌舞升平。全盛时期，营业艇多达数百艘。避风塘从而变成市民们夜生活的胜地，更是香港美食家经常光临的饮食好去处，并且成为中外游客一个旅游观光点。随着香港进一步的发展，避风塘受填海及环保卫生的影响，此等经营面临停业的危机，于是陆地上出现了和原避风塘师傅合作的香港避风塘美食店，而今，避风塘已从香港向中国内地和台湾地区以及世界各地全面发展。人们纷至沓来，真正领略了'避风塘'美食加浪漫风情的全新感受。"

被告德荣唐公司于2001年1月8日注册登记成立，企业名称为："上海德荣唐美食有限公司"，经营饭、菜、饮料的堂吃、外卖、酒的堂饮等。经工商行政管理部门批准，自2002年8月13日开始，德荣唐公司在门面招牌上，突出使用了"唐人街"、"德荣唐美食"等字样；在一楼和二楼的玻璃窗上，分别印有"避风塘畅饮"、"避风塘料理"等广告语；在菜单上方，印制"唐人街避风塘料理"字样；在设置的路标上，印制"唐人街餐厅避风塘"字样。

上海市第一中级人民法院认为：

①判断是否使用他人企业名称，应以是否使用了他人完整的企业名称为标准。原告避风塘公司的企业名称是"上海避风塘美食有限公司"，"避风塘"一词，是该企业名称中的字号。德荣唐公司的店面招牌上，使用了自己企业名称中的字号，即"德荣唐美食"；其广告宣传中虽有"避风塘"一词，但未将该词作为本企业名称中的字号。德荣唐公司的使用行为，不会使消费者混淆对两家经营者的识别，或者产生两家经营者存在关联关系的误解。因此，避风塘公司指控德荣唐公司侵犯企业名称权，理由不能成立。②知名商品或服务的特有名称，一般是指由该知名商品或服务的经营者创先使用和独有，并与通用名称有显著区别的商品或服务名称。根据原告避风塘公司的宣传资料，"避风塘"一词的原意是指"香港维多利亚海港上帆船、舢板等船只用来避台风的多个海湾"，后引申为一种烹调方法及菜肴的通用名称，现在随着香港的发展和对外交流，"避风塘"特色菜肴逐步走向中国内地和世界各地。由此可见，"避风塘"一词不是避风塘公司创先使用，且该词已被餐饮行业经营者作为一种烹调方法及菜肴的代表名称广泛使用，故不能成为避风塘公司的餐饮服务与众不同的显著标志，避风塘公司无权禁止其他经营者使用"避风塘"一词。避风塘公司认为德荣唐公司使用"避风塘"一词是侵犯其知名服务的特有名称，理由不能成立。③"避风塘"一词已被餐饮行业经营者作为一种烹调方法及菜肴的通用名称的代表名称广泛使用。被告德荣唐公司在店堂布置和对外提供餐饮服务时，使用"避风塘料理"等文字进行广告宣传，意在向消费者说明其菜肴的风味，不是对其菜肴的质量、制作成分、性能、用途、生产者、有效期限、产地等作引人误解的虚假宣传，因此不构成利用广告作虚假宣传的不正当竞争行为。综上所述，原告避风塘公司的各项主张均缺乏法律依据。

据此，上海市第一中级人民法院判决：原告上海避风塘美食有限公司的诉讼请求，本院不予支持。本案案件受理费10010元，由原告上海避风塘美食有限公司负担。

一审宣判后，避风塘公司不服，提起上诉。

上海市高级人民法院于2003年6月18日判决：驳回上诉，维持原判。

（案例来源：《最高人民法院公报》2004年第6期）

二、案例分析

本案主要涉及市场竞争中的假冒、仿冒行为。

假冒、仿冒行为，又称市场混同行为，是指经营者采用假冒、仿冒等欺骗性手段从事市场交易，使自己的商品或服务与特定竞争对手的商品或服务相混同，造成或足以造成购买者误认误购的不正当竞争行为。这种行为俗称"搭便车"行为，通过搭知名商品的"便车"，"借用"了知名商品的良好声誉，欺骗消费者购买商品或做出服务选择，使侵权人以较小的成本与投入获得了最大的收益，直接导致了受害企业产品市场份额的丧失，破坏了市场竞争秩序。而且，在利益的驱使下，假冒、仿冒商品的质量绝大多数必然大大低于被假冒、仿冒商品的质量，假冒、仿冒行为的存在成为伪劣商品和劣质服务得以泛滥的重要途径，严重危害消费者的利益，成为社会的一大公害。

根据我国《反不正当竞争法》第5条的规定，下列行为属于法律禁止经营者从事的假冒、仿冒行为：①假冒他人的注册商标；②擅自使用知名商品特有的名称、包装、装潢，或者使用与知名商品近似的名称、包装、装潢，造成和他人的知名商品相混淆，使购买者误认为是该知名商品；③擅自使用他人的企业名称或者姓名，引人误认为是他人的商品。

回到本案，有关各方争议的焦点主要有：①德荣唐公司使用"避风塘"一词，是否侵犯避风塘公司的企业名称权？②德荣唐公司使用"避风塘"一词，是否侵犯避风塘公司的知名服务特有名称权？③德荣唐公司使用"避风塘"一词，是否构成虚假宣传的不正当竞争行为？下面，我们主要对前两个问题进行分析。

（一）德荣唐公司使用"避风塘"一词，是否侵犯了避风塘公司的企业名称权

根据《反不正当竞争法》第5条第3款的规定，构成擅自使用他人企业名称或姓名的不正当竞争行为须符合两个构成要件：①擅自使用他人的企业名称或姓名；②造成了消费者的误认。

对于被告是否擅自使用了原告的企业名称，本案一审法院认为，"判断是否使用他人企业名称，应以是否使用了他人完整的企业名称为标准"，而被告仅使用原告企业名称中的字号部分，不能认为是侵犯了原告的企业名称权。我们认为，这种认识是片面的。众所周知，企业名称中最具区别性和价值性的是字号部分，在实际生活中，使用他人企业名称也主要表现为对字号部分的使用，而一般情况下对字号部分的使用，尤其是对知名度较高的企业字号的使用

已足以造成认识上的混淆。因此，这里的企业名称或姓名应尽量做广泛意义上的理解。2007年《最高人民法院关于审理不正当竞争民事案件应用法律若干问题的解释》第6条规定："企业登记主管机关依法登记注册的企业名称，以及在中国境内进行商业使用的外国（地区）企业名称，应当认定为反不正当竞争法第五条第（三）项规定的'企业名称'。具有一定的市场知名度、为相关公众所知悉的企业名称中的字号，可以认定为反不正当竞争法第五条第（三）项规定的'企业名称'。"可见，该司法解释明确了企业名称的保护范围包括字号。

但是，这不等于说被告已侵犯了原告的企业名称权，因为认定被告是否侵犯了原告的企业名称权还要取决于另一个要件，即被告使用"避风塘"一词是否会造成消费者的误认。正如原告避风塘公司在其对外宣传资料上刊印的《〈避风塘〉的故事》所记载的，"避风塘"一词最早原指为使出入香港的帆船、舢板等有安全的避风地方而修建的船只停泊处，后随着时代的变迁，"避风塘"文字在餐饮服务行业被广泛地使用于"避风塘炒蟹"、"避风塘炒虾"、"避风塘鲢鱼球"等为代表的系列风味菜肴中，成为被广大消费者普遍接受的一类特色风味菜肴和饮食经营方式的名称。本案被告德荣唐公司在其店面招牌上使用了自己企业名称中的字号，即"德荣唐美食"；其广告宣传中虽有"避风塘"一词，但未将该词作为本企业名称中的字号。从主观上看，德荣唐公司所希望的是在众多经营避风塘料理的餐厅中形成自己的特色和品牌，希望食客记住的是"德荣唐"，不存在主观上故意引导消费者误解的目的；从客观上看，被告只是在"一种烹调方法及菜肴的通用名称"这一含义上使用"避风塘"一词，使用的显著性也没有超过自身企业字号，客观上不足以造成消费者对不同企业的混淆和误认。因此，被告德荣唐公司使用"避风塘"一词不会造成消费者的误认，原告认为被告侵犯了其企业名称权，不能得到支持。

（二）德荣唐公司使用"避风塘"一词，是否侵犯避风塘公司的知名服务特有名称权

知名商品的特有名称，既要是"知名商品"，又要是"特有名称"。

所谓知名商品，是指在市场上具有一定的知名度，为相关公众所知悉的商品。判断商品是否为知名商品不能以任何人对该商品是否知道为要件，而应当以该商品在相关的市场领域内有较高的知名度为要件。2007年《最高人民法院关于审理不正当竞争民事案件应用法律若干问题的解释》第1条规定："人民法院认定知名商品，应当考虑该商品的销售时间、销售区域、销售额和销售对象，进行任何宣传的持续时间、程度和地域范围，作为知名商品受保护的情

况等因素，进行综合判断。原告应当对其商品的市场知名度负举证责任。"

所谓"特有名称"，是指商品的名称非为相关商品所通用，并具有显著的区别性特征。"特有"是与"通用"相对的。所谓通用名称，是指在某一领域内已被特定行业普遍使用，为交易者共同承认的商品名称，通用的名称起不到区分经营者的作用，自然也就无法而且没有必要对特定的使用人进行保护[①]。

对于本案，如前所述，"避风塘"一词并非原告所独创，而是被餐饮行业经营者广泛使用的代表一类特色风味菜肴和饮食经营方式的通用名称，不具有显著的区别性特征。因此，"避风塘"并非原告的特有名称，被告使用"避风塘"一词并未侵犯原告的知名服务特有名称权。

但是值得注意的是，在2006年的一起与"避风塘"有关的不正当竞争纠纷案中，法院一审认定原告上海避风塘茶楼有限公司的"避风塘"茶楼服务构成知名服务，被告北京东新思晟餐饮管理有限责任公司在经营茶楼时使用了与原告茶楼相同的名称和近似的店面装潢，足以导致消费者的混淆和误认，构成不正当竞争。仍然是"避风塘"，仍然是假冒、仿冒的不正当竞争纠纷，避风塘茶楼缘何胜诉？原因主要在于：首先，在避风塘茶楼案中，原告认为被告侵犯的不仅是其知名服务的特有名称，还有知名服务特有的装潢。根据前面对"避风塘"一词的介绍，被认定为知名服务特有名称的可能性很小。而如果将该名称与特有装潢相结合，认定为知名服务的特有装潢的难度则小得多。另外，根据2007年《最高人民法院关于审理不正当竞争民事案件应用法律若干问题的解释》第2条的规定，对通用名称或缺乏显著特征的名称，经过使用而具有显著特征的，可以认定为特有名称。可见，该司法解释也为避风塘茶楼案中"避风塘"一词被认定为知名商品的特有名称提供了可能性。

三、思考·讨论·训练

1. 什么是假冒、仿冒行为？我国《反不正当竞争法》规定的禁止经营者从事的假冒、仿冒行为有哪些？

2. 什么是企业名称权？保护企业名称权的法律依据有哪些？我国法律对企业名称的组成有哪些规定？

3. 仿冒知名商品特有的名称、包装、装潢的不正当竞争行为的构成要件有哪些？如何认定"知名"？如何认定"特有"？

4. 对比避风塘美食公司的败诉与避风塘茶楼公司的胜诉，你有何启发？

---

① 参见钟明钊主编《竞争法》，第115页，法律出版社2005年版。

案例 9-2 "杜蕾斯"状告"杰士邦"
——虚假宣传行为

一、案例介绍

2002年4月15日,青岛伦敦国际乳胶有限公司向北京市第一中级人民法院起诉杰士邦(武汉)卫生用品有限公司(以下简称"杰士邦")。青岛伦敦国际乳胶有限公司认为,杰士邦自称是国际头号品牌和唯一的全球化品牌的宣传是虚假的。杰士邦称其是来自英国的国际名牌,有70多年的生产经验,在其网页和宣传材料上的"热烈祝贺杰士邦通过国家监督抽查并排名第一"、"杰士邦是世界头号品牌,也是唯一的全球化的安全套品牌"、"杰士邦是亚太地区乃至世界头号安全套品牌"、"全球销量20%"、"出品:英国杰士邦(国际)有限公司"等对其经销产品的描述,以及表明其经销产品使用比例、认可比例、市场占有率的图形,不仅使用了原告杜蕾斯的网页及宣传材料的用语,而且没有任何事实根据,杰士邦的行为已构成虚假宣传。

事实上,"杰士邦"这个品牌的英文商标"JISSBON"于1999年才由一个自然人在英国注册,中文的"杰士邦"商标也是于1999年在中国注册的,根本没有70年的历史,更谈不上国际或者是英国名牌。在英国,几乎无人知道这个品牌,其宣传中自称的20%的市场占有率是虚构的,其自称的国际名牌也是虚构的。

青岛伦敦国际乳胶有限公司还指出,杰士邦将杜蕾斯的"全球性统一稳定的高质量标准,符合或超过国家与国际标准"、"所有SSL产品生产厂都在EN46002及ISO9002品质管理系统下操作,且经常有专业人员作定期审查"等语句一字不差地照搬到自己的网页上,但是,其可能根本就不知道"SSL"是什么意思。英国SSL集团是世界上最大的安全套生产商,该集团是青岛伦敦国际乳胶有限公司的股东之一,其旗下的LRC产品有限公司是杜蕾斯商标的注册人。而杰士邦和SSL集团没有任何关系,这充分证明了杰士邦的宣传材料是从青岛伦敦国际乳胶有限公司那里抄袭来的。青岛伦敦国际乳胶公司还认为,杰士邦在自己的宣传中还称杰士邦通过了国家有关部门的监督抽查并名列第一,所谓的"排名第一"也是虚假的。据了解,有关部门在公布产品抽查结果时并没有排名。

北京市第一中级人民法院经审理做出一审判决:杰士邦立即停止虚假宣传

行为，并赔偿杜蕾斯损失 10 万元。

（案例来源：孔祥俊、刘泽宇、武建英编著：《反不正当竞争法——原理·规则·案例》，第 174 页，清华大学出版社 2006 年版）

二、案例分析

本案是因虚假宣传引起的不正当竞争纠纷案。

虚假宣传行为，是指经营者在商品上，或者以广告或其他方法，对商品或服务的质量、制作成分、性能、产地等情况作引人误解或虚假宣传的不正当竞争行为。这种行为违反诚实信用原则和公认的商业道德，欺骗和误导购买者选购商品或接受服务，一方面造成其他诚实经营者失去客户、丧失商业机会，损害了诚实经营者的利益；另一方面侵害了消费者和用户对真实情况的知悉权，同时还可能因欺骗性宣传行为促销的不良产品而危及消费者的安全等其他权益。因此，各国立法均严格禁止这种不正当竞争行为。

对于虚假宣传行为，我国与各国立法一样，采取了综合调整的方式加以规范。即不仅在反不正当竞争法中对禁止虚假宣传行为做出原则规定，而且在产品质量法、广告管理法、消费者权益保护法等大量相关法律法规中从各自的角度做了规定。当然，立法对虚假宣传这一本质上属于不正当竞争行为的规范是以《反不正当竞争法》作为基本依据的。我国《反不正当竞争法》所列举的虚假宣传行为，包括第 5 条的虚假表示行为和第 9 条的虚假宣传行为。其中第 5 条规定，经营者不得在商品上伪造或者冒用认证标志、名优标志等质量标志，伪造产地，对商品质量作引人误解的虚假表示。第 9 条规定，经营者不得利用广告或者其他方法，对商品的质量、制作成分、性能、用途、生产者、有效期限、产地等作引人误解的虚假宣传。

虚假宣传行为的特征主要有：

（1）宣传的内容涉及商品或服务的质量、制作成分、性能、产地等情况。虚假宣传的宣传内容是非常广泛的，目的是通过各种信息的传递来吸引购买者做出购买的决定。这些信息不仅包括《反不正当竞争法》第 9 条所列举的商品的质量、制作成分、性能、用途、生产者、有效期限、产地，还包括价格、制造方法、售后服务等经营者向消费者和用户传递的，据以吸引对方做出购买决定的所有信息。

（2）宣传的形式包括"在商品上"、"通过广告"和"其他方法"。根据《反不正当竞争法》第 5 条和第 9 条的规定，经营者不得在商品上、利用广告或其他方法进行引人误解的虚假宣传。这里的"在商品上"（第 5 条）、"广告"和"其他方法"(第9条)等宣传的方式基本上已经包括了社会公众所知悉的各种宣传形式。

在本案中,杰士邦在其网页和宣传材料上的宣传实质上是依靠互联网、印刷品等媒介进行的广告宣传,是通过广告方式进行的虚假宣传行为。

(3)经营者进行宣传时从事的是引人误解或虚假宣传行为。虚假是指经营者进行商业宣传的内容与被宣传的商品或服务的客观事实不符。引人误解是指经营者进行的商业宣传使受宣传的对象对商品或服务的真实情况产生错误认识和理解的现象,包括足以使其产生误认误购的可能性。可见,"虚假"和"引人误解"是从不同的角度来限定虚假宣传这种不正当竞争行为的,前者主要是以客观事实即宣传内容作为认定的标准,而后者是以受宣传对象即消费者、用户的主观认识作为判断的依据。这就引发了对《反不正当竞争法》规定的"引人误解的虚假宣传行为"如何理解的问题。关于"引人误解的真实宣传行为"、"以未定论的事实作引人误解的宣传行为"及"不引人误解的虚假宣传行为"是否被排除在《反不正当竞争法》规定的"引人误解的虚假宣传行为"之外,一直是人们讨论的热点。一般认为,虚假宣传行为应既不限于宣传内容与客观事实不一致的宣传,也不限于宣传内容真实但宣传方式有误导作用而使人产生虚假印象的宣传。只要宣传可能导致产生误导后果,就构成虚假宣传行为。2007年《最高人民法院关于审理不正当竞争民事案件应用法律若干问题的解释》第8条规定:"经营者具有下列行为之一,足以造成相关公众误解的,可以认定为反不正当竞争法第九条第一款规定的引人误解的虚假宣传行为:(一)对商品作片面的宣传或者对比的;(二)将科学上未定论的观点、现象等当做定论的事实用于商品宣传的;(三)以歧义性语言或者其他引人误解的方式进行商品宣传的。""以明显的夸张方式宣传商品,不足以造成相关公众误解的,不属于引人误解的虚假宣传行为。""人民法院应当根据日常生活经验、相关公众一般注意力、发生误解的事实和被宣传对象的实际情况等因素,对引人误解的虚假宣传行为进行认定。"可见,该司法解释采纳了上述通说,并将对虚假宣传行为规制的重点放到"引人误解"上。应当说,最高人民法院的司法解释为虚假宣传行为的界定提供了依据,但为防止上述语句上歧义的出现,采纳学者的主张,在《反不正当竞争法》修订时将第9条修改为"引人误解的宣传"或"引人误解或者虚假的宣传"还是有必要的。

在本案中,杰士邦公司的网页及宣传材料中出现的"热烈祝贺杰士邦通过国家监督抽查并排名第一"、"杰士邦是世界头号品牌,也是唯一的全球化的安全套品牌"、"杰士邦是亚太地区乃至于世界头号安全套品牌"、"全球销量20%"、"出品：英国杰士邦（国际）有限公司"等宣传用语没有事实依据，是虚假的，该宣传客观上会给普通消费者造成误认，使他们相信杰士邦有悠久的历史，与杜蕾斯一样均与SSL安全套厂有密切联系，采用了相同的质量标准，具有同样的质量。因此，杰士邦的行为已经构成虚假宣传的不正当竞争行为。

值得关注的是，在本案中，杰士邦公司不仅存在虚假宣传行为，其抄袭原告杜蕾斯公司的宣传内容，包括杜蕾斯公司在全球的市场地位、销售份额、生产历史、质量标准、英国母公司字号的缩写"SSL"等的行为，也构成了不正当竞争。这种模仿、抄袭他人广告成果的行为，无偿盗用了他人的劳动成果和商业信誉，客观上造成消费者对二者的混淆，损害竞争对手的竞争利益，本质上也属于经营者实施的、以市场竞争为目的、违反公认的商业道德、损害竞争者合法权益的不正当竞争行为[①]。只是该行为并非《反不正当竞争法》所具体列举的11种典型的不正当竞争行为，这就涉及对我国《反不正当竞争法》是否存在一般条款的认识问题。在本案中，法院采纳了"一般条款说"，以《反不正当竞争法》第2条第2款的规定作为依据，认定此种模仿、抄袭他人广告成果的行为违反了我国《反不正当竞争法》，是一种不正当竞争行为，这也反映了在司法实践中对"一般条款"始终是持肯定态度的。

三、思考·讨论·训练

1. 什么是虚假宣传行为？在我国，调整虚假宣传行为的法律规范主要有哪些？

2. 为什么将我国《反不正当竞争法》第5条的虚假表示行为归入虚假宣传行为？

3. 虚假宣传涉及的宣传形式都有哪些？在实际生活中，"其他方式"主要有哪些？

4. 你认为"引人误解的真实宣传行为"、"以未定论的事实作引人误解的宣传行为"及"不引人误解的虚假宣传行为"是否属于我国《反不正当竞争法》所规定的"引人误解的虚假宣传行为"？

5. 什么是"一般条款说"？了解一下学术界的相关讨论，谈谈你的观点。

[①] 邵建东：《论我国反不正当竞争法保护"经营性成果"的条件——对若干起典型案例的分析》，《南京大学学报》（哲学·人文科学·社会科学版）2006年第1期。

案例 9-3 "跳槽"惹纠纷
——侵犯商业秘密的行为

一、案例介绍

原告北京利玛软件信息技术有限公司（简称"利玛公司"）诉称：我公司是开发、销售系统集成计算机软件产品的单位，以"计算机辅助生产管理信息系统"软件（ERP）为主要研发项目。被告乔运华、蒋明炜、戴宝纯、吴英均在我公司担任过要职，乔运华任市场销售总监，蒋明炜任副总经理（全面负责技术和销售工作），戴宝纯任技术总监，吴英任研发部经理，也是主持新一代（ERP）CAPMS9 开发项目的负责人。他们均与我公司签订了有保密条款的"聘用合同"和"职工保守公司商业秘密承诺书"。2002 年 4 月 2 日，被告乔运华率先从我公司辞职，随后被告蒋明炜、戴宝纯、吴英辞职，同时还带走几十名骨干员工。这些辞职人员由被告北京机械工业自动化研究所（以下简称"自动化所"）全部接纳。被告自动化所利用乔运华等人在我公司任职期间掌握的经营信息和客户信息，掠走我公司的客户，获取巨大的商业利益，严重冲击了我公司的市场。原告请求法院判令五被告停止侵权行为，消除影响，赔礼道歉并赔偿由于五被告共同侵权行为给原告造成的经济损失。

被告自动化所、蒋明炜、乔运华、戴宝纯、吴英在诉讼中未提交书面答辩意见，其在庭审中共同辩称：原告主张的商业秘密，实质就是经营信息中的客户名单。原告出于宣传目的，已经在其网站、对外宣传资料中公开其客户名单，使得这些客户名单可以为被告或其他单位轻易获得，而无需借助不正当竞争手段。被告自动化所是国内最早从事 ERP 系统的研发单位，在该行业早有声誉。客户在原告不能履行合同的情况下，寻求新的服务方是正常的商业行为，也是他们的权利。这些客户是主动与自动化所联系或通过招投标，要求自动化所提供服务的。综上所述，原告对被告侵犯其商业秘密的指控没有事实和法律依据，不能成立，故被告请求法院驳回原告的诉讼请求。

法院在审理中查明：原告所主张的经营信息中的客户名单已由原告自己在网站上公布，故已进入公有领域，已不具备商业秘密的秘密性，故原告主张的经营信息中的八个客户名单已不能作为商业秘密予以法律保护。原、被告双方就"聘用合同"规定的竞业禁止内容并没有约定相应的补偿条款，原告也无证据证明其就该条款的履行支付了被告乔运华等四人一定或合理的经济补偿。

在无合理对价的情况下,该竞业禁止条款违反了公平原则,剥夺了被告乔运华等四人的基本就业权及劳动择业权,故应认定为无效条款,被告乔运华等四人不应受到该条款的约束。被告乔运华等四人通过正常的审批、核准程序与原告解除了劳动关系,有权凭自己的技能和特长再选择就业单位。被告自动化所雇用被告乔运华等四人是在他们与原告合法地解除了劳动关系之后。因此,被告的行为也未构成不正当竞争。

综上,原告主张五被告侵犯其商业秘密并构成不正当竞争,因缺乏事实与法律依据,不能成立,对其诉讼请求,法院不予支持。法院依法做出判决:驳回原告利玛公司的诉讼请求。

(案例来源:刘春田主编:《(新版)以案说法 知识产权法篇》,第272~273页,中国人民大学出版社2006年版)

二、案例分析

本案是一起因职工"跳槽"引起的商业秘密侵权诉讼,涉及的法律问题主要有:

(一)商业秘密的认定

根据《反不正当竞争法》第10条第3款规定,商业秘密是指不为公众所知悉、能为权利人带来经济利益、具有实用性并经权利人采取保密措施的技术信息和经营信息。可见,商业秘密是一种信息,包括技术信息与经营信息。

根据1995年12月23日国家工商行政管理局《关于禁止侵犯商业秘密行为的若干规定》第2条的列举性规定,这种信息包括设计、程序、产品配方、制作工艺、制作方法、管理诀窍、客户名单、货源情报、产销策略、招标书中的标底及标书内容等信息。可以说,这些信息的范围非常广泛,其存在于企业产供销的方方面面和生产经营管理的各个环节。但是,这些信息要构成商业秘密,受《反不正当竞争法》的保护,还须符合商业秘密的构成要件。

根据《反不正当竞争法》第10条和《最高人民法院关于审理不正当竞争民事案件应用法律若干问题的解释》(以下简称《解释》)的规定,商业秘密的构成要件主要是秘密性、价值性和保密性。这也是与国际惯例相一致的。

1. 秘密性。商业秘密的生命力就在于秘密性,即必须不为公众所知悉,这是构成商业秘密的基本条件。根据《解释》第9条规定,"不为公众所知悉"是指有关信息不为其所属领域的相关人员普遍知悉和容易获得。具有下列情形之一的,可以认定有关信息不构成不为公众所知悉:①该信息为其所属技术或者经济领域的人的一般常识或者行业惯例;②该信息仅涉及产品的尺寸、结构、材料、部件的简单组合等内容，进入市场后相关公众通过观察产品即可直接获得；③该信息已经在公开出版物或者其他媒体上公开披露；④该信息已通过公开的报告会、展览等方式公开；⑤该信息从其他公开渠道可以获得；⑥该信息无须付出一定的代价而容易获得。

2. 价值性。即"能为权利人带来经济利益、具有实用性"。商业秘密是一种具有经济价值的商业信息，是具有现实的或者潜在的商业价值，能为权利人带来竞争优势的信息。

3. 保密性。保密性是法律对商业秘密最重要的要求。商业秘密是所有人可以凭借秘密的技术信息或经营信息去获取竞争优势和利益，商业秘密一旦公开，不仅丧失这种竞争优势和利益，而且丧失法律保护的根据。对于"权利人采取了保密措施"的认定，《解释》第11条规定："权利人为防止信息泄露所采取的与其商业价值等具体情况相适应的合理保护措施，应当认定为反不正当竞争法第十条第三款规定的'保密措施'。""人民法院应当根据所涉信息载体的特性、权利人保密的意愿、保密措施的可识别程度、他人通过正当方式获得的难易程度等因素，认定权利人是否采取了保密措施。""具有下列情形之一，在正常情况下足以防止涉密信息泄露的，应当认定权利人采取了保密措施：（一）限定涉密信息的知悉范围，只对必须知悉的相关人员告知其内容；（二）对于涉密信息载体采取加锁等防范措施；（三）在涉密信息的载体上标有保密标志；（四）对于涉密信息采用密码或者代码等；（五）签订保密协议；（六）对于涉密的机器、厂房、车间等场所限制来访者或者提出保密要求；（七）确保信息秘密的其他合理措施。"

本案中，原告所主张的"客户名单"是一种经营信息，在符合法定条件的前提下可以构成商业秘密。但本案中的客户单位的名称、地址、电话等信息并非原告所独有，且被告的证据也证明属于原告的典型客户的名称已由原告自己在网站上公开，故已进入公有领域，已不具备商业秘密的秘密性，故原告主张的经营信息中的八个客户名单已不能作为商业秘密予以法律保护。

（二）职工"跳槽"与商业秘密保护

实际生活中，很大一部分商业秘密纠纷与职工"跳槽"有关，如何处理因职工"跳槽"而引起的商业秘密保护与劳动者自主择业权的保护之间的关系，是商业秘密保护中的热点和难点问题。

为防止职工在"跳槽"后从事与其原就职企业相同或近似的业务，从而自觉不自觉地使用原就职企业的商业秘密，对原就职企业造成威胁，企业通常采取与职工订立竞业禁止协议的方式，保护其竞争利益和商业秘密。竞业禁止协议，又称竞业限制协议，是指雇主与雇员签订的，禁止雇员在其任职期间和离职后一段时间内，利用任职期间所掌握的雇主的商业秘密从事与雇主竞争的业务。基于竞业禁止协议而产生的竞业禁止义务不同于法定竞业禁止义务。在后者，行为人承担竞业禁止的义务主要来源于《公司法》等法律明确规定，其针对的主要是任职期间的公司高级管理人员。由于竞业禁止协议是用人单位通过合同的方式对劳动者就业权限的某种限制，这种限制虽然保护了商业秘密权利人的利益，但却限制了劳动者的劳动权，而劳动权是公民维系生存的基本人身权利，是宪法保障实施的公民基本权利。因此，法律对竞业禁止协议内容的限制同样十分必要。这种限制主要体现在两方面：一方面是对员工离职后竞业禁止的期限进行限制。一般而言，竞业禁止的期限应当取决于该商业秘密在市场竞争中所具有的竞争优势持续的时间和员工掌握该商业秘密的程度和技术水平的高低。国际通行的惯例认为不应当超过离职后 3～5 年。另一方面是对对价的限制。雇主对雇员放弃同业竞争的行为应当支付合理的报酬。

在本案中，原告与蒋明炜、乔运华、戴宝纯、吴英签订的《聘用合同》中第 12 条第（一）项约定："负责高级管理、机密或技术的职工如提前解除聘用合同（无论因故还是无故终止），未经甲方事先书面同意，不得在其雇用终止后一年内任何时候在中华人民共和国境内受雇于甲方的竞争者或从事任何类似的业务，或引诱现在是甲方职工的任何人离开甲方。"该约定属于竞业禁止的约定。但双方就《聘用合同》第 12 条规定的上述竞业禁止内容并没有约定相应的补偿条款，原告也无证据证明其就该条款的履行支付了被告乔运华等四人一定或合理的经济补偿。在无合理对价的情况下，该竞业禁止条款违反了公平原则，剥夺了被告乔运华等四人的基本就业权及其劳动择业权。因此，法院认定该条款为无效条款，被告乔运华等四人不应受到该条款的约束是恰当的。被告乔运华等四人通过正常的审批、核准程序，与原告解除了劳动关系，有权凭自己的技能和特长再选择就业单位。被告自动化所雇用被告乔运华等四人是在他们与原告合法地解除了劳动关系之后，被告的行为也未构成不正当竞争。

三、思考·讨论·训练

1. 什么是商业秘密？商业秘密的构成要件有哪些？
2. 什么是商业秘密的保密性？如何认定权利人是否采取了保密措施？
3. 什么是竞业禁止？什么是法定竞业禁止？什么是约定竞业禁止？
4. 我国现行法律中，有关法定竞业禁止的规定都有哪些？

5. 竞业禁止义务与企业员工的保密义务性质相同吗？是不是说如企业与员工没有"保密"的专门约定，或企业未给经济补偿，员工离职后就无须承担保密义务了？

案例 9-4 "用汰渍，不需用衣领净"吗？
——商业诋毁行为

一、案例介绍

广州蓝月亮有限公司（以下简称"蓝月亮公司"）是一家生产经营化学洗涤用品的公司，产品包括衣领净、沐浴露等。其衣领净的包装瓶有两种规格，其中一种 250 毫升挤压式的包装瓶具有独特的外形，其上部的颈部向一侧弯曲，呈上小下大的圆柱形，下部的瓶体直立，呈上小下大的扁平的方形。该包装瓶由广州市道明化学有限公司申请并获得专利号为 94312165.5、名称为"弯颈形包装瓶"外观设计专利，并由该公司从 1995 年起授权许可给蓝月亮公司独占使用。1999 年 9 月开始，宝洁（中国）有限公司 [PROCTER & GAMBLE (CHINA) LTD.，以下简称"宝洁公司"] 在国内多家电视台播放新一代多功能汰渍洗衣粉的广告。广告中有"衣领最难洗，一定要用衣领净，新一代多功能汰渍，可不这样认为，用全新汰渍，很脏的衣服，不用衣领净，都能洗得干干净净……用汰渍，不需用衣领净"的广告语，广告将与蓝月亮衣领净包装瓶形状相同的包装瓶（无标贴，瓶盖颜色不同，用白色瓶盖代替蓝月亮衣领净的红色瓶盖）代表衣领净来演示洗衣领，以其代表"传统洗衣方法"，并将其配以黑白的画面与彩色的新汰渍洗衣粉洗衣画面比较后，出现用该洗衣粉包装袋（有标识）挡住上述包装瓶的画面。该广告曾在翡翠台（广东电视台发布）、凤凰卫视中文台、香港台、广州电视台、中央电视台等的插播广告中播出。蓝月亮公司认为，宝洁公司的上述广告已严重侵犯了蓝月亮公司的合法权益，损害了蓝月亮公司的商业信誉和商品声誉，给蓝月亮公司造成了巨大的损失，是一种不正当竞争行为。1999 年 12 月 30 日，蓝月亮公司向广州市中级人民法院提起诉讼，请求确认宝洁公司的行为属不正当竞争行为，判令其立即停止侵权行为，赔偿损失 1000 万元和因调查侵权支出的费用 4.2 万元，承担全部诉讼费用并在中央电视台、人民日报、羊城晚报公开赔礼道歉。

一审法院认为，法律虽然不禁止对比性广告，但广告不得贬低其他生产经营者的商品和服务。宝洁公司在电视台播放的新一代多功能汰渍洗衣粉广告，为了宣传其产品，使用了"用全新汰渍，很脏的衣服，不用衣领净，都能洗得干干净净"、"用汰渍，不需用衣领净"的广告语，并将与蓝月亮衣领净外形相近的包装瓶来演示洗衣领，以其代表"传统洗衣方法"，将其与新汰渍洗衣粉比较后，出现用该洗衣粉包装袋（有标识）挡住上述包装瓶的画面。该广告在一定程度上容易产生诱导消费者用汰渍洗衣粉替代蓝月亮衣领净的效果，对蓝月亮公司产品的市场产生消极的影响，也在一定程度上贬低了蓝月亮公司的产品，构成不正当竞争行为。宝洁公司应依法承担停止不正当竞争行为、向蓝月亮公司赔礼道歉并赔偿经济损失的民事责任。法院判决：①宝洁公司立即停止发布构成不正当竞争的电视广告的行为；②宝洁公司在判决发生法律效力之日起10日内，在中央电视台发布启事，公开向蓝月亮公司赔礼道歉；③在判决发生法律效力之日起10日内，宝洁公司一次性赔偿蓝月亮公司经济损失人民币20万元；④驳回蓝月亮公司的其他诉讼请求。案件受理费60220元由蓝月亮公司负担58041元，宝洁公司负担2179元。

蓝月亮公司与宝洁公司均不服一审判决，分别向广东省高级人民法院提起上诉。

二审法院认为，本案宝洁公司的新一代多功能汰渍洗衣粉广告将用一般洗衣粉加衣领净洗衣服（主要是演示用衣领净洗衣领）与用新一代多功能汰渍洗衣粉洗衣服进行比较，是一则比较广告。其中衣领净是选用蓝月亮衣领净包装瓶去除标贴并将原红色瓶盖换成白色瓶盖。蓝月亮衣领净包装瓶具有独特的外观，其外观获外观专利保护，并由专利权人独占许可给蓝月亮公司使用。尽管更换了瓶盖颜色并去除了标贴，熟悉蓝月亮衣领净产品的消费者仍然会认为广告中使用的衣领净就是蓝月亮衣领净。从广告画面的处理来看，广告将用衣领净洗衣领的画面处理为黑色，洗衣的动作显得吃力；将用新汰渍洗衣粉洗衣的画面处理为彩色，洗衣动作轻快，并出现了用新汰渍洗衣粉遮住衣领净包装瓶的画面。从广告词来看，广告中出现了"用汰渍，不需用衣领净"的广告语。该则广告应当表达的本意是，用新汰渍洗衣粉与用一般的洗衣粉相比，即使不用衣领净，也可以将衣领洗得干干净净，免去了用一般洗衣粉洗衣还得专门用衣领净洗衣领的繁琐。宝洁公司委托有关部门做出的检测也是为了证明这一结论。但有关部门的检测结论，并没有证明用新汰渍洗衣粉比用一般洗衣粉加衣领净对衣领有更好的洗涤效果。广告将用衣领净洗衣领的画面处理为黑色，搓洗动作显得吃力，暗示衣领净是一种陈旧、落后的产品，洗涤效果不如新汰渍洗衣粉，对衣领净产品有贬低之意，而且没有事实依据。衣领净是一种辅助洗涤产品，即使是用宝洁公司的新汰渍洗衣粉洗衣，再辅以衣领净洗衣领，肯定会获得更好的洗涤效果。蓝月亮公司委托有关部门做出的检测结论也证明了这一点。而"用汰渍，不需用衣领净"的广告语会令人产生歧义：用汰渍洗衣粉可排除衣领净的使用，用汰渍洗衣粉再使用衣领净是多余的。这种误解必然会给衣领净产品市场带来负面影响。综上所述，本案宝洁公司的广告有言过其实的成分，会令人产生误解，并对衣领净产品有贬低之意，违反了《反不正当竞争法》和《广告法》的规定。由于广告中用蓝月亮衣领净具有独特外观的包装瓶代表衣领净产品，相关消费者会将该广告直接与蓝月亮衣领净联系起来，应当认定该广告行为构成对蓝月亮公司的不正当竞争，损害了蓝月亮公司的产品声誉，宝洁公司应当承担停止侵权、赔礼道歉、赔偿损失的民事责任。原审判决主文第一项应予维持。关于赔礼道歉的方式，法院认为，法院确认宝洁公司侵权和责其承担其他民事责任，可以起到消除侵权行为所造成的不良影响的作用，不一定要在中央电视台发布启事赔礼道歉。关于赔偿损失，法院认为，赔偿损失的数额应当是宝洁公司的侵权行为给蓝月亮公司造成的损失。法院委托深圳中达信会计师事务所（后更名为深圳天华会计师事务所有限公司）对宝洁公司的广告行为给蓝月亮公司造成的损失进行了评估。考虑到各种市场因素的复杂性和评估手段的局限性，特别是对侵权行为的影响延续的时间难以确定。最终，法院将侵权行为的影响延续的时间确定为本案终审判决公开宣判的时间即2002年6月，并根据评估结论计算赔偿数额。

综上，二审法院判决：维持一审判决主文第一、四项；宝洁（中国）有限公司向广州蓝月亮有限公司书面赔礼道歉（内容须经执行本判决的法院审定）；宝洁（中国）有限公司在本判决发生法律效力之日起10日内，一次性赔偿广州蓝月亮有限公司经济损失人民币657万元。本案一、二审案件受理费共120440元，由上诉人广州蓝月亮有限公司负担36130元，上诉人宝洁（中国）有限公司负担84310元。评估费15万元，由上诉人宝洁（中国）有限公司负担。

（案例来源：陶凯元主编：《掩卷而思：反不正当竞争案例选萃》，第155～160页，法律出版社2006年版）

二、案例分析

本案是一起因比较广告引起的商业诋毁不正当竞争纠纷案。本案涉及的法律问题主要有两个。

（一）关于比较广告

所谓比较广告，是指经营者以明示或暗示的方式将自己的商品或服务与竞争者的商品或服务进行全面或某一方面比较的广告。它包括直接比较广告和间接比较广告。直接比较广告是指明确比较特定产品或经营者,"指名道姓"地进行比较或虽然没有明确提及被对比者,但一望便知的对比广告。间接比较广告是指与不特定的同行业竞争对手的商品或服务进行比较的广告。本案中,在宝洁公司的新一代多功能汰渍洗衣粉广告中,用于与汰渍洗衣粉对比的衣领净选用的是具有独特的外观、获外观专利保护的蓝月亮衣领净包装瓶,而这很容易使熟悉蓝月亮衣领净产品的消费者认为广告中使用的衣领净就是蓝月亮衣领净,因此,该广告属于直接比较广告。

比较广告可以使消费者对商品做出更好的选择和评价,有利于提高竞争优势。真实的比较广告可以给消费者提供更明确的产品信息,符合消费者利益。但是,比较广告将自己的产品和别人的产品对比,总是不可避免地直接或间接地涉及其他商品的质量或其他企业的声誉,一旦用词不当,往往容易引人误解,损害竞争者的利益。因此,我国法律对比较广告并不完全禁止,但有严格的限制。我国《广告法》第4条规定:"广告不得含有虚假的内容,不得欺骗和误导消费者。"第12条规定:"广告不得贬低其他生产经营者的商品或者服务。"第14条规定:药品、医疗器械广告不得含有与其他药品、医疗器械的功效和安全性比较的内容。国家工商行政管理总局发布的《广告审查标准》第四章专门对比较广告做了规定,其中第32条规定:"广告中的比较性内容,不得涉及具体的产品或服务,或采用其他直接的比较方式。对一般性同类产品或服务进行间接比较的广告,必须有科学的依据和证明。"《反不正当竞争法》第9条规定:"经营者不得利用广告或者其他方法,对商品的质量、制作成分、性能、用途、生产者、有效期限、产地等作引人误解的虚假宣传。"从上述规定和审判实践可知,我国法律禁止直接比较广告和药品、医疗器械类比较广告;对间接比较广告,法律原则上允许,但应当遵循公平、诚实信用的原则和公认的商业道德,不得散布虚假信息或作引人误解的对比,更不得诋毁他人商业信誉或商品声誉。因此,做比较广告应当持非常审慎的态度,掌握好违法与合法之间的度。

如前所述,本案中宝洁公司发布的广告是一则直接比较广告,根据国家工商行政管理总局发布的《广告审查标准》的规定,经营者发布此类广告是违法的。

(二) 关于商业诋毁行为

商业诋毁行为,又称商业诽谤行为,是指经营者自己或利用他人,通过捏造、散布虚伪事实等不正当手段,对竞争对手的商业信誉、商品声誉进行恶意的诋毁、贬低，以削弱其市场竞争能力，并为自己牟取不正当利益的行为。

商业诋毁行为的构成要件主要有：

1. 主体。竞争关系中的经营者。根据《反不正当竞争法》的规定，只有在产品或服务上存在竞争关系的经营者，才能成为商业诋毁行为的主体。如果进行诋毁的主体并不是进行商业竞争的经营者，如新闻单位或消费者，则不会构成"商业"诋毁，只能构成民法中所规定的侵犯名誉权的行为。

2. 主观。故意，但不排除过失。根据《反不正当竞争法》第 14 条的规定，只有经营者"捏造、散布"虚假事实，损害竞争对手的商业信誉才构成商业诋毁行为。很明显，"捏造、散布"的主观要件主要是故意。但当捏造虚伪事实与散布虚伪事实的主体不是同一主体时，散布人主观上没有故意而是因过失散布虚假事实时，一般认为，过失也构成散布虚假事实的商业诋毁行为。

3. 客观。表现为捏造、散布虚伪事实对竞争对手的商誉进行诋毁、贬低。捏造，是指无中生有、凭空编造，也包括对真实情况的歪曲；散布，是指将虚假的事实予以传播。经营者无论是捏造还是散布虚假事实，都可以构成商业诋毁行为。对于"损害"是否是商业诋毁行为的客观要件问题，一般认为，由于商业诋毁行为侵害的是其他经营者的商业信誉和商品声誉，是一种无形资产，主要体现在社会评价等难以量化和准确界定的东西上。很多情况下，判断经营者的商业信誉和商品声誉是否受到了真正的损害是很困难的。因此，构成商业诋毁的客观方面并不要求事实上已经给权利人造成了实际损害。即强调客观上存在"侵害事实"，而不是"损害事实"。

对于本案，正如二审法院判决书中所指，宝洁公司发布的比较广告，有言过其实的成分，其"用汰渍，不需用衣领净"的广告语会使消费者产生"用汰渍洗衣粉可排除（蓝月亮）衣领净的使用，用汰渍洗衣粉再使用（蓝月亮）衣领净是多余的"的误解。而其"将用衣领净洗衣领的画面处理为黑色，搓洗动作显得吃力"的广告画面处理，暗示（蓝月亮）衣领净是一种陈旧、落后的产品，洗涤效果不如新汰渍洗衣粉，没有事实依据，并且对（蓝月亮）衣领净有贬低之意，损害了蓝月亮公司的产品声誉。因此，宝洁公司的广告行为构成了商业诋毁行为。

三、思考·讨论·训练

1. 什么是比较广告？收集一些因"比较广告"引发的纠纷实例，并进行分析。

2. 什么是商誉？商业信誉和商品声誉有何区别？

3. 什么是商誉权？侵犯商誉权的商业诋毁行为与民法上的一般名誉侵权行为有何关系？

4. 商业诋毁行为与虚假宣传行为有何区别？本案中，宝洁公司的广告行为是否构成虚假宣传行为？

5. 对于商业诋毁行为，损害赔偿的数额应如何确定？你认为本案中二审法院关于宝洁公司应承担的民事责任的判决合理吗？

第十章 反垄断法

> 亚当·斯密看不见的手，就是皇帝的新衣。之所以看不见，是因为本来就不存在。
>
> ——[美] 斯蒂格利茨

"垄断"一词在英文中是 Monopoly，与"专利"、"独占"同义。在我国的史籍中，"垄断"又称"陇断"、"龙断"，本指独立的高地，引申为独占其利。《孟子·公孙丑下》记载："古之为市也，以其所有，易其所无者，司者治之而。有贱丈夫焉，必求龙断而登之，以左右望，而罔市利。"①

现代意义的垄断可以从经济和法律两方面来认识。传统经济学上的垄断，通常是指"一家或少数几家企业直接或通过某种形式排他性地控制生产要素和产品市场"②。经济意义上的垄断主要是一种对事实状态的客观描述，无是非判断的主观因素，并不说明垄断是"好"是"坏"。而且经济学对垄断的研究集中在市场结构问题上，对市场行为关注较少。而法律意义的垄断则要区分合法垄断与非法垄断，以由此对非法垄断做出否定性评价。由于垄断有积极和消极两方面影响，而何种垄断应受制约需立足于一国的社会经济发展的态势以及其发展方向和目标。因而，受各国经济发展、法律文化、政治需要等多种因素差异的影响，各国反垄断法对垄断的界定角度及规制方式有很大的区别，即使在同一国家内部，由于经济处于不同的发展阶段，也会采取不同的经济干预方式，对垄断的规制政策也不是一成不变的。在大多数国家的反垄断法中，并不存在对垄断的定义，而是根据本国需解决的实际问题侧重地从某个方面或角度对相关垄断问题加以规制，即注重垄断的具体表现形式。我国《反垄断法》吸收了其他国家的立法经验，采用了行为主义的规制方式，在法律中未规定垄断的概念，而是在第3条明确规定受该法规制的垄断行为包括："（一）经营

---

① 参见隋彭生主编《市场竞争法概论》，第24页，法律出版社1999年版。
② 杨公仆、夏大慰：《产业经济学教程》，第207页，上海财经大学出版社1998年版。转引自钟明钊主编《竞争法》，第203页，法律出版社2005年版。

者达成垄断协议；（二）经营者滥用市场支配地位；（三）具有或者可能具有排除、限制竞争效果的经营者集中。"

垄断的界定和规制很大程度上是通过反垄断立法来完成的。被称为"自由企业的大宪章"、"经济宪法"的《反垄断法》在我国历经13年坎坷立法征程，终于在2007年8月30日由第十届全国人民代表大会常务委员会第二十九次会议通过，并将于2008年8月1日起施行。

我国《反垄断法》的立法宗旨是："预防和制止垄断行为，保护市场公平竞争，提高经济运行效率，维护消费者利益和社会公共利益，促进社会主义市场经济健康发展。"

我国《反垄断法》主要规制以下垄断行为：

一、经营者达成垄断协议

垄断协议，是指排除、限制竞争的协议、决定或者其他协同行为。其不仅包括竞争者之间的书面或者口头协议，还包括企业集团或者行业协会制定的具有排除、限制竞争影响的决定和竞争者之间的协同行为。依主体所处的层次划分，垄断协议可以分为横向限制竞争协议和纵向限制竞争协议。

横向限制竞争协议又称"卡特尔"，是指具有竞争关系的经营者达成的垄断协议。我国《反垄断法》第13条明确禁止下列横向协议：①固定价格；②限制数量；③分割市场；④限制购买、或者限制开发新产品；⑤联合抵制；⑥国务院反垄断执法机构认定的其他垄断协议。

纵向限制竞争协议，是指经营者与交易相对人达成的垄断协议。《反垄断法》第14条对纵向限制竞争协议做出两项禁止性规定：一是固定转售价格；二是限定最低转售价格。而对于其他类型的纵向协议如独家销售、独家购买、限制地域等，因为它们在很多情况下有合理性，应当适用合理原则。

鉴于竞争者之间有些限制竞争有利于提高经济效率，如为改进技术和节约成本进行的合作研发、统一产品的规格或型号、推动中小企业之间的合作，或者有利于社会公共利益如节约能源、保护环境，《反垄断法》第15条对某些限制竞争协议做出了豁免的规定。

针对某些行业协会在市场竞争中发挥的负面作用，如协调本行业企业的产品价格，《反垄断法》还特别规定了行业协会的责任。

二、滥用市场支配地位

反垄断法对具有支配地位的企业的规制经历了由结构主义为主向行为主义

为主的转变过程。行为主义认为,企业拥有市场支配地位本身并不违法,只有滥用这种优势排斥或限制竞争才构成违法。我国《反垄断法》采用了行为主义。

根据《反垄断法》第17条第2款的规定,所谓市场支配地位,是指经营者在相关市场上能够控制商品的价格、数量或者其他交易条件,或者能够阻碍、影响其他经营者进入相关市场能力的市场地位。《反垄断法》第18条规定,认定经营者具有市场支配地位,应当依据一系列因素,包括经营者的市场份额、相关市场竞争状况、经营者控制市场的能力、经营者的财力和技术条件、其他经营者对该经营者在交易上的依赖程度、其他经营者进入相关市场的难易程度等。为了提高法律稳定性和当事人的可预见性,我国《反垄断法》还借鉴德国的立法经验,提出以下情况下可以推断经营者具有市场支配地位:①一个经营者在相关市场的份额达到1/2的;②两个经营者在相关市场的份额合计达到2/3的;③三个经营者在相关市场的份额合计达到3/4的。但是,被推定具有市场支配地位的经营者,有证据证明不具有市场支配地位的,不应当认定其具有市场支配地位。

《反垄断法》第17条对滥用市场支配地位的行为采用了列举式规定,具体包括:①以不公平高价销售商品或者以不公平低价购买商品;②没有正当理由,以低于成本的价格销售商品;③没有正当理由,拒绝与交易相对人进行交易;④没有正当理由,限定交易相对人只能与其或者与其指定的经营者进行交易;⑤没有正当理由,搭售商品或者在交易中附加其他不合理的条件;⑥没有正当理由,对条件相同的交易相对人在价格等交易条件上实行差别待遇;⑦国务院反垄断执法机构认定的其他滥用市场支配地位的行为。此外,第55条规定:"经营者滥用知识产权,排除、限制竞争的行为,适用本法。"这说明知识产权和一般财产权一样,不能得到反垄断法的豁免。

三、经营者集中

经营者集中是一把"双刃剑"。一方面,它对于扩大企业规模,提高企业的经营效益,强化企业的竞争力大有裨益;另一方面,如果允许无限制地并购企业,就不可避免地会消灭市场上的竞争者,导致垄断性的市场结构,限制公平竞争。因此,《反垄断法》第四章规定了控制经营者的集中。

依《反垄断法》第20条的规定,经营者合并、经营者通过取得股权或者资产的方式取得对其他经营者的控制权、经营者通过合同等方式取得对其他经营者的控制权或者能够对其他经营者施加决定性影响均属经营者集中。

控制经营者集中的制度主要是集中申报和审批制度。根据《反垄断法》第21条的规定，经营者集中达到国务院规定的申报标准的，应事先进行申报，未申报的不得实施集中。反垄断执法机构在对经营者集中进行审查时，主要应考虑经营者在相关市场上的份额及其市场支配力、相关市场集中度、经营者集中对市场进入和技术进步的影响、经营者集中对消费者和其他经营者的影响及经营者集中对国民经济发展的影响等因素。此外，该章还对申报和审批的程序做出了规定。

对经营者集中具有或者可能具有排除、限制竞争效果的，反垄断执法机构应作出禁止集中的决定。但经营者能够证明集中对竞争产生的有利因素明显大于不利因素，或者符合社会公共利益的，国务院反垄断执法机构可作出对集中不予禁止的决定。对不予禁止的经营者集中，国务院反垄断执法机构可以决定附加减少集中对竞争产生不利影响的限制性条件。

四、行政垄断

相对经济性垄断而言，行政垄断在我国为祸更重，更加迫切需要规制。可喜的是，刚刚通过的《反垄断法》第8条明确规定，行政机关和法律、法规授权的具有管理公共事务的职能的组织不得滥用行政权力，排除、限制竞争。虽然该法没有把行政垄断的管辖权交给反垄断行政执法机关，据此有学者提出其对行政垄断的规制不仅不治本，连治标也谈不上[1]。但该法关于行政垄断的规定仍然是意义重大的，因为这不仅表明我国立法者对行政垄断持坚决反对的态度，从而有利于提高各级政府机构的反垄断意识，而且也表明反对行政垄断是我国的主流观点，从而有利于倡导和培育竞争文化[2]。

依《反垄断法》的规定，行政垄断的主体不仅包括行政机关，还包括法律、法规授权的具有管理公共事务的职能的组织。对行政垄断的表现形式，该法第五章采用了列举式规定，包括：强制交易，妨碍商品在地区间自由流通，排斥或限制外地企业参与本地招投标活动，排斥或限制外地资金流入本地市场，强制经营者从事垄断行为，制定排除、限制竞争的行政法规。

受我国经济发展程度及人们的法律文化、竞争意识等因素的影响，我国的《反垄断法》尚存在很多不足，如，对行政垄断的规制不够彻底；对反垄断执

---

[1] 参见《专家解读反垄断法——与期望有差距》，《南方周末》2007年9月5日。
[2] 参见王晓晔《专家解读反垄断法：中国经济体制改革的里程碑》，《法制日报》2007年9月2日。

法机构的规定可能导致几家机构分头执法的局面,影响反垄断法的效力和权威等。但是作为一个规范市场竞争秩序的基本法,《反垄断法》的颁布必将对弘扬竞争,维护公平、自由的竞争秩序发挥极为重要的作用。

案例 10-1 2007,方便面集体涨价
——垄断协议

一、案例介绍

2006 年 12 月 26 日,与中国食品科学技术学会所属分支机构面制品分会实为"一套人马、两块牌子"的"世界拉面协会中国分会"(以下简称"方便面中国分会")在北京召开一届八次峰会,研究棕榈油和面粉涨价引起的企业成本增加问题。会议商定,高价面(当时价格每包 1.5 元以上)、中价面(当时价格每包 1 元以上)和低价面(当时价格每包 1 元以下)涨价的时间和实施步骤。

2007 年 4 月 21 日,方便面中国分会在杭州召开一届九次峰会,再次研究方便面调价日程。会议明确了调价幅度和调价时间,高价面从每包 1.5 元直接涨到 1.7 元,计划 6 月 1 日全行业统一上调。

2007 年 7 月 5 日,方便面中国分会又一次在北京召开价格协调会议,部分企业决定从 7 月 26 日起全面提价。7 月 23 日,该会负责人接受媒体采访,公布了涨价消息。另据媒体报道,7 月中旬,这个协会还曾组织国内 20 多家方便面厂商在郑州开会,讨论了涨价时间和幅度,参会企业的产品全国市场覆盖率达 95%。

在这三次会议中,方便面中国分会不仅组织、策划、协调方便面企业商议方便面涨价幅度、步骤、时间,而且印刷了会议纪要在《中国面制品》杂志刊发,向全行业传递龙头企业上调价格的信息,并通过媒体发布方便面涨价信息。有关企业则按照以上会议协调安排,相继调高了方便面价格。从 2007 年 6 月起,高价方便面陆续提价,覆盖了康师傅、统一等主流品牌,平均涨幅达到 20%。7 月 26 日开始,统一、康师傅、今麦郎、华龙等方便面生产企业宣布集体涨价,占据我国 60% 以上市场的中低价方便面价格整体上调,幅度为 20%~40%。而实际上,在 2006 年春节前后方便面企业便已对方便面进行暗中"瘦身",其变相涨价涨幅高达 10%。

方便面涨价的消息一出,各大城市纷纷出现方便面抢购潮。而对于行业协

会策划组织方便面集体涨价,人们更多的是质疑。针对社会的广泛批评,方便面中国分会的说法是,肉类、棕榈油等原料成本上涨是涨价的主要原因。那么,事实的确是这样吗？在西安市,物价部门对当地一家知名方便面生产企业的生产成本进行了调查。2006年下半年,该厂共生产方便面19786万袋,自报单位成本为每袋0.86元,核定成本为每袋0.63元；2007年上半年,该厂生产方便面20360万袋,自报单位成本1元/袋,核定单位生产成本为每袋0.66元。结果显示：2007年上半年与2006年下半年相比,其单位生产成本增加值为0.0316元,上升4.98%。而在此期间国内方便面的零售价则上涨了20%以上,生产成本涨幅和价格涨幅之间差距巨大。西安市物价局的这一成本调查,虽然并不能代表全国方便面生产企业的情况,但最起码说明方便面生产成本并没有像企业说的那样"上涨了19.5%"。

在不断收到群众举报和律师来函后,国家发改委对"世界拉面协会中国分会"及相关企业涉嫌串通上调方便面价格案展开了调查,并于2007年8月16日向社会通报了调查情况,认定该行为已构成相互串通、操纵市场价格的行为。8月20日,中国食品科学技术学会因违法使用"世界拉面协会中国分会"名称对外开展活动,以"世界拉面协会中国分会"名义参与方便面企业价格串通,超出章程规定的宗旨和业务范围,被民政部处以停止活动两个月的行政处罚。2007年8月30日,第十届全国人民代表大会常务委员会第二十九次会议通过了《反垄断法》,行业协会的责任被写进了该法。

（案例来源：《国家发展改革委通报方便面价格串通案调查情况》,国家发改委网站：http://www.gov.cn；《方便面涨价被调查始末：三次会议助推涨价》,《新京报》2007年8月17日；《公布成本：让价格不再"雾里看花"》,新华网：http://news.xinhuanet.com；《企业涨价本无错 价格联盟要不得》,《人民日报》2007年9月3日）

二、案例分析

2007年,随着粮食、猪肉价格上涨,市场上副食品价格一度出现波动。于是,各种各样的价格联盟也纷纷"登场"。除方便面企业宣布集体涨价外,6月21日,光明、蒙牛、伊利等14家乳品企业在南京签署"乳品企业自律南京宣言",约定取消特价、捆绑销售等促销方式；8月初,真功夫、丽华快餐等20多家中式快餐企业在"中国快餐联盟"的召集下宣布提价……[①]而这又不得不让我们想起几年前,国内九大彩电企业结盟深圳,以同行议价形式共同

---

① 参见《企业涨价本无错 价格联盟要不得》,《人民日报》2007年9月3日。

提高彩电零售价格，并迫使彩管供应商降价，以及之后出现的空调联盟、民航机票价格联盟、电脑价格联盟等。

上述价格联盟在反垄断法上被称为固定价格行为，又称价格卡特尔，是指具有竞争关系的行为人通过协议、决议或者协同行为，确定、维持或者改变价格的行为。是最为常见的一种联合限制竞争行为，也是各国反垄断法规制的重点。

需要指出的是，固定价格行为不等同于价格同步提高行为。价格同步提高行为是指具有竞争关系的经营者在同一时期内，使其经营的相同或者具有替代关系的商品的价格有相同幅度的增长。价格的相同性，或者同样的价格变化的外观，可以产生于正常的经济条件，也可能基于固定价格的共谋。以本案为例，方便面企业因为原材料价格上涨而相应提高方便面价格本无可厚非，如因此引起各企业纷纷涨价，并最终在市场上出现不谋而合的统一的"高"价格，也是正当的，为法律所容许。但如价格同步提高是基于以限制或消除价格竞争为目的的共谋行为，反垄断法当然禁止。

一般认为，价格卡特尔是对竞争危害最大的卡特尔。我们知道，价格竞争是最重要最基本的竞争方式，正如美国经济学家曼昆所说："在任何一种经济制度中，资源都要配置到竞争性用途中，市场经济利用供给和需求的力量来实现这个目标。供给与需求共同决定了经济中不同物品与劳务的价格；价格又是指导资源配置的信号。""如果一个人从未见过市场经济的运行，这整个思想看来是荒谬的，经济是一大群从事许多相互依存的活动的人。什么因素使分散决策免于陷入混乱呢？用什么来协调千百万有不同能力与欲望的人的行动呢？用什么来保证需要做到的在实际上也实现了呢？用一个词回答就是价格。"[①] 价格决定在竞争机制中居于核心地位，一旦价格被固定下来，价格传递供求信息和调节生产的功能就丧失殆尽，其结果是劣质企业不能被淘汰，优势企业不能获得良好的经济效益。对消费者来说，由于被固定的价格一般会超过在有效竞争下的产品价格，消费者也不得不支付通常高于竞争水平的价格，从而会损害消费者的利益。因而，固定价格行为往往成为各国反垄断法首当其冲地予以禁止的垄断行为，并且是适用本身违法原则的。

改革开放以来，中国老百姓充分感受到了有效竞争的益处。价格竞争激发了企业的危机意识，促使企业力争达到效益最大化。于是，注重创新、提高劳动效率、减少流通环节等不再是口头文章，而是实打实的必然决策。这不仅使

---

① 参见［美］曼昆《经济学原理》，第86~87页，北京大学出版社1999年版。

消费者享受到了优质低价的产品,更促进了技术创新,提高了行业的国际竞争力。从价格战中走出的彩电、空调等家电行业的发展不就是充分的证明吗?而打着避免恶性竞争、维护行业利益口号的价格联盟表面上看维护了某些企业的短期利益,而实质上限制竞争的行为不仅有损消费者利益,而且会导致行业发展停滞不前,最终相关企业在激烈的国际竞争中被淘汰。20年前,当方便面最初在中国市场上出现时,口味单一,包装简陋,生产企业寥寥,可选择范围极小。而今天,随便在哪个超市,我们都可以看到五颜六色、种类繁多、口味不断出新的方便面。这一切,都是竞争的功劳。如今,在竞争中成长,尝到竞争甜头的方便面行业却要用非市场的手段解决问题,实非明智之举。

在这场方便面集体涨价风波中,有一个角色尤为瞩目,这就是"世界拉面协会中国分会",其在整个事件中起到了组织、策划、协调的作用。而实际生活中,类似的行业协会策划、组织统一市场价格行为的屡见不鲜。弗拉斯与格里尔对美国反垄断实践的研究表明:"所有价格操纵案件中36%涉及商会。"[①] 这一比例在我国恐怕还要高。在我国,行业协会身份非常微妙,很多带有"半官方"色彩,甚至有些协会完全是政府部门"翻牌"而来。本案中的"世界拉面协会中国分会"便与中国食品科学技术学会所属分支机构面制品分会是"一套人马、两块牌子"。这些行业协会常自称为企业的"衣食父母",它们把维护企业利益放在首位,为谋求行业利益最大化,不惜牺牲消费者利益。针对行业协会等企业联合组织从事限制竞争行为的,我国《反垄断法》规定:"行业协会不得组织本行业的经营者从事本章禁止的垄断行为。""行业协会违反本法规定,组织本行业的经营者达成垄断协议的,反垄断执法机构可以处五十万元以下的罚款;情节严重的,社会团体登记管理机关可以依法撤销登记。"

三、思考·讨论·训练

1. 什么是横向限制竞争协议?我国《反垄断法》禁止的横向限制竞争协议有哪些?

2. 什么是纵向限制竞争协议?我国《反垄断法》禁止的纵向限制竞争协议有哪些?

[①] 参见[美]丹尼斯·杰尔顿、杰弗里·佩罗夫著,黄亚钧、谢联胜、林利军译:《现代产业组织》,第270页,上海三联书店、上海人民出版社1998年版。转引自钟明钊主编《竞争法》,第267页,法律出版社2005年版。

3. 什么是本身违法原则？什么是合理原则？我国《反垄断法》第15条对哪些限制竞争协议做出了豁免？

4. 实际生活中，许多价格联盟均称其目的是避免恶性竞争，防止价格战。你赞同这种说法吗？应如何看待"价格战"的利弊？

5. 听说过"行业自律价"吗？作为"行业自律价"的统一市场价格是否合法？

6. 行业协会的性质和职责是什么？你认为行业协会应如何发挥积极作用？

案例10-2　航意险蛋糕诱人，抢市场莫过垄断
——滥用市场支配地位

一、案例介绍

2004年3月5日，北京首都国际机场股份有限公司向北京保险协会下属的航意险共保管理部发出解约通知称：从2004年3月15日起将停止代理共保体的航意险，首都机场将只代理中美大都会一家的航意险。而此前，由首都机场集团和美国大都会人寿合资组建的中美大都会人寿保险公司已经多次就在首都机场独家销售航意险的事宜与北京保险行业协会沟通，但双方一直没有达成一致意见。首都国际机场股份有限公司此举立刻在业界以及社会上引起广泛声讨，由中美大都会人寿保险公司在首都机场独家销售航意险也在一片反对声中被无限期推迟。

其实，很多国家并没有航意险，航意险是一种有"中国特色"的险种。尽管机票当中已经包含了公共责任险，即在发生空难时航空公司作为运营方会向遇难旅客家属进行赔付。但由于国内生活水平较低等多种因素，空难赔偿额显得太低。针对这种情况，1989年由中国人民银行、中国人民保险公司和民航总局三家共同设计了航意险这一产品，让旅客自由购买，以弥补空难补偿的不足，减轻家庭和政府的负担。经过多年经营，随着航空旅客人数的迅猛增长，这一险种日益得到旅客的认可和关注，具有广泛的市场。一直以来，高利润、低风险的航意险一直是各保险公司觊觎的一块大蛋糕。为避免保险公司间的恶性竞争，由当时的中国人寿、平安、太平洋等几家公司牵头，在航意险市场形成了"共保"的体制：凡是有航意险销售资格的公司共同组成一个销售体，按照约定的比例分享销售收入和承担一定比例的保费。虽然，这种共保体制在一定程度上避免了恶性竞争，但导致了各公司所占的市场份额趋于定数，

航空意外险市场几乎形成了由中国人寿独占 50%，平安保险、太平洋保险等少数几家公司分享其余市场的垄断局面。

　　首都机场是北京地区唯一一家提供国际国内客运航班起、降、停、修服务的经营者。本来，首都机场只是航意险的一个代理点。但是，中美大都会人寿保险公司成立以后，首都机场就不能再说自己除了代理以外，与航意险没有任何关系了。因为经营航意险的中美大都会人寿保险公司是由首都机场集团和美国大都会人寿合资组建的，这也正是首都机场集团只指定中美大都会人寿保险公司独家在首都机场销售航意险的原因。针对指定中美大都会人寿保险公司在首都机场独家销售航意险是行业垄断行为的指责，首都机场方面称，自己并没有限定顾客只能在机场大厅内购买航意险的意图，乘客完全可以在机票销售代理点、保险公司的柜台等地方买到其他公司的航意险。然而，首都机场在航意险的销售上占尽"地利"却是不争的事实。实际上，北京每售出 10 份航意险保单，就有近 5 份是通过首都机场售出的。

　　（案例来源：孔祥俊、刘泽宇、武建英编著：《反不正当竞争法——原理·规则·案例》，第 127~128 页，清华大学出版社 2006 年版）

二、案例分析

　　在实际生活中，诸如煤气公司强迫用户购买其指定的燃气灶、电信企业强行为用户配发话机、有教材专营权的书店强行要求学生家长购买其搭售的辅助用书、烟草部门强制他人购买其指定牌号的卷烟等行为层出不穷。如今，随着老百姓法律意识的增强，大家基本上都清楚相关企业这么做是不合理的，但面对消费者的质疑，这些企业却总能提出五花八门的理由，令我们摸不着头脑。那么，在法律上，这种行为到底应如何定性，其是否合法呢？

　　其实，上述所指的行为与本案中首都机场指定中美大都会人寿保险公司在首都机场独家销售航意险的行为具有共同的性质。在《反垄断法》上，这种行为被称为经营者滥用市场支配地位的行为，是一种典型的垄断行为，是《反垄断法》所禁止的。

　　根据《反垄断法》第 17 条第 2 款的规定，市场支配地位是指经营者在相关市场上能够控制商品的价格、数量或者其他交易条件，或者能够阻碍、影响其他经营者进入相关市场能力的市场地位。认定经营者具有市场支配地位，应当依据一系列因素，包括经营者的市场份额、相关市场竞争状况、经营者控制市场的能力、经营者的财力和技术条件、其他经营者对该经营者在交易上的依赖程度、其他经营者进入相关市场的难易程度等①。此外，我国《反垄断法》还借鉴德国立法的经验，推定占有一定市场份额的经营者具有市场支配地位②。

在我国，公用企业或其他依法具有独占地位的经营者滥用市场支配地位的现象尤为突出，对此类企业的规制更为重要。所谓公用企业是指从事公用事业的经营者，通常具有下列特征：通过网络或者其他关键设施（基础设施）提供公共服务；具有自然垄断属性；属于国家特殊管制行业；具有独占地位③。自来水公司、煤气公司、供电公司等都属于公用企业。我们知道，机场具有自然垄断属性，在该行业，过多企业的进入可能导致设施的高成本的重复投资。也就是说，对于该行业，一个经营者经营要比多个经营者经营的成本低。因而，在案例中提到的首都机场自然地成为北京地区唯一一家提供国际国内客运航班起、降、停、修服务的经营者，在该领域，其没有竞争者，市场支配地位是明显的。

但是，依行为主义的观点，企业具有市场支配地位本身并不违法。尤其对于垄断经营比多家经营更能实现低成本和高效率的自然垄断行业，企业的市场支配地位本身是合法的。但是，企业的市场支配地位不能被滥用，如果经营者滥用这种优势排斥或限制竞争，就要为反垄断法所禁止。

依我国《反垄断法》第17条的规定，经营者滥用市场支配地位的行为包括：①以不公平高价销售商品或者以不公平低价购买商品；②没有正当理由，以低于成本的价格销售商品；③没有正当理由，拒绝与交易相对人进行交易；④没有正当理由，限定交易相对人只能与其或者与其指定的经营者进行交易；⑤没有正当理由，搭售商品或者在交易中附加其他不合理的条件；⑥没有正当理由，对条件相同的交易相对人在价格等交易条件上实行差别待遇；⑦国务院反垄断执法机构认定的其他滥用市场支配地位的行为。

案例中首都机场指定中美大都会人寿保险公司在机场独家销售航意险的行为便是典型的"没有正当理由，限定交易相对人只能与其进行交易或者只能与其指定的经营者进行交易"的行为。虽然首都机场方面称自己并没有限定顾客只能在机场大厅内购买航意险的意图，乘客完全可以在机票销售代理点、保险公司的柜台等地方买到其他公司的航意险。但事实上，在航意险的销售渠

---

① 见《中华人民共和国反垄断法》第18条。
② 见《中华人民共和国反垄断法》第19条。
③ 孔祥俊：《反垄断法原理》，第756~762页，中国法制出版社2001年版。

道中，机场占有得天独厚的地位。试问：是在登机之前顺便购买一份航意险方便，还是在去机场的路上绕道保险公司购买一份同样价格的航意险方便呢？人们事实上已被限定在机场大厅购买航意险，而且是由中美大都会人寿保险公司在机场独家销售的航意险。

"没有正当理由，限定交易相对人只能与其进行交易或者只能与其指定的经营者进行交易"的行为与"没有正当理由搭售商品，或者在交易时附加其他不合理的交易条件"的行为在反垄断法理论上被统称为强迫交易行为。强迫交易行为长期存在于我国现实经济生活中，公用企业实施这种行为的情况尤为严重。我们上述所举的例子都属于强迫交易。强迫交易的危害性非常大，其违反了平等自愿的交易原则，侵犯了消费者的选择权和公平交易权，损害了其他经营者的合法权益，限制了竞争的开展。《反垄断法》第 47 条规定："经营者违反本法规定，滥用市场支配地位的，由反垄断执法机构责令停止违法行为，没收违法所得，并处上一年度销售额百分之一以上百分之十以下的罚款。"

首都机场的行为没有真正的实施，因为其遭到了广泛声讨。而实际上，首都机场最终并未实施该行为恐怕并不是畏惧舆论，而是遭遇了来自于同样有垄断之嫌的共保体的压力。在垄断行为面前，消费者及中小经营者的力量是有限的，其对于竞争的呼唤也显得苍白无力。保护竞争，维护消费者权益，需要强有力的法律。

三、思考·讨论·训练

1. 什么是自然垄断？举例说出哪些行业属于自然垄断行业？自然垄断的行业范围是一成不变的吗？

2. 什么是公用企业？它有哪些特征？说说你身边都有哪些公用企业。

3. 如何判断经营者是否具有市场支配地位？注意一下你身边除公用企业之外还有哪些经营者有具有市场支配地位的可能。

4. 滥用市场支配地位的行为有哪些？请分别举例说明。

5. 针对上述案例，一位业内人士指出："如果说首都机场的做法是属于垄断行为的话，那么共保体本身也是垄断。共保体占据了航意险 100% 的销售额，共保体才是多寡头垄断。"对这种说法，你有何见解？共保体在反垄断法上应如何定性？

案例 10-3 达能、娃哈哈之争
——经营者集中

一、案例介绍

（一）达能强行并购娃哈哈

2007年4月3日，法国达能公司欲强行以40亿元人民币的低价并购杭州娃哈哈集团有限公司总资产达56亿元、2006年利润达10.4亿元的其他非合资公司51%的股权的消息在国内引起轰动。随后，伴随着娃哈哈与达能的口水战到诉讼战的升级，社会各界展开了激烈的讨论，涉及商标纠纷、同业竞争、民族产业的保护、外资并购与国家经济安全等诸多方面。

事情还得从十年前说起。

1996年3月28日，为实现国有企业改制的目的，娃哈哈食品集团有限公司与娃哈哈美食城股份有限公司联合由达能控股70%、香港百富勤公司控股30%的新加坡金加投资公司共同成立杭州娃哈哈百立食品有限公司、杭州娃哈哈保健食品有限公司、杭州娃哈哈食品有限公司、杭州娃哈哈饮料有限公司和杭州娃哈哈速冻食品有限公司5家企业。在这5家企业中，金加投资公司控股51%，娃哈哈集团持股39%，美食城持股10%。1997年，由于亚洲金融风暴的影响，百富勤将金加投资公司的所有股份全部卖给了达能，达能成为金加投资公司的全资股东。这样，合资公司的股份变成达能占有51%的股份，娃哈哈集团占有39%的股份，娃哈哈美食城占有10%的股份。

在拥有了绝对控股地位后，根据合资协议及娃哈哈集团公司、娃哈哈美食城与金加投资公司在1996年洽签的《商标转让合同》，达能提出，将"娃哈哈"商标权转让给与其合资的公司。但此项要求在报国家商标局批准过程中遇到了阻碍。后来，双方又签订了《商标使用许可合同》，而该合同又有两个版本：一是在工商局备案的简式使用合同；一是未备案的《商标使用许可合同》。在未备案的《商标使用许可合同》中，双方约定：甲方和乙方理解并同意签署简式使用合同，仅为了在中国商标局和工商局注册之用，而所有管制使用商标的条款和条件则包含在本合同中。而该合同中有这样一条："中方将来可以使用（娃哈哈）商标在其他产品的生产和销售上，而这些产品项目已提交给娃哈哈达能合营企业的董事会进行考虑……"也就是说，不经过合资公司董事会等同意，不能将（娃哈哈）商标给予其他使用。正是这被娃哈哈后来称为"不经意"的一条,埋下了双方争议的伏笔。

此后,娃哈哈与达能又合资了39家公司,除此之外,在娃哈哈的版图中,分布在全国的还有35家非合资公司。而这些非合资公司在过去的两年中,以不可思议的速度发展着,这让达能非常警惕。于是,达能以依商标使用合同的约定,娃哈哈集团"不应许可除娃哈哈达能合资公司外的任何其他方使用商标"为由,向娃哈哈的掌门人宗庆后发出了警告。2006年年底,在进行半年多的艰苦谈判之后,双方的意见终于有了统一,那就是达能将以40亿元的价格收购娃哈哈近40家非合资公司51%的股权。但在此后的2007年召开的全国两会上,人大代表宗庆后上书有关领导表示:"警惕外资通过控股各个行业的龙头企业,从而控制我国的经济。"矛头直指合作对手达能。至此,双方决裂。

2007年4月3日,宗庆后在媒体上宣布达能强行并购的"罪行",并列数了达能数宗罪。而此时达能似乎也早有准备,立即召开了新闻发布会,将双方当初的协议合同等公布于众,同时展开了强硬的反击。5月9日,达能在斯德哥尔摩申请了对娃哈哈的仲裁,6月4日,又在美国把宗庆后的妻子和女儿以危害股东利益为由告上了法庭。对此,宗庆后大为恼火,在6月7日辞去了合资公司董事长的职位,并发表万言书,陈列达能罪状,同时开始了强硬的反击,一方面向杭州市仲裁委申请娃哈哈商标转让的仲裁;另一方面开始了反诉讼的准备,一场法律大战拉开了帷幕。

(二)达能中国布局

"达能的血液里就有合并的因子。"达能中国区主席秦鹏曾说过。他说,即使在巴基斯坦都有达能的两家饼干合资公司。

如今已是达能进入中国的第20个年头,这个来自法国的巨头,一向低调示人,高调做事,不紧不慢地完成在中国的资本布局。

1987年,达能名列世界第6大食品集团,主要生产奶制品、饮料、饼干等。法国达能集团在广州开设了第一家酸奶公司,中国经济的蓬勃发展让达能意识到,一个好时机的到来。

当时的达能在中国刚刚起步,虽然它的主打产品酸奶在广州卖得很火,但中国地域广大,而各地人的口味也相差甚大,更重要的是,达能在很短时间内,很难建立起如此庞大的销售网络,这显然影响了它的酸奶产品的进一步扩张。

这个时候达能遇上了光明。

1994年,达能与光明先后合资建立上海酸奶及保鲜乳项目,达能占45.2%的股份,由此达能的中国之行走上了成功之旅。

在1996年,达能遇到了娃哈哈,鉴于中国饮料市场正处于一个飞速发展的时刻，达能开始出手进军中国的饮料市场，与娃哈哈成立了5家合资公司，在这一年中，达能又出手收购武汉东西湖啤酒54.2%的股权，收购深圳益力食品公司，由此完成了在中国布局的第一个阶段。这一阶段的显著特征是不断并购同类企业，围绕其主业扩张在中国的市场。

达能的第二个阶段始于2000年，表现手法为，通过多种形式和手段对优质企业进行股份增持，以获得收益。那一年，达能通过宗庆后介绍认识了当时乐百氏的何伯权，从而启动一轮新的收购计划，当时达能收购了乐百氏92%的股权。

2001年，以光明收购达能在中国的三家乳品企业（包括广州酸奶和与光明的两家合资企业）为条件，达能终于成为光明的股东，持股5%。伴随着之后的一系列增持，到2006年，达能已持有光明股份20.01%，成为光明乳业的第二大股东。

2004年，达能收购了上海正广和饮用水有限公司50%的股份。

2006年7月，达能在美国华平投资、荷兰发展银行和香港惠理基金之后，成功牵手汇源，并以1.4亿美元持有了汇源果汁22.18%的股权。

4个月之后达能再度出手，与中国最大奶制品公司蒙牛组建了合资公司，达能持股49%。致力于酸奶等产品的生产、研发与销售。

至此，达能通过一系列的资本市场运作，完成了在中国市场上饮用水、乳制品和果汁饮品三大饮料产品的战略布局。

（案例来源：张乐、裘立华、王小波：《宗庆后后悔了》，《经济参考报》2007年4月3日；叶文添、唐清建、张曙光、赵晓：《娃哈哈与达能纠纷真相》，《中国经营报》2007年9月3日。另参考了人民网、新华网、新浪网等相关报道）

二、案例分析

娃哈哈与达能的纠纷涉及诸多法律问题，而在跨国公司掀起并购中国优秀企业的狂潮的今天，伴随着《反垄断法》的出台，其中所涉及的外资并购与国家经济安全及垄断问题尤为引人关注。

（一）根据《反垄断法》的规定，企业过度集中，应当事前申报

《反垄断法》上的所谓经营者集中，是指经营者之间通过合并、相互收购资产或股份、委托经营或联营以及人事兼任等方式形成的控制与被控制状态[①]。经营者集中不仅限于企业合并，还包括通过取得股权或者资产的方式取得对其他

---

① 参见钟明钊主编《竞争法》，第272页，法律出版社2005年版。

经营者的控制权，以及通过合同等方式取得对其他经营者的控制权或者能够对其他经营者施加决定性影响，如联营、人事联合等。

经营者集中是一把"双刃剑"。一方面，它有利于扩大企业规模，提高企业的经营效益，强化企业的竞争力；另一方面，如果允许无限制地并购企业，就不可避免地会消灭市场上的竞争者，导致垄断性的市场结构，限制公平竞争。因此，《反垄断法》对经营者集中并不是一味地反对，而只是针对会对相关市场内的竞争状态产生显著的不利影响的企业过度集中进行规制；而且，《反垄断法》规制经营者集中的主要制度是事前申报制，因而，从某种意义上讲，其对经营者集中的规制具有预防的性质。

达能是知名的跨国公司，其在食品经营领域具有超强的实力。而近年来，达能在中国大肆并购优秀的饮料生产企业，实有垄断相关市场之嫌。《反垄断法》第21条规定："经营者集中达到国务院规定的申报标准的，经营者应当事先向国务院反垄断执法机构申报，未申报的不得实施集中。"商务部、国家工商总局等六部委制定的《关于外国投资者并购境内企业的规定》第19条规定，外国投资者并购境内企业有下列情形之一的，投资者应就所涉情形向中国主管部门报告：①并购一方当事人当年在中国市场营业额超过15亿元人民币；②一年内并购国内关联行业的企业累计超过10个；③并购一方当事人在中国的市场占有率已经达到20%；④并购导致并购一方当事人在中国的市场占有率达到25%。即使未达到前款所述条件，但是，应有竞争关系的中国境内企业、有关职能部门或者行业协会的请求，国家主管部门认为外国投资者并购涉及市场份额巨大，或存在其他严重影响市场竞争或国计民生、国家经济安全等重要因素的，也可以要求外国投资者做出报告。本案中，达能这一知名的跨国公司实力强大，而且其欲并购的娃哈哈非合资公司近40家之多，其并购行为对相关市场影响重大，因此，应依法进行申报。至于是否禁止其并购或是否有必要对并购附加限制性条件，需由有关机关在综合考虑经营者在相关市场上的份额及其市场支配力、相关市场集中度、经营者集中对市场进入和技术进步的影响、经营者集中对消费者和其他经营者的影响，以及对国民经济发展的影响等因素后，做出决定。

需要指出的是，《反垄断法》对经营者集中的规制并不因经营者是中资还是外资而有所区别。《反垄断法》针对的是所有对市场的图谋垄断者，其规制的目的是保持竞争性的市场结构。

(二) 如何看待外资并购国内企业

随着我国开放程度的不断提高，并受1995年以来国际新一轮跨国并购浪潮影响，跨国公司对华投资方式呈现出新趋势，即从合资、合作到独资建厂，再到大举并购我国发展潜力较大的优秀企业。这是跨国公司一项战略性的重大举措，而且来势凶猛。

一些跨国公司认为，现在是收购中国企业的最好时机，收购价格正像中国的劳动力一样，比欧美低得太多；还可以利用中国企业原有的销售网络、原材料和能源供给渠道以及品牌，再加上外商的资本和技术就可以逐步实现垄断中国市场的目标。于是，他们在中国掀起了并购高潮。必须绝对控股、必须是行业龙头企业、预期收益必须超过15%，这三个"必须"是一些跨国公司目前在华并购战略的基本要求。他们对一般国有企业拼命压价，对好企业不惜高价收购。目前，国际啤酒巨头已瓜分了中国啤酒企业和市场；可口可乐通过品牌战略，已使其饮料、浓缩液在我国市场占有很大份额；宝洁在中国的公司除上海沙宣是合资企业外，其余9家已全部独资；欧莱雅只用50天就整合了中国护肤品牌"小护士"；我国大型超市的80%以上已被跨国公司纳入囊中。近年来，跨国公司更大举进军我国大型制造业，并购重点直奔我国工程机械业、电器业等领域的骨干企业、龙头企业[①]。据国务院发展研究中心的一份调查显示，中国在已开放的产业中，每个产业排名前5的几乎都被外资控制。28个主要产业中，有21个产业外资拥有多数资产控制权[②]。

跨国公司并购中国企业对经济发展有正负两方面影响。从正面说，跨国公司的并购有利于企业达到最佳经营规模，产生良好的规模经济效益；有利于引进外资及先进的经营管理理念；有利于国有企业的重组和政府资本在竞争领域的退出。应该承认，外资对推动中国经济社会发展功不可没。

但是，跨国公司对中国企业的大举并购还存在着潜在的危害。一方面，这些跨国公司通常实力强大，其并购目标直指行业龙头企业，并购的目的往往是为实现对相关市场的垄断，而垄断性的市场结构一旦形成，会对竞争构成威胁。另一方面，近年来，跨国公司的并购重点直奔我国工程机械业、电器业等领域，美国凯雷公司收购徐工事件便是典型例证，而这些领域一旦为外资控制，势必会对我国国家安全造成威胁。即使在其他领域，跨国公司对优秀企业的并购，也将导致中国民族工业的自主品牌和创新能力的逐渐消失，最终，在

---

① 据3月6日，新华社对全国政协委员、国家统计局局长李德水独家专访的报道，载新华网，http://news.xinhuanet.com。
② 叶文添、唐清建、张曙光、赵晓：《娃哈哈与达能纠纷真相》，《中国经营报》2007年9月3日。

国际产业分工的总体格局中，我们就只能充当打工者的角色。

因此，应客观看待跨国公司并购中国企业。既要肯定引进外资的积极意义，坚持利用外资，又要通过建立规范的竞争规则，依法控制外资的恶意并购。《反垄断法》的出台无疑对限制外资恶意并购，促进竞争有着重要的意义。

三、思考·讨论·训练

1. 什么是经营者集中？经营者集中就是企业合并吗？
2. 规制经营者集中与发展规模经济是否矛盾？
3. 什么是经营者集中事前申报制度？该制度有何意义？
4. 反垄断执法机构认定经营者过度集中的标准是什么？
5. 对近年来发生的跨国公司并购中国企业的事件进行一次调查，谈谈你的感想。
6. 有人说："民族的，就是世界的。民族品牌搭上跨国公司的大船更有利于其发展，对外资并购中国企业大惊小怪是狭隘的民族主义。"对该观点，你是否同意？
7. 如从民商法的角度看待达能与娃哈哈之争，你认为谁的胜算更大？民商法的视角与经济法的视角有何不同？

第十一章 消费者权益保护法

> 我们的时代是权利的时代。人权是我们时代的观念,是已经得到普遍接受的唯一的政治与道德观念。
>
> ——[美]L.亨金

消费,尤其是生活消费,是人类的基本需要;消费者权利,是生存权的重要组成部分,是一项基本人权。我国十三亿人民,人人都是消费者。依法保障消费者权益,是保障基本人权和社会公共利益的需要,并有助于推动经济与社会的良性运行和协调发展。

在现代社会,由于经济、科技与社会的发展,经营者与消费者之间在经济实力、信息能力等方面逐渐拉大了距离,演变成强弱、优劣明显的两个群体。受经济利益的驱使,经营者基于优势地位侵犯消费者权益的现象日益严重,由此引发了世界范围的消费者保护运动。由于原有的立法受其传统理念、价值目标的影响,已不能适应保护消费者权益的实际需要,20世纪60年代,伴随着大规模的"消费者权利运动",消费者权益保护方面的专门立法在西方国家逐渐形成。通过立法手段实现对消费者权益的保护是当今世界各国所采取的重要手段。

改革开放以来,我国保护消费者权益问题日渐得到重视。1993年10月31日,八届全国人大常委会第四次会议通过了《中华人民共和国消费者权益保护法》(以下简称《消费者权益保护法》),该法于1994年1月1日起生效。《消费者权益保护法》是我国历史上第一部保护消费者权益的专门法律。

在我国《消费者权益保护法》中,并未对消费者的概念做出明确界定,只是在该法第二条指出:"消费者为生活消费需要购买、使用商品或者接受服务,其权益受本法保护。"《消费者权益保护法》施行之初,大多数关于"消费者"的定义都是依据该条做出的,即认为,消费者是指为生活消费需要而购买、使用商品或接受服务的个人。然而近年来,关于"王海现象"中知假买假者是否是消费者,商品房买卖纠纷中能否适用双倍赔偿,医患关系纠纷能否适用"消法"等的讨论,对这一定义不同程度地提出了质疑,并引发了理论界和实务界对消费者概念的争论。

根据《消费者权益保护法》的规定，消费者享有以下权利：①安全保障权；②知悉真情权；③自主选择权；④公平交易权；⑤索赔权；⑥依法结社权；⑦知识获取权；⑧人格尊严权；⑨监督批评权。经营者应当承担以下义务：①履行法定和约定义务；②接受消费者监督；③保证商品和服务安全；④提供商品和服务真实信息；⑤标明经营者真实名称和标记；⑥出具购货凭证和服务单据；⑦保证商品或者服务质量；⑧履行"三包"或其他责任；⑨不得不当免责；⑩尊重消费者人格。

对于消费争议，《消费者权益保护法》规定了5种争议解决方式与途径，分别是：①与经营者协商和解；②请求消费者协会调解；③向有关行政部门申诉；④根据仲裁协议提请仲裁；⑤向人民法院提起诉讼。但是，在实际生活中，这些争议解决途径并不能充分发挥其作用，消费者不知如何维权、维权不彻底等问题在实践中普遍存在。这些问题的解决，尚需要依靠灵活的工作方式、合理的机构设置、科学的程序制度等来实现。

《消费者权益保护法》规定了经营者侵犯消费者权益的民事责任、行政责任与刑事责任。其中，在有关民事责任的规定中，《消费者权益保护法》突破性地规定了惩罚性赔偿金，这是对我国民事法律制度的重大发展和完善。《消费者权益保护法》第49条规定："经营者提供商品或者服务有欺诈行为的，应当按照消费者的要求增加赔偿其受到的损失，增加赔偿的金额为消费者购买商品的价款或者接受服务的费用的一倍。"

案例11-1 购房遭欺诈，双倍来赔偿
——惩罚性赔偿制度

一、案例介绍

2001年3月15日，A市消费者李某购买了当地一家建筑安装公司的一套住房，总价65780元。李某支付了54800元房款，打了10980元的欠条，建筑公司出具了65780元的财务收据。入住后不久，李某发现房子多处断裂，开始协商退房，随后又获悉，这套住房是开发商在1999年年底未经规划部门批准擅自建设的，A市建委已经下发了拆除令，法院正在强制执行，而且整栋楼房的房产证又被抵押给了银行。李某此前对这些毫不知情。2001年11月8日，李某以欺诈销售商品房为由，将建筑安装公司诉至A市山城区人民法院，要

求依据《消费者权益保护法》予以双倍赔偿。

（案例来源：李艳芳主编：《（新版）以案说法 经济法篇》，第352页，中国人民大学出版社2006年版）

二、案例分析

对于商品房交易能否适用《消费者权益保护法》双倍赔偿的规定，理论界及司法实践中均存在较大争议。本案是全国首例终审生效的商品房交易双倍赔偿案，引起了各界的极大关注。

双倍赔偿这一惩罚性民事责任制度是《消费者权益保护法》特有的。

我们知道，传统民法理论强调，民事责任的基本性质是补偿性，即法律令违反义务人承担民事责任的目的是为使他人因其违反义务而受损的利益得以弥补，恢复到原本的利益状态。而对惩罚性赔偿金这一具有对民事违法行为进行惩罚性质的赔偿金，基于民法是私法，而惩罚属公法范畴这一理念，民法并不认可。

然而，传统民法理念与制度是基于平等性和互换性两个基本判断而建立起来的[1]。而伴随着经济、科技与社会的发展，在消费关系中，消费者与经营者之间的优劣势对比越来越明显，如仍然坚持追求形式上的平等，则必然会因为双方地位的实际差距导致实质上的不平等。因而，专门保护消费者权益的法律应运而生。在这些法律中，有一个基本的价值准则，即通过在制度设计上将天平倾向消费者这一边来弥补现实生活中的消费者与经营者地位的不平等。双倍赔偿这一惩罚性赔偿金制度就是在这一前提下产生的。其看似有违传统民法理念，实质上有利于对实质公平的保障。然而，也正是由于其所处的特定背景，对其适用，必须严格限制在《消费者权益保护法》的范畴，不能随意扩大。

《消费者权益保护法》第49条是双倍赔偿的基本法律依据。该条规定："经营者提供商品或者服务有欺诈行为的，应当按照消费者的要求增加赔偿其受到的损失，增加赔偿的金额为消费者购买商品的价款或者接受服务的费用的一倍。"根据该条，适用双倍赔偿必须符合以下要件：①惩罚性赔偿金的法律关系主体是经营者和消费者；②经营者在提供商品或者服务时有欺诈行为；③消费者提出给付惩罚性赔偿金的请求。在具体案件中能否适用双倍赔偿，就要取决于是否符合上述要件，商品房交易纠纷也是如此。

---

[1] 参见梁慧星《从近代民法到现代民法》，载梁慧星著《民法学说判例与立法研究（二）》，第82~83页，国家行政学院出版社1999年版。

实践中，对商品房交易案件能否适用双倍赔偿的争论主要是围绕前两个要件展开的。即购买商品房的行为是否是消费者消费行为，能否适用《消费者权益保护法》；如何认定经营者存在欺诈。

对于商品房交易关系能否适用《消费者权益保护法》，存在较大争论。反对者认为，由于"消法"制定的当时所针对的是普通商品市场严重存在的假冒伪劣和缺斤少两的问题，其所设想的适用范围应不包括商品房在内；而且，商品房买卖合同金额巨大，判决双倍赔偿将导致双方利害关系的显示平衡[①]。赞成者则认为，从文义上分析，购房者与房屋销售者之间的关系是典型的经营者与消费者的关系，购房目的是为生活消费需要，完全符合"消法"的调整范围；即使在立法目的上，在"消法"制定时商品房纠纷已成为消费领域的一个问题的背景下，立法者并未采取如《产品质量法》"建设工程不适用本法"的规定排除商品房的适用，即自然可理解为该法适用于商品房；而且，在今天，当商品房买卖更加关乎百姓切身利益，而房地产开发商的违规与欺诈行为更为严重与普遍的情况下，对商品房交易适用"消法"更有必要[②]。

2003 年，最高人民法院制定了《关于审理商品房买卖合同纠纷案件适用法律若干问题的解释》，明确规定了双倍赔偿制度对于商品房买卖关系的适用。该解释第 8 条规定："具有下列情形之一，导致商品房买卖合同目的不能实现的，无法取得房屋的买受人可以请求解除合同、返还已付购房款及利息、赔偿损失，并可以请求出卖人承担不超过已付购房款一倍的赔偿责任：（一）商品房买卖合同订立后，出卖人未告知买受人又将该房屋抵押给第三人；（二）商品房买卖合同订立后，出卖人又将该房屋出卖给第三人。"第 9 条规定："出卖人订立商品房买卖合同时，具有下列情形之一，导致合同无效或者被撤销、解除的，买受人可以请求返还已付购房款及利息、赔偿损失，并可以请求出卖人承担不超过已付购房款一倍的赔偿责任：（一）故意隐瞒没有取得商品房预售许可证明的事实或者提供虚假商品房预售许可证明；（二）故意隐瞒所售房屋已经抵押的事实；（三）故意隐瞒所售房屋已经出卖给第三人或者为拆迁补偿安置房屋的事实。"上述规定虽然主要针对的是实务中类似本案的经营者严重欺诈行为，但可以明确的是，最高司法机关对商品房交易适用《消费者权益保护法》是持肯定态度的。

对于"欺诈"，《消费者权益保护法》没有做出明确界定，一般认为，由

[①] 参见梁慧星《裁判的方法》，第 122~124 页，法律出版社 2003 年版。
[②] 参见李艳芳主编《经济法案例分析》，第 228 页，中国人民大学出版社 2006 年版。

于该法第49条属于民法的特别法,应与民法上欺诈的概念做相同解释。因此,欺诈的要件应包括:①欺诈故意;②欺诈行为;③相对人因欺诈行为而陷于错误,并基于该错误做出意思表示。

在商品房交易双倍赔偿案中,对欺诈要件的讨论主要是围绕如何认定经营者存在欺诈故意及哪些行为属于欺诈行为展开的。对于经营者是否存在欺诈故意,由于经营者所处的优势地位,消费者难以举证,基于《消费者权益保护法》侧重保护消费者的立法意图,一般主张,应采用举证责任倒置的方法加以认定,即在一般情况下,对于经营者销售活动中的虚假行为,均应认定为存在欺诈故意,除非有相反的证据足以推翻。对于哪些行为属于欺诈行为,应当强调并非所有与合同不符行为均是欺诈行为。欺诈是一种虚假行为,是指告知对方虚假情况或隐瞒真实情况。对欺诈行为的认定,应结合当事人主观上是否有诱使对方陷入错误的目的来判断。也就是说,不能仅因房屋存在质量问题或权利瑕疵等问题便认定经营者存在欺诈,关键在于,经营者是否欺骗了对方。可见,对欺诈故意与具体欺诈行为的认定并不能截然分开。在司法实践中,应将二者结合起来,采用举证责任倒置的方法,消费者只需证明经营者未履行合同承诺,而由经营者举证证明其没有做假,是诚实守信的。如经营者不能举证,便可认定其存在欺诈。

三、思考·讨论·训练

1. 什么是消费者?
2. 消费者是否包括"单位"、"组织"?
3. 进入商场仅是为逛逛的人是否是消费者?"王海现象"中的知假买假者是否是消费者?受"假种子"坑害的农民是否受《消费者权益保护法》保护?
4. 医患关系纠纷能否适用《消费者权益保护法》?
5. 了解一下"消费者权利运动"的发展历史,谈谈《消费者权益保护法》的立法目的与价值取向。
6. 有观点认为,在"王海现象"中,知假买假者并未因经营者的欺诈行为而陷于错误,因而不符合欺诈的构成要件,不能适用《消费者权益保护法》惩罚性赔偿的规定。你同意这种观点吗?
7. 在具体适用惩罚性赔偿时,赔偿基数应如何确定?是购买商品和接受服务的价款,还是消费者所遭受的损失额?如以购买商品和接受服务的价款为基础,增加赔偿的一倍是赔偿的上限(即赔偿是否可以在增加一倍的以下酌情赔偿适当的数额),还是一律赔偿一倍?

案例 11-2 "国际通行做法"就不用告知吗?
——消费者权利

一、案例介绍

2006年7月21日,原告肖先生以1300元的价格向被告中国南方航空股份有限公司(以下简称"南航公司")购买了当日20点10分飞往广州的CZ3112号航班七折机票。在办理登机手续时,被告子公司北京南航地面服务有限公司(下称"南航地服公司")工作人员确认,原告机票为超售票,CZ3112号航班已满员,原告无法乘坐。南航地服公司先安排原告转签国航某航班,后发现该航班延误,遂将原告唤回,转签至南航公司CZ3110航班头等舱(机票价格为2300元)。在等候期间原告被安排在头等舱休息室休息,当日晚22时39分,原告乘坐CZ3110航班头等舱离港。后来,原告以南航公司的超售行为侵犯了消费者知情权为由,诉至法院,要求被告双倍赔偿其经济损失,公开赔礼道歉。

所谓"超售",是指航空公司超过航班实际座位数过量销售机票,这是目前国际上通行的一种对机票进行管理的手段。在航空旅客运输中,因机票可以先行预定并且允许转签、改签,所以,如有乘客订票后放弃购买或者改乘其他航班,即有可能出现航班座位空出。因此,机票超售不必然导致航班满员、个别购票乘客无法登机。但是,如果转签或改签的乘客数量少于过量销售的机票的数量,则必然有乘客因航班满员而无法登机。我国国内航空公司使用机票超售,系近年来学习国外航空公司做法所得,但目前国内航空公司实行的超售规则及事后补救措施与国外并不相同。

本案主审法院认为,本案原、被告之间的航空客运合同系消费性服务合同,应当适用《消费者权益保护法》的规定。

对于被告是否侵害了消费者的知情权,法院认为,由于超售将使所有不特定的购票旅客均面临不能登机的风险,导致合同履行障碍,因此,超售行为应当向乘客进行明确告知,而不能将其看做是航空公司内部的管理手段而不予公示。从超售的社会知晓度来看,超售引入我国时间较短,没有在公众中形成广泛认知,因此,航空承运人作为超售行为的实施者,应当向旅客进行全面而充分的告知。然而,本案中,原告购票时,未被告知该航班存在"超售"机票、可能因航班满员无法登机。在南航公司的机票销售过程中,至今仍不存在向乘客进行告知的相关程序。就中国民用航空总局关于超售的告知程度来看,要查看超售规则,必须进入中国民用航空总局的网页,再通过两级点击方可进行。相对于机票销售的特殊性和对旅客的影响而言,此种告知方式,欠缺普及性和明确性,几乎无法让不特定的社会公众了解。因此,即使存在《航空旅行指南》的超售说明,也不能免除被告对原告的告知义务。故认定被告未尽到经营者的告知义务,损害了航空客运合同中旅客的知情权。

宣判后,法院向被告中国南方航空股份有限公司和中国民用航空总局发出了司法建议函,建议中国南方航空股份有限公司在售票区域张贴关于超售的书面说明或者发放记载相关内容的服务指南,在公司网站上增加相关说明,在机票的书面注意事项中增加关于超售的提示,在进行超售的航班机票中应使用特殊标记向旅客公示;因超售将有乘客被溢出无法登机的,应当征求全部旅客的意见,建议根据自愿原则选择弃乘旅客;制定对弃乘旅客的救济措施,包括弃乘旅客的合同解除权和信赖利益的赔偿标准,改乘旅客的经济补偿标准,赔偿和补偿标准应当根据迟延的时间和航班里程确立不同的幅度;建议中国民用航空总局作为行业主管部门,承担起制定规则的责任,尽快制定航空客运机票超售的规章制度并指导航空运输企业适用,建议规则中内容包括:航空承运人向旅客进行公示的方法,选择登机乘客的方法(以乘客自愿为首要原则),对不能登机乘客的具体赔偿标准,违反实施规则时的行政处罚措施。

(案例来源:李思:《南航超售案今宣判 乘客获赔1300元》,中国法院网:http://www.chinacourt.org,2007年4月25日)

二、案例分析

本案是一起经营者未尽到告知义务,侵害消费者知情权的案例。

根据我国《消费者权益保护法》第二章的规定,消费者享有9项权利,包括安全保障权、知悉真情权、自主选择权、公平交易权、索赔权、依法结社权、知识获取权、人格尊严权、监督批评权。其中,知悉真情权即本案所涉及的知情权,是消费者的一项基本权利。

知情权,是消费者享有知悉其购买、使用的商品或者接受的服务的真实情况的权利。《消费者权益保护法》第8条规定:"消费者享有知悉其购买、使用的商品或者接受的服务的真实情况的权利。消费者有权根据商品或者服务的不同情况,要求经营者提供商品的价格、产地、生产者、用途、性能、规格、等级、主要成分、生产日期、有效期限、检验合格证明、使用方法说明书、售后服务,或者服务的内容、规格、费用等有关情况。"

根据《消费者权益保护法》的规定，消费者知情权主要包括以下几层含义：

（1）消费者有权要求经营者按照法律法规规定的方式标明商品或服务的情况。保障消费者知悉交易信息，首先要求经营者应当主动履行必要的告知义务，例如，明码标价、标明生产日期、注明生产者名称等。

（2）消费者在购买、使用商品或者接受服务时，有权询问和了解商品或者服务的有关情况。消费者只有全面了解交易情况，才能做出正确的判断。因此，在购买、使用商品或者接受服务时，向经营者询问商品或者服务的具体情况即成为必然。在交易过程中，消费者的询问、了解权利是受到法律保护的，经营者应予以细致耐心的回答。

（3）消费者有权知悉商品或者服务的真实情况。消费者不仅要知悉商品或者服务的情况，更重要的是，要知悉真实情况。这就要求经营者向消费者提供商品或者服务时，应向消费者进行真实客观的介绍，否则，消费者可以主张交易无效。

对于消费者知情权的内容范围，因具体交易性质不同，不能一概而论。一般来说，应依据诚实信用原则来确定，以足以使消费者了解交易内容，并据以形成正确的判断为限。

本案中，肖先生购买的是"超售"机票。前文已经介绍，"超售"意味着乘客将面临不能登机的风险。而对于这一将直接导致合同履行时间不确定的重要情况，被告南航公司未采取合理的方式告知消费者，侵害了消费者的知情权。对于肖先生因此遭受的损失，南航公司应当予以赔偿。

三、思考·讨论·训练

1. 我国《消费者权益保护法》规定的消费者权利都有哪些？这些权利的具体含义是什么？

2. 什么是消费者知情权？实际生活中，经营者应如何保障消费者的知情权？

3. 本案中，肖先生提出了双倍赔偿的请求，并要求被告公开赔礼道歉？你认为，他这两项请求能得到支持吗？为什么？

第十二章 产品质量法

人的安全乃是至高无上的法律。

——[美] 霍布斯

产品质量关乎企业的生存、人民生命财产安全、国家经济的持续健康发展。以引导并促使企业树立强烈的质量意识,切实保护消费者权益,维护健康、有序的市场秩序为目的的产品质量法是我国法律体系的重要组成。

《中华人民共和国产品质量法》(以下简称《产品质量法》)于1993年2月22日由七届全国人大常委会第三十次会议通过,2000年7月8日第九届全国人大常委会第十六次会议进行了修正。以此法为产品质量的基本法,结合一切有关产品质量的法律、法规、规章、标准,构成了我国的《产品质量法》体系。

我国《产品质量法》的调整对象包括两方面关系:一是产品质量监督管理关系。它是指行政机关在履行产品质量监督管理职能的过程中与生产经营者之间发生的管理、监督与被管理、被监督的关系,其本质是行政管理关系。二是产品质量责任关系。它是指生产经营者与用户、消费者之间在产品质量方面的权利义务及由此引发的责任等方面的关系,其本质是平等主体间的商品交易关系。可见,我国的《产品质量法》既是产品管理法,又是产品责任法,这一立法体例不同于其他国家。

产品是指人们运用劳动手段对劳动对象进行加工而成,用于满足人们生产和生活需要的物品。法律上的"产品",各国定义不一。我国《产品质量法》第2条第2款规定:"本法所称产品是指经过加工、制作,用于销售的产品。"第2条第3款规定:"建设工程不适用本法规定;但是,建设工程使用的建筑材料、建筑构配件和设备,属于前款规定的产品范围的,适用本法规定。"第73条规定:"军工产品质量监督管理办法,由国务院、中央军事委员会另行制定。"由此可见,我国产品质量法上所指"产品",排除了初级农产品、未经加工的天然形成的物品、人体的器官及其组织体、建设工程以及军工产品。

产品质量是指产品所应具有的、符合人们需要的各种特性和特征的总和,包括产品自身应固有的安全性、适用性的一般性能，以及可替换性、可维修性等个别性能。《产品质量法》中的"产品质量"还应与法律联系起来，即指由国家的法律、法规、质量标准等所确定的或由当事人的合同所约定的有关产品适用、安全、外观等诸种特性的总和。

产品质量是衡量一国社会发展水平和文明进程的重要标志，质量管理是政府经济管理的一项重要内容。我国《产品质量法》通过一系列的制度设计，以实现对产品质量的有效管理。

在产品质量监督管理的组织体制上，《产品质量法》确定了统一管理与分工管理、层次管理与地域管理相结合的原则。根据《产品质量法》的规定："国务院产品质量监督部门主管全国产品质量监督工作。""县级以上地方产品质量监督部门主管本行政区域内的产品质量监督工作。县级以上地方人民政府有关部门在各自的职责范围内负责产品质量监督工作。"

《产品质量法》还规定了对产品质量的具体监督管理措施，主要包括：

（1）产品质量检验制度。根据《产品质量法》规定，产品质量应当检验合格，不得以不合格产品冒充合格产品。产品或者其包装上的标识，要有产品质量检验合格证明。产品质量检验机构，是指县级以上人民政府产品质量监督管理部门依法设置和依法授权的，为社会提供公正检验数据和检验结论的机构。检验机构应当具备检测条件和能力，并经有关部门考核合格后，方可承担检验工作。

（2）产品标准化管理制度。《产品质量法》规定，国家鼓励推行科学的质量管理方法，采用先进的科学技术，鼓励企业产品质量达到并且超过行业标准、国家标准和国际标准。可能危及人体健康和人身、财产安全的工业产品，必须符合保障人体健康和人身、财产安全的国家标准、行业标准；未制定国家标准、行业标准的，必须符合保障人体健康和人身、财产安全的要求。此外，我国《标准化法》对产品质量标准的制定与实施做出了具体规定。

（3）企业质量体系认证制度和产品质量认证制度。企业质量体系认证，是指依据国家质量管理和质量保证体系标准，经过认证机构对企业质量体系的检查和确认，通过颁发认证证书的形式，证明企业质量保证体系能够符合相应要求的活动。《产品质量法》规定，国家根据国际通用的质量管理标准，推行企业质量体系认证。企业可以自愿提出申请认证。推行企业质量体系认证，有利于促进企业改善经营管理，提高企业整体素质，增强市场竞争能力。

产品质量认证，是指依据产品标准和相应的技术要求，经认证机构确认，并通过颁发认证证书和认证标志来证明某一产品符合相应标准和技术要求的活动。《产品质量法》规定，国家参照国际先进的产品标准和技术要求，推行产品质量认证制度。企业可自愿申请认证。经认证合格的，由认证机构颁发产品质量认证证书，准许企业在产品或者其包装上使用产品质量认证标志。产品质量认证分为安全认证和合格认证。2003 年 8 月 1 日起，我国开始对涉及人类健康和安全、动植物生命和健康以及环境保护和公共安全的产品实行强制性认证制度。凡列入认证目录内的产品，未获得指定机构的认证证书并加施认证标志的，不得进口、出厂销售和在经营性活动中使用。

（4）以抽查为主要方式的产品质量监督检查制度。根据《产品质量法》的规定，国家对可能危及人体健康和人身、财产安全的产品，影响国计民生的重要工业产品以及消费者、有关组织反映有质量问题的产品进行抽查。

除上述产品质量监督管理制度之外，《产品质量法》还规定了生产者和销售者的产品质量义务。《产品质量法》规定，生产者应当保证产品符合内在质量的要求，产品或者其包装上的标识符合要求，特殊产品的包装符合特殊要求。生产者不得生产国家明令淘汰的产品；不得伪造产地，伪造或者冒用他人的厂名、厂址；不得伪造或者冒用认证标志、名优标志等质量标志；生产产品，不得掺杂、掺假，以假充真、以次充好，以不合格产品冒充合格产品。销售者应当对其销售的产品质量负责，具体要求有：销售者应当执行进货检查验收制度，验明产品合格证明和其他标识；在进货之后，销售者应当采取措施，保证销售产品的质量；销售的产品的标识应当符合有关规定。销售者不得销售失效、变质的产品；不得伪造产地，伪造或者冒用他人的厂名、厂址；不得伪造或者冒用认证标志、名优标志等质量标志；销售产品，不得掺杂、掺假，以假充真、以次充好，以不合格产品冒充合格产品。

我国《产品质量法》规定的产品质量责任不同于传统民法理论中的产品责任。《产品质量法》所指产品质量责任，是指产品的生产者、销售者违反《产品质量法》的规定，不履行法律规定的义务，应当依法承担的法律后果。承担产品质量责任包括承担相应的行政责任、民事责任和刑事责任。其中，承担民事责任包括承担产品的合同责任（瑕疵担保责任）和产品侵权损害赔偿责任（产品责任）。

产品瑕疵担保责任，是指产品的销售者对产品不具备应有的使用性能，不符合明示采用的质量标准，或不符合产品说明、实物样品等方式表明的质量状况应承担的法律责任。其本质是合同责任。归责原则是无过错责任原则。责任承担形式有：负责修理、更换、退货；给消费者、用户造成损失的，应赔偿损失。

产品责任是指生产者、销售者因产品存在缺陷而造成人身、缺陷产品以外的其他财产损害时，应当承担的赔偿责任。根据《产品质量法》第46条的规定，所谓缺陷，是指产品存在危及人身、他人财产安全的不合理的危险；产品有保障人体健康和人身、财产安全的国家标准、行业标准的，是指不符合该标准。产品责任的本质是一种特殊侵权责任，其归责原则是无过错责任原则，即只要产品存在缺陷并造成他人人身、财产损害，均应承担民事责任。但是，生产者能够证明存在下列免责事由之一的，不承担责任：①未将产品投入流通；②产品投入流通时，引起损害的缺陷尚不存在；③将产品投入流通时的科学技术水平尚不能发现缺陷的存在的。依《产品质量法》第43条的规定，因产品存在缺陷造成人身、他人财产损害的，受害人可以向产品的生产者要求赔偿，也可以向产品的销售者要求赔偿。属于产品的生产者的责任，产品的销售者赔偿的，产品的销售者有权向产品的生产者追偿。属于产品的销售者的责任，产品的生产者赔偿的，产品的生产者有权向产品的销售者追偿。《产品质量法》对产品责任的规定对保护消费者权益有着重要意义。

案例12-1 阜阳假奶粉案
——产品质量的监督管理

一、案例介绍

2004年，安徽阜阳假奶粉案震惊全国。早在2003年2月25日，中央电视台第七频道就播出了《流入农村的劣质奶粉调查》。2004年3月29日，新华社发布电讯，揭露了劣质奶粉导致婴儿死亡的事件。同年4月18日，中央电视台第二套经济频道做了专题报道，引起了社会的强烈反响。次日上午，国务院总理温家宝做出批示，要求立即对此进行调查。当天下午，由国家质检总局、国家工商总局、卫生部组成的专项调查组，从北京奔赴安徽阜阳，拉开查"毒"大幕。

经初步调查，阜阳市查获的55种不合格奶粉共涉及10个省、自治区、直辖市的40家企业，既有无厂名、厂址的黑窝点，也有盗用其他厂名的企业，还有证照齐全的企业。这些劣质奶粉主要通过郑州万客来市场、合肥长江批发市场、蚌埠市太平街新市场、阜阳元丰市场等批发市场和生产厂家批量购进并批发到各县（市）、区的奶粉经销商、超市、百货商店、日杂店和行政村的小卖部，销售范围主要是阜阳市各区县的乡镇和农村市场。

国务院调查组通过调查证实，不法分子用淀粉、蔗糖等价格低廉的食品原料全部或部分替代乳粉，再用奶香精等添加剂进行调香调味，制造出劣质奶粉，婴儿生长发育所必需的蛋白质、脂肪以及维生素和矿物质含量远低于国家相关标准。长期食用这种劣质奶粉会导致婴儿发育不良、生长停滞、免疫力下降，进而并发多种疾病甚至死亡。据国务院调查组初步查明，阜阳市有189名婴儿因食用劣质奶粉出现轻中度营养不良，12名因重度营养不良死亡。

在国务院调查组的统一组织下，阜阳市对制售劣质奶粉违法犯罪行为依法进行了严厉打击。截至2004年5月中旬，共抽检各类奶粉586组，扣留、封存、暂停销售奶粉十多万袋；立案查处涉嫌销售不合格奶粉案件39起，打掉生产及分装窝点4个，刑事拘留47人，留置审查58人，宣布正式逮捕31人，依法传讯203人。

（案例来源：李艳芳主编：《经济法案例分析》，第230~231页，中国人民大学出版社2006年版；富子梅：《劣质奶粉暴露出什么》，《人民日报》2004年5月17日）

二、案例分析

产品质量不仅关系到企业的生存与发展，更关系到人民的生命财产安全和国民经济的持续健康发展。然而，近年来，"假奶粉"事件、"欣弗"事件、"齐二药"事件等因产品质量引发的案件屡见于媒体，这引起了人们对产品质量，尤其是食品药品安全问题的关注，而其中所暴露出来的相关部门对产品质量监管不力等问题更是引起了百姓的极大不满。

在我国的《产品质量法》中，对产品质量的监督管理有较为全面的规定，《产品质量法》规定了产品质量检验制度、产品标准化管理制度、企业质量体系认证制度和产品质量认证制度及以抽查为主要方式的产品质量监督检查制度等质量管理措施。

此外，在产品质量监督管理的组织体制上，《产品质量法》也做出了规定。根据《产品质量法》的规定："国务院产品质量监督部门主管全国产品质量监督工作。""县级以上地方产品质量监督部门主管本行政区域内的产品质量监督管理工作。县级以上地方人民政府有关部门在各自的职责范围内负责产品质量监督工作。"

应当说，我国《产品质量法》在制度设计上体现了产品质量管理的系统性和整体性，是正确的、科学的。然而，这些措施在实际生活中并未得到有效的实施，相关部门在履行产品质量监管责任中暴露出了严重的问题①：

（1）政府部门配合协作的意识和能力不足。正所谓"十四个大盖帽还管不好一张嘴"。在我国，负责产品质量监管的执法部门相当可观。然而，这些部门不是各自为政，相互不沟通，缺乏有效的合作，就是互相扯皮，推卸责任。据媒体报道，本案中，在临泉县工商部门与卫生部门进行的联合专项整治中，对卫生部门已经抽查过的临泉县金谷超市"迦得"牌劣质奶粉，工商部门在登记所售奶粉品种时却并不知情，因而未采取相应措施；对于某些已构成犯罪的制假分子，由于行政执法部门的相关人员对《行政执法机关移送涉嫌犯罪案件的规定》不熟悉、不了解，该移交的没有移交公安机关，而是多次以罚代刑，纵容了制假售假者。

（2）政府部门消极行政、不作为。本案中，国务院调查组追查劣质奶粉源头时发现，40个生产厂家中，有7家标称的企业根本不存在，2家属于本厂不生产奶粉但协议允许他人使用自己的厂名厂址，2家已经注销，对于这些企业，工商部门并未加强年审，及时向社会公布；对于一些消费者的投诉，则更如石沉大海，一直未获答复。直到中央电视台曝光后，当地政府才组织工商、卫生、质检、公安等部门开展专项整顿，但依然没有引起足够的重视，清查不彻底。最终导致"部分婴幼儿因食用劣质奶粉出现营养不良综合征，以致出现婴幼儿死亡现象"的严重后果。

阜阳"假奶粉"事件发人深省。质量管理作为一系统工程，不仅要"有法可依"，而且需要监管部门科学、认真地执法，摆脱官僚作风，提高人员素质，注重管理的科学性。这样才能防止类似事件的发生，实现对社会公共安全的保障。

三、思考·讨论·训练

1. 什么是产品质量？什么是质量管理？什么是全面质量管理？
2. 我国《产品质量法》规定的产品质量管理措施有哪些？这些措施是如何实现全面质量管理的？
3. 对近年来发生的重大产品质量事件进行一次调查。你认为在我国频繁发生类似事件的根源是什么？应如何加强对产品质量的监管？

---

① 参见富子梅《劣质奶粉暴露出什么》，《人民日报》2004年5月17日。

案例 12-2　陈梅金、林德鑫诉三菱汽车损害赔偿案
——产品责任

一、案例介绍

1996年9月13日晨，林志圻乘坐由本单位（福建省莆田市交通局车辆购置附加费征收管理办公室，以下简称"莆田车购办"）司机刘文彬驾驶的三菱越野吉普车前往福州市。途经福厦公路没边村路段时，该车前挡风玻璃突然爆破，林志圻因爆震伤经医院抢救无效而死亡。

福建省武警总医院对林志圻的诊断为："爆震伤，猝死。"莆田市公安局刑警支队五大队对林志圻的尸体进行尸表检查的结果是："死者左胸部附有细小的玻璃碎片，并伴有散在针样状血点，其余部位未见异状。全身体表未发现钝器直接击伤痕迹。"9月17日，福州市苍山交警大队出具事故通知书，认定该起事故不属于道路交通事故。

事故发生后，日本三菱汽车工业株式会社（以下简称"三菱公司"）在得到车主莆田车购办的许可后，指令由其设在福州市的迅达汽车修理有限公司将事故车前挡风玻璃拆卸下来封存。后应莆田车购办关于核查前挡风玻璃质量问题的要求，三菱公司于1997年1月6日寄来玻璃生产厂家日本旭硝子株式会社根据发生事故的前挡风玻璃照片进行鉴定后制作的《旭硝子（株）爱知工厂品保第一课试验、调查报告书》。该报告确认：①由于玻璃呈放射状破损，并且玻璃的中间膜也破碎，判断为受外强力造成破损，不排除与装载钢材、原木等车辆追尾的可能；②据破损情况分析，曾受300毫米以上物品贯穿，模拟头部模型试验均满足规格要求。

同年3月1日，莆田车购办在致三菱公司驻京办事处的函中提出，旭硝子株式会社的报告所述情况与公安、交警部门的现场勘查结果不符。一是事故现场及车厢内均未见任何物体，故认为"曾受300毫米以下物品贯穿"没有事实根据；二是事故发生时间为早7时2分，届时公路上车辆稀少，且当时同在事故车上的死者的哥哥和驾驶员均证明事发前100米内未见其他车辆，因此，"与装载钢材、原木等车辆追尾的可能"也不存在。

同年8月16日，蒲田车购办又致函三菱公司驻京办事处，内容为："4月上旬本单位曾派员专程赴北京，向贵所交涉，主张对事故车上的玻璃应委托中国境内权威鉴定机构进行鉴定，贵所即时承诺。时至今日时间又推移4个月之

久，尚未接到协商函件"，要求"贵所应派人提取已封存贵所在榕设立的维修中心的该块爆碎玻璃，经双方确认后，送'北京中国建筑材料科学研究院国家进出口商检局安全玻璃认可的实验室'进行鉴定，以期尽快解决并履行义务。"

同年9月11日，莆田车购办再次去函，再次强调必须对该块爆破玻璃经双方确认后送中国境内有关部门进行鉴定。

然而，三菱公司此前早已擅自将封存的玻璃运往日本生产厂家旭硝子株式会社。生产厂家于1997年9月14日又做出《挡风玻璃破碎实物调查质量报告》，称："挡风玻璃本身不存在品质不良现象，破损系由外部原因造成。"

后来，莆田车购办将三菱公司从日本运回的破碎玻璃，委托中国国家建材局安全玻璃质量监督检验中心（以下简称"国家质检中心"）进行鉴定。该中心的报告称："由于所提供的样品是从原吉普车上拆卸后经过多次运输，已经相当破损，无法从上面切取做强度实验所需的试验片。我中心只能结合委托方提供的玻璃破损照片进行推断、分析。根据所提交的前挡风玻璃破损实物来看，此挡风玻璃为干法生产的夹层玻璃，商标表明为日本旭硝子公司生产。根据照片中所呈现的放射状破坏状态分析，下半部裂口呈半圆弧状撕裂，裂口长度大约有500毫米，且周边外的玻璃片呈粉末状破坏，上半部裂口呈不规则撕裂。据委托方介绍，挡风玻璃破碎后在此车继续行驶过程中，因震动导致裂口慢慢扩展，照片上看到的裂口非初始裂口。从玻璃破碎的塌陷形式看，能够造成此种破坏状态的外力来自外部。"

另外，在玻璃强度试验的问题上，对三菱公司此前所称"做该项试验需要1000毫米×1000毫米面积的玻璃，此车前挡风玻璃爆破后，已经无法做这种试验"，国家质检中心证明，做玻璃强度试验只要有300毫米×300毫米面积的玻璃即可，国际、国内均无需用1000毫米×1000毫米面积的玻璃才能做此试验的规定；此挡风玻璃未爆破的部分，如果当时切割下来，就可进行该试验。

此后，林志圻的妻子陈梅金，儿子林德鑫诉到法院，要求三菱公司赔偿丧葬费、误工费、差旅费、鉴定费、抚恤金、教育费、生活补助费等共计人民币50万元。

一审法院经审理后认为，本案查明的事实不能证明被告三菱公司在林志圻死亡问题上有过错，林志圻的死亡与三菱公司无必然的因果关系。因此，判决驳回原告的诉讼请求。

二审法院认为，本案属产品责任纠纷，应适用无过错责任原则。生产者如不能证明前挡风玻璃没有缺陷，而是受某一其他特定原因的作用发生爆破，就要承担产品责任。对于三菱公司在本案中提交的前挡风玻璃生产厂家日本旭硝子株式会社出具的两份鉴定报告，由于旭硝子株式会社不是法定鉴定部门，且该单位与鉴定结果存在着利害关系，法院不予采信。国家质检中心虽然是莆田车购办委托的法定鉴定部门，但是国家质检中心出具的报告，是在前挡风玻璃从日本运回中国后已失去检验条件的情况下，仅凭照片和相当破碎的玻璃实物得出的推断性分析结论，并且没有说明致前挡风玻璃突然爆破的外力是什么，对本案事实没有证明力，故也不予采信。本案唯一证明产品是否存在缺陷的物证——爆破后的前挡风玻璃，莆田车购办在与被上诉人三菱公司约定封存后，曾数次提出要交国家质检中心检验鉴定。三菱公司承诺后，却不经莆田车购办许可，擅自将玻璃运往日本；后虽然运回中国，但三菱公司无法证明运回的是原物，且玻璃此时已破碎得无法检验。三菱公司主张将与事故玻璃同期、同批号生产出来的玻璃提交给国家质检中心进行实物鉴定，遭陈梅金、林德鑫的反对。由于种类物确实不能与特定物完全等同，陈梅金、林德鑫的反对理由成立。在此情况下，举证不能的败诉责任理应由三菱公司承担。综上，法院判决三菱公司赔偿陈梅金、林德鑫交通费、住宿费、误工费、鉴定费、丧葬费、死者生前抚养人所必需的生活费、受教育费及死亡赔偿金共计人民币496901.9元。

（案例来源：王才亮：《商品质量维权实战案例》，第140～148页，法律出版社2005年版）

二、案例分析

对于本案，一、二审法院做出了完全相反的判决，原因就在于其适用的归责原则不同。

（一）产品责任与瑕疵担保责任

我国《产品质量法》规定的产品质量民事责任包括产品责任与产品瑕疵担保责任，这是两种不同的民事责任。

首先，适用前提不同。产品责任针对的是产品缺陷问题，而产品瑕疵担保责任针对的是产品瑕疵。广义的瑕疵，泛指产品不符合其应当具有的质量要求，包括产品缺陷。狭义的瑕疵仅指一般性的质量问题，是指产品存在除危险以外的其他质量问题。我国《产品质量法》中的产品瑕疵担保责任主要是指狭义的瑕疵。而缺陷是指产品存在危及人身、他人财产安全的不合理的危险。

其次，责任性质不同。产品瑕疵担保责任是合同责任，而产品责任是侵权责任。依合同相对性，只有合同关系中的一方当事人才能要求另一方当事人承担合同责任，因而瑕疵担保责任的请求权主体及责任主体范围都较小。而产品责任由于是侵权责任，因产品致损的受害者无论是否是买卖合同的当事人均可提起产品责任之诉，而且既可以向生产者，也可以向销售者提出赔偿。

再次，免责事由不同。虽然产品责任与产品瑕疵担保责任均采用无过错责任原则为归责原则，但由于责任性质不同，二者的免责事由是不同的。产品责任的免责事由是《产品质量法》明确规定的；而产品瑕疵担保责任作为合同责任，除法定的不可抗力、受害人过错等免责事由外，当事人也可约定免责事由。

最后，二者的责任承担方式及诉讼时效等也不相同。产品责任的责任承担方式主要为损害赔偿，诉讼时效为两年；产品瑕疵担保责任的责任承担形式有负责修理、更换、退货和赔偿损失，诉讼时效为1年。

本案是一起因汽车前挡风玻璃在行驶途中突然爆裂而致乘客被震伤猝死，死者家属要求汽车的生产者承担赔偿责任的案例。在本案中，汽车前挡风玻璃可能存在的质量问题并非一般性质量问题，而是在安全性、可靠性方面存在危及人身安全的危险，而死者家属也依《产品质量法》有关产品责任的规定向法院提出了损害赔偿之诉。因此，本案属于典型的产品责任纠纷。

(二) 产品责任的归责原则

产品责任，又称产品质量侵权责任，是指生产者、销售者因产品存在缺陷而造成人身、缺陷产品以外的其他财产损害时，应当承担的赔偿责任。

由于产品责任的法律规定直接关系到消费者权益的保护，而通常情况下，只有在产品生产过程中处于主动、积极的地位的生产者才能及时认识到产品存在的缺陷并能设法避免，大多数消费者由于缺乏专业知识和对整个生产过程的了解，不可能及时发现产品的缺陷并以自己的行为防止其造成的危险。因此，多数国家（包括我国）及国际组织的产品责任法均采无过错责任原则作为产品责任的归责原则。即只要产品存在缺陷并给他人造成人身、财产损害，不论生产者、销售者主观上是否有过错，均应承担赔偿责任，除非其能够证明存在法定的免责事由。

因此，本案中，三菱公司作为汽车的生产者负有举证责任。其应对是否存在我国《产品质量法》规定的免责事由进行举证，即未将产品投入流通；或产品投入流通时，引起损害的缺陷尚不存在；或将产品投入流通时的科学技术水平尚不能发现缺陷的存在。如举证不能，就应承担败诉的不利后果。显然，正如二审法院所认定，三菱公司提供的证据并不能充分证明其存在"产品投入流通时，引起损害的缺陷尚不存在"等免责事由。因此，三菱公司应当对其产品致林志圻死亡承担赔偿责任。

三、思考·讨论·训练

1. 瑕疵与缺陷有何区别？瑕疵担保责任与产品责任有何区别？

2. 结合本案，谈谈以无过错责任原则作为产品责任的归责原则对于保护消费者权益有何意义。

3. 什么是举证责任倒置？为什么本案中在双方当事人提出的证据都不能充分证明自己的主张时，二审法院判决三菱公司败诉？

4. 在我国法律中，还有哪些民事责任在诉讼中采用举证责任倒置？试举几例。

参 考 文 献

1. 赵中孚主编：《商法总论》，中国人民大学出版社 1999 年版。
2. 董安生、王文钦、王艳萍编著：《中国商法总论》，吉林人民出版社 1994 年版。
3. 王保树主编：《中国商事法》，人民法院出版社 1996 年版。
4. 隋彭生主编：《公司法》，中国人民大学出版社 2005 年版。
5. 刘永光、徐先丛主编：《公司法案例精解》修订版，厦门大学出版社 2005 年版。
6. 朱慈蕴：《公司法人格否认法理研究》，法律出版社 1998 年版。
7. 安建主编：《中华人民共和国公司法释义》，法律出版社 2005 年版。
8. 王家福主编：《中国民法学·民法债权》，法律出版社 1991 年版。
9. 王利明、崔建远编著：《合同法新论·总则》，中国政法大学出版社 1996 年版。
10. 王利明主编：《合同法要义与案例析解（总则）》，中国人民大学出版社 2001 年版。
11. 王军、戴萍编著：《美国合同法案例选评》，对外经济贸易大学出版社 2006 年版。
12. 王卫国：《过错责任原则：第三次勃兴》，中国法制出版社 2000 年版。
13. 李昌麒主编：《经济法学》，中国政法大学出版社 1999 年版。
14. ［美］曼昆：《经济学原理》，北京大学出版社 1999 年版。
15. 钟明钊主编：《竞争法》，法律出版社 2005 年版。
16. 孔祥俊：《反垄断法原理》，中国法制出版社 2001 年版。
17. 孔祥俊、刘泽宇、武建英编著：《反不正当竞争法——原理·规则·案例》，清华大学出版社 2006 年版。
18. 李艳芳主编：《经济法案例分析》，中国人民大学出版社 2006 年版。
19. 刘春田主编：《（新版）以案说法·知识产权法篇》，中国人民大学出版社 2006 年版。
20. 李艳芳主编：《（新版）以案说法·经济法篇》，中国人民大学出版社

2006 年版。

21. 梁慧星：《民法学说判例与立法研究》，国家行政学院出版社 1999 年版。
22. 郭明瑞、房绍坤、张平华编著：《担保法》，中国人民大学出版社 2006 年版。
23. 姚红主编：《中华人民共和国物权法精解》，人民出版社 2007 年版。
24. 杨明刚：《担保物权适用解说与典型案例评析》，法律出版社 2007 年版。
25. 吴汉东主编：《知识产权法教学案例》，法律出版社 2005 年版。
26. 郭禾主编：《知识产权法案例分析》，中国人民大学出版社 2006 年版。
27. 符启林主编：《证券法——理论·实务·案例》，法律出版社 2007 年版。
28. 张民安主编：《票据法案例与评析》，中山大学出版社 2006 年版。
29. 黄松有主编：《票据法司法解释实例释解》，人民法院出版社 2006 年版。
30. 贾林青、陈晨、丁当主编：《保险合同案例评析》，知识产权出版社 2003 年版。
31. 周玉华编著：《最新保险法法理精义与实例解析》，法律出版社 2003 年版。
32. 李玉泉主编：《保险法学案例教程》，知识产权出版社 2005 年版。
33. 史卫进、孙洪涛编著：《保险法案例教程》，北京大学出版社 2004 年版。
34. 曹可安主编：《中华人民共和国劳动合同法解析、案例分析、合同样本》，京华出版社 2007 年版。
35. 黎建飞主编：《劳动法案例分析》，中国人民大学出版社 2007 年版。
36. 卢炯星、洪志坚主编：《劳动法案例精析》，厦门大学出版社 2004 年版。
37. 吕春燕主编：《经济法原理与实务》，清华大学出版社 2002 年版。
38. 刘嗣元、彭俊良主编：《法学概论》，人民法院出版社 2004 年版。
39. 朱羿锟：《商法学——原理·图解·实例》，北京大学出版社 2007 年版。
40. 余凯成主编：《管理案例学》，四川人民出版社 1987 年版。
41. 张丽华编著：《管理案例教学法》，大连理工大学出版社 2000 年版。

42. 梅子惠主编：《现代企业管理案例分析教程》，武汉理工大学出版社 2006 年版。

43. 里德著，徐德任、曾剑秋译：《哈佛第一年：商学院的真实经历》，中国建材工业出版社 1998 年版。

44. 刘新哲：《哈佛学不到，海尔是课堂》，《青岛日报》1998 年 3 月 30 日。